"十四五"时期国家重点出版物出版专项规划项目

★ 转型时代的中国财经战略论丛 ◢

中国贸易便利化发展
与出口发展模式转型升级研究

Research on the Development of
China's Trade Facilitation and the Transformation and
Upgrading of Export Development Model

张 凤 冯等田 刘 迪 王 蕾 著

中国财经出版传媒集团

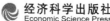

经济科学出版社
Economic Science Press

图书在版编目（CIP）数据

中国贸易便利化发展与出口发展模式转型升级研究/
张凤等著 . -- 北京：经济科学出版社，2023.8
ISBN 978 - 7 - 5218 - 4998 - 1

Ⅰ. ①中…　Ⅱ. ①张…　Ⅲ. ①出口贸易 - 企业管理 -
研究 - 中国　Ⅳ. ①F752. 62

中国国家版本馆 CIP 数据核字（2023）第 148856 号

责任编辑：周国强
责任校对：蒋子明
责任印制：张佳裕

中国贸易便利化发展与出口发展模式转型升级研究
张　凤　冯等田　刘　迪　王　蕾　著
经济科学出版社出版、发行　新华书店经销
社址：北京市海淀区阜成路甲 28 号　邮编：100142
总编部电话：010 - 88191217　发行部电话：010 - 88191522
网址：www. esp. com. cn
电子邮箱：esp@ esp. com. cn
天猫网店：经济科学出版社旗舰店
网址：http: //jjkxcbs. tmall. com
北京季蜂印刷有限公司印装
710×1000　16 开　21.5 印张　350000 字
2023 年 8 月第 1 版　2023 年 8 月第 1 次印刷
ISBN 978 - 7 - 5218 - 4998 - 1　定价：98.00 元
（图书出现印装问题，本社负责调换。电话：010 - 88191545）
（版权所有　侵权必究　打击盗版　举报热线：010 - 88191661
QQ：2242791300　营销中心电话：010 - 88191537
电子邮箱：dbts@ esp. com. cn）

　　本书受山东省自然科学基金"贸易便利化和产业集聚双重环境下中国出口质量提升的机制和路径研究"（ZR2023MG060）；山东省人文社会科学课题"贸易便利化和集聚协同效应与山东出口高质量发展研究"（2022 – YYJJ – 05）资助。

前　言

本书出版正值中国出口发展环境进入新一轮巨变。中国改革开放40多年来，中国出口增长迅猛。但以往中国贸易持续增长更多依靠基于丰富的劳动力资源生产的劳动密集型产品及低价策略，这种严重依赖生产要素投入，"重量轻质"的粗放式出口发展模式导致一系列问题。加之近年来世界范围内贸易自由化停滞，给中国出口稳定增长带来极大不确定性，中国出口发展模式亟须转型升级。

粗放发展模式既不可持续，也不符合中国长远利益。面临的核心问题就是中国未来出口发展模式应转向哪里？

当前以削减关税为主要方式的贸易自由化合作因空间有限，进展迟滞。而贸易便利化着眼于改善现状，即降低贸易流程烦琐、法规不完善等非效率带来的壁垒，而不追求对现有制度和机制进行根本改革，因此，国内外有关各方往往最易达成共识，成为合作的起点。贸易便利化已成为各国深化国际合作的新选择，是各国对外开放的新模式和区域贸易发展的重点之一，也是推进国内经济结构改革、带来经济新的增长点的重要举措。

本书作者及其科研团队近十年来一直从事中国贸易便利化与出口发展模式转型升级研究。在包括国家社科、教育部、省自然基金项目在内的各类科研项目支持下，从贸易便利化切入，对出口发展模式转型升级做了大量研究，积累了一定的新成果。可以说，本书是在各级各类科研项目的支持下完成的。

本书具有如下特色：

（1）设计了测度贸易便利化的三级指标体系。测度了中国贸易便利化发展水平，并与其他国家做了比较分析。

（2）对结构参数（替代弹性和异质性参数）进行估计，并分析了其对出口的影响。

（3）建立了贸易便利化影响出口发展模式转型升级的一个新框架。理论上，从"促稳"——微观出口增长结构优化和"提质"——出口质量提升两个层面建立了贸易便利化影响出口发展模式转型升级的一个新框架，并进一步分析了新框架的优势和特点。实证中，结合企业出口动态，从维度升级和深度升级角度研究出口增长微观结构优化，分析了贸易便利化、结构参数（替代弹性和异质性参数）、企业出口动态在中国出口发展转型升级中的作用，进而分析三者对出口质量的影响效应，丰富了出口发展模式升级的含义和内容。

我们在本书撰写过程中参阅了大量的著述，在此一并致谢！由于贸易便利化与出口发展模式转型升级涉及的问题较多，国内外相关研究前沿正在深化中，所以本书在研究选题上从深度和广度上做了精心安排。尽管本书作者及其科研团队全身心投入，但限于作者及其科研团队水平，书中难免存在不足之处和疏忽。恳请读者不吝批评指正。

作者

2023 年 11 月

目　录

第一章 引　　言

第一节　研究的背景及意义

一、研究的背景

伴随中国改革开放 40 多年，中国出口增长迅猛，取得了举世瞩目的发展。但随着中国实际 GDP 相对美国达到 60% 以上，中美经贸关系从合作互补转向全球性的竞争（巴曙松和王珂，2019）。从 2018 年美国发布"301 特别调查"开始，中美贸易摩擦逐步升级，伴随而来的是世界范围内贸易自由化停滞、逆全球化思潮的不断兴起。全球经济摩擦加剧叠加新冠疫情肆虐，世界经济复苏更加艰难，给中国经济增长带来极大不确定性，也给作为中国开放型经济"四驾马车"的贸易带来极大冲击，中国经济下行的压力越来越大。另外，从国内来看，以往中国贸易持续增长更多依靠强大的廉价劳动力资源生产的劳动密集型产品以及低价策略，这种严重依赖生产要素投入，"重量轻质"的粗放式出口发展模式导致一系列问题。例如，贸易发展不平衡不对称（劳动密集型产品为主，顺差远超逆差等），出口结构应对外来冲击的稳定性不强；产业升级不足，内需疲软；企业出口竞争力不强，创新乏力等问题突出。不可否认，以往出口导向政策所带来的"血拼式"的粗放发展模式曾对中国经济腾飞作出了巨大贡献，在一定时期具有必然性，但伴随着中国生产要素成本的不断上升、俄乌冲突、新冠疫情等内外部经济不稳定性因素增加，中国出口发展模式亟须转型升级（唐翔，2009）。

　　粗放发展模式不可持续也不符合中国长远利益的情况下，接下来一个核心问题就是中国未来出口发展模式应转向哪里，具有何种特征？盛斌和吕越（2014）认为转变出口贸易增长模式，实现以质取胜、产品升级和市场多元化是增强中国出口抗风险能力和实现稳定和高质量增长的关键所在。王笑笑（2017）、余振和王净宇（2019）则认为中国出口贸易应向着出口结构优化、出口质量提升或出口企业价值链地位提升的方向不断推进与深化。但是易先忠和欧阳峣（2018）认为当前中国出口发展面临的一个关键性问题是，尚未形成有力促进可持续增长和外贸转型升级的内生机制，而国内需求是本土企业能力成长的立足点和外贸转型升级的重要优势来源（易先忠和高凌云，2018）；陆江源和杨荣（2021）也认为原先技术和市场"两头在外"的国际循环路径已经难以持续，需要以国内需求为主导牵引国际贸易。因此，大国内需驱动出口模式是未来中国出口发展模式转型升级的内在驱动机制（易先忠和欧阳峣，2018）。2020年6月15日，商务部综合司和国际贸易经济合作研究院联合发布《中国对外贸易形势报告》表明面对严峻复杂的外部环境，要将外贸高质量发展持续推进；2020年10月，党的十九届五中全会通过的《中共中央关于制定国民经济和社会发展第十四个五年规划和二〇三五年远景目标的建议》提出，要加快构建以国内大循环为主体、国内国际双循环相互促进的新发展格局。在此背景下，笔者认为促进中国出口结构优化，实现出口高质量发展，基于"促稳提质"目标实现内需驱动的出口发展模式转变应是未来中国出口发展转型升级的题中之义，而如何实现上述内需驱动的出口发展模式转变也是当前出口亟待解决的重要问题。

　　国内学者普遍认为，未来中国经济发展应从依托"人口红利"为主转向依托"制度红利"为主，适应性的制度改革是资源物尽其用的内在引擎。伴随中国"人口红利"日渐衰竭、未来的经济发展应转向依靠"制度红利"（聂辉华和邹肇芸，2012）。实际上，更确切地说应该是从依托"人口红利"为主转向依托"制度红利"为主，适应性的制度变革才是包括人口资源在内的任何资源物尽其能的内在动力。易先忠和欧阳峣（2018）也认为导致拥有巨大国内需求的中国并没有形成内需驱动出口模式根本原因在于特定市场环境和一定生成条件的不足和欠缺，而这是导致中国出口模式背离大国经验的深层原因。2019年11

月，中共中央、国务院出台的《关于推进贸易高质量发展的指导意见》指出坚持推动高质量发展，建设更高水平开放型经济新体制，深化外贸领域改革。同时，强调要建设面向全球的高标准自由贸易区网络，并在贸易便利化等方面先行先试。中共中央、国务院强调统筹推进疫情防控和外贸发展工作，并将实施贸易便利化改革，推进自贸区战略作为中国深化改革开放的重要举措。

贸易便利化以解决流程烦琐，法规不完善等贸易"隐形"壁垒所产生的贸易非效率问题为特征，本身具有制度安排和交易成本的特征属性，是逆全球化背景下对外开放的新模式和区域贸易发展的重点之一。在当前以削减关税为主要方式的贸易自由化合作因空间有限，进展迟滞（沈铭辉和周念利，2009；李文韬，2011），而贸易程序中人为、制度和环境等因素造成贸易不便利、不顺畅等问题却严重阻碍贸易经济增长。贸易便利化因其合作领域广泛，方式灵活且能为各国推进内部经济结构改革，带来经济新的增长点，成为各国深化国际合作的新选择（李文韬，2011）。王中美（2014）认为，贸易便利化更多的是一种对现状改善的承诺，而不是对现有制度和机制进行根本改革的承诺，因此国内外有关各方往往最易就此达成共识，成为合作的起点。大量研究证明了贸易便利化在促进贸易增长和获得贸易收益方面的作用，并认为贸易成本是贸易便利化对贸易的影响主要渠道之一。例如，APEC（1997）比较了亚太地区通过贸易便利化所获得的潜在收益和通过关税自由化所获得的潜在收益，结果显示通过前者所获得的收益是通过后者所获得收益的几乎两倍，而 WTO《2015 年世界贸易报告》也指出，全面和迅速地实施 2013 年 WTO 第九届部长会议通过的《贸易便利化协定》可以为其成员节省平均 14% 的贸易成本，并有可能每年增加 1 万亿美元的全球商品出口额，仅在发展中国家，每年的出口总额就会增长 7300 亿美元。

既然贸易便利化能够影响贸易成本进而对贸易产生影响，那贸易成本对贸易影响的机制如何？对贸易影响的程度是由什么所决定的呢？克罗泽和凯尼格（Crozet & Koenig，2010）认为贸易成本如何影响贸易的问题对理解世界贸易结构以及经济发展非常重要。施炳展（2008）认为贸易成本影响贸易量受到商品替代弹性的影响。极小的贸易成本会通过极高的替代弹性放大为较大的国内外贸易量差异。梅里兹和奥塔维亚诺（Melitz & Ottaviano，2008）研究则进一步证明了贸易成本对贸易影响的弹性不仅能够被货物之间的替代弹性所解释，而且更重要的是能够被企业异质性的程度——异质性参数所解释。替代弹性和异质性参数是反映市场产业结构的关键参数，其存在改变了以往对引力模型的解释——贸易成本下降对贸易的影响是通过集约边际和扩展边际两个渠道发挥作用，其中对集约边际的影响同同质性企业贸易模型一致，即由替代弹性和距离所产生的贸易成本弹性决定，而对扩展边际的影响不仅依赖于这两个参数，还依赖于不同企业的生产率的分布，而这反映了企业的异质性参数的不同（Crozet & Koenig，2010）。

贸易便利化能够促进贸易增长，且成为了国际社会追求贸易增长的一个新方向，那么贸易便利化是通过何种渠道对贸易产生影响的？最近的异质性企业贸易理论聚焦企业特征对出口影响，但却对企业出口动态关注甚少（Brenton et al.，2009）。部分研究通过允许出口固定成本能够随着时间改变的不确定性的存在扩展了梅里兹（Melitz，2003）模型，使得其能够同时对企业出口进入、退出和变化的出口存活期等动态性行为进行解释（Besedeš & Prusa，2007；Segura-Cayuela & Vilarrubia，2008；Freund & Pierola，2010）。企业作为贸易活动核心，其出口动态能够反映资源在不同企业之间的配置（毛其淋和盛斌，2013），是深入洞察一国出口增长微观结构和质量结构的关键（Esteve-Pérez et al.，2012；苏丹妮等，2018；段文奇等，2020），也是企业出口竞争力的直观表现。异质性企业贸易理论及其扩展理论认为，企业出口动态行为主要受贸易成本影响。那么，作为政策研究热点的贸易便利化如何影响企业出口动态行为，企业出口动态变化对一国出口结构（包括微观增长结构和质量结构）有何影响？而作为贸易成本对贸易影响的关键结构参数——替代弹性和异质性参数如何估计，其在贸易便利化影响贸易的过程中又发挥何种作用？效果如何？如何从贸易便利化视角探寻我国出口发展转型升级的政策和路径？本书从贸易便利化切入，结合企业出口动态，剖析贸易便利化对企业出口动态行为，进而对出口增长微观结构和出口质量的影响机理，并在贸易便利化指标设计及结构参数估计基础上，从"促稳"（微观增长结构优化）、"提质"（质量升级）两个层面出发详细考察贸易便利化对中国出口发展模式转型升级的影响，从而明晰贸易便利化、结构参数（替代弹性和异质性参数）、企业出口动态在中国出口发展转型升级中的角色和作用，为探寻我国出口发展转型提供新思路。

二、研究的意义和价值

（一）理论价值

一方面，科斯蒂诺托（Costinot，2009）认为如果制度因素导致资源无法有效配置，生产率提升乏力。白东北等（2019）认为制度质量通过改善企业内部资源配置效率提升企业生产率，生产率越高的企业越容易跨过出口成本门槛。贸易便利化作为各国解决"贸易非效率"，探索贸易增长动力的热点，以简化流程和制度创新为主线（李波和杨先明，2018），本身具有交易成本和制度安排的特征属性（李波等，2017），但以往研究对贸易便利化影响企业出口动态行为的理论分析较少，而从理论上系统剖析其对企业四维出口动态（进入、退出、存活和深化）影响研究更还未见，因此，寻找一种新的理论角度与研究方法来探讨贸易便利化对出口增长影响的理论诠释非常必要。另一方面，有关企业出口动态理论的扩展依然是国际研究的前沿。与传统贸易理论认为贸易利得来自比较优势和新贸易理论认为贸易利得来自规模经济和产品多样化不同，以梅里兹（Melitz，2003）为代表的异质性企业贸易理论认为一国的贸易利得主要来自生产率较低企业收缩或退出国内市场，而生产率较高企业进入海外市场或扩大出口规模的资源重配效应所带来的行业生产率提升；苏丹妮等（2018）、段文奇等（2020）也认为企业出口动态变化导致的资源再配置是行业出口产品质量提升的主要渠道。本书将贸易便利化，企业出口动态行为和出口质量放在同一框架内，结合企业出口动态，从"促稳""提质"两个层面来研究贸易便利化视角下一国出口发展模式转型升级问题，有助于丰富和完善企业出口动态理论的研究体系，拓展贸易便利化研究思路和深度，加深理解中国出口稳定增长和高质量发展的微观机理，丰富我国出口发展模式转型升级的研究内容。

（二）实际应用价值

第一，近年来，全球经济摩擦加剧叠加新冠疫情全球肆虐，使得我国出口结构失衡，抵抗外来冲击能力薄弱的问题进一步暴露。而世界自由贸易进程受阻，国内经济结构矛盾凸显，使得中国出口面临的复杂性和不确定性增加。本书立足于国内与国外两个市场、多种资源统筹的视角，首次较为系统地考察了表征当前区域合作推进重点内容之一的"贸易便利化"和表征本地化产业结构特征的结构参数同企业出口动态行为、企业出口质量提升之间的经验关系，这对于中国亟须通过深化和扩大对外开放、挖掘和强化内部动力，实现以内循环为主，内外循环互促格局，极大程度地减小贸易保护主义政策对中国发展的外部冲击，实现中国出口稳定和高质量发展具有重要的实践和政策指导意义。

第二，贸易便利化以降低贸易非效率所带来的隐性贸易壁垒为核心特征，自从1996年贸易便利单独议题加入WTO议程以来，越来越受到各方重视。但贸易便利化对出口并非完全是促进作用，部分研究发现贸易便利化中的某一维度分指标对出口的影响为负（谭晶荣等，2016；董银果等，2017），少数对贸易便利化影响出口质量的研究目前的结论也并不一致（杨逢珉和程凯，2019；罗勇等，2020；段文奇等，2020）；另外，出口结构本质上是本土产业结构在空间上的扩展（张曙霄和张磊，2013），在内需驱动出口模式下，国内需求与本土产业结构及出口结构间应具有较强的关联性。周俊子（2011）认为异质企业贸易模型表面上探讨的是企业的进入退出市场的方向问题，本质上是探讨了出口结构与产业结构的互动升级问题。企业出口时，其所属行业不同、产品特征差异，对贸易成本的敏感性也不同。那贸易便利化所具有的"双刃剑"效应对企业出口行为到底会有何种影响？其能否成为中国"促稳提质"的内在动力？中国行业层面的替代弹性和异质性参数有何差异，其对中国企业出口行为以及企业出口质量提升的作用是否存在互动影响？企业动态出口行为的调整所带来的资源重新配置对中国出口结构优化及出口质量提升又会带来何种影响？本书试图通过设计和测度三级贸易便利化指标，结合2008~2013年的微观企业数据，通过实证研究对上述问题进行解答。上述问题的解答，为我们研究中国出口贸易扩张和出口质量结构改善提供了新的思路，这对于进一步推动出口结构乃至产业结构升级具有重要的政策含义；对于中国新型开放体系的构筑和出口竞争力的重塑具有较强的政策含义。

第二节　整体编排框架与主要研究内容

当前国际经贸新规则的特点越来越强调"边境后"措施的重要性，相比于"边境前"措施对削减和取消关税的强调，"边境后"措施更重视国内规制、流程简化、竞争政策等非关税隐性壁垒。在当前复杂的国际国内形势下，中国不仅应通过畅通国内大循环，繁荣国内经济为中国经济发展增添动力，带动世界经济复苏，而且应继续全面扩大和深化对外开放，通过发挥内需潜力，使国内市场和国际市场更好联通，更好利用国际国内两个市场、两种资源，实现更加强劲可持续的发展。而在此过程中，中国不仅要做国际经贸规则的参与者，也要做规则引领者，构建面向全球的高标准自贸区网络，落实的自贸区战略，推动自贸区的谈判与建设。作为自贸谈判的主要内容，贸易便利化是发挥各国比较优势和经济合作潜力的必要条件，"贸易便利化先行"也是中国在加强双边合作机制基础上，积极参与地区多边合作的重点方向。贸易便利化能够促进贸易增长，且成为了国际社会追求贸易增长的一个新方向。目前贸易便利化研究是国际经济重要研究领域，相关研究从早期介绍贸易便利化起源和发展，贸易便利化的谈判历程，发展到近年以使用引力模型、CGE 模型来量化贸易便利化对贸易的影响的宏观研究，再到结合异质性企业贸易理论、生存期理论从微观层面来关注贸易便利化对企业出口的微观研究，经历了由规范到实证、定性到定量、宏观到微观、总体到结构的发展过程，研究越来越深入。

一、整体编排框架

本书旨在构建一个整体研究框架，囊括中国贸易便利化发展及中国出口演进趋势及特征事实，准确把握中国出口增长微观结构和质量变化特点及影响因素，全面、系统地剖析贸易便利化、结构参数及企业出口动态对出口微观结构优化和出口质量提升的影响，为中国出口发展模式转型升级提供决策参考。具体目标包括：第一，明晰中国贸易便利化发展总体状况和中国制造业企业出口动态及出口质量变化的总体演进趋势与特征事实；第二，构建贸易便利化、企业出口动态与内需驱动下"促稳提质"的出口发展模式之间逻辑关系的理论框架，厘清贸易便利化对企业出口动态与出口质量的作用机制和影响效应、渠道，厘清企业出口动态对出口增长微观结构和行业出口质量的影响的机制和渠道；第三，估计企业层面结构参数，明确不同行业结构参数差异和特点；第四，通过实证分析明确贸易便利化对企业四维出口动态（进入、退出、存活、深化）的影响方向与效果差异，并进一步结合结构参数，剖析贸易便利化和结构参数在中国出口发展转型升级之"微观出口结构升级"中的作用和角色；第五，通过实证分析明确贸易便利化对企业出口产品质量的影响方向与效果差异，并进一步结合结构参数，剖析贸易便利化和结构参数在中国出口发展转型升级之"出口质量升级"中的作用和角色；第六，有针对性地提出中国出口发展模式转型升级的贸易便利化改革、贸易及产业政策。

基于上述目标，本书沿着"提出问题—分析问题—解决问题"的思路构建研究框架，具体的研究内容和整体框架如图 1-1 所示。

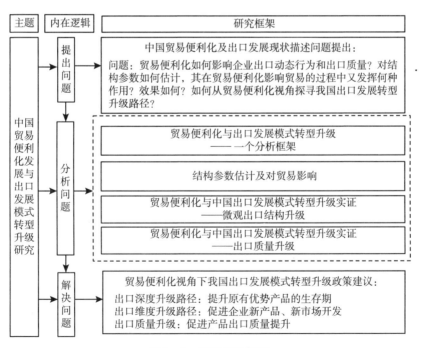

图 1-1　研究思路框架

二、主要研究内容

基于上述研究思路和内容框架，本书共涉及八章，结构安排及主要内容如下：

第一章引言。引言在介绍本书研究背景及意义的基础上，进一步阐述了本报告主要编排框架和主要研究内容，进而对所使用的研究方法和技术路线进行归纳总结，最后，对主要贡献和可能创新进行了阐释。

第二章文献综述。主要梳理和综述国内外关于贸易便利化对出口的影响、企业出口动态特征及影响因素、与结构参数有关的研究及出口增长结构分解与中国出口发展模式选择方面的研究，并在此基础上对贸易便利化和出口发展模式升级这一领域可能进行拓展的三个方向进行了分析和总结。

第三章中国贸易便利化与出口发展概况。首先，基于贸易便利化的提出，介绍了贸易便利化在 WTO 和 APEC 的发展历程，并在此基础上使用文献查阅、调查访谈等方法从政策、技术、实施环境和国际合作四个方面梳理了中国贸易便利化发展的努力和取得的成绩；其次，设计了三级贸易便利化指标体系，采用主因子分析法，测度了中国贸易便利化发展水平，并同其他国家进行了比较分析；再其次，运用统计分析、比较分析等方法，从中国制造业出口总体概况、企业出口动态和出口质量情况分析了我国制造业企业出口特征事实及动态演进趋势；最后，对本章所得的主要结论进行归纳总结。

第四章贸易便利化与出口发展模式转型升级—— 一个分析框架。本章将贸易便利化，企业出口动态行为、出口微观结构和出口质量放在同一框架内。一方面，将罗伯茨和泰布特（Roberts & Tybout，1997）等的出口动态模型与异质性企业贸易理论结合，将企业出口进入和退出定义为扩展边际，企业出口存活和深化定义为集约边际，剖析贸易便利化与企业四维出口动态行为（进入，退出，存活和深化）的理论关系，并进一步探讨企业出口动态变化对一国出口增长微观结构的影响；另一方面，将产品垂直差异结合到异质性企业贸易理论，探讨贸易便利化对企业出口产品质量的影响，进而探讨企业出口动态变化对行业出口质量结构的影响。结合企业出口动态，从"促稳""提质"

两个层面，将贸易便利化、出口增长内部结构变化和出口质量结构变化联系起来，为分析中国出口发展模式转型升级提供了一个全新的研究视角和分析框架。

第五章结构参数估计及对贸易影响。首先，借鉴了钱尼（Chaney，2008）、克罗泽和凯尼格（Crozet & Koenig，2010）模型的主要特点，获得扩展边际和集约边际的贸易成本弹性的表达式作为结构参数估计的理论基础，进而在此基础上获得结构参数估计方程；其次，使用企业微观数据，估计了不同产业的结构参数（替代弹性和异质性参数）；最后，分析了以往研究有关结构参数对贸易可能产生的影响，为第六章、第七章进一步分析结构参数在贸易便利化影响一国出口微观结构优化和出口质量提升方面的作用做准备。

第六章贸易便利化与中国出口发展模式转型升级实证——微观出口结构升级。本章在第四章理论分析框架基础上构建计量模型，并结合第三章和第五章对贸易便利化和结构参数估计结果，使用 2008 ~ 2013 年企业层面微观数据实证分析贸易便利化、结构参数对企业四维出口动态（进入、退出、存活和深化），进而对一国出口增长微观结构的影响，为后续从维度和深度层面探讨中国出口发展模式转型升级的政策和路径选择提供经验证据。

第七章贸易便利化与中国出口发展模式转型升级实证——出口质量升级。本章在第四章理论分析框架基础上构建计量模型，并结合第五章结构参数估计结果，使用 2008 ~ 2013 年中国工业企业和中国海关数据库对接数据，结合第三章和第五章对贸易便利化和结构参数估计结果，实证分析贸易便利化对企业出口质量的影响，在此基础上结合企业出口动态对行业出口质量结构进行分解，并分析贸易便利化对行业出口质量结构不同部分的影响，为后续从质量维度探讨中国出口发展模式转型升级的政策和路径选择提供经验证据。

第八章总结。本章对本报告主要结论进行了归纳和总结，并基于研究结论提出中国出口发展转型升级的政策建议。最后，说明了本书研究内容可供拓展之处和进一步研究的方向。

第三节　主要研究方法与研究技术路线

一、主要研究方法

（1）在中国贸易便利化发展与出口概况部分，运用统计分析法、文献查阅法、案头研究法、调查访谈法、主因子分析法等，梳理贸易便利化发展概况、设计贸易便利化三级指标体系，并对我国贸易便利化水平进行测度，分析中国出口特征事实。

（2）在贸易便利化，企业出口动态行为和出口发展模式转型的理论分析框架部分，将定性、一般均衡、数理分析、生存分析、比较静态等方法结合，论证贸易便利化对企业四维出口动态（进入、退出、存活和深化）及出口质量，以及企业出口动态变化对一国出口微观结构和行业出口质量结构影响的效应与渠道，并总结这一分析框架的特点以及对一国出口发展模式转型升级的路径启发。

（3）在结构参数估计部分，使用 GLS 法、Probit 模型，工具变量法等估计不同产业的替代弹性和异质性参数。

（4）在贸易便利化、结构参数对企业出口四维动态影响的实证研究部分，使用广义最小二乘法（GLS）、扩展的引力模型变量法、离散 Probit 模型、Logit 离散模型、Cloglog 离散模型、工具变量法等对贸易便利化、结构参数影响出口动态的不同部分进行实证检验、异质性分析及稳健性检验及内生性问题处理；使用在出口微观结构分解部分，借鉴贝塞德斯和普吕萨（Besedeš & Prusa，2007）的方法，结合企业出口动态分解我国出口增长，弥补以往国内出口增长分解缺乏考虑企业出口动态，尤其是持续期影响的缺陷。

（5）在贸易便利化、结构参数对企业出口产品质量影响部分，综合使用双向固定效应模型、两阶段最小二乘法（2SLS）、固定效应（FE）、工具变量法等对贸易便利化、结构参数影响企业出口产品质量进行实证检验、异质性分析及稳健性检验及内生性问题处理；在结合企业出口动态的行业出口质量结构分解部分，借鉴梅里兹和波莱内克

（Melitz & Polenec，2015）提出的动态 OP 分解法对行业出口产品质量进行动态分解，并采用双向固定效应模型、两阶段最小二乘法（2SLS）分析贸易便利化对行业出口质量结构不同部分的影响。

（6）在出口发展模式转型升级政策建议部分，综合运用贸易政策的政治经济学分析法、规范分析法、比较分析、归纳总结等方法，从贸易便利化的视角探讨中国出口发展模式转型升级的路径。

二、研究技术路线

笔者基于图 1 - 1 的研究内容整体框架，沿着"提出问题—分析问题—解决问题"的思路，设计技术路线如图 1 - 2 所示。

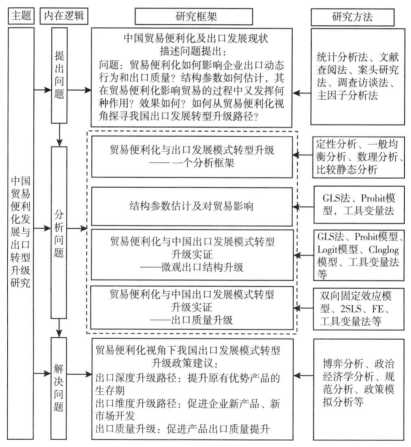

图 1 - 2　技术路线

第四节 主要贡献与可能的创新

本书旨在贸易便利化视角下，结合结构参数研究中国出口发展模式转型升级问题。与现有文献相比，本书的创新性探索主要体现在以下几个方面。

一、研究视角上的创新

基于我国贸易便利化不断发展、企业出口动态和出口质量不断变化典型事实，以新常态下我国经济发展转型升级为背景，从贸易便利化视角切入，结合企业出口动态和结构参数，从"促稳"——微观出口增长结构优化、"提质"——出口质量提升两个层面分析内需驱动下贸易便利化与中国出口发展模式转型升级问题。

二、研究内容上的创新

（1）建立了贸易便利化影响出口发展模式转型升级的一个新框架。结合企业出口动态，从维度升级和深度升级重新定义出口增长微观结构优化，结合出口质量升级，从"促稳"——微观出口增长结构优化、"提质"——出口质量提升两个层面建立了贸易便利化影响出口发展模式转型升级的一个新框架，并进一步分析了新框架的优势和特点，丰富了出口发展模式升级的含义和内容。

（2）分析贸易便利化对企业四维出口动态的影响，并结合企业出口动态，尤其存活期对一国出口增长进行分解，进而剖析贸易便利化对一国出口增长微观结构的影响。目前大部分有关贸易便利化研究要么是基于宏观层面，要么是基于微观产品层面考察贸易便利化对出口可能性、出口二元边际或三元边际的影响，但系统、全面设计贸易便利化指标体系，并分析贸易便利化对企业出口动态影响的还很少，而系统分析贸易便利化对企业出口四维动态出口行为（进入、退出、存活和深化）影响的研究更还未见；另外，关于出口增长结构分解，少有结合出口动态，尽管盛斌和吕越（2014）、尚涛和殷正阳（2018）等通过对产品和市场进一步细分为持续的、新的和消失的情况在一定程度上对上述问题进行了一定的解决，但其并没有在出口增长分解过程中将出口存活期的影响系统考虑在内，对出口增长结构分解缺乏全面动态分析（Besedeš & Prusa，2007），因而存在一定不足。因此，本书的第二个重要内容即是系统设计了三级贸易便利化指标体系，进而使用主因子分析法测度了中国贸易便利化发展水平；在此基础上，实证研究了贸易便利化对企业四维出口动态的影响差异；另外，为了明确企业出口动态变化对一国出口增长微观结构的影响，基于企业异质性贸易理论框架，对中国出口增长的四维出口动态结构（进入、退出、生存和深化）进行分解，以期为中国的出口增长波动和贸易便利化改革提供经验证据，从而为我们应对诸如金融危机、贸易战之类的外部冲击，改善贸易利得、促进出口结构优化提供政策参考。

（3）估计不同产业的替代弹性和异质性参数，并分析结构参数在贸易便利化影响企业四维出口动态和出口质量提升方面的角色和作用。国内有很多研究估计了替代弹性，但很少估计异质性参数，即使钱学锋（2008）和张凤（2015）同时估计了这两个参数，但其或基于国家层面或者基于产业层面数据，国内还未见基于企业微观层面的异质性参数和替代弹性的同时估计；另外，贸易成本对贸易的影响因不同产业结构参数的不同而显著不同（Melitz，2003；Chaney，2008）。结构参数不同，贸易便利化对企业出口影响不同，以往研究关注了替代弹性不同对企业出口行为的不同差异，但还没有关注异质性参数的变化会使得贸易便利化对企业出口动态行为和企业出口产品质量产生何种影响。鉴于此，本书的第三个主要研究内容即是，借鉴克罗泽和凯尼格（Crozet & Koenig，2010）推导贸易成本的总贸易流、集约边际和扩展边际弹性，估计我国制造业替代弹性和异质性参数；实证分析结构参数对我国制造业四维出口动态及出口质量的影响差异，以期从产业层面为中国实现内需驱动下的"保稳促质"出口发展转型升级路径选择提供经验证据。

三、研究方法上的创新

（1）在出口增长结构分解上，借鉴贝塞德斯和普吕萨（Besedeš & Prusa，2007）的方法，结合企业出口动态分解我国出口增长，弥补以往国内出口增长分解缺乏考虑企业出口动态，尤其是持续期影响的缺陷。

（2）在结构参数的估计上，借鉴克罗泽和凯尼格（Crozet & Koenig，2010）通过企业水平数据估计我国替代弹性、异质性参数，弥补以往国内结构参数估计缺乏从微观企业层面深入解读的缺陷。

第二章 文献综述

第一节 贸易便利化对出口的影响研究

一、贸易便利化的测度

目前对贸易便利化并没有统一的定义（谢娟娟和岳静，2011；方晓丽和朱明侠，2013；王中美，2014），学者们根据研究的需要设计了相应的贸易便利化指标，并采用不同的方法对贸易便利化水平进行测度。代表性的衡量及测度方法主要有简单算术平均法、主成分分析法、借鉴赋值法、直接测度法。

（一）简单算术平均法

简单算术平均法的基本思路是：为消除量纲、变量取值范围等的影响，对基础变量先进行线性变换的指数化处理（即将各个基础变量指标原始数据除以该指标所能获得的最大值，或对所有国家该指标取值加总求和然后取平均数，再用本国的该指标除以该平均数来指数化，然后对指数化的基础变量进行简单算术平均获取最终衡量贸易便利化的指标变量值），此方法为大多数学者采用的方法，例如，威尔逊等（Wilson et al.，2003，2005）采用港口效率、海关环境、规制环境以及电子商务作为贸易便利化的一级指标，每个一级指标下设多个二级指标分别对 APEC 地区及全球 75 个国家贸易便利化水平的测度；谢娟娟和岳静（2011）、方晓丽和朱明侠（2013）采用类似的二级指标体系，分

别对我国与 50 个贸易伙伴经济体以及我国同东盟各国的贸易便利化一
级指标的测度。李波和杨先明（2018）、杨逢珉和程凯（2019）采用法
制环境、口岸效率、交通基础设施以及电子商务应用构建贸易便利化综
合指数，并采用算术平均法对我国与伙伴国贸易便利化水平进行测算。
这种方法简单易行，但赋予各指标相同的权重，忽略了各指标的权重差
异，缺乏科学性。

（二）主成分分析法

主成分分析法的基本思路是：采用线性变换法对指标的原始数据进
行了指数化处理。然后利用统计软件，对上述规范化的指标值进行主成
分分析，将关联度较高的指标进行归纳后形成主因子，并利用主成分分
析法的回归结果对指标体系指标权重进行赋值，最后将指数化后的指标
值按权重加总获得相应更高层级的贸易便利化指标值。这种方法可以减
少数据的共线性，提取有效信息，对各指标进行科学的赋值，目前有越
来越多的学者使用此种方法进行研究。例如，李豫新和郭颖慧（2013）
借鉴威尔逊（Wilson，2003）对贸易便利化指标体系的构建思想，从口
岸效率、电子商务、海关环境、政府政策与金融环境等四个方面构建贸
易便利化测评二级指标体系，对中国新疆维吾尔自治区与周边国家边境
的贸易便利化水平进行测度；佟家栋和李连庆（2014）将贸易政策透
明度的提高作为减少贸易成本的贸易便利化政策之一，并采用主因子分
析法构建亚太地区出口商透明度指数（ETI）和进口透明度指数。江瑶
和高长春（2018）从政府规制、交通运输、边境管理、金融与信息服
务构建贸易便利化指标，并测算出 2015 年"一带一路"50 个沿线国家
贸易便利化水平；陈继勇和刘燚爽（2019）、段文奇等（2020）构建了
一套能够全面反映"一带一路"沿线国家特色的贸易便利化指标体系，
运用主成分分析法测算了沿线国家贸易便利化水平。

（三）借鉴赋值法

借鉴赋值法的基本思路是：通过文献研究及专家咨询方式获得贸易
便利化各层级指标内不同指标的相对重要程度，并通过层层分析得到各
层指标相对于总目标的权重，然后根据权重和各基础指标的标准化值利
用加权和的方法最终获得贸易便利化指标值。例如，方晓丽和朱明侠

（2013）借鉴威尔逊等（Wilson et al.，2003）对 APEC 成员通过贸易便利化对内部贸易流量的影响研究结果，对港口效率、海关环境、规制环境以及电子商务四个一级指标权重的赋值，并对中国－东盟自由贸易区主要国家的贸易便利化水平进行了测算。此种借鉴前人实证研究结果的权重赋值方法，可以粗略地对各指标进行赋值，但这种方法主观性过强，不精确，也缺乏科学性。

（四）直接测度法

除了上述贸易便利化指标测度之外，其他学者对贸易便利化测度大多采用直接测度的方法。例如，孙林和徐旭霏（2011）从一国航空运输基础设施质量等级、一国的海关手续（规范出入境商品的手续）、贸易壁垒的盛行指标值三个方面测度贸易便利化；孙林和倪卡卡（2013）从贸易便利化的两个维度（硬件和软件）三个大类（交通运输效率、海关环境以及电子商务的应用）5 个指标直接对东盟贸易便利化水平的测度；胡超（2014）则直接使用通关时间测度贸易便利化，比较了中国－东盟跨境通关时间对不同类时间密集型农产品的贸易影响。类似地，詹科夫等（Djankov et al.，2006）利用世界银行的数据库时间延误变量、佩尔松（Persson，2010）借鉴世界银行 Doing Business 数据库中出口一个标准商品所需要的天数作为代理变量、丹尼斯和谢泼德（Dennis & Shepherd，2007）则使用了出口成本、萨季科夫（Sadikov，2007）使用了签字盖章数目、伊万诺夫（Iwanow，2008）使用了进口与出口所耗费的成本和时间等来测度与贸易便利化相关的成本。

总之，设计贸易便利化指标并使用简单算术平均法简单易行，但忽略权重差异；主成分分析可减少共线性，赋值相对科学；直接测度法简单但维度单一。

二、贸易便利化对宏观出口量的影响

大部分基于宏观层面研究发现贸易便利化对不同地区的贸易流量具有显著促进作用。例如，费利佩等（Felipe et al.，2012）采用联合国的物流绩效指标 LPI 衡量贸易便利化，认为中亚国家贸易便利化设施的改善能显著提高贸易流量，影响程度达到 28%～63%，对地区内贸易的影响更高达100%。李豫新等（2013）考察了边境贸易便利化水平对新疆维吾尔自治区边境贸易流量的影响，发现边境贸易便利化水平每提高1%，该地区贸易流量将增加2.54%。刘宇等（2016）利用GTAP模型模拟测算了中国和哈萨克斯坦两国贸易便利性提升的影响，发现其能够促进两国进出口贸易，且进口增长的幅度大于出口。董银果等（2017）实证分析了"一带一路"进口国贸易便利化水平对中国制造业产品出口的影响，发现进口国基础设施、信息化水平和通关效率具有显著促进作用且通关效率影响最大，但经商环境影响为负；部分研究还将贸易便利化和关税等对出口贸易的影响进行比较，并发现贸易便利化的影响更大，例如，孔庆峰等（2015）对"一带一路"沿线亚欧国家间进行分析发现，贸易便利化对沿线国家贸易量具有显著的促进作用，且贸易便利化对国家间贸易流量的促进作用大于进出口国家的国内生产总值、人口总量、地理距离的缩短和削减关税等因素，而口岸与物流效率、金融与电子商务对国家间贸易流量的促进作用大于海关与边境管理和规制环境。类似地，张晓静和李梁（2015）、陈继勇等（2018）、魏伟等（2019）对"一带一路"沿线国家对中国出口贸易的影响分析，也得出了贸易便利化水平对贸易流量的影响远超于关税减免的结论。

另外，还有大量研究对特定产品或服务的影响也都得出了贸易便利化对出口量的显著正影响。例如，李斌等（2014）对服务贸易研究发现贸易便利化对服务贸易出口量具有显著正影响，且这种影响在贸易便利化水平较低国家更大；谭晶荣等（2016）对农产品的研究得出，伙伴国贸易便利化水平提高会显著促进中国对其出口农产品，此外分指标中电子商务影响最大，而后依次为海关效率、基础设施建设，但制度环境影响为负；江瑶和高长春（2018）对创意产品的研究发现，贸易便利化显著促进创意产品的贸易出口，贸易便利化水平提高1%，创意产品贸易出口额将增长1.7059%，其中，金融与信息服务对创意产品贸易的影响力最大。

除此之外，还有研究从时间和成本角度探讨了海关和行政流程的烦琐对贸易的影响的机制和程度，进而提出贸易便利化改革的必要性。例如，刘和余（Liu & Yue, 2013）认为冗繁复杂的海关和行政流程会导致在边境的时间延迟，时间延迟具有品质效应和价格效应，尤其对于易腐败产品。其使用了一个扩展的CES模型实证证明了这一观点，并且发现时间延迟的降低能够显著提升易腐败产品贸易量。霍诺克和科伦（Hornok & Koren，2014）聚焦于因清关、检验检疫带来的每票货物成本，使用美国和西班牙详细的出口数据，证明了每票货物的贸易成本与更低频次运输和更大的运输量正相关。摩西和索列斯库（Moïsé & Sorescu，2013）研究得出，发展中国家和发达国家的贸易便利化措施可以分别使各自贸易成本降低 15% 和 10% 以上。胡超（2014）认为贸易便利化对贸易的影响最终都可以在通关时间上得以体现，其研究发现，进口国进口通关时间对中国 - 东盟农产品产生了显著的负面贸易效应。进口通关时间每延长 10% 可导致自贸区内农产品贸易额下降 5.68%。

三、贸易便利化对微观出口结构的影响

随着异质性企业贸易理论的兴起，越来越多的学者开始从微观层面探讨贸易便利化对出口多样性、"二元边际""三元边际"的影响。例如，佩尔松（Persson，2008）对中国出口欧盟商品研究发现，差异性货物扩展边际更易受贸易便利化影响，而同质货物集约边际更易受影响。丹尼斯和谢泼德（Dennis & Shepherd，2011）借鉴佩尔松（Persson，2008）的方法，发现贸易便利化，尤其是海关流程改革对促进发展中国家的出口多样性有最显著的正向影响。类似地，贝韦雷利等（Beverelli et al.，2015）进一步从出口到目的地产品的数量和一种产品出口到目的地的数量来测度出口多样性，研究发现了贸易便利化对出口多样性的正向影响。汪戎和李波（2015）则借鉴丹尼斯和谢泼德（Dennis & Shepherd，2011）的研究，通过设置贸易便利化参数建立了贸易便利化对出口多样化作用的微观机理模型，分析了贸易便利化对出口多样化影响，结果发现，出口所需天数的减少能有效增加出口产品种类的数目，即贸易便利化能有效提升出口多样化水平。朱晶和毕颖（2018）分析发现"丝绸之路经济带"沿线国家贸易便利化水平每提升 1%，中国对其农产品的出口集约边际将增加 1.111%，农产品的出口扩展边际将增加 0.431%。高越等（2014）将出口增长分解为扩展边际、数量边际和价格边际，发现双边贸易便利化对扩展边际和数量边际均有显著正影响，且中国贸易便利化作用较大；中国贸易便利化对价格边际的影响显著为负，而进口国贸易便利化对价格边际影响不显著。丰

塔涅等（Fontagné et al.，2016）基于法国出口数据分析了贸易便利化对异质出口商的不对称影响，其着重分析了贸易便利化对出口的企业集约边际、产品扩展边际和产品集约边际，并且发现更好的信息获取能力、先进的制度和有吸引力的流程主要对小企业出口"三元边际"，而文件的简化和自动化更有利于大企业的出口三元边际。

另外，随着学术界关于企业对外国市场需求不确定性的预测及出口"试错"行为的研究（Morales et al.，2011；Nguyen，2010），学术圈也出现了少数贸易便利化对出口关系稳定性——出口生存期的研究。例如，姚德和库克诺娃（Jaud & Kukenova，2011）认为出口符合外国市场标准要求品质的产品，需要企业投入大量的合规成本，而这些成本可能是公共产生的，例如，出口流程的烦琐、基础设施落后等，而这些方面暗示了这些合规成本往往落到单个企业头上，往往大到足以打断企业的贸易关系。这从侧面反映出贸易便利化对于降低企业的合规成本进而保证企业稳定贸易关系的重要性。尼西塔（Nicita，2013）则认为出口那些距离本国比较优势不近的产品很可能在国际市场上生存较短的期限。而提升贸易便利化的制度、措施以及硬件基础设施，这都会有助于增加非传统产品出口的生存期，进而提升其出口多样性的可能性。但这些研究主要关注贸易便利化整体（Nicita et al.，2013）或某一维度（Jaud & Kukenova，2011）的影响，缺乏多维度分析。

四、贸易便利化对出口质量的影响

近年来出现了少数贸易便利化对出口产品质量影响的研究，但结论并不一致。例如，杨逢珉和程凯（2019）发现贸易便利化通过降低出口企业的贸易成本产生的替代效应和收入效应对出口产品质量有截然相反的影响，实证研究发现贸易便利化对出口产品质量却总体表现为抑制作用，但随着进口国收入水平的降低，贸易便利化对出口产品质量的抑制作用逐渐降低，最后对出口产品质量表现为促进作用且贸易便利化对质量越高的出口产品抑制作用越明显。罗勇等（2021）进一步认为贸易便利化是个动态过程，贸易便利化对出口产品质量的影响存在累积效应，以及时滞性，当年贸易便利化不利于出口产品质量的提升，但对出口产品质量的影响在第二年以后由负转正，且存在一定的持续性。段文奇等（2020）考察了省际贸易便利化水平对企业出口产品质量的影响，研究发现贸易便利化通过中间品进口和企业研发的中间机制促进了企业出口产品质量升级，并且通过质量分解发现资源配置效应是贸易便利化提升产品质量的重要途径。

第二节　企业出口动态特征及影响因素研究

一、企业出口行为特征

企业作为出口贸易的主体之一，其行为的集合正表现为一国出口的现象和结果，企业出口稳定是一国出口稳定的根本（许昌平，2013）。企业出口动态即企业进入、退出市场，以及对新产品、新市场选择（李新和曹婷，2013），而企业出口存活期也是企业出口动态重要反映（Besedeš & Prusa，2007；陈勇兵等，2014）。传统贸易理论认为一旦贸易关系得以建立，那么将会长期持续下去。然而，现实中出口市场企业的退出与进入、出口企业对目的国的变动及产品种类的变动相当频繁（李新和曹婷，2013）。而企业在出口市场上频繁地进入和退出，进而会导致贸易持续时间一般都很短（2014）。另外，频繁发生的进入与退出出口市场决定了企业出口行为呈现序贯出口特征（叶宁华等，2015；胡绪千和贺灿飞，2020）。

二、企业出口动态动机和影响因素

众多学者对企业出口动态变化动机和影响因素进行了研究，这些研究一般认为企业能力异质性（例如，生产率、企业掌握的技术知识和管理能力等的差异）、沉没成本以及不确定性的存在是企业出口呈现不同动态特征的根本原因。学者们基于这些因素从不同角度对企业出口动态行为进行进一步解释与经验验证。

梅里兹（Melitz，2003）认为生产率优势是企业参与出口的根本；叶宁华等（2015）认为虽然企业的确需要以生产率优势来克服出口市场的进入成本，但生产率并非决定企业出口延续的关键；何文韬（2019）也发现企业生产率的提高降低了企业出口强度，中国出现了出口"生产率悖论"问题。另外，部分研究认为企业对外国市场需求不确定性的预测及出口"试错"行为导致了第一年进入市场的高退出率及序贯出口行为（Nguyen，2010）。例如，劳赫和华生（Rauch & Watson，2003）从买方角度认为进口商在交易初始阶段为降低不确定性风险，搜索优良出口商的尝试性行为导致了企业出口动态；伊顿等（Eaton et al.，2014）也认为进口商通过尝试性订单积累同外国供应商的经验，进而建立一个成功的商业关系，而成功关系的建立所积累的出口经验可以进一步减少未来的搜索成本。大量研究从实证角度对出口经验、出口不确定性对企业出口动态的影响进行了实证检验。例如，陈勇兵等（2015）认为中国企业的出口市场选择受企业以往出口经验的影响，存在明显的路径依赖；杨春艳和綦建红（2015）通过实证研究发现，内资企业出口市场进入具有较强的跟随效应，外资企业先行出口经验有利于提高内资企业市场进入可能性，与新产品之间邻近度较小的老产品的出口经验显著提高了该产品向同一目的国市场的扩张概率，出口的产品扩张存在显著的路径依赖；杨汝岱和李艳（2016）则发现移民网络能够明显降低出口目的市场的不确定性，服务于企业的出口"试错"机制，从而显著提高在位出口关系出口额的增长率，提高新进入出口关系的存活率；刘慧和綦建红（2018）认为"邻居"可以通过信息溢出降低企业对新出口的不确定性，改善其出口生存状态，但是信息溢出效应在"邻居"总效应中的比重不到20%；胡绪千和贺灿飞（2020）则发现邻近企业溢出均对企业在出口市场上的进入和退出存在显著双面性影响；邻近企业溢出为企业进入新市场创造了有利条件，但加快了企业从已有市场退出。

还有研究强调了制度及营商环境的重要性。例如，胡绪千和贺灿飞（2020）认为中国存在大量的避害导向型企业，克服由不健全的制度环境造成的成本给他们带来的额外负担，导致这些企业出口动态呈现路径依赖特征，而地方制度环境能影响中国企业出口地理动态，塑造了企业出口的动机和策略；阿劳约等（Araujo et al.，2012）则认为贸易伙伴有好的保证合同实施的制度会带来更长的贸易合作关系。但贸易关系一旦开始，企业出口的增长率却会随伙伴国合同实施制度的品质增加而下降。类似地，毛其淋和盛斌（2013）验证了中国贸易自由化对企业出口动态影响的显著性与程度，发现贸易自由化不仅显著促进了企业的出口参与决策，而且也提高了已有出口企业的出口强度，其中投入品关税减让则显著抑制企业退出出口市场、缩短进入出口市场的时间以及有助于延长企业出口的持续时间；王开和佟家栋（2019）研究发现自由贸易协定（FTA）的生效提升了企业出口贸易关系的稳定性；易靖韬等（2021）发现，更高的目的国制度质量显著降低企业的退出概率，并提高退出企业的再进入概率。

除此之外，还有研究分析了人民币升值、增值税改革、知识产权海关保护、地方财政分权程度的上升等对企业出口动态的影响。例如，许家云等（2015）发现人民币实际汇率升值有助于延长核心产品的出口持续期，但却缩短了非核心产品的出口持续期，此外，人民币实际汇率升值缩小了企业的出口产品范围，并且提高了企业出口产品的集中度；陈瑾等（2021）研究发现，增值税改革显著降低了行业出口进入率和退出率，但有效提升了行业净出口进入率，从而提高了市场资源配置效率；何文韬（2019）研究发现企业申请知识产权海关保护有效地维持了企业持续出口状态，降低了企业出口退出风险，提升了企业出口强度；沈鸿和顾乃华（2017）研究发现，地方财政分权程度的上升，显著提高了当地企业的出口参与和出口规模，动态地看，促进了新企业进入出口市场，减少了退出出口市场的概率。

第三节　结构参数有关的研究

一、与替代弹性估计有关的研究

商品之间替代弹性包含消费者所有能感觉的诸如国家影响、技术含量、品牌认知度、商品的种类等要素（周松兰，2006）。对于替代弹性的估计起始于学者们关于产品种类变化对总消费价格水平的影响，进而对总福利影响的相关研究（Hausman，1981；Romer，1994；Petrin，2002），但上述研究均假定"产品之间的替代弹性相同"，此假定显然与客观现实存在一定的差距（王明荣等，2015）。为了完善前人的研究不足，芬斯特拉（Feenstra，1994）采用1964～1987年美国进口的8种细分制成品，突破了"替代弹性单一值"的约束，构建一个能反映产品种类变化的实际进口价格指数，并利用相关统计技术，估计了每个产品种类的进口替代弹性（陈勇兵等，2011，2014；王明荣等，2015）。布罗达和温斯坦（Broda & Weinstein，2006）指出，芬斯特拉（Feenstra，1994）估计出的替代弹性值范围过窄且存在多重性问题，为此，将芬斯特拉（Feenstra，1994）的模型扩展到多产品模型，提出不同情形下识别唯一替代弹性值的具体条件，并利用美国1972～2001年的进口贸易数据，估计了30000个商品的替代弹性，并使用这些估计值验证了在有组织交易所进行交易的商品比那些不在交易所进行交易的商品的替代性更大；替代弹性的中位数已经随着时间下降，这表明商品正变得更有差异性（陈勇兵等，2014；王明荣等，2015）。周松兰（2006）利用一次差分需求函数和约化型供给曲线对替代弹性进行推导计算，得到1994～2004年不同类别产品的替代弹性，其中所有产品（SITC 0～SITC 9）为5.98，工业制成品（SITC 5～SITC 8）为5.08，SITC 7为4.87，非工业产品（SITC 0～SITC 4）为9.02。另外，还有学者对进口品和本国商品之间的替代弹性——Armington替代弹性进行了估计。例如，佟苍松（2006）在制造业整体水平上，对美国进口中国商品与美国生产的商品之间的Armington替代弹性进行了估计，得出了中美之间的Armington替代弹性值，短期为0.84，长期为5；进一步通过对美国在进口中国商品中所获得福利变动的计算估计，发现Armington替代弹性的大小对美国使用关税贸易政策的工具有重要影响。陆旸（2007）运用Panel Data回归模型，对我国具有代表性的8种进口商品的Armington替代弹性进行了估计，结果发现，8种进口商品的整体替代弹性估计值较低，仅为0.568。其中，原煤的替代弹性估计值最高，为11.502；谷物和电视机的替代弹性估计值较低，分别为1.521和0.788，说明我国原煤的进口敏感性较强，而电视机进口对国内电视机产业的冲击不大。刘和余（Liu & Yue，2013）所估计出来的国内产品和进口品之间的替代弹性大约为0.5，而以往研究所估计的Armington替代弹性的变化范围要更大，阿恩特等（Arndt et al.，2002）认为这主要与以往研究所采用的估计函数形式，计量方法和采用数据不同有关。张为付

（2007）基于替代弹性的经济学定义，使用中国工业制成品，农产品和零售产业三大产业的需求数据和价格数据，针对中国贸易部门与非贸易部门、贸易产品与非贸易产品的替代弹性进行实证分析，结果表明，我国的贸易品与非贸易品间存在较大的弹性。王明荣等（2015）利用2000~2011年中国与240多个国家细分的HS8位编码双边进口贸易数据，估算了4236个进口品的替代弹性值。结果显示，我国差异化产品替代弹性值总体介于1.1~20606.2，满足替代弹性值大于1的要求。在4236个替代弹性估计值中，99%的样本都落在1.1~131.1上，替代弹性值的平均值为43.1，中位数为7.6，替代弹性估计值总体呈现右偏分布，平均值高于中位数，以往基于粗略贸易数据的研究结论低估了我国进口品种替代弹性值、变化程度和福利效应。

二、与异质性参数估计有关的研究

除了替代弹性外，克罗泽和凯尼格（Crozet & Koenig，2010）认为异质性参数的大小反映了行业中企业生产率分布更加分散还是更加集中。异质性参数越小，企业越异质，行业中企业生产率越分散，高生产率企业占比例越高，也暗示了更高的产出集中少数更大和生产率更高的企业；异质性参数越大，行业中中小企业占主体，行业中极高和极低生产率水平的企业较少，行业企业生产率水平更均衡（Kancs，2007；Crozet & Koenig，2010；张凤，2015）。当异质性参数高时，节点生产率水平会随着占大多数的中小企业生产率变化而变化。因此，当出口成本下降时，会有更多的企业进入或退出出口市场，也即扩展边际的敏感性会更大（张凤，2015）。

鉴于结构参数的重要性，还有学者同时估计了替代弹性和异质性参数。例如，康奇斯（Kancs，2007）对巴尔干半岛的SEE（South Eastern Europe）多个经济体替代弹性和异质性参数进行估计，其借鉴了梅里兹（Melitz，2003）的理论框架，并通过假定所有企业进入任何市场仅必须支付一个出口固定成本，以此来对梅里兹（Melitz，2003）的理论框架进行修正。在此基础上，其推导出能够获得对替代弹性和异质性参数进行估计的结构引力模型，并使用8个SEE经济体在1999~2004年的数据来对结构参数进行估计，结果发现日本和韩国企业的异质性参数最低

26

（分别为 5.153 和 5.234）；相反，澳大利亚和新西兰企业的异质性参数更高（分别为 6.928 和 6.396），中国是 6.063，这几个国家的异质性参数平均值是 5.936；对替代弹性估计，发现这几个国家替代弹性的平均值为 4.501；替代弹性估计值最高的是东盟，最低的是澳大利亚，4.459，中国是 4.508。实证结果发现巴尔干半岛的自由贸易区（BFTA）主要通过促进被出口货物种类的增长而促进贸易的增长（贸易的扩展边际）。另外，国内的钱学峰（2008）借鉴康奇斯（Kancs，2007）的研究，使用 2003～2006 年中国对 7 个贸易伙伴国的总出口数据对中国的替代弹性和异质性参数进行了估计，并最终得到了替代弹性为 1.306，异质性参数为 0.377 的估计值；而克罗泽和凯尼格（Crozet & Koenig，2010）则使用法国 1986～1992 年企业水平的出口信息，通过估计三个方程：企业水平的引力方程、出口选择方程，以及将不同企业根据生产率大小排序的分布对钱尼（Chaney，2008）贸易模型的三个结构参数——替代弹性、异质性参数以及距离弹性进行估计。结果发现所估计的参数（34 个产业中有 28 个）同钱尼（Chaney，2008）模型的理论预期一致。替代弹性值的范围是在 1.15～6.01 之间，平均数字是 2.25。这些估计值是比以往文献估计的要小。异质性参数的范围是 1.65～7.31，均值 3.09。张凤（2015）借鉴康奇斯（Kancs，2007）的研究，从产业层面对国内替代弹性和异质性参数进行了估计，结果发现替代弹性的范围大体在 2.5～9.76 之间，平均值为 6.13；所估计的异质性参数的范围大体在 3.6～28.2 之间，平均值是 11.88。

第四节　出口增长结构分解与中国 出口发展模式选择

一、出口增长结构分解

出口增长结构分解的第一条线是以阿穆尔戈 - 帕切科和皮埃罗拉（Amurgo-Pacheco & Pierola，2008）为代表的多时期比较界定法，即选某一年为基期来判断产品是否是新产品以及目的国是否是新进入目的国，进而判断其在总出口中的二元边际角色。黄先海和周俊子（2011）借鉴这一方法将中国产品出口增长中的出口扩展边际进一步分解为地理扩展边际和产品扩展边际发现，地理扩展边际占据出口扩展边际主导，经济波动使得价格对扩展边际的推动作用被逆转，而使得中间产品贸易对地理扩展边际的抑制作用被强化，另外，产品扩展边际表现更为稳定；钱学锋和熊平（2010）也在阿穆尔戈 – 帕切科和皮埃罗拉（Amurgo-Pacheco & Pierola，2008）方法基础上选择单时期比较界定，对中国出口数据研究后同样发现集约边际在出口增长中占主导且外部冲击对集约边际影响显著为负，但对扩展边际却不产生负面影响；经济规模、多边阻力、固定成本、生产率水平、区域经济一体化、中间产品属性等对二元边际并不具备相同的影响机制。

出口增长结构分解的第二条线是以胡梅尔斯和克莱诺（Hummels & Klenow，2005）为代表。其方法核心是将一国一年的贸易份额分解为相对于世界平均水平的广度、价格与数量。使用该法去验证经济规模对出口三元边际（集约边际、扩展边际及质量边际）的影响，结果发现经济规模对扩展边际影响更大。类似地，施炳展（2010）用这一方法对中国出口增长进行三维分解，并用非参数技术研究了中国出口增长模式。结果表明，中国出口增长中集约边际占主导，扩展边际次之，而价格对出口增长影响很小。魏昀妍和樊秀峰（2018）研究了贸易协定异质性指数对中国出口增长的影响，研究发现强制性指数对三元边际促进作用显著，非强制性指数和制度质量指数对其抑制作用显著，是抑制贸易增长的主因。翁润和代中强（2018）的研究发现知识产权保护对中国出口扩展边际和数量边际有着促进作用，但是对价格边际却不存在显著的影响。尚涛和殷正阳（2018）则在胡梅尔斯和克莱诺（Hummels & Klenow，2005）分解模型基础上，借鉴基欧（Kehoe，2013）关于新产品边际的定义，将中国出口增长分解为持续贸易商品出口的增长、新产品贸易的增加和消亡产品的减少，并发现各国的经济规模、对外开放程度、可变与固定贸易成本、市场便利程度等因素，都对集约边际与新产品边际有着显著的影响。

出口增长结构分解的第三条线是以伯纳德等（Bernard et al.，2009）、阿米蒂和弗洛伊德（Amiti & Freund，2007）为代表的随时间动态变化二元边际分解的方法。使用该方法，伯纳德等（Bernard et al.，

2009，2010）研究了美国制造业出口，并发现美国与贸易伙伴之间贸易的变化主要归因于扩展边际的变化，一年期内贸易的变化主要由集约边际主导，且实际出口的增加有 1/3 是由现存企业对产品的净增加和净放弃决定的，而陈阵和隋岩（2013）借鉴这一方法对中国企业研究发现随时间动态变化的扩展边际对出口增长的贡献略高于集约边际，而随截面静态变化的集约边际在中国出口增长中发挥主要作用，且贸易成本主要通过扩展边际影响中国的出口增长，其中对中国出口企业数量的影响尤为显著。彭国华和夏帆（2013）则发现企业相对集中于出口在当地市场具有核心优势的产品，生产率与企业出口的广度和深度正相关，更大的市场规模、更激烈的市场竞争会导致企业相对集中于出口在当地市场具有核心优势的产品。另外，阿米蒂和弗洛伊德（Amiti & Freund，2007）则对中国出口到美国产品研究发现出口增长大部分是由集约边际带来的。史本叶和张永亮（2014）借鉴阿米蒂和弗洛伊德（Amiti & Freund，2007）的方法对中国的研究也发现类似的结论，且其认为与一国实体经济相关的成本因素对集约边际的影响更大，而扩展边际则更多地受到外部冲击及文化、法律等软环境因素的影响。

除了上述三类方法外，钱学峰（2008）和张凤（2015）借鉴康奇斯（Kancs，2007）的理论框架，使用参数估计法，分别从国家层面和产业层面对中国出口增长进行分解，进而模拟了不同贸易成本对二元边际的影响，发现中国的出口扩张主要来自集约边际，而贸易成本的变动对中国出口总量增长的影响主要是通过促进扩展边际实现的。廖涵和谢靖（2018）用从中国进口比重的平均变化（反映中国出口增长的动态情况）将出口增长分解为反映中国制造业性价比指数的变化、所有样本地区 GDP 的平均变化（反映进口地市场需求规模的变动情况）以及其他因素的变化，研究发现性价比和进口地市场规模的变动对各行业的出口增长均作出了积极贡献，出口产品性价比的提高对创造中国出口奇迹贡献极大。李昭华和吴梦（2017）则使用超越对数形式随机前沿模型，将出口增长率分解为要素投入的贡献、贸易潜力的变化和贸易效率的变化，研究发现制度因素、物质要素投入等因素在中国出口发展的不同阶段作用显著不同。

二、出口发展模式选择争论

(一) 多元化战略

对一国出口增长结构分解得到的结论并不一致。一方面，大量学者对不同国家和地区研究发现在一国出口增长中集约边际解释了出口增长的大部分。例如，伊文奈特和维纳布斯（Evenett & Venables，2002）实证发现发展中国家在 20 世纪末（1970~1997 年）的外贸增长有 2/3 是沿着集约边际的方向增长；钱学锋（2008）利用估计得到的中国企业的异质性参数，发现在 2003~2006 年中国经历了高速的出口扩张，但这种扩张主要集中于少数规模较大、生产率较高的企业（模拟得到中国企业之间生产率水平的异质性较大），即中国的出口扩张主要是沿着集约的贸易边际实现的。类似地，陈勇兵等（2012）、李新和曹婷（2013）、盛斌和吕越（2014）等对中国企业出口动态的研究，也发现尽管扩展边际的波动幅度远大于集约边际，但中国出口的增长大部分是由持续存在的出口企业的贸易额扩大实现的，扩展边际对出口增长的净效应微不足道；帕切科和皮埃罗拉（Pacheco & Pierola，2008）对 24 个发达和发展中国家 HS6 位码产品出口的增长分解，劳利斯（Lawless，2008）对以色列企业层面数据的分解的研究、施炳展和李坤望（2009）对中美出口的研究后也都得出了集约边际主导出口增长的结论。尽管不同国家或地区研究都得出出口集约边际占主导的结论，但大量学者认为沿着集约边际的出口增长模式会带来一系列问题。例如，伊文奈特和维纳布斯（Evenett & Venables，2002）认为发展中国家沿着集约边际的出口增长模式会因恶化贸易条件而导致出现了贫困增长的问题，从而带来经济的波动，甚至还会使发展中国家陷入"比较优势陷阱"；胡梅尔斯和克莱诺（Hummels & Klenow，2005）、豪斯曼和克林格（Hausmann & Klinger，2006）经研究也认为，如果一国的出口增长主要来源于集约边际，那么它将极易遭受外部冲击的影响，甚至还可能由于过度依赖数量扩张而导致该国贸易条件恶化并出现"悲惨增长"；伯纳德等（Bernard et al.，2010）在研究了美国出口"二元边际"在亚洲金融危机期间的不同反应后发现，不利的外部冲击对集约边际的负向影响更为巨大；因此，盛斌和吕越（2014）认为依靠集约边际扩张的出口模式是脆弱的、不可持续的和高风险的。

另一方面，克鲁格曼（Krugman，1989）认为如果经济增长是沿着产品种类不断扩展的方向发展的话，那么这种出口扩张将会迎合有产品种类偏好的消费者的需求，从而不会恶化贸易条件。相反，扩展边际使贸易增长在冲击时具有更高的稳定性，在长期中也有利于出口国提升多元化的生产结构。黄先海和周俊子（2011）也认为尽管集约边际在整个出口增长中占据主要地位，但扩展边际的增长势头更加强劲，对我国出口的拉动作用逐年提高，其研究进一步发现在出口扩展边际中，地理扩展边际占据了绝大部分，产品扩展边际发展相对滞后，但产品扩展边际单位种类的创出口能力比地理扩展边际大得多，并认为多元化市场的有限性和新产品开发的潜质性意味着对我国而言产品扩展边际更具有的长期意义。易靖韬和乌云其其克（2013）认为如果按照扩展边际的增长模式，不仅出口总量在不断增长，而且出口种类也不断增加，甚至还会带来产品附加值的不断增加，促进了产品向多元化方向发展，这样的增长模式就会不断优化出口商品结构，有利于经济的长远发展。而钱学锋等（2014）则认为多产品出口企业主导了中国的出口贸易。特别在2000~2005年中国出口增长的大约44%来自企业内的扩展边际，集约的边际不是中国出口增长的主导力量，并首次提出企业内扩展边际是中国出口增长的主导力量。基于此，徐颖君（2006）、钱学峰等（2010）等认为应继续推行出口多样化策略。而伊布斯和瓦齐亚格（Imbs & Wacziarg，2003）、强永昌和龚向明（2011）、钱学锋和余弋（2012）等则认为出口市场多元化和企业生产率之间呈现 U 形关系，处于经济不同发展阶段的国家应根据自身情况选择出口发展战略，而不应一味提倡多样化战略。冯伟等（2013）也认为如果单从出口国家的数量效应来理解我国贸易多元化战略的本质，或据此建议我国在出口增长方面应更加注重贸易伙伴的扩增，这对于我国未来出口贸易的可持续发展是不够的或者是不充分的。

（二）延长出口存活期稳出口战略

最近有关存活期的研究则认为在维持贸易平稳增长以及促进多样化方面，维持出口存活期的长度是一个关键方面。例如，李永等（2013）

研究发现中国出口贸易存活期较短，且生存概率呈快速下降趋势，面对复杂多变的国际市场，中国维持与现有出口目的地市场的联系，有利于为国内出口企业营造可预期的外部环境；陈勇兵等（2014）认为在WTO等多边贸易体制受到诸多挑战和金融危机后的低外部需求约束下，稳定出口仍然是当前中国贸易政策的主要目标；冯伟等（2013）也认为在多元化贸易战略下，尤其应关注我国与各出口国家之间的贸易联系存活期。

另外，还有研究强调了出口存活期对出口价值链、出口质量和出口技术复杂度的影响，进而进一步凸显了出口持续期对稳出口战略的重要意义。例如，吕冰和陈飞翔（2020）认为出口企业从事国际贸易的存活时间越长越有可能获得和积累学习效应，增强企业的市场竞争能力，从而提升对全球价值链的参与程度，实证研究发现在中国－东盟自由贸易区（CAFTA）的框架下，我国出口企业贸易存活时间的延长显著促进了出口价值链提升。类似地，施炳展（2013）通过对比企业出口存活时间与质量均值，发现企业出口存活时间越长，质量均值越高。亢梅玲和坤林（2014）从干中学效应入手得出了先前出口存活延长积累的出口经验对出口质量有显著的正向影响。陈晓华和沈成燕（2015）则发达经济体产品出口存活时间对出口产品质量作用表现为"高质稳进"型正效应，而对于发展中经济而言，过长的出口存活时间则意味着产品质量的"低端锁定"和"低端下滑"。另外，张凤等（2018）构建了既能剔除进口中间品的影响又能反映产品异质性的出口国内技术复杂度，并发现产品出口存活期对出口国内技术复杂度有显著正向影响。但陈晓华和刘慧（2015）基于出口贸易地理优势异质性的视角研究发现中国产品持续出口不一定能促进出口技术复杂度的持续升级，其作用轨迹呈现倒U形，而二者在中国则呈现出显著的"出口持续能力过强、正效应区间过短"的特征，鉴于此，其认为加大传统优势产品持续出口力度只能作为中国应对外需疲软和就业压力的权宜之计，而加大高技术产品和新产品的持续出口力度，更有助于"稳出口增长"和"促结构优化"齐头并进。

（三）内需驱动的出口强国战略

部分学者认为过于强调出口持续期，有可能存在出口阻碍转型的问题（陈晓华和刘慧，2015），因此，近年来越来越多学者强调未来出口发展模式，应更强调内需驱动下的出口强国战略，促进中国出口高质量发展（施炳展和李坤望，2009；陈晓华和刘慧，2015；郭周明，2013）。例如，易靖韬和乌云其其克（2013）认为摒弃以往追求数量型和价格型的增长方式，开始逐步转变为追求产品种类多样化和产品高附加值的增长方式，促使我国出口商品向多元化和优等质量方向发展；刘晓宁（2021）认为中国是"贸易大国"，但还没有成为"贸易强国"，通过不断提高产品质量和附加值来实现全球价值链攀升，是中国对外贸易下一阶段实现跨越发展的核心问题；余振和王净宇（2019）认为从"贸易大国"到"贸易强国"转变的实质，是对外贸易增长方式由依靠规模扩大向依靠质量提高的转变，进一步优化产品结构、主体结构和地理结构，提高贸易质量，提升中国在全球产业链、价值链和创新链中的地位，是对外贸易发展由"大"向"强"转变的关键。

另外，易先忠和欧阳峣（2018）认为当前中国外贸之所以难以形成促进可持续增长的内生转型机制，一个重要原因在于脱离本土需求的外向型出口模式；唐翔（2009）认为，虽然以加工贸易为基础的现行发展模式对中国经济的腾飞功不可没，但两头在外的加工贸易严重依赖国际市场，导致中国经济面临巨大国际经济和政治风险的问题暴露无遗，现行发展模式既不可持续也不符合中国长远利益；类似地，庞塞和瓦尔德马尔（Poncet & de Waldemar，2013）认为由加工贸易和外资带动的出口升级并不能驱动长期经济增长，只有从事一般贸易的本土企业的出口升级才是长期经济增长的重要驱动力；易先忠和高凌云（2018）也认为脱离本土需求、单纯追求体外循环式融入产品内分工，不仅会固化粗放型外贸发展模式，并且对改进本土供给能力及结构进而对经济持续增长的作用相对有限。因此，在追求高质量发展的新阶段，割裂贸易部门与本土经济关联的贸易模式亟待调整。而在调整路径和模式上，陆江源和杨荣（2021）认为需要以国内需求为主导牵引国际贸易，应逐渐形成以国内生产为主轴构建区域产业循环，逐步形成以我为主轴的区域生产链条循环体系，提升参与国际循环的主导性和掌控力。易先忠和欧阳峣（2018）认为在发达国家控制核心技术和高端需求终端的"结构封锁"型贸易格局中，依托巨大国内需求培育本土企业外贸竞争新优势，形成内嵌于本土经济的贸易新模式，使国内需求与本土供给及出口结构间能良性互动、相互促进，有望成为破解中国外贸转型困境和夯实出口动能的"大国举措"。

第五节 小 结

综上所述，异质性企业贸易理论的出现使得学者们从微观层面探讨中国出口发展模式转变升级问题成为可能。鉴于中国依赖传统要素的粗放式出口发展模式，在国内要素成本上升、资源浪费问题越发严重，国际金融危机冲击，贸易摩擦频发，贸易不确定性增加的背景下日益不适合当前"常态化"经济发展，学者们分别从多元化战略、延长出口存活期稳出口战略、内需驱动的出口强国战略等方面探讨了中国出口发展模式转型升级的方向，并尝试从微观层面对影响出口发展模式转型升级的路径和因素进行了深入思考，取得了大量有开创性和具有实践指导意义的理论和实证研究成果。但同时我们也注意到，很多学者基于微观层面对中国出口的研究，缺乏对中国尚未形成有力促进可持续增长和外贸转型升级的内生机制及限制因素进行更深入的系统思考和探讨。以易先忠和欧阳峣（2018）、易先忠和高凌云（2018）为代表的学者提出大国内需驱动下的中国出口发展模式转型升级，将本土需求－国内供给－出口发展转型联系起来，并对抑制内需驱动出口模式的形成的市场环境进行了系统分析，为我们探讨内需驱动下出口发展模式成功转型提供了良好的开端，具有很强的指导性和启发意义。但尽管少数学者探讨了内需驱动下的中国出口发展模式，但总体上，由于研究的历史不长，对这一发展模式深入和具体分析不够，而鉴于当前学术界普遍对于未来中国经济发展应从依托"人口红利"为主转向依托"制度红利"为主的判断，从制度改革切入对中国市场环境进行优化，进而实现中国内需驱动下的出口发展模式转型升级具有重要的实践指导意义。贸易便利化具有制度和成本特性，国务院《关于推进贸易高质量发展的指导意见》中也指出"深化改革开放，营造法治化国际化便利化贸易环境""推动世界贸易组织《贸易便利化协定》在国内实施""促进贸易投资自由化便利化"。而随着各国际经济组织和各国政府对贸易便利化的强调，专家学者们纷纷撰文研究贸易便利化的经济影响，并对贸易便利化措施的顺利实施献计献策，各种国际组织也积极参与到相关研究，采取措施推动不同区域，甚至世界范围内贸易便利化进程。结合国内外现有的文献本书主要从以下三个方面对贸易便利化和出口发展模式升级这一领域的研究进行拓展：

第一，结合企业出口动态，从"促稳"——微观出口增长结构优化和"提质"——出口质量提升两个层面建立贸易便利化影响出口发展模式转型升级的一个新框架。经济新常态下，保持中国出口贸易持续稳定增长未来仍不容忽视（钱学锋和熊平，2010；陈勇兵等，2012）。而为应对国内外严峻经济环境，中国须由"出口大国"向"出口强国"转变，转变的关键在于持续推进外贸高质量发展。鲁晓东和刘京军（2017）认为当前中国贸易发展能再仅重出口增长而忽视波动和结构问题。周俊子（2011）也认为以往出口发展模式存在的这些问题本质上不是数量问题，而是结构问题，未来出口发展模式调整很重要的一方面即是对中国出口结构的调整。钱学锋和熊平（2010）认为深入理解中国出口波动，需着重考察出口增长微观结构。但现有关于出口增长结构问题的研究却很少考虑存活期或持续出口企业，因此不能对出口增长结构进行全面动态分析（Besedeš & Prusa，2007）。另外，以往有关贸易便利化研究，学者们从宏观和微观层面都做了大量研究，但这些研究以实证检验为主，理论分析匮乏，少数研究从贸易便利化对企业出口行为进行了机制分析，但结合企业出口动态，尤其企业出口存活，系统分析贸易便利化对出口微观增长结构和出口质量结构影响的研究还未见。因此，本书的一个重要内容即是结合企业出口动态，尤其企业出口存活，从"促稳"——微观出口增长结构优化和"提质"——出口质量提升两个层面建立贸易便利化影响出口发展模式转型升级的一个新的系统分析框架，为进一步分析贸易便利化对中国出口发展模式转型升级可行路径和实证研究提供理论基础。

第二，实证分析贸易便利化对企业四维出口动态的影响，并结合企业出口动态，尤其出口存活对一国出口增长进行分解，进而剖析贸易便利化对一国出口增长微观结构的影响。目前大部分有关贸易便利化研究要么是基于宏观层面，要么是基于微观产品层面考察贸易便利化对出口可能性、出口"二元边际"或"三元边际"的影响，少数研究基于企业层面，分析了贸易便利化的某些方面。例如，海关和行政流程的烦琐，对企业出口可能性等的影响，但系统、全面设计贸易便利化指标体系，并分析贸易便利化对企业出口动态行为影响的还很少，而系统分析贸易便利化对企业出口四维动态出口行为（进入、退出、存活和深化）影响的研究更还未见。另外，关于出口增长结构分解，以往研究大部分基于异质性企业贸易理论进行"二元边际"分解，并在此基础上分析影响"二元边际"的因素，即使少数研究在此基础上从质量、地理、多产品等方面进行多元边际扩展，但却少有结合出口动态。尽管盛斌和吕越（2014）、尚涛和殷正阳（2018）等通过对产品和市场进一步细分为持续的、新的和消失的情况在一定程度上对上述问题进行了一定的解决，但其并没有在出口增长分解过程中将出口存活期的影响系统考虑在内，对出口增长结构分解缺乏全面动态分析（Besedeš & Prusa，2007），因而存在一定不足。因此，本书的第二个重要内容即是系统设计了三级贸易便利化指标体系，涉及4个一级指标，9个二级指标和23个三级指标，进而使用主因子分析法测度了中国贸易便利化发展水平，并同世界其他国家进行了横向和纵向比较；在此基础上，实证研究了贸易便利化总体水平及四个一级指标对企业四维出口动态的影响差异，并从贸易便利化指标替代，计量方法和按企业规模分样本进行了稳健性检验；另外，为了明确企业出口动态变化对一国出口增长微观结构的影响，基于企业异质性贸易理论框架，对中国出口增长的四维出口动态结构（进入、退出、生存和深化）进行分解，以期为中国的出口增长波动和贸易便利化改革提供经验证据，从而为我们应对诸如金融危机、贸易战之类的外部冲击，改善贸易利得、促进出口结构优化提供政策参考。

第三，估计不同产业的替代弹性和异质性参数，并分析结构参数在贸易便利化影响企业四维出口动态和出口质量提升方面的角色和作用。国内有很多研究估计了替代弹性，但很少估计异质性参数，即使钱学锋（2008）和张凤（2015）同时估计了这两个参数，但其或基于国家层面或者基于产业层面数据，国内还未见基于企业微观层面的异质性参数和替代弹性的同时估计。以往实证研究中经常使用的引力模型在引入企业异质性后发生了改变。而以往国内研究在用到结构参数，尤其是替代弹性时，往往假定为某一固定值（钱学锋和梁琦，2008；施炳展，2008；许德友和梁琦，2010；许统生等，2011），很少针对具体产业进行具体分析，这与不同产业具有不同市场结构的现实存在极大差异，也进一步说明了从产业层面分析和比较中国出口增长的必要性。另外，贸易成本对贸易的影响因不同产业结构参数的不同而显著不同（Melitz，2003；Chaney，2008）。结构参数不同，贸易便利化对企业出口影响不同，以往研究关注了替代弹性不同对企业出口行为的不同差异，但还没有关注异质性参数的变化，会使得贸易便利化对企业出口动态行为和企业出口产品质量产生何种影响。鉴于此，本书的第三个主要研究内容即是借鉴克罗泽和凯尼格（Crozet & Koenig，2010）推导贸易成本的总贸易流、集约边际和扩展边际弹性，估计我国制造业替代弹性和异质性参数；实证分析结构参数对我国制造业四维出口动态及出口质量的影响差异，以期从产业层面为中国实现内需驱动下的出口发展转型升级路径和政策选择提供经验证据。

第三章　中国贸易便利化与出口发展概况

第一节　中国贸易便利化发展概况

一、贸易便利化的提出

对于贸易便利化，目前在世界范围内没有统一定义，WTO（1998）、APEC（2002）等对其作出了不同解释。结合贸易便利化的最新发展，其核心内容大致为：在公认的国际准则下，简化通关程序及各项手续、协调各项程序、推动规章制度和法律法规公开透明、改善基础设施、降低贸易成本、提高交易效率。

贸易自由化后，传统贸易壁垒逐渐减少，对贸易的影响大幅降低，可努力的空间已十分有限。而贸易程序中，人为、制度和环境等因素造成贸易不便利、阻碍贸易经济增长，逐渐引起贸易界和各国的重视。1996 年，在 WTO 第一届部长级会议中，贸易便利化作为一项议题被提出。2001 年，多哈会谈的部长级宣言中，贸易便利化被列入谈判议程，开始引起发达国家的重视。2004 年日内瓦会议中，WTO 就贸易便利化谈判达成了框架协议，正式谈判由此开始。谈判过程中存在许多争议，各成员间存在矛盾，谈判一度陷入僵局。2013 年第九次部长级会议，达成的"巴厘一揽子协定"缓解了之前谈判的紧张局面，是一个重要转折点。经过十几年的艰难谈判，2017 年《贸易便利化协定》（Trade Facilitation Agreement，TFA）正式生效，对于世界贸易和全球经济具有十分重要的意义。亚太经合组织在贸易便利化的发展过程中达成多项共识，提出阶段性计划，全面细致地阐述了贸易便利化问题。世界海关组织（WCO）也制定和推广公约，促进成员方海关效率提高，推动各海关的合作，促进了世界各国（地区）海关及国际贸易的发展。经过二十多年发展，更多的区域性、专业性国际组织参与贸易便利化的研究，贸易便利化涉及的内容更加广泛、各项规则更加专业化，成为国际经贸合作的重要内容。

（一）WTO 与贸易便利化

贸易便利化（trade facilitation）作为一个单独的议题加入 WTO 的议程起始于 1996 年 9～13 日在新加坡举行的第一次部长级会议。此次会议将四个"新加坡议题"之一的贸易便利化作为一种促进全球贸易的综合性方法纳入货物贸易理事会的职责范围。此后，在 2001 年 WTO 第四次部长级会议中开启的多哈发展议程中，贸易便利化开始引起各国的重视并得到了广泛认可。与此同时，部长们就在 2003 年墨西哥坎昆第五次部长级会议上启动贸易便利化的正式谈判达成一致意见。但是此次会议却陷入了"坎昆僵局"，而是否将四个新加坡议题包括在"多哈回合谈判"中是导致此次会议失败的问题之一。经过来自各方的不断探索和努力，WTO 成员最终决定在"七月一揽子决议"（July Package）中正式开启关于贸易便利化的谈判。2004 年 8 月 1 日总理事会关于"七月一揽子决议"的决定案正式达成，这标志着"坎昆僵局"被实质性打破，此外决定案还明确将依据附件 D 所列模式启动贸易便利化谈判。贸易谈判委员会于 2004 年 10 月 12 日成立了贸易便利化谈判小组，WTO 成员单独或通过集团、联盟提出的关于贸易便利化的提案可以交由谈判小组进行审议。截至 2005 年 12 月在中国香港举行的第六次部长级会议前，贸易便利化谈判小组共进行了 11 次会议，收到 100 多个成员方共 60 多份关于贸易便利化的建设性提议（Wille et al.，2006）。在2013 年 12 月 3～7 日在印度尼西亚巴厘举行的第九次部长级会议上，部长们通过了"巴厘一揽子协定"，其中包括 WTO 成立后的首项多边贸易协定——《贸易便利化协定》，它旨在加快货物跨境运输、放行和清关。根据该协定，在总理事会下设立了一个贸易便利化筹备委员会，向所有 WTO 成员开放，以确保 TFA 的迅速生效，并为其生效后的有效运作作好准备。该委员会还负责对 TFA 进行法律审查，以及接收 WTO 成员的 A 类措施通报（协定生效即实施的措施）。2014 年 7 月各成员完成了法律审查，代表团们开始提交各自的 A 类措施通报，中国于 2014 年 6 月 30 日向 WTO 贸易便利化筹备委员会递交。2014 年 11 月 27 日，总理事会通过了关于将《贸易便利化协定》纳入《WTO 协定》附件 1A 的修正议定书。根据《WTO 协定》，各成员正式接受该议定书，须提交供 WTO 存放的相关"接受书"。根据《WTO 协定》第 10 条第 3 款，一旦 WTO 中 2/3 的成员完成国内批准程序并交存有效的接受文书，TFA 即行生效。中国于 2015 年 9 月 4 日提交了接受书。乍得、约旦、阿曼、卢旺达于 2017 年 2 月 22 日向 WTO 提交了接受书，截至当时已有 112 个成员接受该协定，满足了生效条件，标志着自 WTO 成立以来达成的第一个多边协定 TFA 的生效。可见 WTO 关于贸易便利化的议题，各方已逐渐接受将其作为未来可深入谈判的重要内容，并在各方不断努力协调下逐渐取得进步。

（二）APEC 与贸易便利化

贸易便利化从 20 世纪 90 年代中期开始就明确地出现在 APEC 的正式日程中。APEC 贸易投资委员会（Committee on Trade and Investment，CTI）于 1993 年 11 月通过《APEC 贸易和投资框架宣言》成立，并且其职权范围在 1995 年日本大阪行动议程中得到了进一步的扩大和明确。贸易和投资的自由化和便利化是 APEC 使命和活动的基石，而贸易投资委员会（CTI）是 APEC 在这些领域的所有工作的协调机构。CTI 的四个主要领域是：支持多边贸易体制、贸易便利化、透明度和反腐败以及数字经济和知识产权（intellectual property rights，IPR）。1994 年 APEC 各经济体领导人在印度尼西亚的茂物承诺"加强开放的多边贸易体制"并且设定"茂物目标"：发达经济体到 2010 年，发展经济体到 2020 年在亚太地区实现自由和开放的贸易投资。1995 年 APEC 大阪会议通过《执行茂物宣言的大阪行动议程》（以下简称《大阪行动议程》），将贸易投资便利化与贸易投资自由化、经济技术合作确定为 APEC 进程的三大支柱。

自 1994 年 APEC 设立"茂物目标"，1995 年大阪会议批准通过《大阪行动议程》以来，APEC 在贸易便利化领域已经取得了一系列成

果，APEC 贸易便利化进程不断加快。1996 年菲律宾苏比克会议通过了
《马尼拉行动计划》（MAPA）并将于 1997 年 1 月正式实施，以履行实
施《大阪行动议程》的承诺，将推动贸易和投资的自由化、便利化落
到实处。2001 年，APEC 上海会议通过了"APEC 贸易便利化原则"，
成为指导和规范成员经济体采取贸易便利化行动的基本框架。随后达成
的《上海共识》，提出 5 年内将区内贸易成本降低 5% 的目标。为了实
现该目标，2002 年第十次 APEC 领导人非正式会议通过了"贸易便利
化行动计划"和"贸易便利化行动和措施清单"，各成员方据此行动计
划将在 2002～2006 年将各自贸易交易费用降低 5%。后来，此次贸易便
利化行动计划被称为"APEC 贸易便利化行动计划I"（以下简称"TFAP
I"）。其涉及与贸易便利化有关的四大领域，即海关程序、标准和一致
化、商务流动以及电子商务。2005 年，釜山会议通过"釜山路线图"，
提出 2007～2010 年区内贸易交易成本再降 5% 的目标。为此，APEC 提
出了"第二阶段贸易便利化行动计划"（以下简称"TFAP II"）。虽然
其仍然集中于海关程序、标准和一致化、商务流动以及电子商务等四大
领域，但是对其具体行动和措施进行了更新和修订。海关程序是
"TFAP II"的重要组成部分，涉及的内容非常多，它包括贸易相关程
序的无纸化、自动化；2006 年在越南河内举行的部长级会议上，为了
加速实现"茂物目标"，部长们通过了实施"釜山路线图"的"河内行
动计划"（Ha Noi Action Plan），此外部长们还宣布 APEC 在 2006 年达
到了 2001 年上海会议制定的将贸易交易成本降低 5% 的目标。APEC 部
长们于 2011 年 11 月 11 日在夏威夷檀香山举行会议，发布了"TFAP
II"的评估结果，显示已经实现了在 2007～2010 年进一步降低 APEC
地区内的 5% 贸易成本的目标。2012 年，APEC 发布评估报告显示，
2007～2010 年"TFAP II"降低 APEC 区内贸易成本 5% 的目标已经实
现。2013 年印度尼西亚巴厘岛部长级会议上指出希望各成员方官员能
在 2014 年会议上依据 2011 年通过的"茂物目标进展报告指南"提供完
整的 APEC 个人行动计划（individual action plan，IAP）。2016 年秘鲁利
马会议认为 APEC 各成员经济体在与"茂物目标"相关的许多领域取得
了实质性进展，包括实施较低的关税、更多的区域贸易协定/自由贸易
协定（RTA/FTAs）、更强的对外贸易和投资的开放度以及更高的贸易
和投资便利化程度。2017 年第 25 次经济领导人非正式会议在越南岘港

举行，指出 APEC 致力于在亚太地区实现自由和开放的贸易与投资，同意加快速度、共同努力解决 WTO 不一致的贸易和投资壁垒，并采取具体行动，在 2020 年之前实现"茂物目标"。截至目前，尽管 APEC 在贸易便利化方面所做的努力与取得的成就毋庸置疑，但是进一步提高贸易便利化水平仍旧任重道远。

二、中国贸易便利化的发展概况

（一）政策方面

尽管中国在贸易便利化方面的政策法规建设起步较晚，但是由于政府对贸易便利化给予了很大重视，出台了一系列的政策、法律法规推进贸易便利化的进程，使其得到了较快的发展。例如，中国颁布了一些涉及电子文件合法有效性、数据传输安全等的法律法规。1994 年颁布了《计算机信息系统安全保护条例》，以保护计算机信息系统的安全，促进计算机的应用和发展。并且此条例根据 2011 年 1 月 8 日发布的《国务院关于废止和修改部分行政法规的决定》进行修订。2000 年 7 月 8 日《中华人民共和国海关法》进行了第一次修订，在第二十五条中明确提出在办理进出口货物的海关申报手续时，应当采用纸质报关单和电子数据报关单的形式，从而确立了电子数据的法律效力。2004 年 8 月 28 日，第十届全国人大常委会第十一次会议通过了《中华人民共和国电子签名法》，并决定于 2005 年 4 月 1 日正式实施，该法律重点解决了四个方面的问题：确立数据电文和电子签名的法律效力、规范电子签名的行为、明确认证机构的法律地位及认证程序、规定电子签名的安全保障措施。2006 年 3 月 19 日，国家信息化领导小组印发了《国家电子政务总体框架》，目标是到 2010 年基本建成覆盖全国的统一的电子政务网络，并且描绘了我国电子政务的总体结构形态，为我国电子政务未来一个阶段的发展指明了方向。同时它还要求围绕规范信息资源开发利用以及基础设施、应用系统、信息安全等建设与管理的需要，开展电子政务法研究，推动政府信息的公开与共享、政府网站与网络的管理、电子政务项目管理等方面法规建设，推动相关法律法规的研究与修订。同年 5 月 8 日中共中央办公厅、国务院颁布了《2006～2020 年国家信息化发展战略》，这标志着中国对信息化的重视正式转向实施阶段，充分体现了国家贯彻落实信息化战略的意志与决心。2009 年 6 月和 12 月，工信部先后发布了《互联网网络安全信息通报实施办法》和《通信网络安全防护管理办法》，借此规范通信行业互联网网络安全信息通报工作，促进网络安全信息共享，保障通信网络畅通，提高网络安全预警、防范和应急水平。2016 年 7 月 27 日，中共中央办公厅、国务院办公厅印发了《国家信息化发展战略纲要》，是根据新形势对《2006～2020 年国家信息化发展战略》的调整和发展，对未来十年国家信息化发展进行规范和指导，是信息化领域规划、政策制定的重要依据。2016 年 11 月发布的《中华人民共和国网络安全法》是为了保障网络安全的又一部法律，旨在维护网络空间主权和国家安全、社会公共利益。

在通关政策方面，2001 年 10 月中国宣布实行"大通关"制度，建立"电子口岸"，实现数据与监管的整合、进出口货物信息的畅通和流程缩减。多个部门和企业互相联动，实现口岸数据信息共享，为企业提供全天通关服务，为各部门和企业带来了便利及效率的提高。2005 年12 月开始实行区域通关一体化政策，加强区域内直属海关的协调与合作。2015 年 5 月，实现了国内全覆盖。2017 年 7 月，实现全国通关一体化。20 世纪 90 年代中国在部分城市、海关和企业进行无纸报关的试点，2014 年海关总署正式推行无纸化通关。2018 年 2 月建立"预裁定"制度，把对企业提交的货物资料审核在进出口之前完成，大大提高了通关效率，两年来高效实施。2018 年 8 月起实施"关检融合"，展开报关和报检融合的实践，整合精简报关报检内容、单证和申报步骤，为外贸企业提供了便利。截至 2021 年 6 月，全国进口、出口整体通关时间分别为 36.68 小时和 1.83 小时，较 2017 年分别压缩了62.34% 和 85.15%。①

在海关政策及管理透明度方面，海关总署宣布海关进行关务公开，海关发布了各项进行政府信息公开的办法，以提高政策透明度。针对收费，海关总署从 2009 年开始规范和取消某些费用的征收，之后取消海关监管手续费等费用，2015 年行政事业收费全面取消。

综上所述，我国在贸易便利化方面的立法在不断完善，推动了相关

43

① 今年六月，全国进口、出口整体通关时间进一步压缩跨境贸易便利化水平不断提升[N].人民日报海外版，2021－07－30.

政策的实施，极大地促进了我国贸易便利化水平的提高。

（二）技术方面

贸易便利化措施的顺利推进需要有一定的软件技术和硬件设施作为支撑。我国积极探索贸易便利化所需的各项技术。20 世纪 90 年代开始研究国内贸易便利化的标准化，并在各领域进行推广和应用。三十多年间，国家进行相关立法，发布各项工作，广泛开展国际合作和学习，引进和发布了许多标准，用技术标准促进贸易便利化。

一方面，贸易便利化政策措施的开展既需要借助基本信息技术，例如，网络技术和通信技术等，还需要依托于保密技术、电子签名技术和电子认证技术等辅助性信息技术。近年来，我国 E-commerce 在硬件和技术上发展较快，并且作为泛亚电子商务联盟（PAA）成员已经实现了 PKI（public key infrastructure）交叉认证。此外，标准化体系的建立和相关软件及数据库的研制与开发也为贸易便利化提供了重要的技术支持。改革开放以来，我国不断将国际标准融入本国技术法规的制定中，尤其是加入 WTO 之后，标准化进程进一步加快。现阶段，中国已经成功引进了 UN/EFACT 各项建议书的主要标准，并等同或等效采用为国家标准，例如，联合国贸易数据元目录（UNTDED）、口岸及相关地点代码（U/LOCODE）等。这些标准和技术规范的应用将有助于确保跨部门、跨国境所开发的相关系统的兼容，而随着时间的推移，还能促进这些系统之间的信息交换。

另一方面，贸易便利化的硬件系统建设包括电子口岸、原产地业务电子管理系统以及原产地证书国际电子联网核查系统。电子口岸是中国电子口岸执法系统的简称，是海关总署等国务院十二部委基于电信公网联合共建的公共数据中心。电子口岸运用现代信息技术，借助国家电信公网，将各类进出口业务电子底账数据集中存放到公共数据中心，各国家行政管理部门可以进行跨部门、跨行业的联网数据核查，企业可以在网上办理各种进出口业务。电子口岸的研发部门是中国电子口岸数据中心，它是一个相对独立的事业单位，主要负责研发实施、协调关系、实现需求、系统维护等工作。电子口岸的设立改变了过去点对点的连接方式，借助一个公共数据中心实现数据的交换和共享，能够简化贸易流程，提高企业贸易效率。2004 年初，国家质检总局通关司、信息中心开始研发原产地业务电子管理系统，并于 2006 年在北京、宁波、厦门和深圳率先开展试点，经过一系列的使用和完善，于 2007 年 8 月 1 日起在全国范围内推广使用。该系统具备了签证管理、注册管理、计收费管理、签证人员管理、退证查询、原产国标记管理、综合查询、统计汇总、系统维护等九大功能。2010 年 10 月 10 日，原产地业务电子管理系统二期的顺利升级，对现有九大功能进行全面完善，充分利用网络和信息化技术提高工作效率和办事便利性。另外，为确保我国自贸协定出口顺利实施，进一步服务好"一带一路"倡议和"走出去"战略，带动外贸向优质优价、优进优出转变，国家质检总局全新的原产地管理系统于 2017 年 3 月 27 日正式上线，该系统集原产地签证、备案、调查、人员等管理和数据分析于一体，其前身是原产地业务电子管理系统。2010 年 10 月 10 日，原产地证书国际电子联网核查系统实现了全面推广。该系统通过建立原产地业务信息的数据交换平台，可以定期或实时从原产地业务电子管理系统获取或发送相关的原产地证书信息等，同时国外相关管理机构可以通过网络登录本系统查询相关原产地证书信息，实现国际原产地证书的信息交换、查询统计、证书核查等。该系统的运用不仅极大地提高了办事效率，更有效地打击了证书造假现象。2014 年中国海关在上海的电子口岸平台试行"单一窗口"，实现申报效率的提高。2017 年开始积极推进国际贸易"单一窗口"在全国的建设与应用。2019 年"单一窗口"已实现报关、跨境电商、退税等十六项功能，主要申报应用率大幅提升，已成为国际贸易和大通关领域的主要平台，目前"单一窗口"版本不断升级，全国内进行了积极学习和反馈。许多城市积极扩展其功能，例如，上海增加了信保融资业务、天津上线国际航行船舶转港数据复用功能。

除此之外，为适应实际需求，国家和各省市上线了各种系统，例如，2010 年 10 月 10 日中国应用原产地证书国际电子联网核查系统，实现进出口方之间原产地信息的数据交换。2018 年 9 月，上海亚太示范电子口岸网络（APMEN）推出了旨在使企业更好享受 FTA 红利的自由贸易协定智能优惠关税系统。一些城市进行了新技术，新模式的试点，例如，青岛港实行青岛港全自动化集装箱码头，黄岛海关启用"智慧海关"的管理模式，使用世界领先的 AI 技术和大型集装箱 X 光机检查设备，实现了自动检测和智能识图，这些新技术在很大程度上减少了提货和取证时间，也在降低企业通关成本中发挥了很大作用。

（三）实施环境方面

贸易便利化的推行任重道远，并非一蹴而就，需要政府及相关部门的支持与协调配合。为了提高贸易便利化水平，我国政府一直在不断地努力和探索，采取了许多相应的促进措施，例如，"大通关"制度、无纸化通关、电子检疫检验制度等。2001年10月国务院办公厅下发了《关于进一步提高口岸工作效率的通知》，明确指示"实行'大通关'制度，提高通关效率"，并且自2002年开始在全国范围内全面推行"大通关"制度建设。"大通关"是提高口岸通关效率系统工程的简称，指的是通过运用电子化手段改革现行的口岸货物通关流程，对资源进行整合与监管，建立统一的口岸数据平台，实现信息共享，使口岸进出口货物的流程更加规范与畅通，建立"一站式""一条龙""单一窗口"等形式的口岸联合办公模式。"大通关"主要业务流程全面无纸化需要借助"电子口岸"数据信息系统，以实现在"电子口岸"的全程贯通和口岸通关、物流、商务管理的信息化。作为"大通关"的试点，上海建成了互联互通、数据共享的口岸物流信息和电子商务平台，提高了通关效率，为所有口岸部门和企业带来很大便利，并且为"大通关"在全国的推广提供了很好的经验支持。

"无纸化通关"始于20世纪90年代，是中国海关科技创新与制度创新的产物。海关总署率先在部分海关和企业实行EDI（electronic data interchange）无纸化报关，后来到2001年又开始在南京、杭州、上海、广州4个海关试行网上"无纸化通关"。"无纸化通关"实质是电子化通关过程中依赖高科技信息网络和高效运作的通关流程所实施的无纸化作业环节。通过网络将和通关有关的部门与海关内部、海关与其他口岸单位间的数据连接起来，不仅可以简化办理提发货的手续，还可以杜绝利用假冒放行章进行走私的行为的发生。与此同时，还可以方便获取与货物的提取、存储相关的信息和数据。由此可见，无纸化流程可以加快货物通关速度，提高通关效率，降低企业的贸易成本，从而更快速地投入生产和市场，提高企业的国际竞争力。

电子检疫检验是有利于提高贸易便利化的另一措施，它是中国电子政务十二个重点信息系统之一"金质工程"的重要组成部分，主要具有电子申报、电子监管、电子放行三大功能。电子申报改变了以往进出口企业报检员必须携带相关资料到检验检疫机构申报的制度，节约了人力、物力与时间，极大地提高了申报效率。电子监管指的是质量监管部门对出口货物实施源头管理，推行过程检验、型式试验、抽批检验等全新的监管模式。同时，在该监管模式下，对进口货物采取提前申报，集中审核，快速查验，实货放行。电子放行利用口岸电子执法系统和检验检疫广域网，实现检验检疫机构与海关之间、检验检疫产地机构和口岸机构之间在通关放行信息上的互联互通。电子放行主要包括电子通关、电子转单、绿色通道制度。

跨境电商是互联网时代的新型贸易方式，2015 年 3 月，李克强总理在十二届全国人大三次会议上作政府工作报告时，提出制订"互联网 +"行动计划；同年，首个跨境电商综合试验区在杭州成立。近年来，跨境电商发展十分迅速，各大跨境电商平台的货物进出口额大大增加，各中小企业和个体也加入跨境电子商务领域。2020 年 4 月，国家提出将跨境电商综合试验区扩大到 105 个，把重点从东部移向西部和东北地区，刺激当地外贸经济发展。

海关总署采取各项举措推进跨境贸易便利化，举行世界海关跨境电商大会，强调走有中国特色的跨境电商发展之路，制定跨境电商领域的统一标准和规则，营造更有利的政策环境，完善配套设施，为跨境电商的发展增添动力。

2013 年 9 月，上海自贸区成立，此后又在广东、天津、福建、青岛等多地相继批复成立了自贸区。各自贸区就贸易便利化进行了许多新尝试，探索新措施，在管理制度与技术上进行创新，取得了瞩目的成果，在很大程度上推动了中国的贸易便利化进程。

（四）国际合作方面

中国近年来在双边、区域和多边合作中积极推进国际贸易便利化进程，并在无纸化贸易实现的过程中采取了一系列的政策和措施。例如，2001 年中国国际电子商务中心加入泛亚电子商务联盟（PAA），涉足泛亚地区跨境商业单证交换；2002 年 APEC 电子商务工商联盟成立，秘书处驻中国，这标志着中国电子商务的地位在国际上越来越重要。另外，通过不断签订新的贸易协定，并借助国外电子商务公共服务平台积极推进贸易便利化的进程。截至 2023 年 8 月，中国已经签署了 19 个自贸协定，另外还有 10 个自贸协定正在谈判。其中，区域性优惠原产地证书是具有法律效力的在协定成员国之间就特定产品享受互惠减免关税待遇的官方凭证。目前我国检验检疫机构签发的区域性优惠原产地证共有 11 种，即中国－东盟优惠原产地证书、亚太贸易协定原产地证书、中国内地与港澳关于建立更紧密经贸关系的安排下的优惠原产地证书，中国－非洲最不发达国家特别优惠关税待遇的原产地证，中国－巴基斯坦优惠贸易安排原产地证书，中国－智利自贸区优惠原产地证书、中国－新西兰自贸区优惠原产地证书，中国－新加坡自由贸易区优惠原产地证书，中国－秘鲁自贸区优惠原产地证书，中国－东南亚国家联盟全面经济合作框架协议下的优惠原产地证书以及海峡两岸经济合作框架协议下的优惠原产地证书。通过签订自贸协定，中国与其他国家和地区的国际合作得到了很大的加强，极大地促进了各成员的贸易便利化水平。除此之外，中国积极参与 WTO 贸易便利化谈判议程、高度重视国家和地区间合作。2015 年中国接受《贸易便利化协定》。最近几年，中国开始与世界其他海关进行"经认证的经营者制度"（AEO）互认，意味着企业若符合海关要求，可享受海关提供的便利，如优惠待遇和优先快速通关。目前中国和新加坡、韩国、日本等多个国家（地区）、经济体签署了互认协议，通关时间和成本可降低 50% 以上。中国在"一带一路"认可领域与多个国家建立认证认可合作关系，意味着提高了互信水平，有利于双边合作，为贸易提供了便利。2018 年 6 月，在青岛召开的上海合作组织峰会中，各成员国发布了关于贸易便利化的联合声明，各国表示将在经济项目上开展合作，共同落实贸易便利化内容，加强世界贸易体系建设。总之，中国积极参与区域性的金融、贸易和经济合作，不断签订新的贸易协定，区域性优惠的产品范围和幅度不断增加；积极与国外电子商务公共服务平台开展合作，推动电子商务、电子政务的发展。

三、中国贸易便利化的测度及国际比较

（一）贸易便利化指标体系的构建及测度

贸易便利化所涉及的范围非常广，而对贸易便利化衡量也没有统一

权威的方法（李波等，2017；张亚斌等，2016），简单使用代理变量法很难对贸易便利化进行全面而系统的衡量（张亚斌等，2016），目前大多数研究基于威尔逊等（Wilson et al.，2003，2005）从港口效率、海关环境、规制环境和电子商务等方面设计贸易便利化指标，并对不同国家和地区的贸易便利化水平进行测度。随着2013年《贸易便利化协定》的出台，作为WTO成立以来达成的最重要的多边协定其对国际贸易规则变迁的影响深远。鉴于此，本书结合《贸易便利化协定》的最新表述，并基于贸易便利化的内涵和外延特征，从口岸效率，监管环境、规制环境和电子商务四个方面系统构建了贸易便利化指标体系，基于系统、全面、具体和逻辑清晰原则，下设9个二级指标和23个三级指标，基本涵盖了贸易便利化涉及的全部内容，从整个体系来看，该指标从硬件到软件，从边境上到边境内，从政府到企业全面系统地测度了贸易便利化，使得贸易便利化体系的设计更加全面、系统、科学。本书数据主要来自《全球竞争力报告》（*The Global Competitiveness Report*）、《全球促进贸易报告》（*The Global Enabling Trade Report*）、Doing Business 数据集、World Governance Indicators 数据集、Networked Readiness Index 数据集，时间跨度为 2008 ~ 2016 年，具体指标设计及数据来源见表 3 - 1。由于选取的指标数据来源不同，贸易便利化指标原始数据存在以下问题：一是国家的指标存在个别年份缺失的问题。对于中间年份缺失的情况，本书取前后两年的均值作为中间年份取值。对于首尾年份的缺失值，本书采用年均增长率计算出的值作为首尾年份缺失值的替代变量[①]。二是由于指标数据来源不同，取值范围也不尽相同。为了便于比较和确定指标系数，本书采用归一化方法对数据进行处理，将所有的三级指标标准化取值在0~1之间的指标，具体做法如下：

$$X_i = \frac{x_i - \min(x_i)}{\max(x_i) - \min(x_i)} \tag{3-1}$$

其中，X_i 为 i 三级指标数值归一化的数值，x_i 为 i 三级指标原始值，$\min(x_i)$ 为 i 三级指标的最小值，$\max(x_i)$ 为 i 三级指标的最大值。

---

① 首先，"进出口程序的效率"下的各个三级指标2016年统计方法发生改变，即由原来的进出口时间、手续数量变为进出口的边境复杂度和手续复杂度，因此本书用2008~2015年的数据按照年均增长值测算出2016年的水平，并作为2016年的指标水平。

表 3 - 1   贸易便利化测评指标体系

一级指标	二级指标	三级指标	得分范围	指标属性	来源
口岸效率 P (0.239)	基础设施质量 P1 (0.088)	港口基础设施质量 P11	1~7	正	GCR
		航空运输设施质量 P12	1~7	正	GCR
	运输服务质量 P2 (0.151)	装运负担能力 P21	1~7	正	GETR
		跟踪和追查能力 P22	1~7	正	GETR
		运输的及时性 P23	1~7	正	GETR
监管环境 S (0.209)	进出口程序的效率 S1 (0.114)	进口时间 S11	天	负	DB
		出口时间 S12	天	负	DB
		进口手续总数 S13	件	负	DB
		出口手续总数 S14	件	负	DB
	边境管理的透明 S2 (0.094)	边界政策的透明度 S21	1~7	正	GETR
		与进出口有关的额外支付 S22	1~7	正	GETR
规制环境 R (0.248)	政府的效率 R1 (0.148)	政府制定政策的透明度 R11	1~7	正	GCR
		政府管制的负担 R12	1~7	正	GCR
		法律框架的完善程度 R13	-2.5~2.5	正	WGI
		法律法规的实施效率 R14	1~7	正	GCR
	非法干预 R2 (0.099)	司法独立性 R21	1~7	正	GCR
		政府官员的徇私舞弊 R22	1~7	正	GCR
电子商务 E (0.305)	电子商务的使用 E1 (0.091)	政府在线服务指数 E11	0~1	正	GETR
		信息和通信技术用于商业交易 E12	1~7	正	NRI
	金融服务的效率 E2 (0.104)	金融服务的便利性 E21	1~7	正	GCR
		金融服务的可供性 E22	1~7	正	GCR
	新技术的利用 E3 (0.110)	新技术的可获得性 E31	1~7	正	GCR
		企业层面的技术吸收 E32	1~7	正	GCR

资料来源：由测度方法计算得到。

50

本节采用标准化方法来对不同来源和不同量纲的三级指标进行处理，又因目前对贸易便利化指标的测度并没有权威方法，为了更加精确地对贸易便利化指标体系进行测算，借鉴孔庆峰和董虹蔚（2015）使用主成分分析法对各指标的权重进行赋值，从而减少数据的共线性。使用 Stata 统计软件，对选取的 23 个贸易便利化三级指标进行主成分分析，逐层确定一级、二级指标的权重。

首先，对上述各标准化后的 23 个三级指标进行主成分分析。三个主成分提取了 23 个指标的（77.84）的信息量，并保证两两互不相关，详见表 3-2。

表 3-2　　　　　　　　　　主成分各指标的系数构成

指标项	指标代码	成分		
		1	2	3
港口基础设施质量	P11	0.148	0.106	0.152
航空运输设施质量	P12	0.175	0.051	0.144
装运负担能力	P21	0.283	0.050	-0.205
跟踪和追查能力	P22	0.306	0.029	-0.265
运输的及时性	P23	0.298	0.030	-0.238
进口时间	S11	0.012	0.393	0.151
出口时间	S12	0.026	0.402	0.117
进口手续总数	S13	-0.021	0.549	-0.074
出口手续总数	S14	-0.006	0.527	-0.047
边界政策的透明度	S21	0.191	0.097	0.041
与进出口有关的额外支付	S22	0.194	0.077	0.110
政府制定政策的透明度	R11	0.133	-0.042	0.367
政府管制的负担	R12	-0.068	0.004	0.597
法律框架的完善程度	R13	0.221	0.118	-0.009
法律法规的实施效率	R14	0.123	-0.036	0.369
司法独立性	R21	0.207	-0.018	0.174
政府官员的徇私舞弊	R22	0.201	0.048	0.150
政府在线服务指数	E11	0.240	0.040	-0.164

续表

指标项	指标代码	成分		
		1	2	3
信息和通信技术用于商业交易	E12	0.282	−0.115	−0.037
金融服务的便利性	E21	0.288	−0.113	0.035
金融服务的可供性	E22	0.260	−0.145	0.133
新技术的可获得性	E31	0.279	−0.008	−0.005
企业层面的技术吸收	E32	0.273	−0.059	0.055

资料来源：经 Stata 软件计算得到。

三个主成分的表达式如下：

$$F1 = 0.148X_{111} + 0.175X_{112} + 0.283X_{121} + 0.306X_{122} + 0.298X_{123}$$
$$+ 0.012X_{211} + 0.026X_{212} - 0.021X_{213} - 0.006X_{214} + 0.191X_{221}$$
$$+ 0.194X_{222} + 0.133X_{311} - 0.086X_{312} + 0.221X_{313} + 0.123X_{314}$$
$$+ 0.207X_{321} + 0.201X_{322} + 0.240X_{411} + 0.282X_{412} + 0.288X_{421}$$
$$+ 0.260X_{422} + 0.279X_{431} + 0.273X_{432} \quad (3-2)$$

$$F2 = 0.106X_{111} + 0.051X_{112} + 0.050X_{121} + 0.029X_{122} + 0.030X_{123}$$
$$+ 0.393X_{211} + 0.402X_{212} + 0.549X_{213} + 0.527X_{214} + 0.097X_{221}$$
$$+ 0.077X_{222} - 0.042X_{311} + 0.004X_{312} + 0.118X_{313} - 0.036X_{314}$$
$$- 0.018X_{321} + 0.048X_{322} + 0.040X_{411} - 0.115X_{412} - 0.113X_{421}$$
$$- 0.145X_{422} - 0.008X_{431} - 0.059X_{432} \quad (3-3)$$

$$F3 = 0.152X_{111} + 0.144X_{112} - 0.205X_{121} - 0.265X_{122} - 0.238X_{123}$$
$$+ 0.151X_{211} + 0.117X_{212} - 0.074X_{213} - 0.047X_{214} + 0.041X_{221}$$
$$+ 0.110X_{222} + 0.367X_{311} + 0.597X_{312} - 0.009X_{313} + 0.369X_{314}$$
$$+ 0.174X_{321} + 0.150X_{322} - 0.164X_{411} - 0.037X_{412} + 0.035X_{421}$$
$$+ 0.133X_{422} - 0.005X_{431} + 0.055X_{432} \quad (3-4)$$

根据上述三个主成分表达式，分别用每个主成分各指标对应的系数乘上相应的贡献率再除以所提取三个主成分的累积贡献率，然后再相加求和。经过测算，得到贸易便利化指标体系的综合评价模型如下：

$$F = 0.141X_{111} + 0.148X_{112} + 0.164X_{121} + 0.165X_{122} + 0.165X_{123}$$
$$+ 0.104X_{211} + 0.109X_{212} + 0.076X_{213} + 0.086X_{214} + 0.150X_{221}$$
$$+ 0.159X_{222} + 0.138X_{311} + 0.050X_{312} + 0.166X_{313} + 0.132X_{314}$$

$$+0.160X_{321} +0.165X_{322} +0.140X_{411} +0.159X_{412} +0.175X_{421}$$
$$+0.166X_{422} +0.182X_{431} +0.178X_{432} \qquad (3-5)$$

对以上综合模型中的系数进行归一化处理，可以得到各三级指标的权重，各二级指标为三级指标权重之和，一级指标为二级指标权重之和。贸易便利化体系的综合评价指标（$TWTFI$）可以表示为：

$$TWTFI = 0.043X_{111} +0.045X_{112} +0.050X_{121} +0.050X_{122} +0.050X_{123}$$
$$+0.032X_{211} +0.033X_{212} +0.023X_{213} +0.026X_{214} +0.046X_{221}$$
$$+0.049X_{222} +0.042X_{311} +0.015X_{312} +0.051X_{313} +0.040X_{314}$$
$$+0.049X_{321} +0.050X_{322} +0.043X_{411} +0.049X_{412} +0.053X_{421}$$
$$+0.051X_{422} +0.056X_{431} +0.054X_{432} \qquad (3-6)$$

其中，F 为主成分，X_{111}，X_{112}，$\cdots$，X_{432} 为各个指标。根据上述方法获得的贸易便利化一级指标和二级指标的权重见表 3-1。

贸易便利化水平二级指标的测度方法如下：

$$K_j = \sum_{i=1,\, i\in j}^{m} w_i X_i \qquad (3-7)$$

其中，K_j 为贸易便利化指标体系中 j 二级指标的测度水平，i 为属于 j 二级指标的三级指标，w_i 为 i 三级指标的权重，即公式（3-6）中的系数，X_i 为 i 三级指标标准化后的数值，即公式（3-1）中的值。

贸易便利化水平一级指标的测度方法如下：

$$T_z = \sum_{j=1,\, j\in z}^{n} w_j K_j \qquad (3-8)$$

其中，T_z 为贸易便利化指标体系中 z 一级指标的测度水平，j 为属于 z 一级指标的三级指标，w_j 为 j 三级指标的权重，K_j 为二级指标的测度值，由公式（3-7）确定。

贸易便利化水平一级指标的测度方法如下：

$$T_z = \sum_{j=1,\, j\in z}^{n} w_j K_j \qquad (3-9)$$

其中，T_z 为贸易便利化指标体系中 z 一级指标的测度水平，j 为属于 z 一级指标的二级指标，w_j 为 j 二级指标的权重，K_j 为二级指标的测度值，由公式（3-8）确定。

基于构建的综合评价模型，计算出选取的世界 98 个国家 2008～2016 年的贸易便利化水平总得分以及一级指标和二级指标得分，得分越接近于 1，贸易便利化程度越高，计算结果见本书附录。

（二）中国贸易便利化水平发展的国际比较

1. 与全球的比较

基于前文测度方法，我们获得样本内 98 个国家贸易便利化水平的测度值。从测度值来看，各国贸易便利化水平存在很大差异。参考曾铮和周茜（2008）对贸易便利化综合指标值（TFI）等级的划分：0.8 分以上为非常便利，0.7~0.8 分为比较便利，0.6~0.7 分为一般便利，0.6 分以下为不便利，对选取的 98 个国家 2016 年的贸易便利化水平总得分进行分级，从结果来看，贸易便利化水平总得分在 0.8 分以上的有 9 个国家，如新加坡、芬兰、荷兰、瑞典等国；0.7~0.8 分的有 19 个国家，如德国、加拿大、澳大利亚、日本等国；0.6~0.7 分的有 22 个国家，如意大利、沙特阿拉伯、印度等国；0.6 分以下的有 48 个国家，如喀麦隆、布隆迪、吉尔吉斯斯坦、委内瑞拉等国。按收入水平划分，国家可分为高收入、中上收入、中低收入、低收入国家。因国家数量过多，在表 3-3 中仅罗列 2016 年中国及贸易便利化总得分排名前 10 位和后 10 位的国家，并对总得分和一级指标进行比较，分析中国的情况。据表 3-3 中结果可知，非常便利和比较便利的都是高收入水平国家，一般便利的国家除印度外都为高收入、中上收入水平国家，不便利的国家大部分为中低和低收入国家。整体而言，一国贸易便利化水平与其收入水平相一致，高收入水平国家便利化得分明显优于低收入国家。中国的贸易便利化得分为 0.6401，在 98 个国家中处于中间（第 39 名），为一般便利，与其中上收入水平相一致。中国与新加坡、芬兰相比还存在很大的差距，贸易便利化水平亟须提升。

表 3-3 　　　　　2016 年全球部分国家贸易便利化水平及排名

国家	总得分		口岸效率		监管环境		规制环境		电子商务	
	得分	排名	得分	排名	得分	排名	得分	排名	得分	排名
中国	0.6401	39	0.0245	26	0.0072	54	0.0204	41	0.0224	51
新加坡	0.8651	1	0.0287	2	0.0105	4	0.0306	1	0.0300	1
芬兰	0.8475	2	0.0267	11	0.0109	3	0.0305	2	0.0293	3
荷兰	0.8414	3	0.0287	1	0.0109	2	0.0292	8	0.0283	10

续表

国家	总得分		口岸效率		监管环境		规制环境		电子商务	
	得分	排名	得分	排名	得分	排名	得分	排名	得分	排名
瑞典	0.8375	4	0.0283	4	0.0103	8	0.0299	6	0.0288	8
瑞士	0.8243	5	0.0261	14	0.0103	7	0.0303	3	0.0290	7
英国	0.8200	6	0.0271	9	0.0098	15	0.0287	9	0.0291	5
阿联酋	0.8171	7	0.0276	7	0.0099	13	0.0276	13	0.0287	9
卢森堡	0.8157	8	0.0278	6	0.0103	10	0.0292	7	0.0279	12
挪威	0.8121	9	0.0254	20	0.0093	23	0.0299	5	0.0290	6
新西兰	0.7994	10	0.0239	31	0.0098	14	0.0302	4	0.0280	11
尼加拉瓜	0.4718	89	0.0167	87	0.0068	62	0.0142	94	0.0174	94
巴拉圭	0.4694	90	0.0165	89	0.0054	91	0.0144	93	0.0187	84
玻利维亚	0.4688	91	0.0162	91	0.0056	84	0.0124	97	0.0199	75
贝宁	0.4638	92	0.0165	88	0.0048	94	0.0158	79	0.0171	96
尼泊尔	0.4618	93	0.0156	94	0.0053	93	0.0161	78	0.0173	95
喀麦隆	0.4537	94	0.0138	98	0.0048	95	0.0161	77	0.0181	89
马达加斯加	0.4521	95	0.0148	96	0.0058	81	0.0136	95	0.0178	93
吉尔吉斯斯坦	0.4429	96	0.0146	97	0.0054	89	0.0151	85	0.0166	97
委内瑞拉	0.4059	97	0.0161	92	0.0038	98	0.0079	98	0.0188	81
布隆迪	0.4051	98	0.0171	84	0.0054	83	0.0126	96	0.0131	98

资料来源：根据数据计算整理而成。

55

　　另外，从表3-3可以看出，贸易便利化总得分排名前10位的国家，一级指标的排名也都靠前，与这些国家进行贸易非常便利；排在后10位的国家是尼加拉瓜、布隆迪等低收入国家，无论整体得分还是细分指标得分均处于落后的位置，与这些国家相互间的贸易往来并不方便，对于日后国家间的贸易开展可能有阻碍作用。4个一级指标的得分情况，高收入水平的国家优于较低收入水平的国家，尤其在监管环境和电子商务方面，排名前40位的国家几乎都是高收入水平国家。对一些国家而言，国家的整体实力并不是完全均衡的，4个一级指标的排名与总得分排名并非完全一致。例如，中国在口岸效率上的建设较为突出，得分居第 26 位，在同等收入水平国家中排名第 3 位；但是中国在监管环境（第 54 位）、电子商务（第 51 位）上的排名均低于贸易便利化总得分的排名（第 39 位），远远低于新加坡、荷兰、芬兰等国，也低于许多同等收入水平的国家。需要重点关注这两个方面的建设，尤其是监管环境。

与中国贸易关系紧密的国家，贸易便利化的发展对于本国和中国都有着一定程度的影响，因此在进行样本国选取时，选取了 2016 年与中国贸易额前 13 位的国家，探究中国在其中所处的位置以及各国的改进方向。得分及排名情况见表 3-4，其中国家顺序按 2016 年与中国贸易额从大到小的顺序依次排列，表内排名为该项指标在 14 个国家中的排名。从表 3-4 中可以看出，中国的总得分与各项指标排名都比较靠后。与中国贸易额较大的前几个国家均为高收入水平国家，各项指标排名均高于中国。新加坡和美国的电子商务水平非常高，中国应多加学习；美国的规制环境建设存在短板，但是发展水平仍高于中国；日本的口岸效率存在明显短板，中国与其进行贸易时需要注意；越南、俄罗斯和巴西的贸易便利化水平整体欠佳，应在各方面做出努力；马来西亚与中国是相同的收入水平，但马来西亚的便利化程度总体优于中国。

表 3-4 　　 2016 年中国及其主要贸易伙伴国贸易便利化水平及排名

国家	总得分		口岸效率		监管环境		规制环境		电子商务	
	得分	排名	得分	排名	得分	排名	得分	排名	得分	排名
中国	0.6401	9	0.0245	7	0.0072	10	0.0204	10	0.0224	10
美国	0.7970	3	0.0274	4	0.0088	5	0.0264	6	0.0296	2
日本	0.7639	6	0.0223	11	0.0081	7	0.0275	3	0.0293	3
韩国	0.6986	8	0.0255	5	0.0085	6	0.0207	9	0.0257	8
德国	0.7955	4	0.0280	3	0.0103	3	0.0269	5	0.0273	5
澳大利亚	0.7724	5	0.0252	6	0.0100	4	0.0270	4	0.0269	6
越南	0.5548	12	0.0204	12	0.0058	14	0.0179	12	0.0206	13
马来西亚	0.7178	7	0.0245	8	0.0077	8	0.0240	7	0.0267	7
泰国	0.6204	11	0.0225	10	0.0071	11	0.0191	11	0.0233	9
新加坡	0.8651	1	0.0287	2	0.0105	2	0.0306	1	0.0300	1

国家	总得分		口岸效率		监管环境		规制环境		电子商务	
	得分	排名	得分	排名	得分	排名	得分	排名	得分	排名
印度	0.6307	10	0.0231	9	0.0076	9	0.0211	8	0.0217	11
俄罗斯	0.5477	13	0.0188	14	0.0063	13	0.0168	13	0.0209	12
巴西	0.5384	14	0.0201	13	0.0067	12	0.0156	14	0.0202	14
荷兰	0.8414	2	0.0287	1	0.0109	1	0.0292	2	0.0283	4

资料来源：根据数据计算整理而成。

　　按经济发展水平，可将世界各国划分为发达国家、发展中国家和最不发达国家。这三种类型国家贸易便利化水平是如何表现的？在3组国家类型中各选取2个国家，与中国放在一起，分析这几个国家2008～2016年的贸易便利化发展情况，具体见图3-1。从总得分情况来看，3组国家贸易便利化总体水平与其经济发展水平大体一致，各国贸易便利化发展呈现出不同的趋势。瑞士和美国的贸易便利化平稳保持在高水平；印度尼西亚的变动幅度最大，取得很大进步；埃塞俄比亚和尼泊尔整体发展水平低。中国的贸易便利化水平总体呈上升趋势，与土耳其的贸易便利化总体水平十分接近，在2012～2016年出现较大的增幅，便

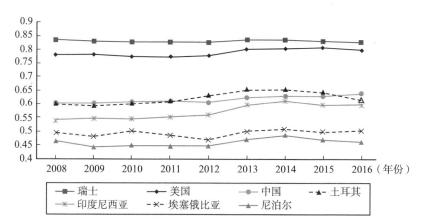

图3-1　2008～2016年七国贸易便利化总得分

资料来源：根据数据计算绘制。

利化程度与另外两个发展中国家相比，处于中间水平。另外，从一级指
标来看（见图 3-2），口岸效率方面，各国得分在 2014 年后均出现下
降趋势，中国在 2008～2011 年增幅较大，总体强于其他发展中国家；
监管环境方面除得分较高的瑞士和美国，其余 5 个国发展水平差距缩
小，得分呈现出近乎一致的变化趋势；规制环境方面，美国与瑞士拉开
了距离，其余 5 个国的差距缩小，中国整体优于其他发展中国家和最不
发达国家；电子商务方面，发达国家的瑞士和美国具有技术优势，水平
高且得分接近，中国的电子商务水平总体在提高低，但是发展落后，多
年落后于其他 2 个发展中国家。

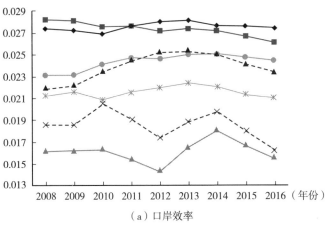

（a）口岸效率

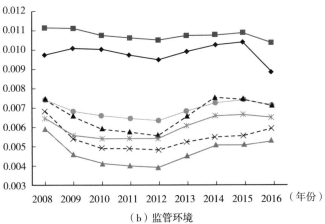

（b）监管环境

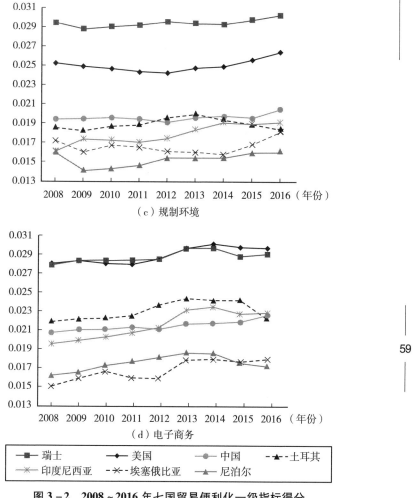

（c）规制环境

（d）电子商务

| 瑞士 | 美国 | 中国 | 土耳其 |
| 印度尼西亚 | 埃塞俄比亚 | 尼泊尔 | |

图 3 – 2 2008 ~ 2016 年七国贸易便利化一级指标得分

资料来源：根据数据计算绘制。

2. 与"一带一路"沿线国家的比较

"一带一路"是重要的区域合作平台，是国家的重要战略，是一条合作共赢之路，这一倡议能够显著增加中国与沿线国家之间的贸易流量（龚静和尹忠明，2016）。目前中国与"一带一路"沿线国家开展了各方面的交流与合作，贸易合作空间和范围不断扩大。贸易畅通是"一带一路"倡议的重要方面，为贸易开辟了新路径、新方向，为相关国家带来发展的新机遇和新动力。目前"一带一路"沿线国家的贸易便利化水平如何？中国作为主要倡议国在其中处于什么样的位置？"一带一路"倡议提出后，各国贸易便利化水平发生了怎样的变化？中国与各国还应在哪些方面做出更大的努力？针对以上问题，下面将进行对"一带一路"范围内各国贸易便利化水平的分析。

在国家的选择上，"一带一路网"对国家没有具体界定范围。本书在 2016 年与我国签署"一带一路"合作文件的国家基础上，参考陈继勇（2018）、盛斌（2019）的国家选择，并基于前文 98 个国家贸易便利化水平的测度结果，选择可以获得数据的 43 个国家进行比较，具体见表 3－5。

表 3－5　　2016 年"一带一路"沿线 43 个国家贸易便利化水平及排名

便利级别	国家	TFI	排名
非常便利	新加坡	0.8651	1
	阿联酋	0.8171	2
比较便利	卡塔尔	0.7689	3
	以色列	0.7530	4
	爱沙尼亚	0.7467	5
	马来西亚	0.7178	6
	巴林	0.7170	7
	立陶宛	0.7050	8
一般便利	约旦	0.6968	9
	沙特阿拉伯	0.6897	10
	捷克	0.6784	11
	阿曼	0.6594	12
	拉脱维亚	0.6590	13
	斯洛文尼亚	0.6461	14
	中国	0.6401	15
	波兰	0.6379	16
	印度	0.6307	17
	泰国	0.6204	18

续表

便利级别	国家	TFI	排名
一般便利	土耳其	0.6156	19
	斯洛伐克	0.6071	20
	科威特	0.6056	21
	匈牙利	0.6008	22
不便利	印度尼西亚	0.5966	23
	斯里兰卡	0.5940	24
	哈萨克斯坦	0.5804	25
	埃及	0.5798	26
	阿塞拜疆	0.5778	27
	北马其顿	0.5746	28
	克罗地亚	0.5725	29
	保加利亚	0.5630	30
	越南	0.5548	31
	菲律宾	0.5531	32
	俄罗斯	0.5477	33
	阿尔巴尼亚	0.5453	34
	亚美尼亚	0.5440	35
	巴基斯坦	0.5195	36
	埃塞俄比亚	0.5041	37
	柬埔寨	0.5027	38
	乌克兰	0.4987	39
	波黑	0.4793	40
	孟加拉国	0.4760	41
	尼泊尔	0.4618	42
	吉尔吉斯斯坦	0.4429	43

资料来源：根据数据计算整理而成。

61

参考曾铮和周茜（2008）对贸易便利化综合指标值等级的划分，将43个国家进行分类。根据表3-5的结果可知，"一带一路"沿线国家不论是经济发展水平还是贸易便利化水平都有显著差异，整体水平较低。贸易便利化水平仅新加坡、阿联酋高于 0.8，是非常便利的国家，不便利的国家占近一半。中国的贸易便利化水平在表中 43 个国家中排在第 15 名，排名虽高，但在中国之后，贸易便利化水平得分低于 0.6分的有 21 个国家，与这些国家进行贸易很不便利；在一般便利的国家中，中国的排名也只是处于中间位置，并不具有优势。"一带一路"沿线国家的贸易便利化水平总体较低，与大部分国家的贸易往来存在困难。但从另一个角度看，整体及各国的贸易便利化水平还有很大进步空间。

按地理位置将 43 个国家划分为六个区域，分析这六个区域国家的贸易便利化总体得分与一级指标得分情况，详见表 3 – 6。因蒙古国数据缺少，东亚仅考虑中国一个国家。从表 3 – 6 中可以看出，不同区域国家的便利化水平存在较大差距，同一区域内的国家，便利化水平也不尽相同。东南亚包含的便利化等级最全，国家间便利化水平差距大；南亚和中亚国家便利化水平差距小，都为一般便利和不便利；中亚可选取的国家少，仅有 2 个，便利水平低；西亚和北非包含了很多高便利化水平的国家，便利化水平整体较高，但国家间也存在巨大差距；欧洲的高便利化水平国家略少于西亚和北非，但国家间便利化水平的差距也不容忽视。中国的总得分优于南亚、中亚国家以及东南亚的大部分国家，在欧洲、西亚和北非国家中处于中间水平。

表 3 – 6　　　　2016 年"一带一路"沿线 43 个国家贸易便利化总体及分指标得分及排名

区域	国家	总得分		口岸效率		监管环境		规制环境		电子商务	
		得分	排名	得分	排名	得分	排名	得分	排名	得分	排名
东亚	中国	0.6401	15	0.0245	6	0.0072	23	0.0204	15	0.0224	21
东南亚	新加坡	0.8651	1	0.0287	1	0.0105	1	0.0306	1	0.0300	1
	马来西亚	0.7178	6	0.0245	7	0.0077	19	0.0240	7	0.0267	7
	泰国	0.6204	18	0.0225	16	0.0071	26	0.0191	22	0.0233	15
	印度尼西亚	0.5966	23	0.0210	25	0.0065	28	0.0191	23	0.0227	18
	越南	0.5548	31	0.0204	26	0.0058	38	0.0179	29	0.0206	33

区域	国家	总得分		口岸效率		监管环境		规制环境		电子商务	
		得分	排名	得分	排名	得分	排名	得分	排名	得分	排名
东南亚	菲律宾	0.5531	32	0.0191	32	0.0061	35	0.0166	35	0.0225	19
	柬埔寨	0.5027	38	0.0198	28	0.0054	41	0.0144	43	0.0191	36
南亚	印度	0.6307	17	0.0231	13	0.0076	21	0.0211	12	0.0217	26
	斯里兰卡	0.5940	24	0.0194	30	0.0063	32	0.0197	19	0.0229	16
	巴基斯坦	0.5195	36	0.0201	27	0.0063	33	0.0158	38	0.0185	39
	孟加拉国	0.4760	41	0.0177	38	0.0047	43	0.0149	41	0.0186	38
	尼泊尔	0.4618	42	0.0156	41	0.0053	42	0.0161	37	0.0173	42
中亚	哈萨克斯坦	0.5804	25	0.0190	33	0.0063	29	0.0200	17	0.0219	25
	吉尔吉斯斯坦	0.4429	43	0.0146	43	0.0054	40	0.0151	39	0.0166	43
西亚和北非	阿联酋	0.8171	2	0.0276	2	0.0099	2	0.0276	2	0.0287	2
	卡塔尔	0.7689	3	0.0252	4	0.0087	10	0.0270	3	0.0276	3
	以色列	0.7530	4	0.0249	5	0.0096	4	0.0248	5	0.0274	4
	巴林	0.7170	7	0.0229	14	0.0083	14	0.0242	6	0.0268	6
	约旦	0.6968	9	0.0257	3	0.0096	5	0.0219	10	0.0237	13
	沙特阿拉伯	0.6897	10	0.0224	18	0.0083	13	0.0238	8	0.0250	9
	阿曼	0.6594	12	0.0221	21	0.0080	17	0.0228	9	0.0234	14
	土耳其	0.6156	19	0.0234	10	0.0071	24	0.0184	27	0.0223	22
	科威特	0.6056	21	0.0219	22	0.0063	30	0.0200	18	0.0224	20
	埃及	0.5798	26	0.0223	19	0.0058	37	0.0185	26	0.0207	32
	阿塞拜疆	0.5778	27	0.0179	37	0.0062	34	0.0192	21	0.0227	17
	亚美尼亚	0.5440	35	0.0153	42	0.0072	22	0.0189	24	0.0210	29
	埃塞俄比亚	0.5041	37	0.0160	39	0.0060	36	0.0180	28	0.0180	41
欧洲	爱沙尼亚	0.7467	5	0.0234	11	0.0095	6	0.0258	4	0.0270	5
	立陶宛	0.7050	8	0.0244	8	0.0094	7	0.0217	11	0.0260	8
	捷克	0.6784	11	0.0243	9	0.0091	8	0.0206	14	0.0247	10
	拉脱维亚	0.6590	13	0.0232	12	0.0084	12	0.0202	16	0.0239	12
	斯洛文尼亚	0.6461	14	0.0221	20	0.0096	3	0.0208	13	0.0220	24

63

区域	国家	总得分		口岸效率		监管环境		规制环境		电子商务	
		得分	排名	得分	排名	得分	排名	得分	排名	得分	排名
欧洲	波兰	0.6379	16	0.0229	15	0.0090	9	0.0197	20	0.0223	23
	斯洛伐克	0.6071	20	0.0211	24	0.0082	15	0.0170	33	0.0242	11
	匈牙利	0.6008	22	0.0224	17	0.0085	11	0.0171	32	0.0216	27
	北马其顿	0.5746	28	0.0180	36	0.0082	16	0.0188	25	0.0208	31
	克罗地亚	0.5725	29	0.0214	23	0.0079	18	0.0165	36	0.0202	34
	保加利亚	0.5630	30	0.0197	29	0.0071	25	0.0171	31	0.0213	28
	俄罗斯	0.5477	33	0.0188	34	0.0063	31	0.0168	34	0.0209	30
	阿尔巴尼亚	0.5453	34	0.0180	35	0.0077	20	0.0177	30	0.0193	35
	乌克兰	0.4987	39	0.0194	31	0.0056	39	0.0147	42	0.0187	37
	波黑	0.4793	40	0.0159	40	0.0065	27	0.0151	40	0.0183	40

资料来源：根据数据计算整理而成。

从一级指标得分来看，有的国家4个指标的得分和排名与总得分和排名非常一致，如新加坡、阿联酋，各项排名都遥遥领先；孟加拉国、尼泊尔、吉尔吉斯斯坦无论在整体得分还是一级指标得分均处于落后的位置；也有一些国家在某一方面的建设特别突出或者特别落后，如菲律宾的电子商务建设和马来西亚的监管环境建设。中国在口岸效率方面的排名比较靠前（第6位），优于南亚、中亚、东南亚、欧洲的绝大部分国家；中国在监管环境、电子商务这两个方面排名均低于其总得分排名，也低于一些经济落后于中国的发展中国家，得分仅在南亚和中亚国家中具有优势；在规制环境方面得分，优于南亚、中亚国家和大部分东南亚、欧洲国家。

把每个区域所有国家的得分取平均数，作为整体来分析贸易便利化水平，见表3-7。根据表3-7可知，中国的贸易便利化总得分排名为第2，较为领先；口岸效率排名为第1，与其他5个区域的得分相比，处在靠前的位置；但其他3个一级指标排名都为第3，低于总得分排名，这三个方面的建设相对落后。由于取平均数，各项一级指标排名情况与表3-7的发现相比，有一定出入。西亚和北非的贸易便利化整体水平高、各方面建设取得了优异的成绩，但口岸效率相对来说较弱，可以进一步做出改进；欧洲的监管环境建设突出（排名第1），虽然拥有比较多的高便利水平国家，但一般便利和不便利的国家也比较多，经过平均之后，整体水平不高；中亚综合来看各方面建设都比较弱，需要多方面努力。各区域之间以及同一区域国家之间可以相互学习长处，补齐自身短板，以提高区域内和"一带一路"沿线整体贸易便利化水平。

表3－7　　　　　2016年"一带一路"沿线地区贸易便利化水平及排名

国家和地区	总得分		口岸效率		监管环境		规制环境		电子商务	
	得分	排名	得分	排名	得分	排名	得分	排名	得分	排名
中国	0.6401	2	0.0245	1	0.0072	3	0.0204	3	0.0224	3
东南亚	0.6301	3	0.0223	2	0.0070	4	0.0203	2	0.0236	2
南亚	0.5364	5	0.0192	5	0.0060	5	0.0175	6	0.0198	5
中亚	0.5117	6	0.0168	6	0.0059	6	0.0176	5	0.0192	6
西亚和北非	0.6561	1	0.0221	3	0.0078	2	0.0219	1	0.0238	1
欧洲	0.6041	4	0.0210	4	0.0081	1	0.0186	4	0.0221	4

表3－8展示了2008～2016年，各区域总体以及4个指标的得分情况。2008～2016年，各区域总得分整体呈现增长趋势。中国的贸易便利化总体水平缓慢上升，其中2013年和2016年有较大增幅，2009年及2012年出现得分降低的情况。其他区域在2013年、2014年左右，总得分达到高点，之后，东南亚、欧洲、中亚总得分小幅下降，南亚、西亚和北非增速放缓，南亚和中亚的总体便利化水平差距不断缩小。从一级指标得分情况来看，东南亚规制环境得分在2008～2016年一直保持着上升趋势，其他指标与总得分发展趋势类似；南亚的监管环境、规制环境2014年后增长较快；中亚的监管环境和规制环境在2013年后得到明显改善，增幅较大；西亚和北非各项指标得分十分接近，平稳小幅增长；欧洲监管环境和电子商务水平在2013年后发展较快。2008～2016年，只有中国的4个一级指标得分稳定保持一定差距，没有出现不同指标得分相同的情况。中国除监管环境外，其他一级指标得分整体呈上升趋势，电子商务和规制环境水平整体提高较多，尤其在2016年出现较大幅度提高；2012～2016年中国监管环境出现好转趋势，但口岸效率

连年降低，需要引起注意；中国的 4 个一级指标的发展水平一直以来存在差距，应该采取措施，缩小差距。

表 3 - 8   2008 ~ 2016 年"一带一路"沿线地区贸易便利化水平得分

区域	指标	2008 年	2009 年	2010 年	2011 年	2012 年	2013 年	2014 年	2015 年	2016 年
中国	TFI	0.6042	0.6017	0.6069	0.6114	0.6057	0.6238	0.6306	0.6314	0.6401
	P	0.0232	0.0232	0.0241	0.0247	0.0247	0.0251	0.0251	0.0248	0.0250
	S	0.0074	0.0068	0.0066	0.0065	0.0063	0.0068	0.0073	0.0074	0.0070
	R	0.0193	0.0194	0.0195	0.0194	0.0191	0.0195	0.0196	0.1950	0.0200
	E	0.0208	0.0211	0.0211	0.0212	0.0211	0.0217	0.0217	0.0219	0.0220
东南亚	TFI	0.6144	0.6111	0.6128	0.6183	0.6249	0.6415	0.6444	0.6368	0.6301
	P	0.0227	0.0228	0.0231	0.0236	0.0237	0.0240	0.0238	0.0230	0.0223
	S	0.0071	0.0066	0.0064	0.0064	0.0064	0.0069	0.0073	0.0074	0.0070
	R	0.0195	0.0193	0.0193	0.0196	0.0199	0.0200	0.0202	0.0203	0.0203
	E	0.0222	0.0226	0.0226	0.0226	0.0230	0.0239	0.0237	0.0233	0.0236
南亚	TFI	0.5327	0.5208	0.5273	0.5292	0.5311	0.5414	0.5341	0.5331	0.5364
	P	0.0190	0.0188	0.0196	0.0198	0.0198	0.0202	0.0202	0.0197	0.0192
	S	0.0059	0.0051	0.0048	0.0047	0.0046	0.0050	0.0053	0.0055	0.0060
	R	0.0173	0.0164	0.0167	0.0167	0.0170	0.0169	0.0166	0.0171	0.0175
	E	0.0198	0.0201	0.0203	0.0205	0.0206	0.0211	0.0203	0.0200	0.0198
中亚	TFI	0.4666	0.4519	0.4758	0.4697	0.4783	0.5042	0.5148	0.5152	0.5117
	P	0.0162	0.0160	0.0193	0.0184	0.0172	0.0174	0.0175	0.0172	0.0168
	S	0.0057	0.0045	0.0043	0.0044	0.0044	0.0051	0.0057	0.0058	0.0059
	R	0.0150	0.0142	0.0146	0.0148	0.0157	0.0161	0.0165	0.0172	0.0176
	E	0.0174	0.0178	0.0179	0.0177	0.0187	0.0201	0.0202	0.0198	0.0192
西亚和北非	TFI	0.6271	0.6258	0.6362	0.6392	0.6425	0.6596	0.6540	0.6528	0.6561
	P	0.0215	0.0217	0.0226	0.0228	0.0226	0.0229	0.0226	0.0223	0.0221
	S	0.0076	0.0071	0.0072	0.0072	0.0072	0.0075	0.0078	0.0078	0.0078
	R	0.0213	0.0210	0.0210	0.0212	0.0215	0.0216	0.0214	0.0214	0.0219
	E	0.0221	0.0225	0.0227	0.0228	0.0231	0.0241	0.0238	0.0238	0.0238

区域	指标	2008 年	2009 年	2010 年	2011 年	2012 年	2013 年	2014 年	2015 年	2016 年
欧洲	TFI	0.5634	0.5617	0.5755	0.5776	0.5798	0.6034	0.6167	0.6095	0.6041
	P	0.0200	0.0201	0.0216	0.0218	0.0217	0.0224	0.0227	0.0218	0.0210
	S	0.0074	0.0069	0.0068	0.0067	0.0067	0.0074	0.0079	0.0081	0.0081
	R	0.0183	0.0180	0.0182	0.0182	0.0183	0.0185	0.0186	0.0187	0.0186
	E	0.0197	0.0202	0.0206	0.0207	0.0209	0.0219	0.0224	0.0221	0.0221

第二节　中国出口发展概况

一、出口总体发展情况

（一）从出口总额及其增长速度来看

从出口总额来看，中国整体的出口贸易在 1990～2020 年取得了长足发展。从图 3－3 中的数据计算可知，1990 年中国的出口总额仅为621 亿美元，在 2020 年快速增长至 25900 亿美元，年均增长率达到了13.24%，而同时期世界出口贸易的年均增长率仅为 6.02%，我国出口贸易的增长优势明显。其中，由于 2001 年 12 月 11 日中国正式加入WTO，2002～2008 年国际金融危机之前的出口总额更是实现了 27.98%的年均增速，从 2002 年的 3256 亿美元上升到 2008 年的 14307 亿美元。

然而，中国出口贸易在 1990～2020 年实现突飞猛进的增长的同时也遭遇了短期的波动下降。从图 3－3 中可以看出，由于 2008 年国际金融危机的爆发，中国的出口总额从 2008 年的 14307 亿美元下降为 2009年的 12016 亿美元，减少了 16.01%，表明中国出口企业应对外部冲击和危机的能力尚显不足。不过，从图 3－3 中国与世界总体的出口增速对比可以明显看出，同时期全球出口总额亦出现了下跌且下降幅度更大，2009 年世界总的出口总额为 125550 亿美元，与 2008 年相比下降了22.31%。尽管如此，无论是在中国还是在全球范围内，出口贸易这种下降的局面均在短期内得以扭转。从图 3－3 中的数据可知，2010 年中

国和世界的出口总额分别又上升为 15778 亿美元、153010 亿美元，出口
增速也分别提高到 31.30%、21.87%。另外，从图 3 - 3 中可以清晰地
看出，中国在 2010 年的出口总额甚至还要高于金融危机之前的水平。

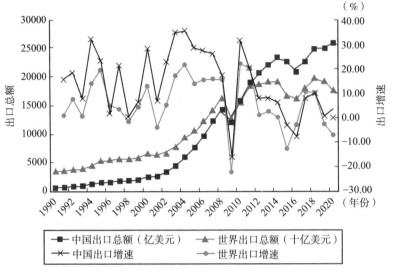

图 3 - 3　1990 ~ 2020 年中国出口总额与出口增速

资料来源：根据 1990 ~ 2020 年《中国统计年鉴》及世界贸易组织数据库整理计算得出。

　　从图 3 - 3 中出口总额的增长趋势来看，中国的出口额在 2014 年达
到样本区间的最大值 23423 亿美元之后又再次出现了下降。不过，与
2009 年急剧的下降不同，此次全国出口总额的下降较为缓慢且具有持
续降低的态势，增长缺乏动力。从图 3 - 3 中的数据可知，2015 年、
2016 年中国的出口增速分别为 - 2.94%、 - 7.73%，相应地，出口总
额也分别下降为 22735 亿美元、20976 亿美元。此外，与 2009 年的出口
下跌相似，此次中国出口贸易的负增长同样也是在全球总体出口贸易下
滑的大背景下发生的，并且全球整体的出口贸易所遭遇的下降幅度相对
更大，2014 ~ 2016 年中国出口总额的年均增长率为 - 5.37%，而世界
出口总额的年均增长率 - 8.37%。需要注意的是，图 3 - 3 中的数据显
示，2016 年世界出口增速开始回升，而中国的出口增速仍然在下降，
说明中国出口贸易相比全球增长动力明显不足。

（二）从贸易方式来看（一般贸易、加工贸易和其他贸易）

根据贸易方式的不同，将我国的出口贸易分为加工贸易、一般贸易以及其他贸易三类。

首先，从图 3 - 4 中加工贸易的数据来看，1990 ~ 2008 年[①]中国加工贸易的出口总额实现了较大增长，1990 年全国加工贸易的出口总额仅为 254 亿美元，而在 2008 年却提高至 6751 亿美元，年均增长率达到了 19. 98%。另外分阶段来说，我国加工贸易的出口总额经历了先缓慢后加速的增长轨迹。自 1990 年以 17. 33% 的年均增速增加到 2001 年的 1474 亿美元之后，2001 ~ 2008 年的年均增长率更是高达 24. 28%。另外，从出口比重来看，加工贸易在中国出口贸易中占有较大份额，1990 ~ 2008 年加工贸易的出口额平均占到全国总出口中的 51. 75%。另外，需要注意的是，尽管在样本期间中国加工贸易的出口总额在不断增加，但是，从图 3 - 4 中可以看出，在样本后期加工贸易出口总额在全国出口贸易中的比重却在不断下降。加工贸易的比重在 1999 年达到了样本期间的最大值 56. 88% 之后开始出现下降，2008 年已经降低到 47. 19%。

其次，从图 3 - 4 中一般贸易出口总额曲线的走势来看，1990 ~ 2008 年中国一般贸易出口总额增长迅速，以 17. 67% 的年均增长率从 1990 年的 355 亿美元增加到 2008 年的 6629 亿美元。此外，由图 3 - 4 中的数据计算可得，2002 ~ 2008 年一般贸易出口总额增长格外迅速，此区间其年均增长率达到了 30. 18%。另外，在样本区间内，一般贸易出口额在全国总出口贸易中的比重却是呈现出先下降或上升的趋势。1990 年中国一般贸易的出口比重为 57. 11%，要高于加工贸易的比重，但在此之后，一般贸易出口比重开始逐渐下降，1998 年降低到样本区间内的最小值 40. 41%，而后又开始小幅回升至 2008 年的 46. 33%。

---

① 《中国统计年鉴》自 2010 年取消以贸易方式划分，自 2008 年后无数据。此部分无变动。

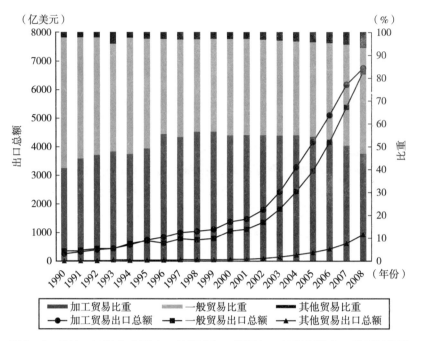

（亿美元）　　　　　　　　　　　　　　　　　　　　　　　　　　（％）

图3-4　1990~2008年中国出口总额中加工贸易与一般贸易的出口总额及比重

资料来源：根据1990~2008年《中国统计年鉴》整理计算得出。

最后，从其他贸易来看，中国其他贸易出口总额比较小，1990年仅为12亿美元，但是与加工贸易和一般贸易相比其增长速度比较快，2008年我国其他贸易的出口总额为927亿美元，1990~2008年实现了27.26%的年均增长率。尽管其他贸易出口在全国总出口中所占的比重很小，1990~2008年这一比重平均为3.19%，但是随着其他贸易出口总额的增加，其在全国总出口中的比重也在不断提高，2008年该比重为6.48%，是1990年的3.33倍。

（三）从出口产品的主要构成来看（初级产品、工业制成品）

根据出口产品构成的不同，将我国的出口产品主要分为两大类：初级产品和工业制成品。

图3-5中工业制品的数据显示，1994~2020年中国出口产品中工业制成品的出口数额及其在总出口中的百分比均在总体上呈现出上升的趋势。一方面，从出口总额来看，1994年中国工业制成品的出口总额

为 1013 亿美元，而 2020 年增长至 24743 亿美元，年均增长率达到了
13.1%。另一方面，从工业制成品的出口份额来看，1994 年工业制成
品的出口额在全国总出口中占有 83.71% 的份额，2015 年上升到
95.43%，而 2016～2019 年又稍有降低，至 2020 年达到最大值
95.53%。总的来说，1994～2020 年工业制成品在全国总出口产品中所
占份额平均每年为 92.36%，远远高于初级产品的出口份额。此外，将
图 3－5 和图 3－3 联系起来可以发现，正是由于中国出口产品中工业制
成品占有绝对份额，所以中国工业制成品出口额与全国出口总额的走势
曲线是一致的。

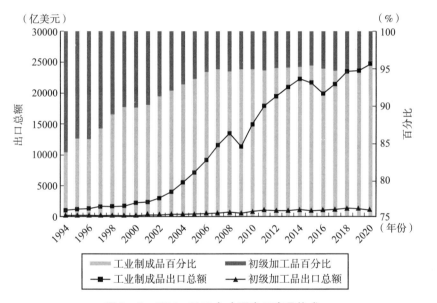

图 3－5　1994～2020 年中国出口产品构成

资料来源：根据 1994～2020 年《中国统计年鉴》整理计算得出。

　　从初级产品来看，1994～2020 年中国初级产品的出口总额总体上
在不断增加，但是其在全国出口总额中的比重却呈现出下降的趋势。从
图 3－5 中的出口总额数据可知，1994 年中国初级产品的出口总额为
197 亿美元，而 2020 年增加到 1156 亿美元，年均增长率达到了
7.04%。但是从初级产品的出口份额来看，中国初级出口产品在全国总
出口中所占比重较小，并且在 1994～2020 年呈不断降低的趋势。由

图 3-5 中的数据计算可得，1994～2020 年初级出口产品在全国总出口中的比重平均每年为 7.63%，其中 1994 年初级出口产品的比重为 16.29%，而 2020 年下降为 4.46%。另外也可以从图 3-5 中进一步得出，1994～2007 年这一区间内中国初级产品出口份额的下降幅度更大，具体来说年均下降了 8.61%，而 2008～2020 年尽管该比重也在下降，但是变化较小，年均下降的幅度仅为 1.65%。

（四）从出口企业所在地区来看（各地区、各城市）

从出口企业所在地区来看，中国出口企业分布较不均匀，主要集中在东部地区。由表 3-9 中的数据计算可得，2000～2020 年我国东部地区出口企业的出口总额平均每年占到全国总出口额的 86.11%。另外，东北、中部、西部地区的出口额相对较小，2000～2020 年三者平均每年在全国总出口中占去的比重分别为 4.09%、4.60%、5.20%。

表 3-9　　　　　2000～2020 年中国各地区的出口额及其比重

年份	全国（亿美元）	东部地区		东北地区		中部地区		西部地区	
		出口额（亿美元）	比重（%）	出口额（亿美元）	比重（%）	出口额（亿美元）	比重（%）	出口额（亿美元）	比重（%）
2000	2494	2160	86.69	136	5.44	97	3.89	99	3.98
2001	2661	2330	87.54	141	5.29	100	3.77	90	3.40
2002	3256	2865	88.00	161	4.95	112	3.43	118	3.62
2003	4382	3877	88.48	196	4.48	146	3.34	162	3.71
2004	5933	5278	88.96	243	4.10	206	3.48	206	3.47
2005	7620	6798	89.22	320	4.20	244	3.20	258	3.38
2006	9689	8624	89.00	398	4.10	327	3.38	341	3.52
2007	12178	10754	88.31	514	4.22	439	3.60	470	3.86
2008	14307	12425	86.85	636	4.45	592	4.14	653	4.57
2009	12016	10610	88.30	466	3.88	419	3.49	520	4.33
2010	15778	13784	87.37	639	4.05	63635	4.02	720	4.56
2011	18984	16237	85.53	737	3.88	931	4.90	1079	5.69
2012	20487	17010	83.03	784	3.83	1206	5.88	1487	7.26

年份	全国（亿美元）	东部地区		东北地区		中部地区		西部地区	
		出口额（亿美元）	比重（%）	出口额（亿美元）	比重（%）	出口额（亿美元）	比重（%）	出口额（亿美元）	比重（%）
2013	22090	18055	81.73	875	3.96	1381	6.25	1779	8.05
2014	23423	18846	80.46	819	3.49	1584	6.76	2174	9.28
2015	22735	18532	81.51	634	2.79	1652	7.27	1917	8.43
2016	20976	17386	82.89	523	2.49	1547	7.38	1520	7.24
2017	22634	18562	82.01	545	2.41	1740	7.69	1788	7.90
2018	24867	20157	81.06	582	2.34	2008	8.08	2120	8.53
2019	24995	19977	79.92	552	2.21	2230	8.92	2235	8.94
2020	25900	20488	79.10	477	1.84	2465	9.52	2469	9.53

注：表中出口数据按经营单位所在地区统计（统计不含港澳台地区），数据取整数并小数位四舍五入。东部地区包括：北京、天津、河北、上海、江苏、浙江、福建、山东、广东和海南；东北地区包括：辽宁、吉林和黑龙江；中部地区包括：山西、安徽、江西、河南、湖北和湖南；西部地区包括：内蒙古、广西、重庆、四川、贵州、云南、西藏、陕西、甘肃、青海、宁夏和新疆。

资料来源：根据2000~2020年《中国统计年鉴》整理计算得出。

从东部地区来看，表3-9中的数据显示，一直以来东部地区均在全国出口贸易中占据着举足轻重的地位，并且2000~2020年东部地区的出口额总体上在不断增长。2000年东部地区出口企业的出口总额为2160亿美元，到2020年增加为20488亿美元，年均增长率达到了13.92%。然而，尽管东部地区的出口总额在全国总出口中占有绝对比重，但是总体来看其比重呈现出下降的趋势。从表3-9可得，2000年东部地区在全国总出口中的比重为86.69%，2014年下降到80.46%，年均下降0.53%。而2015年之后又开始出现小幅度的提高，2016年东部地区的比重上升为82.69%，但是仍然低于2000年的水平。2017~2020年逐步下降，由于受新冠疫情影响，2020年下降到79.11%，成为历史新低。

从表3-9中部和西部地区的数据来看，2000~2020年二者的出口总额得到了较大幅度的提高，分别以5.35%、5.87%的年均增长率增长到2020年的2465亿美元、2469亿美元，分别相当于各自地区2000年出口额的24.65倍、24.69倍。另一方面，从出口比重来看，2000~

2020 年中部地区和西部地区的出口额在全国总出口额中所占份额总体上呈现出不断提高的态势。2000 年中部地区在全国总出口中的比重仅为 3.89%，而 2020 年却上升到 9.52%。与此同时，西部地区的出口比重也从 2000 年的 3.98% 提高到 2020 年的 9.53%。然而总的来说，尽管中部和西部地区在出口总额和出口比重两个方面均呈现出不断提高的趋势，但是二者的在全国总出口中的份额仍然比较小。

从东北地区来看，表 3-9 中的数据比较直观地表明东北地区的出口额及其在全国总出口中的份额均比较小，这可能也与该地区所包含的省份相对较少有关。从出口额来看，2000 年东北地区的出口总额为 136 亿美元，2020 年增加到 477 亿美元，年均增长率为 6.48%。尽管其基数高于中部和西部地区，但是年均增速却低于后两者。另外，从出口额在全国总出口中所占的比重来看，东北地区的出口比重不仅数值较小，而且总体上还在不断降低。2000 年东北地区出口额在全国中的份额为 5.44%，而 2020 年受新冠疫情冲击降低到 1.85%。

从图 3-6 中全国主要省份或城市的出口额来看，中国的出口主要集中在沿海地区。由图 3-6 中的数据计算可得，2020 年仅广东、江苏、浙江、上海、山东和福建等 6 个沿海省份的出口额就高达 18968 亿美元，占当年全国总出口额的 73.24%。然而，沿海地区的出口又主要集中在广东地区，2020 年广东省出口总额为 6283 亿美元，在全国总出

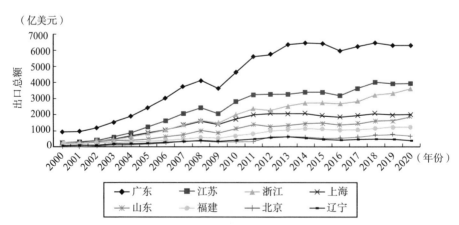

图 3-6　2000~2020 年中国主要出口城市的出口额

资料来源：根据 2000~2020 年《中国统计年鉴》整理计算得出。

口中占据了 24.26% 。另外，从图 3 - 6 中的整体情况来看，除了受
2008 年金融危机导致 2009 年出口额的下降之外，2000 ~ 2020 年我国主
要省份的出口额总体上得到了较大提升，但是近几年的增长却出现放缓
甚至下降的趋势。以广东为例，2000 年其出口额仅为 919 亿美元，以
14.95% 的年均增长率提高至 2014 年的 6461 亿美元之后，2015 年开始
出现缓慢下降，而 2016 年已经急剧减少到 5986 亿美元，相比上年降低
了 6.93% 。

（五）从出口企业的所有权性质来看

基于 2000 ~ 2013 年中国海关数据库和中国工业企业数据库的合并
数据，我们可以从不同所有权性质的角度来考察我国出口企业的特征。
本书根据企业所有权性质的不同，将中国出口企业分为国有企业、集体
企业、外资企业、私营企业和其他企业五大类。

从表 3 - 10 中 2000 ~ 2013 年的样本数据可以得出，中国外资企业
的出口额增长迅速，并且一直以来其在样本内所有企业的出口总额中均
占据着主要份额。样本数据中，2000 年我国外资企业的出口额仅为
734 亿美元，而到 2013 年已增长至 6725 亿美元，实现了 18.57% 的
年均增长率。另外，从表 3 - 10 中的样本数据计算得出，中国外资企
业在 2000 ~ 2013 年平均每年占去全国总出口的 79.04% 。尽管如此，
外资企业在中国出口总额中所占的比重整体上却呈现出逐渐下降的趋
势，从 2000 年的 85.74% 下降为 2013 年的 70.87% 。另外，从企业数
量来看，我国外资企业由于出口份额最大，相应地其数量也最多，2008
年更是达到了样本内的最大值 31664 家，但是 2013 年外资企业的数量
开始落后于私营企业排在第 2 位。

就国有企业和集体企业来说，样本内我国出口企业中国有企业和集
体企业的出口额相对较小，且二者在全国出口总额中的份额总体上也均
呈现出下降的趋势。首先，从国有企业来看，表 3 - 10 中的样本数据显
示出我国国有出口企业的出口额尽管总体上有所增长，但是增幅较小，
从 2000 年的 46 亿美元到 2013 年的 50 亿美元，年均增速仅为 0.54% ，
其在全国总出口中的比重也从 2000 年的 5.42% 降低到 2013 年的

表3-10　2000～2013年中国不同所有权企业的数量特征

年份	国有企业			集体企业			外资企业			私营企业			其他企业		
	出口额（亿美元）	企业数（家）	比重（%）	出口额（亿美元）	企业数（家）	比重（%）	出口额（亿美元）	企业数（家）	比重（%）	出口额（亿美元）	企业数（家）	比重（%）	出口额（亿美元）	企业数（家）	比重（%）
2000	46	1381	5.42	19	1135	2.26	734	13739	85.74	10	802	1.21	46	1729	5.37
2001	43	1234	4.00	18	949	1.71	906	15185	85.22	24	1514	2.24	73	2369	6.83
2002	36	1105	2.96	17	820	1.41	1034	16660	84.43	41	2624	3.32	96	3037	7.88
2003	40	886	2.45	13	648	0.79	1346	18416	83.36	82	4307	5.09	134	3615	8.32
2004	36	796	1.64	8	438	0.35	1781	25009	80.70	162	8116	7.35	220	4902	9.95
2005	42	689	1.49	10	429	0.37	2278	26951	81.06	210	9867	7.46	270	5389	9.61
2006	64	645	1.84	9	352	0.26	2786	29212	79.37	312	13450	8.89	339	6164	9.64
2007	42	525	1.06	7	286	0.17	3077	27488	78.22	378	14099	9.60	431	5958	10.95
2008	70	503	1.27	5	224	0.10	4309	31664	78.03	541	19224	9.79	597	6673	10.82
2009	68	439	1.63	4	199	0.09	3228	26894	77.25	433	18082	10.36	446	5948	10.68
2010	56	435	1.15	5	219	0.11	3738	23777	76.66	504	13940	10.34	572	5488	11.74
2011	73	405	1.09	4	99	0.06	4954	22125	73.73	813	17225	12.10	875	7288	13.02
2012	74	519	0.83	5	130	0.05	6383	27808	71.90	1222	25290	13.76	1194	10785	13.45
2013	50	392	0.52	3	82	0.03	6725	27312	70.87	1471	27919	15.50	1240	11439	13.07

注：国有企业包括国有独资企业、国有控股企业、国有联营企业；集体企业包括集体企业、集体联营企业；外资企业包括外资企业（港澳台资）、合资经营企业（港澳台资）、中外合资经营企业、合资经营企业（港澳合资）、中外合作经营企业、港澳台独资经营企业、其他港澳台投资企业、外商独资经营企业、外商投资股份有限公司、其他外商投资企业；私营企业包括私营独资企业、私营合伙企业、私营有限责任公司、私营股份有限公司、私营合伙企业。

资料来源：根据中国海关数据库和中国工业企业数据库的合并数据整理计算得出。

0.52%。此外，样本中我国国有企业的出口额波动也比较大，从表 3 - 10 中可知，2002 年其出口额低至 36 亿美元，而 2012 年又高达 74 亿美元。另外，我国国有出口企业的数量也呈现逐渐减少的趋势，从表 3 - 10 中的样本数据来看，样本内 2000 年全国国有出口企业为 1381 家，而 2013 年仅为 392 家，减少了 71.61%。从表 3 - 10 中集体企业的样本数据来看，我国集体企业的出口额较小且在样本期内呈现出不断降低的趋势，2000 年全国集体企业的出口额为 19 亿美元，而 2013 年已减少至 3 亿美元，年均降低 13%。与此相对应，集体企业的出口额在全国总出口中的比重以及其数量也在不断减小，从表 3 - 10 可知，2000 年其出口比重为 2.26%，而 2013 年降低至 0.03%，同时企业数量也由 1135 家减少到 82 家。

从私营企业来看，在样本期间内，我国私营出口企业取得了比较突出的发展，2000 年其出口额在全国总出口中所占比例仅为 1.21%，而在 2013 年却增加到 15.50%，其出口额更是从 2000 年的 10 亿美元迅速扩大到 2013 年的 1471 亿美元，年均增长率达到了 46.42%，出口潜力不容小觑。另外，样本中我国私营出口企业的数量也从 2000 年的 802 家增加到 2013 年的 27919 家，并且从 2013 年其数量超过了外资出口企业位居第一，但是其出口额却仅为外资企业出口额的 21.87%，这说明大多数私营企业的出口规模要远远小于外资企业，以至于私营出口企业总量较多但加总起来的出口额却比较低。

需要注意的是，由于 2008 年金融危机的爆发，各种所有权性质的企业在接下来的一段时间内均遭受了不同程度的冲击，从表 3 - 10 中的样本数据计算得出，集体企业的出口额受到的影响最大，2009 年我国集体企业出口额相比上年降低了 32.27%。另外，从企业数量来看，外资企业的数量减少得最多，2009 年我国出口企业中外资企业的数量要比 2008 年少 15.06%。另外，金融危机对国有企业的影响相对滞后，2009 年全国国有企业的出口额和数量下降得相对较小，但是相比 2008 年，2010 年二者分别减少了 20.20%、13.52%，变化幅度较大。

（六）从出口产品的主要种类来看（机电产品、高新技术产品）

按照出口产品种类的不同，将中国的出口产品主要分为三大类，分别是机电产品、高新技术产品和其他产品。其中，机电产品和高新技术产品的出口额总和在 2004～2016 年平均占到全国总出口的 86.43%。

首先，从机电产品来看，表 3-11 中的数据显示出中国机电产品出口贸易在 2004～2020 年取得了长足发展，在样本区间内其年均增长率达到了 10.25%，从 2004 年的 3234 亿美元上升到 2020 年的 15406 亿美元。然而，更具体地来看，样本区间内中国机电产品的出口经历了两次下滑。第一次是受 2008 年金融危机的冲击，2009 年我国机电产品出口额相比上年减少了 13.34%。中国机电产品出口额的第二次下降出现在 2016 年，相比 2015 年下跌了 7.75%。另外，从出口比重来说，我国机电产品出口在全国总出口贸易中占有主要份额，依据表 3-11 中的数据计算可得，在 2004～2020 年机电产品出口额在中国出口总额中所占据的比重平均为 57.59%。另外值得注意的是，尽管 2009 年机电产品出口额由于受到金融危机的影响而出现样本期内的首次下滑，但是当年其比重却达到了考察期的最大值 59.35%。

表 3-11　　　　　2004～2020 年中国不同种类产品出口额及比重

年份	总出口额 (亿美元)	机电产品		高新技术产品		其他产品	
		出口额 (亿美元)	比重 (%)	出口额 (亿美元)	比重 (%)	出口额 (亿美元)	比重 (%)
2004	5933	3234	54.51	1655	27.90	1044	17.59
2005	7620	4267	56.00	2182	28.64	1170	15.35
2006	9690	5494	56.70	2815	29.05	1381	14.25
2007	12201	7012	57.47	3478	28.51	1711	14.02
2008	14307	8229	57.52	4156	29.05	1921	13.43
2009	12016	7131	59.35	3769	31.37	1116	9.29
2010	15778	9334	59.16	4924	31.21	1519	9.63
2011	18984	10856	57.19	5488	28.91	2640	13.91
2012	20487	11793	57.56	6012	29.34	2682	13.09
2013	22090	12647	57.25	6601	29.88	2843	12.87
2014	23423	13108	55.96	6605	28.20	3710	15.84
2015	22735	13107	57.65	6552	28.82	3075	13.53
2016	20976	12091	57.64	6036	28.77	2850	13.59

年份	总出口额（亿美元）	机电产品		高新技术产品		其他产品	
		出口额（亿美元）	比重（%）	出口额（亿美元）	比重（%）	出口额（亿美元）	比重（%）
2017	22634	13215	58.39	6674	29.49	2745	12.13
2018	24867	14603	58.72	7468	30.03	2796	11.24
2019	24995	14590	58.37	7307	29.23	3098	12.39
2020	25890	15406	59.51	7763	29.99	2721	10.51

资料来源：根据2004~2020年《中国统计年鉴》整理计算得出。

其次，以高新技术产品来说，在样本期内中国高新技术产品出口贸易同样实现了较快发展，2004年我国高新技术产品出口额仅为1655亿美元，此后以10.14%的年均增速上升到2020年的7763亿美元。此外，与机电产品出口相同，中国高新技术产品出口贸易同样分别在2009年和2016年出现了两次下跌，具体来讲，2009年和2016年我国高新技术产品的出口额相比上年分别下降了9.31%、7.88%。另外，从高新技术产品的出口比重来看，根据表3-11中的数据计算得出在2004~2016年中国出口贸易中高新技术产品的出口份额平均为29.20%，仅次于机电产品排在第二位。从表3-11中的数据可以看出，尽管我国高新技术产品出口在全国总出口中的比重总体上在提高，但是该比重在2009年达到最大值31.37%之后有下滑的趋势，2016年已经下降到28.77%。

总体来看，在样本前期，随着机电产品和高新技术产品出口额的快速增长，二者在全国总出口中的比重也在不断提高，与此同时，其他种类的产品的出口比重被挤占。然而，在经历了2008年金融危机之后，尽管我国机电产品和高新技术产品的出口额总体上在增长，但是二者在全国出口贸易中的份额提高较少，甚至出现下滑的趋势，与之相对的是其他种类产品出口份额的提高。

二、企业出口动态情况

自2000年以来，除去受到2008年金融危机冲击发生的短暂下降，我国的出口总额整体上在不断增长，与之相伴随的是，全国出口企业数量的逐渐增加和企业平均出口额的提高，以及出口目标市场的增多。

就出口总额而言，由表 3 – 12 中的数据计算可知，2000 ~ 2013 年，样本内中国企业的出口总额增长明显，由 856 亿美元上升为 9489 亿美元，年均增速达到了 20.32%。其次，从企业层面的数据来看，样本中 2013 年我国出口企业的数量为 67144 家，是 2000 年的 3.57 倍，且企业平均出口额也从 2000 年的 456 万美元增加到 2013 年的 1413 万美元，年均增长率为 9.09%。再者，每年每个企业的出口目标市场数量也在不断地增加，2000 年平均每个企业出口到 6 个国家或地区，而 2013 年出口目标市场数已上升到 11 个国家或地区。然而，从表 3 – 12 中的样本数据可以明显地看出，中国出口企业的出口目标市场的平均数要远远高于其中位数，也就是说，呈现出右偏厚尾的特征（Eaton et al.，2008a；陈勇兵等，2012）。

表 3 – 12　　　　　　　2000 ~ 2013 年中国出口企业数量特征

年份	出口总额（亿美元）	企业数量（家）	企业平均出口额（万美元）	出口目标市场数（个）	
				中位数	平均数
2000	856	18786	456	3	6.02
2001	1063	21251	500	3	6.56
2002	1225	24246	505	4	7.24
2003	1614	27872	579	4	7.77
2004	2207	39261	562	4	7.99
2005	2810	43325	649	4	8.43
2006	3510	49823	704	5	8.68
2007	3934	48356	814	5	9.18
2008	5523	58288	948	5	9.09
2009	4179	51562	810	5	9.14
2010	4876	43859	1112	5	9.98
2011	6719	47142	1425	6	10.88
2012	8877	64532	1376	6	10.77
2013	9489	67144	1413	6	10.85

资料来源：根据中国海关数据库和中国工业企业数据库的合并数据整理计算得出。

（一）企业出口动态总体特征

表 3－13 给出了样本数据内中国出口企业在 2000～2013 年进入与退出市场的动态变化。借鉴陈勇兵等（2012）的思路，本书将出口企业分为三类：持续出口者（在 $t-1$ 年和 t 年均出口的企业）、新进入者（在 $t-1$ 年不出口，而在 t 年开始出口的企业）、退出者（在 $t-1$ 年出口，而在 t 年选择退出出口市场的企业）。需要说明的是，由于对退出者的定义是上一年出口而当年不出口的企业，所以表 3－13 中，退出者一栏下列出的出口额的相关数据为上一年的出口数据。

首先，从持续出口者来说，表 3－13 中的样本数据显示，2001～2013 年中国每年的出口企业主要为持续出口企业，且持续出口企业的数量也从 2001 年的 14153 家上升到 2013 年的 55143 家，增加了 2.9 倍。另外，在样本期间，持续出口企业的出口额平均每年占去全国总出口的 81.73%，优势地位突出，也就是说我国出口总额的增长主要依赖于持续出口企业出口额的增加。具体来说，2001 年我国持续出口企业的出口额仅为 882 亿美元，除去个别年份的短暂下降，总体上保持比较稳定的增长，2013 年已经上升到 8650 亿美元，年均增速高达 19.20%。

其次，就退出者而言，从表 3－13 中退出者的数量来看，2001～2013 年我国退出现有出口市场的企业数量总体上呈现出先增加后下降的趋势，2001 年退出者有 4633 家，由于 2008 年金融危机的爆发，在接下来的 2009～2011 年退出者的数量大幅增加，尤其是 2010 年退出现有出口市场的企业竟多达 17757 家，足以证明金融危机给我国出口贸易带来的冲击是如此之大，而在此之后中国退出出口市场的企业数量逐渐恢复到危机发生前的水平。另外，从退出者在上年的出口总额来看，随着退出者数量的增减，各年份退出者的出口额也有相似的增减变化，但是总的来说退出者的出口额比重相对较小。从表 3－13 中的样本数据来看，2001 年退出先前出口市场的企业在 2000 年的出口总额为 99 亿美元，而 2008 年金融危机发生后退出者在上一年的出口总额逐渐上升至 2011 年的 946 亿美元，是 2008 年的 1.94 倍。但是在此之后退出者在上年的出口总额开始逐渐减少，2013 年已下降至 416 亿美元。不过，从表 3－13 中也能看出，退出者上一年的出口额在相应年份总出口中的比

表 3 - 13　2000～2013 年中国出口企业的动态特征

年份	出口总额（亿美元）	企业总量（家）	持续出口企业			退出企业			新进入企业		
			数量（家）	出口额 数额（亿美元）	出口额 比重（%）	数量（家）	上一年出口额 数额（亿美元）	上一年出口额 比重（%）	数量（家）	出口额 数额（亿美元）	出口额 比重（%）
2000	856	18786	—	—	—	—	—	—	—	—	—
2001	1063	21251	14153	882	82.97	4633	99	11.54	7098	181	17.03
2002	1225	24246	17923	1070	87.35	3328	63	5.90	6323	156	12.73
2003	1614	27872	20285	1400	86.74	3961	99	8.10	7587	217	13.44
2004	2207	39261	19751	1460	66.15	8121	501	31.04	19510	750	33.98
2005	2810	43325	32379	2440	86.83	6882	228	10.33	10946	369	13.13
2006	3510	49823	35581	2810	80.06	7744	344	12.24	14242	699	19.91
2007	3934	48356	36173	3500	88.97	13650	840	23.93	12183	434	11.03
2008	5523	58288	38654	3930	71.16	9702	488	12.40	19634	1590	28.79
2009	4179	51562	45433	4040	96.67	12855	745	13.49	6129	137	3.28
2010	4876	43859	33805	4180	85.73	17757	755	18.07	10054	699	14.34
2011	6719	47142	26659	4440	66.08	17200	946	19.40	20483	2280	33.93
2012	8877	64532	41228	6450	72.66	5914	603	8.97	23304	2420	27.26
2013	9489	67144	55143	8650	91.16	9389	416	4.69	12001	840	8.85

注：我们将持续出口者定义为上一年和当年均出口的企业，将新进入者定义为上一年未出口而当年出口的企业，将退出者定义为上一年出口而当年未出口的企业。因此表中退出者的出口数据为其上一年的数据。

资料来源：根据中国海关数据库和中国工业企业数据库的合并数据整理计算得出。

重相对较小，也就是说只有小部分企业会选择在下一年退出现有的出口市场。根据表 3 - 13 中的数据计算可得，2001～2013 年退出企业在上年的出口比重平均为 13.85%，而 2013 年所有退出者在上一年的出口比重仅为 4.69%。

最后，从新进入者来看，表 3 - 13 给出的样本数据显示出中国每年都有大量的企业选择进入出口市场，2001～2013 年平均每年有 13038 家中国出口企业产生。但是具体来看，样本内新出口企业的数量波动较大，分别在 2004 年、2008 年、2012 年出现了三个"极大值点"，这三年新出口企业的数量平均为 20816 家。由于受到 2008 年金融危机的冲击，2009 年新出口企业仅有 6129 家，为样本期内的最低值。此外，新进入出口市场的企业数量在 2012 年达到样本期内的最大值 23304 家之后又再次出现下降，2013 年仅产生了 12001 家新出口企业。另外，从样本中新进入企业的出口额在全国总出口中的比重来看，2001～2013 年中国新进入企业平均每年占到全国总出口的 18.29%，远远小于持续出口企业的比重，这也说明企业在刚进入新市场时的出口额往往较小。

综上所述，中国出口企业的总体增加不仅表现在样本期间内持续出口企业数量的稳步增加，还表现在大多数年份新进入出口市场的企业要多于退出出口市场的企业数量。另外，从表 3 - 13 中可以看出，受 2008 年金融危机的冲击，有大量的出口企业选择退出现有市场，同时有较少的企业选择向海外开拓市场，导致总的出口企业数量大幅度下降，表 3 - 13 中显示 2010 年中国的出口企业为 43859 家，要低于前后年份的出口企业数量。

（二）从出口目的地来看（各大洲、各国家或地区）

从出口目的地来看，近年来，中国出口目标市场日趋多元化，由中国海关数据库和中国工业企业数据库的合并数据①可知，在 2000～2013 年中国企业平均每年大约出口到 219 个国家或地区。

---

① 在合并时参照艾普瓦德等（Upward et al.，2013）与吕越等（2015）的方法，采用未剔除任何企业的原始工业企业数据与海关数据分两步进行匹配。第一步，采用企业名称和年份进行匹配。因为同一企业在不同年份其名称可能有所不同，且新进入的企业有可能使用其他企业的曾用名。第二步，采用企业所在地邮政编码以及企业电话号码的后 7 位，再次用企业名称没有识别的企业进行匹配。最终成功匹配的企业样本数为 144238 个。

但是，从图 3 - 7 中可以看出，中国出口目的地主要集中在亚洲、欧洲和北美洲，2020 年中国对这 3 个地区的出口额总和为 22604 亿美元，占当年全国总出口额的 87.27%，其中亚洲地区凭借地理位置上的邻近和文化上的相似等原因稳居首位。另外，中国对拉丁美洲和非洲的出口额相对较小，对大洋洲及太平洋群岛地区的出口最少。此外，图 3 - 7 中的数据清晰地显示出，尽管中国对亚洲地区的出口额稳居各大洲之首，但是在 2014 年之后出现了明显的下降，2014 年中国对亚洲的出口总额为 11884 亿美元，而 2016 年减少到 10411 亿美元，年均降低 6.40%。

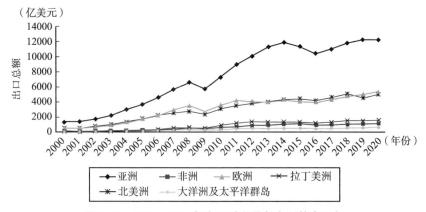

图 3 - 7 2000~2020 年中国对世界各大洲的出口额

资料来源：根据 2000~2020 年《中国统计年鉴》整理计算得出。

从图 3 - 8 中具体的出口目的国家或地区来看，在 2000~2020 年，中国主要的出口贸易合作伙伴关系基本保持稳定，中国出口企业主要集中出口到美国、中国香港、日本、韩国、德国等 5 个国家或地区，在样本区间内，中国对上述 5 个国家或地区的出口额总和平均每年占去全国总出口额的 51%。其中，美国除了在 2013 年低于中国香港地区之外一直位列我国的第一大出口目的市场，2020 年中国对美国的出口额为 4517 亿美元，占当年全国总出口额的 17.44%。而中国香港地区和日本分列第二、第三位出口目的市场，2020 年中国对二者的出口额分别为 2726 亿美元、1426 亿美元，出口份额相应为 10.53%、5.51%。

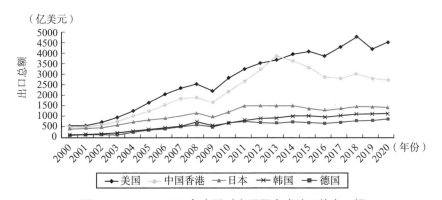

图 3－8　2000～2020 年中国对主要国家或地区的出口额

资料来源：根据 2000～2020 年《中国统计年鉴》整理计算得出。

此外，从图 3－8 中可以清楚地看出，由于受到 2008 年金融危机的影响，2009 年中国出口企业对各个国家或地区的出口额均有不同幅度的降低。其中，中国对韩国的出口额从 2008 年的 739 亿美元降低到 2009 年的 537 亿美元，减少了 27.41%，在上述 5 个出口目标市场中下降幅度最大。而 2009 年中国企业对美国的出口额减少了 12.51%，相比其他 4 个出口市场下降得最少。但是，同样从图 3－8 中可以看出，在 2010 年中国对除韩国之外的出口目的市场的出口额又迅速恢复到甚至超过金融危机爆发前的出口水平，例如，2010 年中国对美国的出口额上升到 2833 亿美元，相比 2008 年增加了 12.24%。

另外，从图 3－8 中的数据来看，近几年中国对各出口目的市场的出口额曲线均呈现出下行的趋势。图 3－8 中中国对中国香港地区的出口额曲线在 2013 年出现了明显的转折点，在此之后开始大幅度的连续下降，2020 年中国对中国香港地区的出口额减少到 2726 亿美元，2013～2020 年年均下降了 8.24%。与中国香港地区不同，中国对其他几个出口目的市场的出口额下降的幅度相对较小，并且下降出现的时间也不一致。例如，中国企业对德国的出口额从 2011 年之后开始下降，2011～2016 年年均仅减少了 3.10%。再如，从图 3－8 中可以直观地看出，中国对美国的出口额在 2015 年才开始下降。

表 3－14 中显示了 2013 年对我国出口企业的出口总额位于前 50 名的出口目标市场的动态特征。不难看出，样本中每一个出口市场上的持续出口企业仍然为多数，即大多数的出口企业－目标市场对应的关系是

稳定的。另外，对于样本中出口额较高的每一个现有出口市场，在有大量出口企业退出的同时，又会有更多的新出口企业进入。例如，2013年退出美国市场的中国出口企业有6191家，而新进入美国市场的企业数量为7530家。但是，对于出口额较低的出口市场，新进入企业和退出企业的数量相差较小，也就是说，目标市场－出口企业对的总数波动幅度较小。例如，2013年新进入丹麦的中国出口企业仅比退出该市场的出口企业多79家。

表3-14　　　　　　2013年中国50个出口市场的动态特征

目标市场	2013年出口总额（亿美元）	进入者数量（家）	退出者数量（家）	持续出口者（家）	目标市场	2013年出口总额（亿美元）	进入者数量（家）	退出者数量（家）	持续出口者（家）
美国	2020.0	7530	6191	25432	比利时	61.8	3271	3127	6544
中国香港	1500.0	5018	5032	14398	沙特阿拉伯	60.2	3314	2969	5569
日本	778.0	5009	4782	16766	南非	55.8	3900	3340	7829
韩国	476.0	5850	5050	13932	波兰	54.4	3400	2878	6361
荷兰	343.0	4386	3813	9763	智利	47.6	3416	2761	5953
德国	317.0	5822	5179	15353	捷克	44.9	1757	1587	2837
英国	226.0	5079	4236	13390	匈牙利	40.6	1396	1224	2115
印度	188.0	5282	4667	11802	尼日利亚	37.9	1812	1379	2428
新加坡	186.0	4459	3950	9057	巴基斯坦	37.2	2412	2025	3927
俄罗斯	180.0	4706	3554	9810	阿根廷	36.6	2233	2074	4123
中国台湾	170.0	4737	4087	11008	伊朗	34.5	2239	2848	3639
澳大利亚	170.0	5244	4524	13118	哥伦比亚	30.2	2671	2324	4625
巴西	155.0	4535	3819	9639	瑞典	30.1	2222	2084	4601
墨西哥	150.0	4483	3496	8309	孟加拉国	29.8	1788	1471	2744
泰国	144.0	5071	4017	11353	乌克兰	28.8	2550	2067	3995
越南	141.0	4005	3101	7429	芬兰	27.4	2140	2301	3549
马来西亚	141.0	4983	4089	10444	埃及	25.8	2354	2235	3341
加拿大	133.0	4834	4053	11868	以色列	25.5	3097	2636	5619
印度尼西亚	124.0	4295	3751	8795	伊拉克	24.4	1199	780	1233

续表

目标市场	2013年出口总额（亿美元）	进入者数量（家）	退出者数量（家）	持续出口者（家）	目标市场	2013年出口总额（亿美元）	进入者数量（家）	退出者数量（家）	持续出口者（家）
阿联酋	123.0	4807	3814	8914	秘鲁	21.4	2389	1998	3872
法国	118.0	4071	3583	9807	委内瑞拉	21.3	1386	2388	2380
意大利	113.0	4608	4049	10820	巴拿马	21.3	2108	2171	3257
土耳其	72.4	4035	3212	7251	丹麦	21.1	1971	1892	3568
西班牙	71.9	4138	3723	9129	斯洛伐克	19.7	808	693	1014
菲律宾	62.7	3561	2996	6774	阿尔及利亚	18.7	1403	1204	1639

注：对于一个目标市场，我们将持续出口者定义为上一年和当年均出口的企业–市场对，将新进入者定义为上一年未出口而当年出口的企业–市场对，将退出者定义为上一年出口而当年未出口的企业–市场对。

资料来源：根据中国海关数据库和中国工业企业数据库的合并数据整理计算得出。

三、企业出口质量特征

（一）中国总体出口产品质量

从表3-15与图3-9可以看出，2008～2016年我国出口产品质量呈现出倒U形态势，其中，2009年、2015年及2016年有明显下滑，其余年份呈现上升趋势，从2008年的0.812到2013年的0.820，上涨了1.47%，说明近年我国出口产品质量有所改善，而后又有所下降，则说明我国出口产品质量并不稳定，要实现外贸高质量发展仍需国家、企业付出更多努力。

表3-15　　　　2008～2016年中国出口产品质量

年份	整体质量	加工贸易	一般贸易	国有企业	私营企业	外资企业
2008	0.812	0.810	0.774	0.854	0.757	0.798
2009	0.806	0.806	0.778	0.866	0.751	0.796
2010	0.814	0.891	0.778	0.803	0.772	0.879
2011	0.817	0.903	0.803	0.800	0.798	0.890

续表

年份	整体质量	加工贸易	一般贸易	国有企业	私营企业	外资企业
2012	0.821	0.875	0.792	0.830	0.779	0.860
2013	0.820	0.894	0.783	0.782	0.768	0.878
2014	0.824	—	—	—	—	—
2015	0.805	—	—	—	—	—
2016	0.801	—	—	—	—	—

资料来源：笔者计算而得。

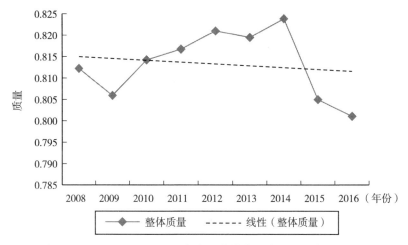

图3－9　2008～2016年中国整体出口产品质量变化

从贸易方式来看，我国加工贸易的出口产品质量明显高于一般贸易的出口产品质量，数据表现为自2008～2013年[1]，加工贸易均值为0.863，一般贸易均值为0.783。其原因在于，加工贸易的企业更能进口到高质量的中间品，使其出口产品质量高于一般贸易。从变化趋势看，加工贸易的出口产品质量呈现出上升趋势，而一般贸易的变化趋势趋于平缓，变化并不明显。

从企业所有制来看，外资企业的出口产品质量均值最高，为0.849，其次为国有企业，均值为0.812，私营企业最低，均值为0.771。从变

_____

①　涉及与企业、行业数据匹配问题故时间只考虑到2013年。

化趋势来看，自 2008~2013 年来，外资企业与私营企业的出口产品质量均呈现上升态势，其中外资企业出口产品质量增幅最大，为 5.53%，私营企业增幅较小，为 1.92%。而国有企业"高开低走"，出口产品质量逐年下降，且下降幅度较大，为 11.8%。其原因在于，国有企业以国家为后盾，整体规模庞大，技术设备完善，受市场负面冲击的影响小，早期的出口产品质量必然高于其他企业，也正因为如此，国有企业在后续发展中难免懈怠于生产率提升与技术创新，渐渐落后于其他企业。私营企业规模与资金受限，早期难以形成规模经济，后国家陆续出

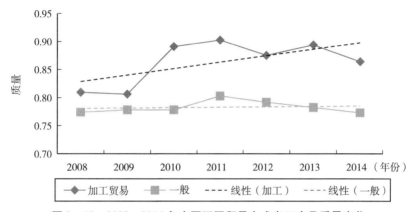

图 3 - 10　2008~2014 年中国不同贸易方式出口产品质量变化

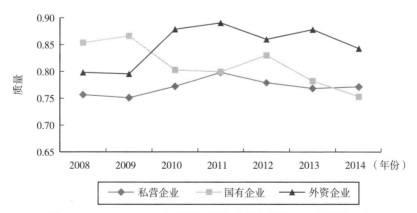

图 3 - 11　2008~2014 年中国不同企业所有制出口产品质量变化

89

台扶持小微企业等政策以及市场竞争激励，私营企业的出口产品质量逐年改善，减小了与其他企业间的差距。外资企业以母公司为后盾，依托其先进技术与充足资金得以生产出更高质量产品。

（二）分行业出口产品质量变化

从表 3 - 16 可以看出，出口产品质量较高的行业分别为 39、25、37，其均值分别为 0.856、0.837 和 0.836。而出口产品质量较低的行业分别为 13、20、18，其均值分别为 0.745、0.747 和 0.749。可见出口质量较高的行业大多为高技术制造行业，质量较低的行业则为低技术制造行业。从变化趋势看，23、42、24 呈现质量上升趋势，增幅分别为 30.7%、11.5%、10.3%；32、25、40 质量下降趋势最明显，分别为 10.9%、10.3%、10.2%。

表 3 - 16　　　　2008~2013 年二位数行业出口产品质量变化

行业	2008 年	2009 年	2010 年	2011 年	2012 年	2013 年
13　农副食品加工业	0.719	0.744	0.825	0.713	0.700	0.758
14　食品制造业	0.832	0.787	0.790	0.807	0.833	0.840
15　饮料制造业	0.755	0.898	0.929	0.868	0.803	0.855
16　烟草制品业	0.767	0.762	0.783	0.812	0.800	0.806
17　纺织业	0.741	0.736	0.741	0.750	0.759	0.761
18　纺织服装、鞋、帽制造业	0.751	0.749	0.736	0.766	0.780	0.751
19　皮革、毛皮、羽毛（绒）及其制品业	0.727	0.713	0.743	0.733	0.754	0.779
21　家具制造业	0.769	0.784	0.715	0.772	0.787	0.770
22　造纸及纸制品业	0.754	0.760	0.793	0.838	0.892	0.840
23　印刷业和记录媒介的复制	0.715	0.711	0.742	0.769	0.741	0.783
24　文教体育用品制造业	0.726	0.748	0.724	0.744	0.790	0.780
25　石油加工、炼焦及核燃料加工业	0.773	0.732	0.956	0.947	0.816	0.946
26　化学原料及化学制品制造业	0.848	0.830	0.836	0.834	0.820	0.837
27　医药制造业	0.802	0.821	0.776	0.775	0.795	0.767

续表

	行业	2008 年	2009 年	2010 年	2011 年	2012 年	2013 年
28	化学纤维制造业	0.820	0.845	0.786	0.821	0.831	0.828
29	橡胶制品业	0.821	0.871	0.769	0.741	0.786	0.817
30	塑料制品业	0.770	0.806	0.797	0.796	0.796	0.832
31	非金属矿物制品业	0.798	0.782	0.786	0.780	0.822	0.826
32	黑色金属冶炼及压延加工业	0.874	0.810	0.829	0.819	0.813	0.806
34	金属制品业	0.786	0.778	0.794	0.764	0.786	0.805
35	通用设备制造业	0.802	0.792	0.865	0.884	0.845	0.795
36	专用设备制造业	0.749	0.800	0.841	0.779	0.808	0.791
37	交通运输设备制造业	0.793	0.806	0.852	0.857	0.828	0.908
39	电气机械及器材制造业	0.825	0.826	0.880	0.871	0.866	0.876
40	通信设备、计算机及其他电子设备制造业	0.811	0.772	0.879	0.892	0.859	0.808
41	仪器仪表及文化、办公用机械制造业	0.754	0.755	0.784	0.795	0.793	0.781
42	工艺品及其他制造业	0.768	0.743	0.767	0.801	0.799	0.998

（三）不同技术类型出口产品质量

依据拉勒（Lall，2000）对出口产品的不同技术分类标准，本书将 HS96 编码与 SITC Rev. 2 编码相对应，把产品按技术类型分为初级产品、资源型产品、低技术产品以及中、高技术产品 5 类，得到各类出口产品质量（如表 3 - 17 所示）以及其变化趋势（如图 3 - 12 所示）。可以看出，出口产品质量最高的是高技术产品，其均值为 0.842，出口产品质量最低的为低技术产品，其均值为 0.748。从变动趋势上看，初级产品的出口产品质量除 2009 年波动下降外呈现明显上升趋势，资源型产品呈现倒 U 形趋势，2014 年以后有明显下降，而低技术产品的出口产品质量整体呈现下降趋势，中技术产品的出口质量整体上看变动趋于平稳，而高技术产品在 2015 年后有明显下降。这说明高技术出口产品质量的提升仍需保持，不能松懈，而中技术、低技术产品的出口产品质量有待提升且存在很大提升空间。

表 3 – 17　　　　2008～2016 年中国不同技术类型出口产品质量

年份	初级（primary）	资源（resource）	低技术（low）	中技术（mid）	高技术（high）
2008	0. 7964649	0. 7352291	0. 7537556	0. 7991908	0. 8531651
2009	0. 7593912	0. 7325623	0. 7520374	0. 7876771	0. 838564
2010	0. 7582769	0. 7412772	0. 7405744	0. 7945194	0. 8457649
2011	0. 7640088	0. 768657	0. 7432219	0. 7991551	0. 8500221
2012	0. 7797531	0. 7787311	0. 7502055	0. 801434	0. 8529652
2013	0. 8031119	0. 7992865	0. 7471253	0. 8002988	0. 8482383
2014	0. 7977408	0. 7859533	0. 7426489	0. 786406	0. 8552629
2015	0. 7855539	0. 7796691	0. 7515528	0. 8021384	0. 8225001
2016	0. 7909664	0. 7483611	0. 7510259	0. 7794773	0. 8127168

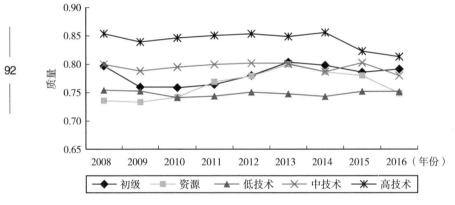

图 3 – 12　2008～2016 年中国不同技术类型出口产品质量

第三节　小　　结

　　当前面对经济全球化的复杂性和不确定性以及国际贸易保护主义盛行的国际环境下，稳外贸、促增长仍是各国政府迫切需要解决的问题。中国在融入全球化的过程中积极探索，从政府管理部门到一般贸易企业逐渐认识到贸易便利化在推动一国实现贸易稳定增长，促进经济繁荣方面的重要作用，企业出口也在这一背景下呈现不断变化的特征和趋势。

　　本章首先在第一节基于贸易便利化的提出，介绍了贸易便利化在WTO 和 APEC 的发展历程，并在此基础上使用文献查阅、调查访谈等方法从政策、技术、实施环境和国际合作四个方面梳理了中国贸易便利化发展的努力和取得的成绩；接着在第二节运用统计分析、比较分析等方法，从中国制造业出口总体概况、企业出口动态和出口质量情况分析了我国制造业企业出口特征事实及动态演进趋势。主要得到以下结论：

　　第一，我国是世界贸易大国，贸易便利化问题对我国有着重大的意义。中国的贸易便利化发展，起步较为落后，近年来，中国贸易便利化水平虽得到改善，但提升程度较小，且存在各方面发展不平衡，营商环境、监管环境和电子商务发展水平低等问题。但国家十分重视，在各方面推动其发展进程。尤其是最近几年，无论在法律法规制度建设、国际合作还是在硬件基础设施的完善上中国都取得了长足的进步。而企业对贸易便利化的认识也逐渐深入，很多企业积极主动进行相关方面的能力建设，以尽快适应新制度和新设施给企业带来的便利。

　　第二，中国出口企业应对外部冲击和危机的能力尚显不足；加工贸易占中国总出口的比重有所下降，但仍然占据近半壁江山；中国出口产品中工业制成品占有绝对份额，且呈现出上升的趋势；中国出口企业分布较不均匀，主要集中在东部和沿海地区，但比重呈现出下降的趋势；中国外资企业的数量和出口额增长迅速，并且一直以来出口总额中均占据着主要份额，私营出口企业取得了比较突出的发展，数量近来超过外资企业，但出口额相对较低；中国机电产品和高新技术产品出口额的快速增长，二者在全国总出口中的比重也在不断提高。

　　第三，中国出口企业数量和出口目标市场逐渐增加，企业平均出口额的稳步提高；中国每年的出口企业主要为持续出口企业，企业数量和出口额优势地位突出；中国退出现有出口市场的企业数量总体上呈现出先增加后下降的趋势，相对而言，退出者的出口额比重相对较小，说明退出者中试探性出口的企业居多；中国每年都有大量的企业选择进入出口市场，且新出口企业的数量波动较大；中国出口目的地主要集中在亚洲、欧洲和北美洲；中国主要的出口贸易合作伙伴关系基本保持稳定，中国出口企业主要集中出口到美国、中国香港、日本、韩国、德国等5个国家或地区；以 2013 年为例，每一个出口市场上的持续出口企业仍然为多数，即大多数的出口企业 - 目标市场对的关系是稳定的；对于样本中出口额较高的每一个现有出口市场，在有大量出口企业退出的同时，又会有更多的新出口企业进入。

第四，样本期内，我国出口产品质量并不稳定，呈现先上升后下降趋势；我国加工贸易的出口产品质量明显高于一般贸易的出口产品质量且加工贸易的出口产品质量呈现出上升趋势，而一般贸易的变化趋势趋于平缓，变化并不明显；外资企业的出口产品质量均值最高，其次为国有企业，私营企业最低，而样本期内外资企业与私营企业的出口产品质量均呈现上升态势，但国有企业"高开低走"，出口产品质量逐年下降；出口质量较高的行业大多为高技术制造行业，质量较低的行业则为低技术制造行业，且"印刷业""记录媒介的复制、工艺品及其他制造业""文教体育用品制造业"等行业呈现质量上升趋势最明显，而"黑色金属冶炼及压延加工业""石油加工、炼焦及核燃料加工业""通信设备、计算机及其他电子设备制造业"质量下降趋势最明显，说明高技术出口产品质量的提升仍需保持，不能松懈，而中技术、低技术产品的出口产品质量有待提升且存在很大提升空间。

第四章 贸易便利化与出口发展模式转型升级
——一个分析框架

本章将贸易便利化，企业出口动态行为和出口发展模式转型放在同一框架内，从贸易便利化切入，揭示贸易便利化影响企业生产率和贸易成本，进而对企业出口行为和出口质量产生影响的理论机制，并扩展企业出口行为变化对一国出口增长结构和出口质量提升影响的理论分析，进而讨论和总结了该分析框架的特点，为从贸易便利化视角提出中国出口发展模式转型升级提供理论支撑。

第一节 出口发展模式转型升级之：贸易便利化与出口增长微观结构优化理论框架

尽管受新冠疫情、国际经济摩擦甚至战争冲突等内外政治、经济环境恶化冲击，中国出口贸易受到愈发严峻的挑战，但对外开放作为中国写入宪法的基本国策，寻找合适路径持续开放是中国未来经济发展的必然（余振和王净宇，2019）。易先忠和欧阳峣（2018）认为中国市场环境不完善是导致中国出口模式背离大国经验的深层原因。为实现内需驱动的出口发展模式转变创造良好的制度环境和市场环境是中国出口未来能否转型的关键。党的十九大报告提出要发展更高层次的开放型经济，推动形成全面开放新格局，而贸易便利化，是深化改革开放的先行之举。贸易便利化改革以解决流程烦琐，法规不完善等贸易"隐性"壁垒所产生的贸易非效率问题为特征，是逆全球化背景下对外开放的新模式和区域贸易发展的重点之一。

内需驱动出口发展模式的核心在于企业出口竞争力的提升。企业作为贸易活动主体，其出口动态变化是企业出口竞争力的重要体现。20世纪90年代中期以来，大量实证研究使用企业微观数据发现企业是异质的，参与出口活动只是极少数企业的行为，且出口企业比例动态变化（Roberts & Tybout，1997；Bernard & Wagner，2001；Bernard et al.，2007）。例如，罗伯特和伯特（Roberts & Tybout，1997）通过构建一个关于出口行为的动态离散选择模型，量化了先前出口经验对哥伦比亚制造业工厂参与外国市场决策的影响，间接证明了出口固定成本对企业参与出口决策的重要性。以梅里兹（Melitz，2003）为代表的异质性企业贸易理论，将企业异质性融入动态产业模型，对行业生产率的动态变化进行了全新剖析，其认为贸易的存在使得行业内的高生产率企业进入海外市场，而低生产率企业收缩出口规模或退出海外市场，更低生产率企业甚至退出该行业来进行类似"达尔文进化"的资源重新配置来提高行业生产率水平，而国与国之间通过贸易自由化使得资源会进一步配置到更高生产率企业。吉罗尼和梅里兹（Ghironi & Melitz，2005）在梅里兹（Melitz，2003）模型的基础上建立了一个随机动态一般均衡模型，进一步分析了生产率和贸易成本的变化对企业出口进入、退出决策的影响，得出了类似结论（郭浩森，2013）。最近的实证研究强调了企业出口的高进入和退出率，探索了出口商接近外国市场的方式（Freund & Pierola，2010；Albornoz，2012）。众多实证研究证实了企业出口动态对行业全要素生产率增长具有重要的促进作用且贸易自由化对企业出口动态的生产率效应具有较好的解释力（毛其淋和盛斌，2013），且企业出口动态变化所带来的资源再配置效应是影响行业出口质量（苏丹妮等，2018；段文奇等，2020）、出口价值链提升的重要渠道（邵朝对和苏丹妮，2019）。标准的异质性企业模型是基于比较静态来解释企业出口进入和退出，但却不能解释为什么一个企业会在贸易成本没有发生变化时，进入出口市场后很快退出。贝塞德斯和普吕萨（Besedeš & Prusa，2007）认为在两个时间点上静态比较出口关系的数量和贸易额忽略了大量的进入和退出市场以及中间年份贸易的变化所带来的出口增长的动态变化。企业出口动态的影响是一国出口增长变化的核心（Eaton et al.，2014；盛斌和吕越，2014），也是深入洞察一国出口增长结构和规律的关键，基于企业出口动态变化优化出口结构，促进出口质量提升是新常态下中国出口发展模式转型的题中之义。鉴于此，本章结合罗伯特和伯特（Roberts & Tybout，1997）、伯纳德和詹森（Bernard & Jensen，2004）、毛其淋和盛斌（2013）和梅里兹（Melitz，2003）的理论模型，尝试对贸易便利化影响企业四维出口动态（进入、退出、存活和深化）进行理论分析，而后结合企业出口动态，尤其出口存活期对一国出口增长结构进行微观分解，进而为从贸易便利化视角切入，对一国出口微观结构优化和出口发展模式转型升级提供理论依据。

一、贸易便利化对企业出口动态影响理论分析

（一）基本模型设定

假定企业追求利润最大化，在这一假设下，企业是否选择进入出口市场取决于出口期望回报是否超过其进入时所需支付的固定成本，而一旦进入出口市场，企业也总能够以实现利润最大化的出口数量进行生产。在单期的情形下，引入贸易政策变量的企业 i 的出口利润为：

$$\pi_{it}(X_{ijt}^I,\ \tau_{jt},\ fc_{ent},\ fc_{ext}) = p_t(X_{ijt}^I,\ \tau_{jt},\ fc_{ent},\ fc_{ext}) \times q_{it}$$
$$- c_{it}(X_{ijt}^I,\ \tau_{jt},\ fc_{ent},\ fc_{ext}\ |\ q_{it}) - \tau_{jt}q_{it} - FC_{ENt} - FC_{EXt} \qquad (4-1)$$

其中，下标 i 表示企业，j 表示行业，t 表示时间。X_{ijt}^I 表示企业自身的异质性特征，这里表现为企业的生产率 φ；τ_{jt} 表示关税；$p_t(\cdot)$ 为产品销售价格，q_{it} 为产品销售数量，$c_{it}(\cdot)$ 表示生产数量为 q_{it} 的产品所需支付的生产成本；此外，如果我们用 fc_{ent} 和 fc_{ext} 分别表示进入出口市场的固定成本和退出出口市场的固定成本，那么公式（4-1）中 FC_{ENt} 和 FC_{EXt} 可分别进一步表示为：$FC_{ENt} = fc_{ent} \times (1 - I_{it-1})$ 和 $FC_{EXt} = fc_{ext} \times I_{it-1} \times (1 - I_{it})$，这里 I_{it} 表示企业 i 在 t 期的出口状态，若企业 i 在 t 期时有出口则取值为 1，否则为 0。对于进入出口市场的企业而言，有 $FC_{ENt} = fc_{ent}$，$FC_{EXt} = 0$；而对于退出出口市场的企业而言，有 $FC_{ENt} = 0$，$FC_{EXt} = fc_{ext}$。

更为一般地，企业将通过选择一个产出序列 $\{q_{it}\}_{t=1}^{\infty}$ 使得出口期望回报的净现值最大化，根据贝尔曼（Bellman）最优化方程进一步得到：

$$V_{it}(\cdot) = \max_{I_{it}} \{\pi_{it}(X_{ijt}^I,\ \tau_{jt},\ fc_{ent},\ fc_{ext}) \times I_{it} + \rho E_t[V_{it+1}(\cdot)\ |\ I_{it}]\}$$

$$(4-2)$$

其中，$V_{it}(\cdot)$ 表示企业 i 在 t 期最大化的期望回报净现值，ρ 表示贴现率。对公式（4-2）的求解最优化一阶条件，可得当如下条件得到满足时，企业 i 在第 t 期将选择进入出口市场：

$$\pi_{it}(X_{ijt}^l,\ \tau_{jt},\ fc_{ent},\ fc_{ext}) + \rho\{E_t[V_{it+1}(\cdot)\mid I_{it}=1]$$
$$-E_t[V_{it+1}(\cdot)\mid I_{it}=0]\} > fc_{ent} - (fc_{ent}+fc_{ext})\times I_{it-1} \qquad (4-3)$$

公式（4-3）意味着，只有当企业的出口期望回报净现值大于其出口参与所需的沉没成本时，企业才会选择出口。根据公式（4-3），我们把企业的出口参与决策表示为如下动态离散选择方程：

$$I_{it} = \begin{cases} 1,\ 如果\ \varPi_{it}(\cdot) - fc_{ent} + (fc_{ent}+fc_{ext})\times I_{it-1} > 0 \\ 0,\ 如果\ \varPi_{it}(\cdot) - fc_{ent} + (fc_{ent}+fc_{ext})\times I_{it-1} \leqslant 0 \end{cases} \qquad (4-4)$$

其中，$\varPi_{it}(\cdot) = \pi_{it}(X_{ijt}^l,\ \tau_{jt},\ fc_{ent},\ fc_{ext}) + \rho\{E_t[V_{it+1}(\cdot)\mid I_{it}=1] - E_t[V_{it+1}(\cdot)\mid I_{it}=0]\}$。

（二）理论假说

接下来分析贸易便利化这一外部冲击因素对企业出口参与决策的影响。首先，对于贸易便利化政策来说，其直接结果会导致大量的国外同类或相近产品涌入本国市场，而激烈的市场竞争会促使本国企业为继续生存和发展而进行研发创新，同时也有利于本国企业改进生产组织方式和降低效率，这些都有助于提高企业的生产率水平。由此我们可知 $\partial\varphi/\partial fc_{ent} < 0$，由于出口期望回报净现值 $\varPi_{it}(\cdot)$ 与企业生产率 φ 正相关 $[即\ \partial\varPi_{it}(\cdot)/\partial\varphi > 0]$，据此得到 $\partial\varPi_{it}(\cdot)/\partial fc_{ent} < 0$。进一步结合方程（4-4），可得：$\partial\mathrm{Prob}(I_{it}=1)/\partial fc_{ent} < 0$；另外，随着出口固定成本的降低，使得会有更多的企业克服出口固定成本，并能在海外市场盈利，进而使得出口可能性增大，而这也会导致 $\partial\mathrm{Prob}(I_{it}=1)/\partial fc_{ent} < 0$。

企业一旦进入出口市场，仍然会根据利润最大化原则来决定其最优出口数量 q_i^*，进而确定其出口强度 exi，即企业的出口占销售额的比重。与易靖韬和傅佳莎（2011）类似，我们把企业出口数量描述为企业异质性特征 X_{ijt}^l、企业外部因素（τ_{jt}，fc_{ent}，fc_{ext}），以及企业生产成本 C_{ijt}（这里包括可变成本与固定成本）的函数，进而企业出口强度的决定方程可表示为：

$$exi = \begin{cases} exi\ (X_{ijt}^l,\ \tau_{jt},\ fc_{ent},\ fc_{ext},\ C_{ijt}),\ 如果\ I_{it}=1 \\ 0,\ 如果\ I_{it}=0 \end{cases} \qquad (4-5)$$

根据梅里兹（Melitz，2003），在开放的条件下，生产率越高的企业从出口中获得的利润越大，进而会扩大其出口市场份额，即 $\partial exi/\partial \varphi > 0$。据此，贸易便利化也会通过影响企业生产率的途径进而提高企业的出口强度，即 $\partial exi/\partial fc_{ent} < 0$；但是，随着出口固定成本的降低，会有更多的企业克服出口固定成本，并进入海外市场，但这些企业中可能存在生产率不高、竞争力不强的企业，这些企业尽管能够因为贸易便利化带来的出口固定成本降低进入海外市场，但抢占海外市场份额的能力不一定强，且可能因为这些企业的存在稀释了已有企业所占有的市场份额，导致平均出口强度的降低。

基于上述分析，我们提出如下待检验的理论假说：

理论假说1：贸易便利化引致的竞争效应和出口固定成本的降低将会促进企业进入出口市场，但对企业出口强度的影响不确定。

随后我们把分析转向贸易便利化对价格的影响。首先，由于贸易便利化使得企业进口价格下降进而会直接降低企业的生产成本，即 $\partial c_{it}(\cdot)/\partial fc_{ent} > 0$，于是企业的利润和竞争力便会得到相应的提高，从而使更多的企业可以克服固定成本而参与出口。根据公式（4-1）可知 $\partial \pi_{it}(\cdot)/\partial fc_{ent} < 0$，进而有 $\partial \Pi_{it}(\cdot)/\partial fc_{ent} < 0$，进一步结合方程（4-4）得到：$\partial \mathrm{Prob}(I_{it}=1)/\partial fc_{ent} < 0$。

其次，除了可以直接影响生产成本之外，贸易便利化还可以使企业从国外获得更多元化和优质的中间投入要素，越来越多的研究发现，进口中间品种类的增加可以提高企业生产率：哈尔佩恩等（Halpern et al.，2009）利用匈牙利1992~2003年的制造业企业数据进行研究，研究发现进口投入品使企业生产率提高了14%，而中间品种类增加的贡献度占了其中的2/3；斯梅茨和瓦尔任斯基（Smeets & Warzynski，2010）利用丹麦1998~2005年的企业与产品层面的数据进行研究发现，不同来源地的进口投入显著地提高了企业生产率；卡萨哈拉和罗德里格（Kasahara & Rodrigue，2008）对帕森斯和阮（Parsons & Nguyen，2009）对日本的研究也都证实了中间品种类的增加会明显改善企业生产率。根据以上分析可以得到 $\partial \varphi/\partial fc_{ent} < 0$，类似前文，进一步可知贸易便利化会促进企业进入出口市场，即 $\partial \mathrm{Prob}(I_{it}=1)/\partial fc_{ent} < 0$。

综上所述，贸易便利化一方面会降低企业的生产成本（$\partial C_{ijt}/\partial fc_{ent} > 0$），另外会通过进口多元化的优质中间产品从而提高企业生产率（$\partial \varphi/$

99

$\partial fc_{ent}<0$），根据新新贸易理论并结合企业出口强度的决定方程（4-5），我们可以得到 $\partial exi/\partial fc_{ent}<0$，即对于已出口企业而言，贸易便利化会提高其出口强度。

基于上述分析，我们提出如下待检验的理论假说：

理论假说 2：贸易便利化引致的成本节约与多元化优质要素获得效应将会促进企业的出口参与决策，同时也会提高企业的出口强度。

上文讨论了企业选择进入出口市场的条件以及贸易便利化如何影响企业的出口参与决策，接下来我们进一步分析问题的另一个侧面，即对于已出口的企业而言，它将在什么条件下选择退出出口市场？贸易便利化对企业的出口退出又会有怎样的影响？从公式（4-2）可知，如果满足下述条件，企业 i 将选择退出出口市场：

$$\pi_{it}(X_{ijt}^{l},\ \tau_{jt},\ fc_{ent},\ fc_{ext})+\rho\{E_t[V_{it+1}(\cdot)\mid I_{it}=1]$$
$$-E_t[V_{it+1}(\cdot)\mid I_{it}=0]\} < -fc_{ext} \qquad (4-6)$$

公式（4-6）的含义是，当企业的出口期望损失的现值超过退出出口市场的固定成本时，企业将理性地选择退出出口市场，即 $D_{it}=1$。根据公式（4-6），我们把企业退出出口市场决策表示为如下动态离散选择过程：

$$D_{it}=\begin{cases}1,\ 如果\ \Pi_{it}(\cdot)+fc_{ext}<0\\0,\ 如果\ \Pi_{it}(\cdot)+fc_{ext}\geqslant0\end{cases} \qquad (4-7)$$

与企业参与出口的决策分析类似，贸易便利化引致的竞争效应将有利于促进企业生产率的提高（即 $\partial\varphi/\partial fc_{ext}<0$），由于出口期望回报净现值 $\Pi_{it}(\cdot)$ 与企业生产率 φ 正相关，据此有 $\partial\Pi_{it}(\cdot)/\partial fc_{ext}<0$。进一步结合动态离散选择方程（4-7），可以得到 $\partial Prob(D_{it}=1)/\partial fc_{ext}>0$，即贸易便利化将抑制企业从出口市场退出。这一点实际上也不难理解，因为贸易便利化提高了企业生产率，而生产率越高的企业在国际市场上的竞争力也就越强，所以也就较不容易从出口市场中退出。但是，贸易便利化对出口固定成本的降低使得更多处于出口生产率门槛的企业进入出口市场，但这些企业的生产率水平有可能不足以在国际市场竞争，可能也更容易退出。

基于上述分析，我们提出如下待检验的理论假说：

理论假说 3：贸易便利化引致的竞争效应将抑制企业从出口市场中退出，但贸易便利化引致的出口固定成本的降低，使得更多低生产率企业进入出口市场后也更容易退出，因此贸易便利化对出口退出的影响不确定。

贸易便利化对企业出口退出决策的影响机制与前文相似：一方面，贸易便利化直接降低了企业的生产成本［即 $\partial c_{it}(\cdot)/\partial fc_{ext}>0$］，由前文的推导可知，这会导致出口期望回报净现值上升，即 $\partial \Pi_{it}(\cdot)/\partial fc_{ext}<0$，结合动态离散选择方程（4-7），不难得到 $\partial \mathrm{Prob}(D_{it}=1)/\partial fc_{ext}>0$；另一方面，贸易便利化还能使企业从国外获得更多高质量且多元化的中间投入，这将有利于企业提高生产率水平，即 $\partial \varphi/\partial fc_{ext}<0$，由于 $\Pi_{it}(\cdot)$ 与 φ 正相关，所以有 $\partial \Pi_{it}(\cdot)/\partial fc_{ext}<0$，结合方程（4-7）也能进一步得到 $\partial \mathrm{Prob}(D_{it}=1)/\partial fc_{ext}>0$。

基于上述分析，我们提出如下待检验的理论假说：

理论假说 4：贸易便利化引致的成本节约与多元化优质要素获得效应对企业出口退出具有抑制作用。

除了企业进入以及退出出口市场的决策外，近些年来还有少数文献开始关注企业首次进入出口市场所需的时间长度（Ilmakunnas & Nurmi，2010），以及企业出口的持续时间（Esteve-Pérez et al.，2007，2012；陈勇兵等，2012）的决定因素。为了更全面地考察 *TF* 与企业出口动态之间的关系，接下来我们从进入出口市场时间以及出口持续时间这两个维度作进一步分析。

为了简单起见，我们假设企业 i 在第 t^0 期为非出口企业，即 $I_{it^0}=0$，而随后在第 t' 期，企业可能因为自身生产率水平的提高或其他因素的改善以致能够克服出口固定成本，于是开始进入出口市场，即在第 t' 期有如下条件得到满足：

$$\pi_{it}(X^l_{ijt},\ \tau_{jt},\ fc_{ent},\ fc_{ext})+\rho\{E_t[V_{it+1}(\cdot)\mid I_{it}=1]$$
$$-E_t[V_{it+1}(\cdot)\mid I_{it}=0]\}>fc_{ext} \tag{4-8}$$

进一步可以把企业 i 在第 t' 期进入出口市场的决策表示为如下动态离散选择方程：

$$I_{it}=\begin{cases}1, & \text{如果 } \Pi_{it}(\cdot)-fc_{ent}>0 \text{ 并且 } t^0<t=t'\\ 0, & \text{如果 } \Pi_{it}(\cdot)-fc_{ent}\leq0 \text{ 并且 } t^0<t<t'\end{cases} \tag{4-9}$$

需考察的问题是贸易便利化如何影响企业从非出口状态的第 t^0 期到进入出口市场的第 t' 期所经历的时间间隔（即 $\Delta t=t'-t^0$）。根据前文的分析，贸易便利化引致的国内市场竞争加剧会激励企业进行研发创新、改进生产组织方式以提高自身的生产率水平（即 $\partial\varphi/\partial fc_{ent}<0$），因为出口期望回报净现值 $\Pi_{it}(\,\cdot\,)$ 与企业生产率 φ 正相关，于是有 $\partial\Pi_{it}(\,\cdot\,)/\partial fc_{ent}<0$，结合方程（4-9）可进一步得到 $\partial\mathrm{Prob}(I_{it}=1)/\partial fc_{ent}<0$，即贸易便利化提高了非出口企业在第 t' 期进入出口市场的概率，据此得到 $\partial\Delta t/\partial fc_{ent}>0$，这表明贸易便利化缩短了企业进入出口市场的时间。另外，贸易便利化可以通过两个途径影响企业进入出口市场的时间：一方面，贸易便利化降低了企业的生产成本［即 $\partial c_{it}(\,\cdot\,)/\partial fc_{ent}>0$］，这会引致出口期望回报净现值上升，即 $\partial\Pi_{it}(\,\cdot\,)/\partial fc_{ent}<0$，结合方程（4-9）可得 $\partial\mathrm{Prob}(I_{it}=1)/\partial fc_{ent}<0$；另一方面，贸易便利化还能使企业从国外获得更多高质量且多元化的中间投入，进而提高生产率水平（即 $\partial\varphi/\partial fc_{ent}<0$），由于 $\Pi_{it}(\,\cdot\,)$ 与 φ 正相关并结合方程（4-9），同样也可以得到 $\partial\mathrm{Prob}(I_{it}=1)/\partial fc_{ent}<0$。这说明贸易便利化将提高非出口企业第 t' 期进入出口市场的概率，这一关系也等价于 $\partial\Delta t/\partial fc_{ent}>0$。

基于上述分析，我们提出如下待检验的理论假说：

理论假说 5：贸易便利化有助于缩短企业进入出口市场的时间。

最后，对于在第 t' 期有出口的企业 $i(I_{it}=1)$ 而言，它有可能在随后的第 t^* 期退出出口市场（$I_{it^*}=0$ 或 $d_{it^*}=1$），其原因可能是在出口市场上遭受不利的需求冲击或自身生产率水平持续恶化等。特别地，当如下条件得到满足时，企业 i 将从出口市场中退出：

$$\pi_{it}(X_{ijt}^{I},\ \tau_{jt},\ fc_{ent},\ fc_{ext})+\rho\{E_t[V_{it+1}(\,\cdot\,)\,|\,I_{it}=1]$$
$$-E_t[V_{it+1}(\,\cdot\,)\,|\,I_{it}=0]\}<-fc_{ext} \qquad (4-10)$$

根据公式（4-10），我们还可以将出口企业 i 在第 t^* 期退出出口市场的决策表示为如下动态离散选择方程：

$$D_{it}=\begin{cases}1,\ \text{如果 }\Pi_{it}(\,\cdot\,)+fc_{ext}<0\text{ 并且 }t'<t=t^*\\0,\ \text{如果 }\Pi_{it}(\,\cdot\,)+fc_{ext}\geq0\text{ 并且 }t'<t<t^*\end{cases} \qquad (4-11)$$

这里我们感兴趣的是，贸易便利化会对企业的出口存活时间（即 $\Delta T=t^*-t'$）产生怎样的影响。由前面的分析可知，贸易便利化引致的竞争效应将提高出口期望回报净现值 $\Pi_{it}(\,\cdot\,)$，即 $\partial\Pi_{it}(\,\cdot\,)/\partial fc_{ext}<0$，结合方程（4-11）可得到 $\partial\mathrm{Prob}(D_{it}=1)/\partial fc_{ext}>0$。这表明贸易便利化降低了已出口企业在第 t^* 期退出出口市场的概率，据此可知 $\partial\Delta T/\partial fc_{ext}<0$，这意味着贸易便利化延长了企业的出口存活时间。类似地，贸易便利化也会通过成本节约效应与多元化优质要素获得效应影响企业出口存活时

间，即 $\partial \text{Prob}(D_{it}=1)/\partial fc_{ext}>0$，这表明贸易便利化降低了已出口企业在第 t^* 期退出出口市场的概率，因此可得到 $\partial \Delta T/\partial fc_{ext}<0$。但本书也认为贸易便利化降低了进入出口市场门槛，导致部分生产率水平较低，竞争力不强的企业也能跨过出口生产率门槛进入国际市场，但这部分企业进入海外市场后也有更大可能性会因缺乏竞争力退出市场，进而带来短期存活。

基于上述论述，我们提出如下待检验的理论假说：

理论假说6：贸易便利化对企业的出口存活时间影响不确定。

二、企业出口动态与出口增长微观结构分解

上面已经分析了贸易便利化对企业出口动态会产生何种影响，那企业出口动态变化会对一国出口增长微观结构调整发挥何种作用？本部分我们将继续将企业出口动态融入一国出口增长的微观结构分解中，以明晰企业出口动态变化对一国出口增长结构调整的微观推动作用，并为从贸易便利化视角探讨一国出口微观结构优化提供进一步理论和方法支持。克鲁格曼（Krugman，1989）认为如果经济增长是沿着产品种类不断扩展的方向发展的话，那么这种出口扩张将会迎合有产品种类偏好的消费者的需求，从而不会恶化贸易条件。以梅里兹（Melitz，2003）为代表的异质性企业贸易理论将一国出口的增长分为集约边际增长和扩展边际增长，盛斌和吕越（2014）认为依靠集约边际扩张的出口模式是脆弱的、不可持续的和高风险的。相反，扩展边际使贸易增长在冲击时具有更高的稳定性，在长期中也有利于出口国提升多元化的生产结构。易靖韬和乌云其其克（2013）认为如果按照扩展边际的增长模式，不仅出口总量在不断增长，而且出口种类也不断增加，甚至还会带来产品附加值的不断增加，促进了产品向多元化方向发展，这样的增长模式就会不断优化出口商品结构，有利于经济的长远发展。陈勇兵等（2014）也认为在 WTO 等多边贸易体制受到越多挑战和金融危机后的低外部需求约束下，稳定出口仍然是当前中国贸易政策的主要目标。最近有关存活期的研究则认为在维持贸易平稳增长以及促进多样化方面，维持出口存活期的长度是一个关键方面（钱学锋和熊平，2010）。冯伟等（2013）认为稳定出口不仅在于数量扩增下的贸易选择，如何维持现有

的贸易往来也是其应有的题中之义；李永等（2013）研究发现中国出口贸易存活期较短，且生存概率呈快速下降趋势，因此认为，加强国际合作，重视现有市场的维护将对出口贸易的稳定发展具有重要作用。

以往有关出口增长结构分解研究很少考虑产品或企业出口动态变化（Pacheco & Pierola，2008；Hummels & Klenow，2005；Bernard et al.，2009；Amiti & Freund，2007）。鉴于此，我们直接借鉴贝塞德斯和普吕萨（Besedeš & Prusa，2007）对出口增长的分解框架，结合企业出口动态对出口增长进行结构分解。通过将不同存活期产品的不同出口动态结合到分解框架中，使得我们对出口增长的结构分解能够进一步深化到微观出口主体本身，进而使得出口增长结构分解结论更具政策内涵。另外，由以往研究可知，进入、退出行为可视为扩展边际的组成，而借鉴贝塞德斯和普吕萨（Besedeš & Prusa，2007），将集约边际进一步分解为存活和深化，这样我们就可以在同一个分解框架中，同时考虑四种出口状态，从而能够对出口增长的分解从二元边际扩展为四元边际，进而对出口增长结构进行更深入的刻画。

为了检测出口进入、退出、存活和深化是如何影响出口增长的，我们采用下面方法对出口增长进行分解。在任意时间 t，一国 t 期的出口总值可写为：

$$V_t = n_t v_t \qquad (4-12)$$

其中，V_t 是一国在 t 期的出口值，n_t 是 t 期出口关系的数量，v_t 是每种出口关系的平均出口值。注意，这里出口关系包括两部分，一部分是由那些从 $t-1$ 到 t 期一直存活的贸易关系组成，用 s_t 表示，另一部分是在 t 期刚出现的新的贸易关系，用 ε_t 代表，所以 t 年总的出口关系 $n_t = s_t + \varepsilon_t$。

这样，一国从 t 期到 $t+1$ 期的出口增长可写为：

$$V_{t+1} - V_t = n_{t+1} v_{t+1} - n_t v_t = s_{t+1}[v_{s,t+1} - v_{s,t}] - d_t v_{d,t} + \varepsilon_{t+1} v_{\varepsilon,t+1}$$

$$(4-13)$$

其中，s_{t+1} 表示从 t 期到 $t+1$ 期一直存活的贸易关系数量，$[v_{s,t+1} - v_{s,t}]$ 是从 t 期至 $t+1$ 期一直存活贸易关系在 $t+1$ 期与 t 期平均出口值的差，d_t 是在 t 期存活但 $t+1$ 结束的贸易关系数量，而 $v_{d,t}$ 是在 t 期存活但 $t+1$ 期结束的贸易关系在 t 期的平均出口值，而 $d_t v_{d,t}$ 是这部分消失贸易关系在 t 期的总出口值；ε_{t+1} 是在 $t+1$ 期新贸易关系数量，$v_{\varepsilon,t+1}$ 是在 $t+1$

期新贸易关系的平均出口值，而新贸易关系在 $t+1$ 期的总出口值是 ε_{t+1} $v_{\varepsilon,t+1}$。

另外，我们注意到，首先，每年的贸易关系，无论是新进入，还是退出的，抑或是持续存活的，其都不尽相同。这种不同主要体现在不同贸易关系往往具有不同出口持续期，相应的这些出口关系的风险函数也因存活期的不同而不同；其次，我们可以在行业水平估计存活和风险函数。鉴于此，我们可以结合不同存活期进一步定义不同的贸易关系及其风险函数：

$$
\begin{cases}
s_t = \{ s_{z,t}^0, \ s_{z,t}^1, \ s_{z,t}^2, \ \cdots, \ s_{z,t}^i, \ \cdots, \ s_{z,t}^I \} \\
d_t = \{ d_{z,t}^0, \ d_{z,t}^1, \ d_{z,t}^2, \ \cdots, \ d_{z,t}^i, \ \cdots, \ d_{z,t}^I \} \\
v_{s,t} = \{ v_{zs,t}^0, \ v_{zs,t}^1, \ v_{zs,t}^2, \ \cdots, \ v_{zs,t}^i, \ \cdots, \ v_{zs,t}^I \} \\
v_{d,t} = \{ v_{zd,t}^0, \ v_{zd,t}^1, \ v_{zd,t}^2, \ \cdots, \ v_{zd,t}^i, \ \cdots, \ v_{zd,t}^I \} \\
h_t = \{ h_{z,t}^0, \ h_{z,t}^1, \ h_{z,t}^2, \ \cdots, \ h_{z,t}^i, \ \cdots, \ h_{z,t}^I \}
\end{cases}
\tag{4-14}
$$

其中，下角标 $z \in Z$，代表了出口关系所属的 2 位数行业。上角标 i 代表了贸易关系存活期，h_t 代表了行业 z 中从 $t-1$ 期到 t 期之间结束的不同生存期的贸易关系的风险率，而 $h_{z,t}^i$ 代表了行业 z 中从 $t-1$ 期到 t 期之间结束的存活期为 i 年的贸易关系的风险率，危险函数的非参数估计表示为 $h_{z,t}^i = d_{z,t}^i/n_{z,t}$，其中 $n_{z,t}$ 期行业 z 中总贸易关系数；$s_{z,t}^i$ 代表了行业 z 中在考察期 t 之前已持续存活 i 年，并在 t 期内继续存活的贸易关系；$v_{s,t}$ 是从 $t-1$ 期到 t 期之间仍然存活的贸易关系，$v_{zs,t}^i$ 是行业 z 中在考察期 t 之前已持续存活 i 年，并在 t 期继续存活的贸易关系的平均出口值；$v_{d,t}$ 是从 $t-1$ 期到 t 期之间消失的贸易关系，$v_{zd,t}^i$ 行业 z 中在考察期 t 之前已持续存活 i 年，并在 t 期消失的贸易关系在 $t-1$ 期平均出口值。因在出口的第 1 年，不存在失败，因此 $h_{z,t}^0$ 代表了行业 z 中考察期 t 内的贸易关系其第 1 年的风险率，将其定义为 $h_{z,t}^0 = 0$。

这样我们能够从行业角度将公式（4-13）重新改写为：

$$
V_{z,t+1} - V_{z,t} = \sum_{i=1}^I \underbrace{\left[(1 - h_{z,t+1}^i) n_{z,t}^i \right]}_{survival-stayers} \underbrace{(v_{zs,t+1}^i - v_{zs,t}^i)}_{deepening}
$$
$$
- \sum_{i=1}^I \underbrace{\left[(h_{z,t+1}^i n_{z,t}^i) v_{zd,t}^i \right]}_{failure} + \underbrace{\varepsilon_{z,t+1} v_{z\varepsilon,t+1}^0}_{entry}
\tag{4-15}
$$

其中，I 代表在考察期 t 内潜在贸易关系存活期的最大值，$(1 - h_{z,t+1}^i)$

给出了在 t 和 $t+1$ 期之间的存活关系的比例，$(1-h_{z,t}^i)n_{z,t}^i$ 表示从 t 期到 $t+1$ 期之间已存活持续 i 年的存活关系的总量。$[v_{zs,t+1}^i - v_{zs,t}^i]$ 代表了从 t 期和 $t+1$ 期已存活 i 年的贸易关系的深化或者 $t+1$ 期和 t 期已存活 i 年的贸易关系的平均出口值增长；$h_{z,t+1}^i n_{z,t}^i$ 给出了在 t 期存活但在 $t+1$ 期退出的出口关系数量，而 $(h_{z,t+1}^i n_{z,t}^i)v_{zd,t}^i$ 则给出了这些贸易关系的总出口值；$v_{zs,t+1}^0$ 代表了在 $t+1$ 新进入贸易关系的平均出口值，$\varepsilon_{z,t+1}v_{zs,t+1}^0$ 代表了在 $t+1$ 年的新进入贸易关系的总出口值。

公式（4-15）将出口增长分解为进入、退出、存活和深化的四元边际，其中，深化和存活组成集约边际，而退出和新进入共同组成扩展边际。从公式（4-15）可知，首先，更高的存活率会带来更多的贸易关系（包括更多的持续存活关系和更少的失败率）；最后一项捕捉了扩展边际的扩张，即新进入出口关系的增加，其仅包含 $i=0$ 的情况。其次，本书中强调持续存活的年份（用上角标 i 表示）必须在出口增长的结构分解中考虑，原因是不同的出口关系在任一考察期内其风险率是不同的，这也会导致其对出口增长的影响差异，若忽略这一点会使得出口增长的比较局限于静态比较，欠缺时间不同引起的动态变化；最后，公式（4-15）中在考虑 i 时（除了新进入出口关系），我们每次的计算都从 $i=1$ 开始，原因是我们仅能够探讨在服务第 1 年结束后的存活和退出。

第二节　出口发展模式转型升级之：
贸易便利化与出口质量提升

探索出口发展新动力、提升出口质量是实现新旧动能转换、推动中国经济高质量发展的重要维度，也是中国出口发展模式转型升级的重要内容。2019 年 11 月 19 日中共中央、国务院发布《关于推进贸易高质量发展的指导意见》提出要将进一步扩大开放作为推进贸易高质量发展的持久动力，并在贸易便利化等方面先行先试，"十四五"规划也提出要破除制约高质量发展、高品质生活的体制机制障碍，增强经济高质量发展的动力和活力，而贸易便利化改革是其中的重要方面。

以梅里兹（Melitz，2003）为代表的异质性企业贸易理论将企业生产率差异作为企业异质性的主要体现，但却忽略产品垂直差异性，鲍尔温和哈里根（Baldwin & Harrigan，2011）将产品垂直差异融入异质性企业贸易模型，使得对微观企业出口产品质量研究成为可能。本节根据坎德维尔等（Khandelwal et al.，2013）在产品质量异质性模型基础上，将贸易便利化融入，构建了贸易便利化与出口产品质量关系的理论模型，为后文实证分析提供理论依据。

一、贸易便利化对出口质量影响理论分析

（一）消费者

出口目的国 c 的消费者关于所有国家生产的产品的效用函数为以下 CES 形式：

$$U_c = \Big[\int_{h \in \Omega} (q_{ch} x_{ch})^{\rho} \mathrm{d}h \Big]^{\frac{1}{\rho}} \qquad (4-16)$$

其中，Ω 代表产品种类的集合且产品间是可替代的，则 $0 < \rho < 1$，令 $\sigma = 1/1 - \rho$ 表示任意产品之间的替代弹性，$\sigma > 1$；q 表示产品 h 的质量；x 表示进口国消费产品 h 的数量。根据消费者效用最大化构造拉格朗日函数得到出口目的国家对产品 h 的需求函数 x_{ch} 表示为：

$$x_{ch} = \frac{q_{ch}^{\sigma-1}}{p_{ch}^{\sigma}} P_c^{\sigma-1} E_c \qquad (4-17)$$

其中，p_{ch} 表示出口目的国家 c 对产品 h 的消费价格，E_c 表示出口目的国的真实收入，P_c 为价格指数：

$$P_c = \Big[\int_{h \in \Omega} q_{ch}^{\sigma-1} p_{ch}^{1-\sigma} \mathrm{d}h \Big]^{\frac{1}{1-\sigma}} \qquad (4-18)$$

（二）生产者

假设出口国家生产一系列独立的差异化产品，劳动力是唯一的生产要素，在成本最小化的条件下单位成本为 w/ϕ，w 是本国的工资水平，ϕ 是企业 i 特定的生产率。

与本章第一节类似，我们假定企业出口到国家 c 会产生两种贸易成本（Castagnino，2010）。一种是出口可变成本 τ_c，又称"冰山成本"，即为了使一单位产品运输到国家 c 需要运输 $\tau_c (\tau_c > 1)$ 单位产品。它主

要包括运输成本、关税以及与营销和分销等有关的可变成本。另一种成本是出口固定成本 F_c，这些成本与考察国外制度环境以使自身产品符合国外标准所花费的费用以及建立运营分销网络的成本或者非关税壁垒有关（Castagnino，2010；Morales et al.，2011）。而当本国与出口目的国的贸易便利化水平越高，出口所需成本就越小①，因此，我们设 TFI 表示两国的贸易便利化水平，$0 < TFI < 1$，TFI 值越大代表贸易便利化水平越高。综上所述，得到企业向 c 国出口产品 h 的成本为：

$$C_{ch} = \frac{F_c}{TFI} + \frac{wx_{ch}}{\phi_i} \times \tau_c \qquad (4-19)$$

联立以上式子可得企业将 h 产品出口到 c 国的最优决策为：

$$\max \pi_{ch} = \left(p_{ch} - \frac{w\tau_c}{\phi_i} \right) \frac{q_{ch}^{\sigma-1}}{p_{ch}^{-\sigma}} P_c^{\sigma-1} E_c - \frac{F_c}{TFI} \qquad (4-20)$$

由此可以得到 h 产品的最优出口价格及最优产量：

$$p_{ch} = \frac{w\tau_c}{\rho\phi_i} \qquad (4-21)$$

$$x_{ch} = q_{ch}^{\sigma-1} P_c^{\sigma-1} E_c \left(\frac{w\tau_c}{\rho\phi_i} \times \frac{\sigma}{\sigma-1} \right)^{-\sigma} \qquad (4-22)$$

从而推导出企业出口所得利润为：

$$\pi_{ch} = (w\tau)^{1-\sigma} \frac{1}{\sigma-1} \left(\frac{\sigma}{\sigma-1} \right)^{-\sigma} (q_{ch}\phi_i)^{\sigma-1} E_c P_c^{\sigma-1} - \frac{F_c}{TFI} \qquad (4-23)$$

而在垄断竞争市场的均衡状态下，企业向国家 c 出口 h 产品要获得利润 $\pi_{ch} = 0$，进一步整理出均衡产量表达式：

$$x_{ch} = \frac{F_c(\sigma-1)}{TFI} \times \frac{\phi_i}{w\tau_c} \qquad (4-24)$$

（三）均衡

市场均衡状态下，均衡产量等于需求量，即：

$$\frac{F_c(\sigma-1)}{TFI} \times \frac{\phi_i}{w\tau_c} = \frac{q_{ch}^{\sigma-1}}{p_{ch}^{\sigma}} P_c^{\sigma-1} E_c \qquad (4-25)$$

进一步整理出 h 产品的质量表达式：

---

① 贸易便利化通过简化海关程序与手续、完善贸易法律法规与基础设施等，一方面，能够降低了企业出口固定成本，另一方面，贸易便利化也降低了众多中间品的价格，进而企业可以从国外购买更多低价高质量的中间资源品。

$$q_{ch} = \left[\frac{F_c(\sigma-1)}{TFI} \right]^{\frac{1}{\sigma-1}} p_{ch}^{\frac{\sigma}{\sigma-1}} P_c^{-1} E_c^{\frac{1}{1-\sigma}} \left(\frac{\phi_i}{w\tau} \right)^{\frac{1}{\sigma-1}} \qquad (4-26)$$

对贸易便利化水平 TF 求导得[①]:

$$\frac{\partial q}{\partial tf} = \left[\frac{F(\sigma-1)\phi}{Ew\tau} \right]^{\frac{1}{\sigma-1}} p^{\frac{\sigma}{\sigma-1}} P^{-1} \frac{1}{1-\sigma} \left(\frac{1}{TFI} \right)^{\frac{\sigma}{\sigma-1}} \qquad (4-27)$$

由于 $1-\sigma<0$,故 $\partial q/\partial TFI<0$,即贸易便利化与出口产品质量呈现负相关关系。可能的原因在于:第一,替代效应。贸易便利化使得贸易成本降低(罗勇等,2021),会有更多企业进入海外市场,企业或产品的大量进入会导致市场出现更多类似商品,商品可替代性更强,这导致市场竞争加剧,激烈的海外市场竞争会导致部分企业或因利润空间被挤压被动降低研发投入,或因主观缺乏质量提升动力或创新意识,选择不通过创新和改革来提升自身产品品质,而是通过低质低价策略替代质量提升策略,进而获得海外市场(冯等,2017;张杰等,2015;杨逢珉和程凯,2019)。第二,挤出效应。根据异质性企业贸易理论,贸易便利化带来贸易成本的降低会导致企业进入出口市场的生产率门槛降低,这使得一些处于出口生产率临界以下的企业得以进入出口市场。一般来说,低生产率企业生产的产品质量水平偏低,更多低质量产品流入国际市场,甚至通过低价策略挤出部分高质量产品,这在一定程度上都会拉低一国出口产品的整体质量(魏浩和连慧君,2020),因此,获得以下推论:

推论: 贸易便利化的提高因替代效应和挤出效应能够抑制出口产品质量升级。

二、企业出口动态与行业出口质量结构分解

上述部分已经从微观视角系统地阐述了贸易便利化对出口产品质量升级的影响及其作用机制,那么从中观视角也就是行业角度来看,企业出口动态变化对行业出口产品质量的变动又有何影响?本部分基于梅里兹和波莱内克(Melitz & Polenec,2015)提出的动态 OP 分解法进一步对行业出口产品质量进行动态分解,为探讨贸易便利化对行业出口质量

---

① 为简化公式,省去各角标,下同。

影响提供进一步的理论基础。

首先，t 时期的不同样本 i 的整体质量为：

$$TQ_t = \sum_i \varpi_{it} Qua_{it} \qquad (4-28)$$

其中，ϖ_{it} 表示样本企业 i 在 t 期出口金额的比重，且和为 1。则 $\Delta TQ = TQ_2 - TQ_1$ 表示第一、第二期之间整体的出口质量变动，下标 s 表示存活企业样本即 TQ_{st}、ϖ_{st} 表示出口存活企业在 t 期样本的总体质量和权重，下标 E 表示进入企业样本即 TQ_{Et}、ϖ_{Et} 表示出口进入企业在 t 期样本的总体质量与权重，下标 Q 表示退出企业样本即 TQ_{Qt}、ϖ_{Qt} 表示出口退出企业在 t 期样本的总体质量与权重。那么第一、第二期的总体质量可以表示为：

$$TQ_1 = \varpi_{s1} TQ_{s1} + \varpi_{Q2} TQ_{Q1} \qquad (4-29)$$

$$TQ_2 = \varpi_{s2} TQ_{s2} + \varpi_{E2} TQ_{E2} \qquad (4-30)$$

第一期的样本总量为存活企业与退出企业之和、第二期样本总量为存活企业与进入企业之和，所以 $\varpi_{s1} + \varpi_{Q1} = 1$、$\varpi_{s2} + \varpi_{E2} = 1$，即 $\varpi_{s1} = 1 - \varpi_{Q1}$、$\varpi_{s2} = 1 - \varpi_{E2}$。代入公式（4-29）、公式（4-30）可得：

$$TQ_1 = \varpi_{s1} TQ_{s1} + \varpi_{Q1} TQ_{Q1} = TQ_{s1} + \varpi_{Q1}(TQ_{Q1} - TQ_{s1}) \qquad (4-31)$$

$$TQ_2 = \varpi_{s2} TQ_{s2} + \varpi_{E2} TQ_{E2} = TQ_{s2} + \varpi_{E2}(TQ_{E2} - TQ_{s2}) \qquad (4-32)$$

可以理解为以存活企业的质量为基础，退出企业的质量为第一期整体质量的修正调整，进入企业的质量为第二期整体质量的修正调整（刘晓宁，2021）。因此，两期的整体质量变动具体分解式如下：

$$\begin{aligned}
\Delta TQ &= TQ_2 - TQ_1 \\
&= (TQ_{s2} - TQ_{s1}) + \varpi_{E2}(TQ_{E2} - TQ_{s2}) + \varpi_{Q1}(TQ_{s1} - TQ_{Q1}) \\
&= \underbrace{\Delta \overline{Qua_s}}_{\text{存活企业内效应}} + \underbrace{\Delta \operatorname{cov}_s}_{\text{存活企业间效应}} + \underbrace{\varpi_{E2}(TQ_{E2} - TQ_{s2})}_{\text{进入企业效应}} \\
&\quad + \underbrace{\varpi_{Q1}(TQ_{s1} - TQ_{Q1})}_{\text{退出企业效应}}
\end{aligned} \qquad (4-33)$$

综上可以把行业总体质量变动分解为三部分：存活企业、进入企业与退出企业分别引起的质量变动。进一步地把存活企业效应分解为存活企业自身质量变动与由存活企业间出口份额变化导致的整体质量变动。

其中，$\Delta \overline{Qua_s} = \overline{Qua_{s2}} - \overline{Qua_{s1}} = \dfrac{1}{n_{s2}} \sum_{i \in s} Qua_{i2} - \dfrac{1}{n_{s1}} \sum_{i \in s} Qua_{i1}$ 表示存活企业内效应，存活企业间效应由存活企业出口份额变动与其质量的协方差表示：

$$\Delta\mathrm{cov}_s = \mathrm{cov}_{s2} - \mathrm{cov}_{s1} = \sum_{i \in s}(\varpi_{i2} - \overline{\varpi_{s2}})(Qua_{i2} - \overline{Qua_{s2}})$$
$$- \sum_{i \in s}(\varpi_{i1} - \overline{\varpi_{s1}})(Qua_{i1} - \overline{Qua_{s1}}) \qquad (4-34)$$

公式（4－34）假设存活企业的出口产品质量前后两期不变，而由其出口份额变动导致整体出口产品质量变动。

第三节　小　结

本章将贸易便利化，企业出口动态行为、出口微观结构和出口质量放在同一框架内。一方面，结合罗伯特和伯特（Roberts & Tybout, 1997）的出口动态模型与梅里兹（Melitz, 2003）异质性企业贸易理论，将企业出口进入和退出定义为扩展边际，企业出口存活和深化定义为出口集约边际，剖析贸易便利化与企业四维出口动态行为（进入、退出、存活和深化）的理论关系，并进一步探讨企业出口动态变化对一国出口增长微观结构的影响；另一方面，将产品垂直差异结合到异质性企业贸易理论，探讨贸易便利化对企业出口产品质量的影响，进而探讨企业出口动态变化对行业出口质量结构的影响。结合企业出口动态，从出口"促稳""提质"两个层面，将贸易便利化，出口增长内部结构变化和出口质量结构变化联系起来，为分析中国出口发展模式转型升级提供了一个全新的研究视角和分析框架。为了更好理解新的分析框架，现将该分析框架的特点进行分析，为后文从贸易便利化视角促进出口发展模式转型升级的实证研究以及发展路径政策提供重要的理论和方法基础。

（1）该分析框架同时兼顾了微观理论基础和宏观政策意义。

20 世纪 90 年代中期以来，大量实证研究使用企业微观数据发现企业是异质的，参与出口活动只是极少数企业的行为，且出口企业比例动态变化（Roberts & Tybout, 1997; Clerides, Lach & Tybout, 1998; Bernard & Wagner, 2001; Bernard et al., 2007）。罗伯特和伯特（Roberts & Tybout, 1997）通过构建一个关于出口行为的动态离散选择模型，量化了先前出口经验对哥伦比亚制造业企业参与外国市场决策的影响，间接证明了出口固定成本对企业参与出口决策的重要性。赵伟等（2011）、孙俊新（2013）使用中国的数据，验证了罗伯特和伯特（Roberts &

Tybout, 1997) 的理论模型, 证明对企业出口行为的连续性进行了解释。尽管上述研究强调了企业的异质性行为, 但对企业出口行为在一般均衡贸易模型中被系统分析开始于以梅里兹 (Melitz, 2003) 为代表的异质性企业贸易理论。根据异质性企业贸易理论, 出口固定成本、冰山贸易成本和生产率差异的存在, 导致企业在出口市场的进入和退出, 呈现不同的出口行为; 另外, 出口市场不确定性的存在, 又使得不同的企业出口关系呈现不同的存活期。总之, 无论是罗伯特和伯特 (Roberts & Tybout, 1997) 为代表的企业出口行为动态离散模型, 还是以梅里兹 (Melitz, 2003) 为代表的异质性企业贸易理论模型及其扩展模型, 都是通过将企业异质性引入模型, 使得对企业微观出口行为, 进而对出口结构微观分解和质量分析成为可能, 从这个层面而言, 企业异质性及其所呈现不同的企业出口动态行为都体现了新分析框架所依赖的微观基础。

另外, 分析框架对宏观层面解读出口发展模式转型升级、产业升级及经济发展进步之间的紧密联系也非常有利。一方面, 异质性企业贸易理论认为贸易自由化通过降低贸易成本能够带来更多企业出口进入, 促进出口扩展边际的增长, 从而有利于推动一国出口维度升级。而由上文的分析也可知, 贸易便利化引致的竞争效应和出口固定成本的降低、成本节约与多元化优质要素获得效应在某种程度上会有利于一国出口维度的、深度的升级, 从而对实现中国出口发展模式转型具有重要意义; 另一方面, 能进入出口市场, 并在出口市场持续存活的企业往往生产率较高, 而贸易便利化所推动的行业内企业出口行为的动态变化, 使得资源从低生产率企业配置到高资源企业, 从而实现行业内资源的优化配置和行业生产率的提升, 而这有利于一国经济发展方式的转变。可见, 在国内强调"以国内大循环为主体、国内国际双循环相互促进的新发展格局"背景下, 我们不但能依靠加强科技创新驱动我国出口发展模式转型升级, 也能依靠对外在力量, 例如, 贸易便利化改革等外在市场环境改善推动内需驱动出口发展模式的转型升级, 而这正体现了新分析框架的宏观政策含义。

(2) 从维度升级和深度升级重新定义出口增长微观结构优化, 结合出口质量升级, 丰富了出口发展模式升级的内容和含义。

异质性企业贸易理论的出现使得从微观层面剖析一国出口增长结构成为可能。首先, 一国长期依赖少数资源禀赋型产品出口来支撑集约式出口增长，不仅可能带来贸易条件恶化和贫困化增长，而且在应对外在环境恶化冲击时出口的波动对一国经济的稳定和安全性会产生极大破坏；而基于产品多样性和市场多样性的出口扩展边际的增长，不但在应对外来冲击时具有更强的稳定性，而且在基于扩展边际增长的产品创新和满足消费者多样性需求上，扩展边际增长也更有说服力。因此，促进出口扩展边际的增长有利于一国，尤其发展中国家出口结构的优化也得到大多数学者的认同。其次，近年来很多学者也认为，在保障一国出口稳定发展中，出口关系的稳定性也非常关键，尤其像中国这样的发展中国家，在当前和今后较长时期内大量低技能劳动力的存在依然是不变的事实，保持原有出口关系的稳定性对于一国出口稳定性仍然意义重大。因此，从延长已有贸易关系存活期方面深化优化出口结构也是未来我国出口结构转型应重点关注的层面。最后，中国要从根本上实现出口大国向出口强国转变，通过市场制度改革，创造良好的制度环境和市场环境，不断提高产品质量来实现全球价值链攀升，实现内需驱动的出口发展模式转型是中国下一阶段贸易实现跨越式发展的核心，因此，出口质量升级应是我国出口发展转型升级又一个关键维度。总之，当前中国外贸发展处于内生新的比较优势还未完全形成，外生各种不利冲击层出不穷的复杂环境中，而新框架从出口维度升级，出口深度升级重新定义出口微观结构优化，结合出口质量升级探讨贸易便利化改革下中国出口发展模式转型升级，不仅能统筹兼顾当前中国出口发展所处的内忧外患的境况，而且对于未来中国实现内需驱动下的中国出口发展转型升级具有深远的意义。

（3）依赖贸易便利化改革等制度环境外部动力，推动产业结构和内需驱动的出口发展模式的互动优化升级。

企业的出口行为与产业的调整、出口结构变化密不可分。新框架指出，企业追求利润最大化的动机，导致高生产率进入出口市场或出口增加、低生产率企业退出市场，进而带来了社会资源由低生产率企业向高生产率企业重新配置，提升了行业整体生产率水平，影响了行业的产出结构，产业结构的调整又通过企业在海外市场的销售行为对一国的出口结构产生影响。当企业出口的外部环境（如贸易政策等）发生变化时：一方面，企业会调整自身的出口行为，增加、减少已有产品出口、出口新产品或选择新的出口目的地，建立或维持已有出口关系等，这些都将影响一国的出口结构；另一方面，企业出口时，其所属行业不同，产品特征差异，对外部环境变化（如贸易政策变化，所带来的出口成本、生产率等）的影响也不同（Channey，2008；钱学峰，2010；邵军等，2011）。刘晓宁和刘磊（2015）认为贸易政策要注重差异化的行业特征和企业特征，因此，对一国出口结构调整，除了可以依赖企业自身技术改革和创新等措施提升企业出口竞争力，还可以依赖外来制度环境改革的动力促进企业出口动态变化，并针对不同行业采取不同产业政策，促进该产业中企业实现优胜劣，资源优化配置，进而提高行业生产率，促进一国实现出口发展模式转型。陈勇兵等（2014）也认为依赖国内需求实现经济转型升级是一国经济发展的根本所在。易先忠和欧阳峣（2018）认为中国渐进式改革过程中，体制不完善和市场进程的不均衡是中国实现内需驱动出口发展模式的关键障碍，而新的框架使我们探讨依赖贸易便利化改革等制度环境外部动力，推动产业结构和内需驱动的出口发展模式的互动优化升级提供了方向和进一步深化的可能。

第五章 结构参数估计及对贸易的影响

第四章的分析表明关注贸易便利化改革等外在力量对企业出口的影响应重视企业所处行业特征差异化。钱尼（Chaney，2008）证明了由于产业特征的差异，尤其是产业内产品的差异化程度的不同，会导致贸易成本对贸易流的影响不同；梅里兹和奥塔维亚诺（Melitz & Ottaviano，2008）的研究则证明了贸易成本对贸易影响的弹性会因结构参数"产品替代弹性"和"行业异质性参数"的不同而不同，而结构参数是反映市场产业结构的关键参数，其存在改变了以往对引力模型的解释。贸易便利化对贸易成本会产生显著影响已得到大量研究的证实，那行业不同，尤其替代弹性和异质性参数的差异，贸易便利化对出口的影响会有何种不同影响？这些影响对实施贸易便利化改革和出口发展转型升级有何启发？为回答这一问题，本章首先借鉴了钱尼（Chaney，2008）、克罗泽和凯尼格（Crozet & Koenig，2010）模型的主要特点，获得扩展边际和集约边际的贸易成本弹性的表达式，作为结构参数估计的理论基础，获得结构参数估计方程，然后使用企业微观数据，估计了不同产业的替代弹性和结构参数，并分析了结构参数对贸易可能产生的影响，为下面第六章、第七章进一步分析结构参数在贸易便利化影响一国出口微观结构优化和出口质量提升方面的作用做准备。

第一节 结构参数估计

一、参数估计的理论基础

本章模型直接借鉴了钱尼（Chaney，2008）、克罗泽和凯尼格

（Crozet & Koenig, 2010）模型的主要特点，并且主要强调了扩展边际和集约边际的贸易成本弹性的表达式。

（一）生产和消费

假定母国面临 R 个外国市场，生产 H 种差异性货物以及一种同质性标准货物。在 H 个制造业行业中的企业以 Dixit-Stiglitz 垄断竞争方式参与生产。所有的消费者都有相同的 CES 效用函数，形式如下：

$$U_j = q_{0j}^{\mu_0} \prod_{k=1,\cdots,H} \left(\int_{i \in \Omega_{kj}} q_{kij}^{\frac{\sigma_k-1}{\sigma_k}} \right)^{\mu_k \frac{\sigma_k}{\sigma_k-1}} \qquad (5-1)$$

其中，q_{kij} 是国家 j 中一个代表性消费者对货物 k，品种 i 的需求数量；Ω_{kj} 是国家 j 能够获得的货物 k 的所有品种的集合；σ_k 是货物 k 的多样性品种之间的替代弹性；q_{0j} 是范数货物的消费数量；μ_0 和 μ_k 是正的参数，且（$\mu_0 + \sum_k \mu_k = 1$）。因为实证分析考虑每个单独的行业，因此，我们在这一部分为了表述的方便去掉角标 k。

在母国有 N 家企业。为了生产并在外国市场销售，每个企业会有一个企业特定的边际成本以及一个目的地国家特定的出口固定投入成本。因为我们的数据覆盖了中国企业的出口，因此所有企业是位于相同的出口国：在下面的部分，角标 i 代表中国企业，角标 j 代表中国的一个出口目的地国。当出口到相同的目的地国时，假定出口固定投入成本对所有企业都相同。对一个边际成本为 a_i 的企业 i，供给 j 国消费者的数量为 $q(a_i)$ 货物的所有成本是 $TC_{ij}(a_i) = q(a_i)a_i\tau_j + C_j$。我们假定"冰山"运输成本是为确保 1 单位的能够到达国家 j，必须运输 $\tau_j > 1$ 单位的货物。

类似于通常 Dixit-Stiglitz 垄断竞争框架，利润最大化的价格是边际成本常数加价。因此，一个边际成本为 a_i 的企业所生产的货物出口到市场 j 的价格是：

$$p_{ij}(a_i) = \frac{\sigma}{\sigma-1} a_i \tau_j \qquad (5-2)$$

让 E_j 代表在国家 j 的相关行业的整体支出，并且 P_j 是国家 j 的价格指数。我们从公式（5-1）和公式（5-2）中能够证明国家 j 对给定品种 i 的需求是：

$$m_{ij}(a_i) = p_{ij}(a_i)q_{ij}(a_i) = \left[\frac{p_{ij}(a_i)}{p_j}\right]^{1-\sigma} E_j \qquad (5-3)$$

（二）贸易成本和贸易的集约和扩展边际

假定边际成本 a 服从 *Pareto* 分布，范围是 0 ~ 1，规模参数 $\gamma \geq 1$。[①]
因此，边际成本的分布可写为：$P(\tilde{a} < a) = F(a) = a^\gamma$ 和 $\mathrm{d}F(a) = f(a) = \gamma a^{\gamma-1}$。参数 γ 是企业异质性的逆向测度。γ 的值接近 1 暗示了一个几乎在 0 ~ 1 之间都平均的边际成本分布，意味着企业所在行业集中度低；随着 γ 接近无限，分布变得更加集中，意味着企业所在行业集中度高。

对边际成本 a_i，在市场 j 获得的利润是 $\pi_{ij}(a_i) = m_{ij}(a_i) - TC_{ij}(a_i)$，结合公式（5-2）、公式（5-3），使用利润最大化定价，我们获得：

$$\pi_{ij}(a_i) = m_{ij}(a_i) - TC_{ij}(a_i) = q_{ij}(p_{ij} - a_i\tau_i) - C_j \qquad (5-4)$$

由公式（5-2）知 $a_i = \frac{\sigma-1}{\sigma} \times \frac{p_{ij}}{q_{ij}}$，将其代入公式（5-4）得：

$$\pi_{ij}(a_i) = m_{ij}(a_i)\frac{1}{\sigma} - C_j = \left(\frac{\sigma}{\sigma-1} \times \frac{a_i\tau_j}{P_j}\right)^{1-\sigma} E_j - C_j \qquad (5-5)$$

利润驱动决定企业是否出口到国家 j。企业的出口利润随着目的地市场的规模 E_j 的增加，贸易壁垒 τ_j 和 C_j 的下降而增加。正如在标准的垄断竞争模型中，进口国的价格指数 P_j 对贸易流和贸易利润的影响都为正。这个价格指数捕捉了发生在更加中心市场的更高竞争的影响，如果 N_{hj} 是企业出售的多样性品种的数量，那么价格指数就是 $P_j = \{\int_1^{N_{hj}} [p_{ij}(a_i)]^{1-\sigma}\mathrm{d}i\}^{\frac{1}{1-\sigma}}$。

我们用 $\bar{a}_j$ 代表能保证销售到国家 j 所得的收益等于总出口成本的边际成本水平，即方程（5-5）=0。从公式（5-5）中可知，这个门槛值是：

$$\bar{a}_j = \lambda_j \left(\frac{1}{C_j}\right)^{\frac{1}{\sigma-1}} \frac{1}{\tau_j} \qquad (5-6)$$

其中，$\lambda_j = \frac{\sigma-1}{\sigma}(E_j)^{\frac{1}{\sigma-1}} P_j$。

所有边际成本小于或等于 $\bar{a}_j$ 的企业将会出口到 j。出口企业的整体

[①] 我们假定 $\gamma > \sigma - 1$。

数量因此为：

$$N_j = \int_0^{\bar{a}_j} N f(a)\,\mathrm{d}a = \left[N \frac{\gamma}{\gamma-1} \lambda_j^{\gamma} \right] \left(\frac{1}{C_j} \right)^{\frac{\gamma}{\sigma-1}} \tau_j^{-\gamma} \qquad (5-7)$$

其中，N 为出口国的供应能力。

鉴于此，从国家 H 到市场 j 的双边贸易值由下式给定：

$$M_j = \int_0^{\bar{a}_j} N m_{ij}(a_i) f(a)\,\mathrm{d}a = \Theta \frac{E_j}{P_j^{1-\sigma}} N (C_j)^{-\frac{[\gamma-(\sigma-1)]}{\sigma-1}} (\tau_j)^{-\gamma} \qquad (5-8)$$

其中，$\Theta = \left(\frac{\sigma}{\sigma-1} \right)^{1-\sigma} \left[\frac{\gamma}{\gamma-(\sigma-1)} \right] \lambda_j^{\gamma-(\sigma-1)}$。

这个出口方程非常类似于在 Dixit-Stiglitz-Krugman（DSK）框架下的传统引力方程。双边贸易流随着目的地国家的需求 E_j 和出口国的供应能力 N 的增加而增加。贸易也是贸易可变成本 τ_j 和出口固定投入成本 C_j 的递减函数。然而，存在同标准 DSK 引力方程的两个主要差异。首先，进入外国市场的出口固定投入成本从逻辑上来看似乎是一个额外的因素；其次，贸易的可变贸易成本弹性与在同质性企业下有显著不同。从公式（5-8）中我们能直接获得：

$$\frac{\partial M_j}{\partial \tau_j} \times \frac{\tau_j}{M_j} = -\gamma$$

贸易的可变贸易成本弹性不依赖于这里的价格弹性，然而在 DSK 模型中，它是 $1-\sigma$。[①] 为了理解为什么企业异质影响贸易弹性，我们考虑贸易边际。贸易成本经由扩展边际和集约边际影响贸易。较低的 τ_j 增加了每个企业的出口规模［见方程（5-3）］和中国出口到国家 j 的企业的数量［见方程（5-7）］，这分别对应着贸易的集约边际和扩展边际。我们对贸易边际的定义同大多数实证研究中的定义不同（Hillberry & Hummels，2008；Mayer & Ottaviano，2007），以往的大多研究将总贸易分解为出口企业的数量以及每个出口商的平均运输规模，这意味着每个个体企业的出口都对平均出口值做出贡献。本书类似于钱尼（Chaney，2008）的研究，将扩展边际定义为边际出口商的出口值，而这小于平均出口值。

将 $\varepsilon_{\tau_j}^{M_j}$ 定义为总贸易的贸易成本弹性，并且 $\varepsilon_{\tau_j}^{INT_j}$ 和 $\varepsilon_{\tau_j}^{EXT_j}$ 是集约和扩

[①] 我们的模型做了一个简单的假设。沿着钱尼（Chaney，2008），我们设想 τ_j 不影响 E_j 和 P_j，即我们很显然是假设出口国是"小国"，对世界经济的影响可忽略。

展边际的贸易成本弹性，我们有：

$$\varepsilon_{\tau_j}^{M_j} = \varepsilon_{\tau_j}^{INT_j} + \varepsilon_{\tau_j}^{EXT_j} = -\gamma \qquad (5-9)$$

关于扩展边际的贸易成本弹性 $\varepsilon_{\tau_j}^{EXT_j}$，我们不能仅考虑公式 (5-7)。正如公式 (5-7) 所示，经济整合 τ_j 的下降将会增加出口企业的数量，但是，当 τ_j 进一步下降的时候，进入出口市场的企业的效率会更低并且出口更少 [见公式 (5-3)]。因此，贸易边际成本的减少对扩展边际的影响是由出口企业数量的增加以及门槛企业（即边际成本为 $\bar{a}_j$ 的企业）出口量共同决定①：

$$\varepsilon_{\tau_j}^{EXT_j} = \left[Nm_{ij}(\bar{a}_j) f(\bar{a}_j) \frac{\partial \bar{a}_j}{\partial \tau_j} \right] \frac{\tau_j}{M_j}$$

使用公式 (5-3)，公式 (5-6) 和公式 (5-7)，整理后，我们获得：

$$\varepsilon_{\tau_j}^{EXT_j} = -\left[\gamma - (\sigma-1) \right] \qquad (5-10)$$

最终，结合公式 (5-9)，集约边际的贸易成本弹性为：

$$\varepsilon_{\tau_j}^{INT_j} = -(\sigma-1) \qquad (5-11)$$

而这个集约边际的贸易成本弹性同克鲁格曼（Krugman，1980）的同质性企业的总贸易成本弹性是相同的。

钱尼（Chaney，2008）的模型强调了异质性企业在国际贸易中的作用并且证明了经济整合对不同行业有不同的影响。首先，较低的贸易成本在较低异质性的行业（即 γ 更大）对贸易扩展边际有更大的影响。其次，贸易整合 τ_j 的下降的影响根据货物的差异程度而不同。在有高度差异产品的行业（即 σ 相对低），贸易整合允许企业的大量进入，每个企业有个相对小的市场份额：贸易量主要受扩展边际影响。相反，在同质性货物的行业，较低的贸易成本通过集约边际发挥作用，因为较低效率的企业在进入出口市场时将有更多的困难。因此，只有企业中的少数变成新的出口商，且少数出口商占据较大的市场份额。

二、参数估计模型设定

本章使用大量企业层面的出口数据估计决定距离对整体贸易和每个

① 钱尼（Chaney，2008）提供了一个更加清楚的对总贸易的分解，将总贸易分成集约和扩展边际。

贸易边际影响的参数。我们假定一个非常简单的贸易成本函数：$\tau_j = \theta D_j^\delta$，其中，$\theta$ 是一个正的常数，D_j 是母国和 j 国之间的距离，并且 δ 是一个严格正的系数（例如，Hummels，2001；Anderson & Van Wincoop，2004）这样，结合公式（5 - 10）和公式（5 - 11），贸易边际的距离弹性可表示为：

$$\varepsilon_{\tau_j}^{INT_j} = -\delta(\sigma - 1)$$
$$\varepsilon_{\tau_j}^{EXT_j} = -\delta[\gamma - (\sigma - 1)] \qquad (5 - 12)$$

我们使用三步的方法估计 σ、δ、γ。首先，估计企业出口的可能性，从这个估计中我们能够获得 $\delta\gamma$。其次，从估计每个企业出口的引力方程中获得 $-\delta(\sigma - 1)$。最后，为了进一步去识别这三个参数，获得对 $-[\gamma - (\sigma - 1)]$ 的值，本书估计了 Pareto 分布，这个分布反映了每个企业生产率和生产的关系。

具体而言，首先，第一步获得 $-\delta\gamma$ 是从估计母国到不同国家的距离对企业出口概率的影响获得。公式（5 - 6）显示了能够出口的企业的最大边际成本。当我们使用 Pareto 分布并将角标 k 重新引入时，边际成本为 a_i 的企业 i 在 t 年出口到国家 j 的概率是：$\mathrm{Prob}\big[\widehat{\mathrm{Exp}}_{kjt}(a_i)\big] = P(a_i < \bar{a}_j) = \Big[\lambda_j\Big(\dfrac{1}{C_j}\Big)^{\frac{1}{\sigma - 1}}\dfrac{1}{\tau_j}\Big]^\gamma$。

我们使用贸易成本的对数值并引入企业的固定影响以及进口国和时间的虚拟变量来估计这个方程。[①] 因为国家 - 年份的固定影响并不能消除距离变量，原因是后者是企业特定的，所以法国内部的企业存在变化。

针对第一步的估计策略，我们对每个行业 k 估计了下面的 Logit 方程：

$$\mathrm{Prob}\big[\mathrm{Exp}_{kjt}(a_i)\big] = \beta_0 + \beta_1 \ln D_{ij} + \beta_2 \ln GDP_{jt} + \beta_3 \ln Lan_j + \beta_4 Contig_j$$
$$+ \beta_5 FTA_{jt} + e_i + e_{jt} + \varepsilon_{ikjt} \qquad (5 - 13)$$

其中，k 为产业；j 为出口国；t 为时间；i 为企业；$\mathrm{Exp}_{kjt}(a_i)$ 为企业 i 在 t 年向 j 国家出口的虚拟变量，若出口设为 1，不出口设为 0；D_{ij} 为企业 i 与出口国 j 的距离，实际中使用中国与 j 国的距离；GDP_{jt} 为 t 年 j 国的国内生产总值；Lan_j 为中国与 j 国的语言相似度，因为语言相似度取

---

① 应该注意到这个表达式并没有依赖于企业的特征 a_i。然而，很可能贸易成本 τ_i 包含了某些不被观察到的各种各样的个体特征（例如，企业的网络或者对出口市场的先前的经验）这些将会通过企业的固定影响被捕捉到。

值区间为 $[0, 1]$，因此在取对数过程中使用 $\ln(Lan_j + 1)$；$Contig_j$ 为中国与 j 国是否相邻的虚拟变量；FTA_{jt} 为 j 国是否与中国签订 FTA；e_i 是企业的固定效应，e_{jt} 是出口国 – 出口年份的固定效应；ε_{ikjt} 为随机误差项；β_0 是常数项，β_1、β_2、β_3、β_4、β_5 是回归系数，且 $\beta_1 = -\delta\gamma$。

其次，第二步的估计方程来自公式（5–3）。对公式（5–3）取对数值产生了下面的对个体企业可估计的引力方程：

$$\ln[m_{kjt}(a_i)] = \alpha_0 + \alpha_1\ln D_{ij} + \alpha_2\ln GDP_{jt} + \alpha_3\ln Lan_j + \alpha_4 Contig_j$$
$$+ \alpha_5 FTA_{jt} + e_i + e_{jt} + \varepsilon_{ikjt} \tag{5–14}$$

其中，$m_{kjt}(a_i)$ 为 i 企业在 t 年向 j 国的出口额，其余变量与公式（5–13）一致。从理论框架来看，在这个方程中的距离系数是集约边际的弹性，$\alpha_1 = -\delta(\sigma-1)$。

最后，我们在第三步中计算 δ、σ 和 γ 这三个贸易弹性系数，计算的关键在于对 Pareto 分布的估计。从公式（5–2）和公式（5–3）中能够证明对每个有生产率 $1/a_i$ 的企业，所有有更高生产率的企业的累积生产是：$X = \lambda(1/a_i)^{-[\gamma-(\sigma-1)]}$。我们使用同在步骤一和步骤二中相同的企业集计算系数 $-[\gamma-(\sigma-1)]$。[1] 并且，对每一年和每个行业，将企业从生产率最高到生产率最低进行排序。然后，对每个企业，我们计算比其排序低的所有企业的累积生产。将累积生产的对数值对个体企业 TFP 的对数值进行回归[2]，这产生了对每个行业的 $-[\gamma-(\sigma-1)]$ 的估计值。

$$\ln TFP_{ikt} = \theta_0 + \theta_1\ln X_{ikt} + e_t + \varepsilon_{ikt} \tag{5–15}$$

其中，TFP_{iktj} 为 OP 方法下的全要素生产率，X_{ikt} 为比其生产率低的所有企业的累积出口。据此，我们可以获得 $\theta_1 = -[\gamma-(\sigma-1)]$ 的估计值。

我们将三个估计值 $-\delta\gamma$、$-\delta(\sigma-1)$ 和 $-[\gamma-(\sigma-1)]$，结合来计算 γ、σ 和 δ。

下面的部分描述了对实施这些估计所要求的数据及估计的结果。

三、参数估计结果分析

估计公式（5–13）、公式（5–14）和公式（5–15），我们需要企

---

[1] 对个体 TFP 的代理变量的计算是基于 Olley-Pakes 的流程。

[2] 所有回归包括年份固定影响。

业水平的出口数据，其中，企业层面的变量来源于中国海关数据库和中国工业企业数据库，除了距离外，上述回归方程中的解释变量还包括目的国 GDP_{jt}；中国与 j 国是否相邻的虚拟变量 $Contig_j$ 以及企业 e_i、目的国－年份虚拟变量 e_{jt} 是出口国－出口年份的固定效应。企业层面的变量来源于中国海关数据库和中国工业企业数据库。[1] 距离、与出口国家是否相邻来源于 CEPII 数据库，GDP 来源于世界银行数据库。在数据处理中，本书将海关库中的 HS 编码按照联合国分类转换表转换为 ISIC 分类（国际标准产业分类），保留制造业分类，即第 15~36 分类。

估计中所使用变量的描述性统计如表 5－1 所示。

表 5－1　　　　　结构参数估计所使用变量的描述性统计

变量	变量缩写	观测值	均值	标准差	最小值	最大值
距离	lnD	6628003	8.75	0.68	6.69	9.86
国内生产总值	$lnGDP$	6600848	26.97	1.81	16.71	30.44
出口值	$lnEXP$	6628003	10.28	2.64	0.00	23.16
企业雇佣人数	lnL	4306950	4.87	1.24	0.00	12.58
企业产出	lnY	4338613	10.25	1.84	0.00	19.98
企业生产率	$lnTFP$	4242343	1.70	0.24	−8.57	2.84
企业固定资产	lnK	4322897	2.10	2.09	0.00	19.33

----

[1] 数据处理过程：首先，使用工业库和海关库合并后的数据，取 HS 编码的前 6 位，按照联合国分类转换表转换为 ISIC 分类（3.1 修订版），保留制造业分类，即第 15~36 分类，分别为食品及饮料的制造；烟草制品的制造；纺织品的制造；服装制造；毛皮修整与染色；皮革的鞣制及修整；皮箱、手提包、马具、挽具及鞋靴的制造；木材、木材制品及软木制品的制造，但家具除外；草编物品及编织材料物品的制造；纸和纸制品的制造；出版、印刷及记录媒介物的复制；焦炭、精炼石油产品及核燃料的制造；化学品及化学制品的制造；橡胶和塑料制品的制造；其他非金属矿物制品的制造；基本金属的制造；金属制品的制造，但机械设备除外；未另分类的机械和设备的制造；办公室、会计和计算机械的制造；未另分类的电力机械和装置的制造；无线电、电视和通信设备与装置的制造；医疗器械、精密仪器和光学仪器、钟表的制造；汽车、挂车和半挂车的制造；其他运输设备的制造；家具的制造；未另分类的制造。成功匹配 12884684 个观测值，未成功 1012232 个观测值。其次，根据 ISIC 行业编码对企业出口层面的数据进行加总，形成年份－企业－行业－目的国层面的出口数据，得到 6772712 个观测值，140501 家企业，204 个国家。

　　基于企业层面的数据和公式（5-13）、公式（5-14），本章分行业估计了距离对企业水平出口可能性和出口值的影响。这分别产生了 ISIC 二位数行业层面的 $\delta\gamma$ 和 $\delta(\sigma-1)$ 估计。所估计的系数被显示在表 5-2 的第 3~4 列。距离对所有行业的出口可能性有显著负面的影响并且对除了 6 个行业（皮革的鞣制及修整；皮箱、手提包、马具、挽具及鞋靴的制造；纸和纸制品的制造；出版、印刷及记录媒介物的复制；焦炭、精炼石油产品及核燃料的制造；橡胶和塑料制品的制造；金属制品的制造，但机械设备除外）的所有行业的企业出口规模有显著负面影响。距离对行业的出口可能性回归的系数范围是 -0.04（其他运输设备的制造）~ -0.93（焦炭、精炼石油产品及核燃料的制造）平均系数是 -0.35，位于所使用的总的贸易流距离弹性值的典型的范围内[①]，结果的相似性确认了理论的预测，即这个理论预测了企业水平出口可能性［见式（5-14）］，而克罗泽和凯尼格（Crozet & Koenig，2010）估计距离对行业的出口可能性回归的系数范围是 -0.33（制衣业）~ -5.51（钢铁制造业），平均值是 -1.41；距离对企业出口规模回归的系数范围是 -0.03（其他运输设备的制造）~ 0.47（无线电、电视和通信设备与装置的制造），平均值是 -0.22。克罗泽和凯尼格（Crozet & Koenig，2010）估计距离对单个企业出口规模影响显著的行业的系数范围是 -0.14（制药业和国产设备制造业）~ -2.67（造船业），均值为 -0.53。另外，基于公式（5-15）和企业层面数据，我们获得了 $-[\gamma-(\sigma-1)]$ 的估计值，见表 5-2 第 5 列，根据公式（5-15）所估计系数的范围是 -1.01（医疗器械、精密仪器和光学仪器、钟表的制造）~ -1.74（食品及饮料的制造），平均值为 -1.33。克罗泽和凯尼格（Crozet & Koenig，2010）估计系数的范围是 -1.04（制衣业）~ -2.86（制矿业），均值是 -1.86。

　　我们使用上文所预测的估计值去计算贸易弹性的三个参数 γ、σ 和 δ。我们获得了 10 个满足理论预期[②]且估计显著的行业的结构参数的估计值，见表 5-3。表 5-3 中所报告的 σ 的值的范围是在 1.47~5.86 之间，平均值是 3.25；而这与克罗泽和凯尼格（Crozet & Koenig，2010）

---

　　① 迪斯迪尔和黑德（Disdier & Head，2008）的 Meta 分析调查了 1466 个引力估计并获得了一个平均系数值是 -0.91，其中 90% 的估计位于 0.28~1.55 之间。

　　② 即 σ 值严格大于 1，并且 γ 大于 $\sigma-1$。

中所估计的 σ 值的范围是介于 1.15~6.01 之间，平均数字是 2.25 的估计值类似。以往学者分别使用不同细分数据以及估计方法对替代弹性结果估计并不一致，例如，布罗达和温斯坦（Broda & Weinstein，2006）在使用三位数的数据估计的这些值时，这个估计值在 4~6.8 之间。伊顿和科图姆（Eaton & Kortum，2002）的估计结果的平均值大约为 8.3，埃克尔 - 鲁斯和米尔扎（Erkel-Rousse & Mirza，2002）获得的平均值大约为 3.7。钱学峰（2008）借鉴康奇斯（Kancs，2007）的研究，使用宏观数据对中国的替代弹性进行估计，所获得的估计值是 1.306。类似地，张凤（2015）基于 ISIC 四位数产业层面对国内替代弹性进行了估计，结果发现替代弹性的范围大体在 2.5~9.76 之间，平均值是 6.13，另外，表 5-2 中 γ 的估计范围是 1.9~6.29，平均值是 3.67，这与克罗泽和凯尼格（Crozet & Koenig，2010）中所估计的 γ 的范围是 1.65~6.93，平均值为 3.09 类似。国内的钱学峰（2008）使用宏观数据对异质性参数的估计值为 0.377。张凤（2015）借鉴康奇斯（Kancs，2007）的研究基于 ISIC 四位数产业所估计的异质性参数的范围在 3.6~28.2 之间，平均值是 11.88。我们认为这主要与我们选用的数据细分水平差异有关。

表 5-2 引力方程估计结果

ISIC 代码	行业	$-\delta\gamma$	$-\delta(\sigma-1)$	$-[\gamma-(\sigma-1)]$
15	食品及饮料的制造	-0.87 ***	-0.43 ***	-1.74 ***
16	烟草制品的制造	-0.71 ***	-0.37	-1.10 ***
17	纺织品的制造	-0.83 ***	-0.23 ***	-1.47 ***
18	服装制造；毛皮修整与染色	-0.46 ***	-0.30 ***	-1.64 ***
19	皮革的鞣制及修整；皮箱、手提包、马具、挽具及鞋靴的制造	-0.17 ***	0.10 ***	-1.09 ***
20	木材、木材制品及软木制品的制造	-0.22 ***	-0.17 ***	-1.43 ***
21	纸和纸制品的制造	-0.24 ***	0.01 ***	-1.21 ***
22	出版、印刷及记录媒介物的复制	-0.08 ***	0.26 ***	-1.11 ***
23	焦炭、精炼石油产品及核燃料的制造	-0.93 ***	0.04	-2.36 ***

ISIC 代码	行业	$-\delta\gamma$	$-\delta(\sigma-1)$	$-[\gamma-(\sigma-1)]$
24	化学品及化学制品的制造	−0.61***	−0.15***	−1.43***
25	橡胶和塑料制品的制造	−0.07***	0.20***	−1.24***
26	其他非金属矿物制品的制造	−0.31***	−0.14***	−1.11***
27	基本金属的制造	−0.35***	−0.17***	−1.53***
28	金属制品的制造，但机械设备除外	−0.04***	0.08***	−1.24***
29	未另分类的机械和设备的制造	−0.16***	−0.07***	−1.27***
30	办公室、会计和计算机械的制造	−0.33***	−0.37***	−1.13***
31	未另分类的电力机械和装置的制造	−0.19***	−0.29***	−1.17***
32	无线电、电视和通信设备与装置的制造	−0.41***	−0.47***	−1.04***
33	医疗器械、精密仪器和光学仪器、钟表的制造	−0.42***	−0.32***	−1.01***
34	汽车、挂车和半挂车的制造	−0.19***	−0.08***	−1.20***
35	其他运输设备的制造	−0.04***	−0.03***	−1.56***
36	家具的制造；未另分类的制造	−0.12***	−0.08***	−1.14***
—	均值	−0.35	−0.13	−1.33

注：***$p < 0.01$，**$p < 0.05$，*$p < 0.1$。

表 5-3　　　　　结构参数估计结果

ISIC 代码	行业	γ	σ	δ
15	食品及饮料的制造	3.44	2.70	0.25
17	纺织品的制造	2.60	2.13	0.20
18	服装制造；毛皮修整与染色	4.72	4.08	0.10
20	木材、木材制品及软木制品的制造	6.29	5.86	0.03
24	化学品及化学制品的制造	1.90	1.47	0.32
27	基本金属的制造	2.98	2.45	0.12
29	未另分类的机械和设备的制造	2.26	1.99	0.07

ISIC 代码	行业	γ	σ	δ
33	医疗器械、精密仪器和光学仪器、钟表的制造	4.24	4.23	0.10
34	汽车、挂车和半挂车的制造	2.07	1.87	0.09
35	其他运输设备的制造	6.24	5.68	0.01
—	平均	3.67	3.25	0.13

第二节　结构参数对贸易的影响

部分研究关注了结构参数，尤其是替代弹性对贸易价格的影响。例如，芬斯特拉（Feenstra，1994）构建了一个能反映产品种类变化的实际进口价格指数，该指数明确了同一产品的差异化种类之间的替代弹性值是进口品种变化对其实际进口价格水平影响的重要因素（王明荣等，2015）。王明荣等（2015）认为替代弹性对产品的实际价格影响表现为：当替代弹性超过一定临界值后，差异化产品种类的变化对实际价格的影响就越小；极端的情况是当替代弹性趋向无穷大，即在完全竞争市场中，所有产品是同质的，没有种类之分，实际价格等于传统价格。具体地，若差异化产品种类的替代弹性值大于10，那么进口品主要是通过价格而不是种类对一国的福利产生影响，即进口品种类增长的福利效应相对较小；反之，则进口品种类对福利的影响相对较大，而进口价格起次要作用（Broda & Weinstein，2006）。由于进口品替代弹性值的中位数为7.6，小于10，说明对于超过半数进口品而言，相对于其价格的变化，种类变化对其进口贸易利益影响较大。但进口品种类替代弹性值的均值为43.1，大于10，这表明对我国现有进口贸易总体而言，相对于进口品种类的变化，进口品价格变化对进口贸易利益影响较大，即消费者更为关注进口价格的下降。所以，我国既不能对所有进口品都利用进口品种类增长来促进进口贸易利益的提高，又不能忽略进口品种类增长的外贸利益，可以选取部分产品作为进口品种类增长的重点。余森杰和李乐融（2016）在探讨贸易自由化特别是进口关税减免对于进口中间产品的质量的提升作用时发现，产品异质性程度越高时、质量梯度越长，质量对价格的对应更加明显：质量越高，价格越低。但当质量梯度变短、产品同质性程度越高时，价格并不是质量的很好的度量指标。部分研究聚焦于替代弹性对贸易成本的影响。例如，许统生等（2012）认为在两国商品贸易流量给定的情况下，商品的替代弹性越高，两国之间的贸易成本越低。施炳展（2008）认为在国内贸易量和对外贸易量不变的情况下，商品的替代弹性越大，那么同等贸易量所对应的贸易成本越低，这意味着贸易成本影响贸易量受到商品替代弹性的影响。极小的贸易成本会通过极大的替代弹性放大为较大的国内外贸易量差异，从而表面上表现为很大的贸易成本，可见替代弹性对于通过贸易量测算贸易成本是关键的指标。梁俊伟（2015）认为贸易品替代弹性对中日韩3国贸易成本的变化幅度影响甚微。中韩之间的贸易成本下降前景最为明朗。

还有大量研究关注了结构参数在影响一国或地区贸易结构和贸易模式中的重要作用。例如，周俊子（2011）认为不同产业因产业特征的差异，尤其是产业内产品的差异性程度会使得贸易成本下降对出口结构的影响不同。阿恩等（Ahn et al.，2010）认为中介贸易公司更有利于对同质类产品的出口。这个结论同芬斯特拉和汉森（Feenstra & Hanson，2004）相反，其发现中国香港中介更有利于促进差异性产品的复出口。刘竹青和周燕（2014）不同替代弹性商品因在市场上所代表的契约密集度程度差异容易遭受敲竹杠程度的区分也有差异，因此集聚程度对其的影响也有差异，也即证明了集聚对契约密集度高的企业的出口影响更大，实际也是说集聚对替代弹性高的企业的产品出口的影响更大。赵永亮和张光南（2013）通过GTAP软件分析中国内地与香港地区CEPA协议的远期效应，结果发现低替代弹性的贸易品更能够获得关税减免的二元边际扩张收益，尤其能够获得充分的外延边际扩张，这意味着行业内产品间替代弹性越低，则产品的差异度越高，当国际贸易市场充分自由时，内地多样性商品可以较好地满足香港地区乃至世界居民日益增长的多样性消费需求，这显示我国内地企业具有充分的差异化（多样性）国际竞争优势，市场自由化的国际区域性同盟可成为维持和发挥我国出口贸易双重"大国优势"的新来源。贝塞德斯和普吕萨（Besedeš & Prusa，2006）发现差异性产品比同质产品趋于保持更长的贸易持续关系；尼奇（Nitsch，2009）对德国进口贸易关系的实证检验得出了类似的结论。埃斯特夫 – 佩雷斯等（Esteve-Pérez et al.，2013）计算了 Grubel-Lloyd 产业内贸易指数作为产品差异化程度的代表，结果也表明产品差异化对出口持续时间有正向影响。福加扎罗和莫利纳（Fugazza & Molina，2011）分别估计了差异化产品和同质产品与出口持续时间的关系，指出差异化产品因为市场竞争程度低，出口持续时间较长，而同质产品对贸易持续时间有负效应。陈勇兵等（2013）研究发现差异化产品对中国进口贸易关系持续时间影响显著为负。冯伟等（2013）认为增强出口产品的不可替代性、注重与他国现有贸易关系的维系等，均能推进我国贸易多元化战略的有效实施。

除此之外，雷丁和肖特（Redding & Schott，2004）认为贸易自由化对企业出口的影响因企业所属产业而不同。康奇斯（Kancs，2007）对巴尔干半岛的 SEE（South Eastern Europe）多个经济体替代弹性和异质性参数进行估计，进而分析贸易自由化所带来的贸易成本的降低对各经济体的出口结构所带来的影响。实证结果发现巴尔干半岛的自由贸易区（BFTA）主要通过促进被出口货物种类的增长而促进贸易的增长（贸易的扩展边际）。国内的钱学峰（2008）借鉴康奇斯（Kancs，2007）的研究，从国家层面和产业层面对国内替代弹性和异质性参数进行了估计，并发现基于结构参数的差异且贸易成本降低会对贸易结构产生不同影响。

第三节　小　　结

国内有很多研究估计了替代弹性，但很少估计异质性参数，即使钱学锋（2008）和张凤（2015）同时估计了这两个参数，但其或者基于国家层面，或者基于产业层面数据，国内还未见基于企业微观层面的替代弹性和异质性参数的同时估计。以往实证研究中经常使用的引力模型在引入企业异质性后发生了改变。而以往国内研究在用到结构参数，尤其是替代弹性时，往往假定为某一固定值（钱学锋和梁琦，2008；施炳展，2008；许德友和梁琦，2010；许统生等，2011），很少针对具体产业进行具体分析，而这与不同产业具有不同市场结构的现实存在极大差异，这也进一步说明了从产业层面分析和比较中国出口增长的必要性。

由上文可知，钱尼（Chaney，2008）的模型强调了异质性企业在国际贸易中的作用并且证明了经济整合对不同行业有不同的影响。首先，较低的贸易成本在较低异质性，即企业生产率水平差异不大的行业（即异质性参数 γ 更大）对贸易扩展边际有更大的影响。其次，贸易整合（即可变贸易成本 τ_j 的下降）的影响会因货物的差异程度不同而不同。在有高度差异产品的行业（即替代弹性 σ 相对低），贸易整合允许企业的大量进入，每个企业有个相对小的市场份额：一国的总贸易量主要受到扩展边际影响。相反，在同质性货物的行业，较低的贸易成本通过集约边际发挥作用，因为较低效率的企业在进入出口市场时将有更多的困难。因此，只有企业中的少数变成新的出口商，且少数出口商占据较大的市场份额。结构参数的大小能够反映不同产业的市场结构特征，并对贸易成本影响贸易不同组成部分的程度产生极大影响。因此，对替代弹性和异质性参数的估计，对于准确把握产业结构特征以及贸易成本对贸易不同部分的影响程度，并进而提出有针对性的产业政策和贸易政策具有重要的启发意义。

本章基于企业层面数据估计了不同行业的替代弹性和异质性参数，结果发现：

第一，对于大部分产业（22 个产业中有 16 个产业）来说，结构参数估计方程系数符合理论模型的预期。其中，距离对所有行业的出口可能性有显著负面的影响并且对除了 6 个行业外的所有行业的个体出口规模都有显著负面影响。

第二，基于估计系数本书获得了 10 个满足理论预期且估计显著的行业的结构参数的估计值，其中替代弹性值的范围是在 1.47 ~ 5.86 之间，平均数值是 3.25；异质性参数的估计范围是 1.9 ~ 6.29，平均值是 3.67。

为了进一步说明本章估计的替代弹性和异质性参数在贸易便利化改革中对中国出口，尤其是出口微观结构和出口质量的影响。本书在第六章、第七章将进一步分析贸易便利化，尤其是贸易便利化对中国出口微观结构和出口质量的影响是否会因替代弹性和异质性参数的不同而不同。正如克罗泽和凯尼格（Crozet & Koenig，2010）的研究认为除了贸易的整体结果外，行业差异会对贸易壁垒有更大的改变回应。贸易政策将因为行业差异带来不同的影响，从而影响市场的结构，进而对一国出口发展模式转型升级产生影响。

第六章 贸易便利化与中国出口发展模式转型升级实证

——微观出口结构升级

　　第四章的分析表明企业出口动态变化是一国出口稳定增长的重要动力。其中，由企业出口进入和退出带来的一国出口扩展边际的增长和由企业出口持续带来的一国出口深度增长是一国从维度和深度两个方面优化出口微观结构的重要视角，也是一国出口发展转型升级的重要维度。企业作为出口贸易主体之一，其因自身异质性以及外在环境影响会具有不同出口行为，一家企业能成功进入出口市场以及在出口市场表现如何，不仅与自身实力有关，还受到本国和目的国相关政策措施、外来冲击等外在因素的影响。如何促进一国出口扩展边际的增长？如何稳定现有的贸易关系？不仅依赖于企业自身因素，外部条件的变化也不能忽视。贸易便利化是在 WTO 多边贸易合作迟滞，关税下降空间有限，"贸易非效率"问题凸显背景下各国促进贸易平稳发展的新举措，因其强调通过政策制度和技术来简化贸易流程，降低贸易交易成本，从而提升监管效率（Grainger，2007）。贸易便利化作为一种通过政策制度和技术来简化贸易流程，降低贸易交易成本，从而提升监管效率的综合性措施或方法，其会如何影响企业出口动态行为？而作为贸易成本对贸易影响的关键——结构参数，其在贸易便利化影响贸易的过程中又发挥何种作用？效果如何？企业出口动态行为的调整所带来的资源重配对中国出口结构优化又会带来何种影响？本章基于第四章第一节的理论分析，构建计量模型，并结合第五章结构参数估计结果，实证分析贸易便利化对企业四维出口动态（进入、退出、存活和深化），进而对一国出口增长微观结构的影响，为后续出口发展模式转型升级的路径和政策选择提供经验证据。

第一节　贸易便利化与企业四维出口动态

一、计量模型的设定

为了考察贸易便利化对企业出口动态行为（进入、退出、存活和深化）影响，本章综合现有关于贸易便利化以及出口行为影响因素的研究成果（邵军，2011；毛其淋和盛斌，2013；綦建红和冯晓洁，2014；陈勇兵等，2015；林常青和张相文，2016；刘斌等，2018；崔鑫生等，2019）。借鉴贝塞德斯和普吕萨（Besedeš & Prusa，2004）、戴翔（2016）、林常青和张相文（2016）、李波和杨先明（2018）、刘斌等（2018）的方法，将贸易便利化纳入企业出口动态（进入、退出、生存和深化）决策模型中，设定如下计量方程：

$$EXP_{ijt} = \beta_0 + \beta_1 \ln TFI_{ijt} + \gamma CONTROL + \mu_t + \varepsilon_{ijt} \qquad (6-1)$$

这里被解释变量（记为 EXP_{ijt}）即是：进入 EN_{ijt}、退出 EX_{ijt}、生存 $SURV_{ijt}$ 和深化 $DEEP_{ijt}$。核心解释变量 TFI_{ijt} 为 t 时期中国和目的国 j 贸易便利化的平均水平；$CONTROL$ 为其他解释变量，包括 t 时期目的国 j 的经济规模 GDP_{jt}，本国与目的国 j 首都间距离 DIS_{ij}，目的国 j 是否为内陆国家 $LANDLOCK_j$，t 时期目的国 j 是否与本国签订自由贸易协定 FTA_{ijt}，企业 t 时期的生产率 TFP_{it}，企业 t 时期的资本密集度 KL_{it}；区分出口企业性质的虚拟变量 SOE_{ij} 和 FOE_{ij} 分别表示是否为国有企业、是否为外资企业；μ_t 为时间固定效应；ε_{ijt} 为随机扰动项；β_0 是常数项，β_1、γ 为系数。

二、变量的选择及数据来源

下面分别就主要被解释变量和解释变量选择，测定及数据来源进行逐一说明，具体见表 6-1。尤其应注意的是，限于贸易便利化数据的可获得性，本部分所选的基础企业层面数据为 2008~2013 年中国海关数据库和中国工业企业数据库的匹配数据，共包括 1198366 家企业、95 个国家，样本总量或观察值为 2933310 个。

表 6 - 1　　变量名称、含义及说明

变量性质	变量名称	英文缩写或名称	数据形式	含义及说明
被解释变量	进入	EN	0 – 1	若企业在 $t-1$ 不出口，但是在 t 和 $t+1$ 都连续出口，则进入人变量 EN 在 t 期设定为 1，以及单一年份出口产品，否则设定为 0
	存活	SURV	0 – 1	若企业在 $t-1$ 不出口，但是在 t 和 $t+1$ 都连续出口，则存活变量 SURV 在 t 期均设定为 1，否则设定为 0
	深化	DEEP	对数	若企业在 $t-1$，t 和 $t+1$ 都出口某一市场 j，则其 t 和 $t-1$ 期间出口增长率设定为深化变量 DEEP
	退出	EX	0 – 1	若企业在 $t-1$ 和 t 都出口，但是在 $t+1$ 不出口，则退出变量 EX 在 $t+1$ 期设定为 1，否则设定为 0
核心解释变量	出口国与目的国之间平均贸易便利化水平	TFI	对数	第三章计算所得
其他解释变量	目的国 GDP 的对数	GDP	对数	进口国 GDP 的对数，资料来自世界银行 WDI 数据库
	距离的对数	DIST	对数	与进口国首都的距离，以千米为单位，并取对数。资料来自法国国际经济研究所（http://www.cepii.fr）
	是否内陆国家	LANDLOCK	0 – 1	如果与之贸易国国家有接壤关系，取值为 1。资料来自法国国际经济研究所（http://www.cepii.fr）
	是否 FTA 成员国	FTA	0 – 1	在观察期内，各自的进口国是否同中国签署 FTA。资料来自世界银行 WDI 数据库

续表

变量性质	变量名称	英文缩写或名称	数据形式	含义及说明
其他解释变量	企业生产率	TFP	对数	代表企业生产率，采用根据 OLS 估计的全要素生产率表示，数据来源于中国工业企业数据库，对其取对数
	企业资本密集度	KL	对数	企业资本密集度，采用企业固定资产与企业员工数量的比值表示，企业固定资产和员工数量来源于中国工业企业数据库，对其取对数
	企业是否是国有企业	SOE	0 – 1	是否为国有企业虚拟变量，若是，则取为 1，资料来自中国工业企业数据库
	企业是否是外资企业	FOE	0 – 1	是否为外资企业虚拟变量，若是，则取为 1，资料来自中国工业企业数据库

133

被解释变量 EXP_{ijt}。本书共包括四个出口行为被解释变量：进入（EN）、退出（EX）、生存（$SURV$）和深化（$DEEP$），借鉴贝塞德斯和普吕萨（Besedeš & Prusa，2004）、高凌云等（2017）等采用 3 年规则对企业动态进行划分，以保证构成各子集之间互斥的完整闭集。即，若企业在 $t-1$ 不出口，但是在 t 和 $t+1$ 都连续出口，以及单一年份出口产品，则进入变量 EN 在 t 期设定为 1，否则设定为 0。若企业在 $t-1$ 和 t 都出口，但是在 $t+1$ 不出口，则退出变量 EX 在 $t+1$ 期设定为 1，否则设定为 0；若企业在 $t-1$、t 和 $t+1$ 都出口某一市场 j，则其 t 和 $t-1$ 期出口增长率设定为深化变量 $DEEP$；若企业在 $t-1$ 不出口，但是在 t 和 $t+1$ 都连续出口，则存活变量 $SURV$ 在 t 和 $t+1$ 期均设定为 1，否则设定为 0。

TFI_{ijt} 代表中国和目的国 j 在 t 时期的贸易便利化平均水平。波图加 - 佩雷斯和威尔逊（Portugal-Perez & Wilson，2010）认为贸易便利化与出口表现的关系是比较复杂的，两国之间的贸易会受自身和贸易伙伴贸易便利化改革的影响。鉴于此，本部分取中国和目的国之间的平均贸易便利化水平来表示两国之间的总体贸易便利化水平。一般而言，贸易便利化水平越高，越能降低出口固定成本（汪戎和李波，2015），越有利于企业出口市场进入，因此，我们预期其对出口市场进入的预期符号为正。但我们也认为贸易便利化降低了进入出口市场门槛，导致部分生产率水平较低，竞争力不强的企业也能跨过出口生产率门槛进入国际市场，但这部分企业进入海外市场后也有更大可能性会因缺乏竞争力退出市场，进而带来短期存活。因此，贸易便利化对企业出口存活、退出和深化的影响不确定。贸易便利化数据来自前文测算结果，对其取对数进入方程。

GDP_{jt} 代表出口目的国 j 在 t 时期的经济规模，用国内生产总值对数表示。陈勇兵等（2014）认为由于目的国的经济规模反映了其市场的需求能力，经济规模越大，潜在的进口能力越大，也就越可能实现潜在的贸易关系。邵军（2011）认为经济规模及市场容量大的经济体对于进口产品的需求也会较高，其贸易需求的存活期也应该会更长，原因在于那里有更多的购买者，这就提高了出口商与进口商实现成功匹配的可能。鉴于此，我们预计其对出口市场进入、存活和深化影响的符号为正，对出口市场退出的符号为负。GDP 数据来自世界银行世界发展指数

（World Development Indicators，WDI）数据库，对其取对数。

$DIST_{ij}$用中国与进口国首都的距离表示，以千米为单位，并取对数，数据来自 CEPII 数据库。陈勇兵等（2014）认为出口国与目的国之间的距离影响二者之间的运输成本，也是双方之间可变贸易成本的很好度量。刘斌等（2018）认为，贸易伙伴间地理距离越长，贸易成本就越高，而且地理距离被认为是贸易成本（包括运输和交易成本）的代理变量。张凤等（2019）也认为，两国之间的距离越短，越有可能促进出口进入，降低出口失败的风险，维持更长的出口生存；与目的国之间的距离代表着运输成本的高低，是影响贸易关系的重要因素，也是贸易双方可变成本的一个很好的度量。高运输成本降低了贸易利得，会阻碍潜在贸易关系的实现，因此对于新市场的进入有负面影响。邵军（2011）认为空间距离越远，贸易成本越高，开展并维持贸易联系的概率就会降低。张凤等（2019）也认为距离、是否是内陆国家这些变量一般被认为会影响贸易成本，在以往的文献中，一般两国之间的距离越短，越有可能降低失败的风险，维持更长的出口生存。鉴于此，我们预计距离对出口市场进入、存活的符号为负，对出口市场退出的符号为正。又因可能距离中国远的很多目的国是还未充分开发的新市场，这些市场一旦能开拓成功，可能会带来较高的出口增长，因此距离对出口深化的影响不确定。

$LANDLOCK_j$代表目的国是否为内陆国家，若是，则该变量取值为1，否则取值为0，数据来自 CEPII 数据库。由于内陆国家无入海口和港口，其进行贸易往往需要借助其他国家的港口进行中转（吴小康和于津平，2016），导致贸易成本增加，相对于临海国家，与内陆国贸易的成本也相对更高，与内陆国家的贸易关系持续时间通常较短（邵军，2011；陈勇兵等，2012；Esteve-Pérez et al.，2012；Fugazza & Molina，2011）。我们预期越是沿海国家，越可能维持更长的出口生存，更高的出口进入和更低的出口退出。

FTA_{ijt}为目的国是否与中国签订自由贸易协定虚拟变量，当目的国与中国签署的自由贸易协定生效后，该变量即取值为1，否则取值为0，数据来自世界银行 WDI 数据库。自由贸易协定的签订会大幅降低两国的关税，从而减少两国之间的交易成本（刘斌等，2018），且当前越来越多的自由贸易协定中涉及知识产权保护、争端解决等条款，两国间政策和制度性协调也可以有效降低两国因契约执行效率低而引发争端的概率（丘东晓，2011；刘斌等，2018）。因此，我们预计其对出口市场进入、存活和深化影响为正，对出口市场退出影响的为负。

TFP_{it}代表企业生产率，采用根据 OLS 估计的全要素生产率表示（鲁晓东和连玉君，2012）。异质性企业贸易理论将企业的生产率作为影响企业能否进入出口市场的最核心因素，企业生产率只有跨过进入出口市场的生产率门槛，企业才能成功进入出口市场。而毛其淋和盛斌（2013）认为企业即使进入出口市场上，但因其面临比国内市场更激烈的市场竞争，使得生产率更高的企业更容易存活，也更容易获得更多的出口增长，而生产率更低的企业则更容易被淘汰，退出市场。因此，预计生产率对出口市场进入、存活和深化的符号为正，对出口市场退出的符号为负，数据来自中国工业企业数据库，对其取对数。

KL_{it}为企业资本密集度，采用企业固定资产与企业员工数量的比值表示。根据要素禀赋理论，具有充裕劳动力的国家在出口劳动密集型产品方面具有明显的比较优势，因此我们初步判断中国企业参与出口的积极性可能与资本密集度负相关。国际贸易要素禀赋理论认为生产要素丰裕程度对出口有重要影响，毛其淋和盛斌（2013）认为在研究企业出口动态时加入资本密集度变量来检验要素密集度因素的重要作用非常必要。但现有研究对资本密集度如何影响企业出口行为的观点不一，宫旭红和蒋殿春（2015）认为资本密集度越高越有利于促进企业出口，而叶娇等（2018）却认为劳动密集型企业更倾向于选择出口，而资本密集型企业更倾向于选择对外投资，因此企业资本密集度对出口市场进入和退出的预期符号不确定，企业固定资产和员工数量来自中国工业企业数据库，对其取对数。

SOE_{ij}为是否为国有企业虚拟变量，若是，则取为 1，否则取值为 0。国有企业因长期受国家政策支持和倾斜，导致其资源配置效率不高，创新和技术进步动力不足，企业生产率较低（李波和杨先明，2018），从而进入出口市场的可能性降低；另外，对于已进入出口市场的国有企业，由其体制僵硬，对国际市场环境变化反应较慢，竞争力欠缺，因而，也不容易存活，更容易退出出口市场（毛其淋和盛斌，2013）。因此预计其对出口市场进入、存活和深化影响为负，对出口市场退出的影响为正，数据来自中国工业企业数据库。

FOE_{ij} 为是否为外资企业虚拟变量，若是，则取为 1，否则取值为 0。李波和杨先明（2018）认为外资企业则由于母国较为先进的技术优势与整合东道国和母国的资源优势，促使其生产效率表现较好，因此更容易进入出口市场。叶宁华等（2015）、王开和佟家栋（2019）也认为外资企业具有跨国经营背景及国际市场销售网络和出口信息获取等方面的优势，因此更有利于参与国际市场竞争。但应该注意的是外资企业因其相对高的经营灵活性也更容易鉴别其在出口市场的盈利情况，进而做出进一步的是否继续待在出口市场的选择。鉴于此，我们预计其对出口市场进入影响为正，对深化、存活和退出影响不确定。数据来自中国工业企业数据库。

上述变量的描述性统计见表 6 - 2。

三、基本回归结果分析

（一）总指标回归

这一部分通过实证分析了贸易便利化及其他控制变量对企业进入、深化、存活和退出的影响，结果见表 6 - 3。其中，贸易便利化对企业进入和退出出口市场影响分析我们采用控制年份和行业的固定效应的 Probit 回归进行分析，结果见表 6 - 3 第（1）（2）列；对于贸易便利化及其他变量影响企业出口存活的因素分析，我们借鉴赫斯和佩尔松（Hess & Persson，2011）、陈勇兵等（2012）的观点，即认为在研究有关贸易的存活期问题时，为避免大样本数据因太多节点时间点对估计结果造成的偏误，选择离散时间模型比连续时间模型更为合适，因此，在表 6 - 3 第（3）列汇报了贸易便利化影响企业出口存活，且控制了年份和行业固定效应的 Probit 基本回归结果；研究影响企业出口深化的因素，我们借鉴贝塞德斯和普吕萨（Besedeš & Prusa，2004）先使用 OLS 进行基本回归，表 6 - 3 第（4）列汇报了影响企业出口深化的 OLS 回归结果。

137

变量的描述性统计

表6-2

变量性质	变量名称	英文缩写或名称	观测值（个）	均值	中位值	标准差	最小值	最大值
被解释变量	进入	EN	1300077.000	0.574	1	0.494	0	1
	存活	SURV	1450677.000	0.618	1	0.486	0	1
	深化	DEEP	684525.000	0.0380	0.0360	1.336	-14.39	13.96
	退出	EX	1587894.000	0.227	0	0.419	0	1
解释变量	出口国与目的国之间平均贸易便利化总体水平	TFI	1300077.000	0.639	0.630	0.0580	0.478	0.756
	口岸效率	lnC1	1300077.000	0.0240	0.0240	0.00300	0.0120	0.0300
	监管环境	lnC2	1300077.000	0.00800	0.00800	0.00200	0.00400	0.0120
	规制环境	lnC3	1300077.000	0.0210	0.0210	0.00500	0.00900	0.0310
	电子商务	lnC4	1300077.000	0.0240	0.0240	0.00300	0.0130	0.0300
	目的国GDP的对数	GDP	1300077.000	26.89	26.86	1.638	20.62	30.45
	距离的对数	DIST	1300077.000	8.862	8.929	0.590	6.862	9.868
	是否是内陆国家	LANDLOCK	1300077.000	0.0190	0	0.137	0	1
	是否与中国签订自由贸易协定	FTA	1300077.000	0.0980	0	0.297	0	1
	企业生产率	TFP	1300077.000	1.809	1.806	0.139	0.572	2.466

续表

变量性质	变量名称	英文缩写或名称	观测值（个）	均值	中位值	标准差	最小值	最大值
解释变量	企业资本密集度	KL	1300077.000	3.810	3.831	1.507	-6.265	15.45
	企业是否是国有企业	SOE	1300077.000	0.0330	0	0.178	0	1
	企业是否是外资企业	FOE	1300077.000	0.791	1	0.406	0	1

注：控制变量以参与 EN 回归的样本为准，SURV、DEEP 和 EX 三个变量以参与各自回归的样本进行统计。

首先，从贸易便利化综合指标来看，贸易便利化对企业出口市场进入和存活具有显著正影响、而对出口市场退出和深化具有显著负影响。这说明，贸易便利化水平越高，越有利于企业开拓新市场、阻碍企业退出现有市场，且贸易便利化对企业在出口市场的出口存活有显著正影响，但对企业出口深化有显著负影响。这部分印证了我们的理论假说，即贸易便利化引致的竞争效应和出口固定成本的降低以及成本节约与多元化优质要素获得效应将会促进企业进入出口市场；贸易便利化引致的出口固定成本的降低使得企业，使得更多低生产率企业进入出口市场后也更容易退出；贸易便利化通过竞争效应、成本节约效应与多元化要素效应能够延长企业出口存活；而贸易便利化对出口深化的负面影响更多受大量低生产率企业进入出口市场稀释了已有企业所占有的市场份额导致单个出口企业出口份额降低的影响。另外，上述结果也与以往研究中有关贸易便利化更多是通过简化海关流程，促进制度创新和硬件基础设施建设，进而降低企业出口固定成本的研究相一致（Dennis & Shepherd，2011；汪戎和李波，2015；李波和杨先明，2018）。即贸易便利化更多是通过降低企业出口所面临出口固定成本，进而更有利于进入出口市场，但进入出口市场后能否在国际市场上"分得更大块的蛋糕"，则更多与企业自身竞争力有关。企业不能依赖贸易便利化来促进企业出口持续增长，更应关注自身综合实力的提升。

根据表 6 - 3 的回归结果可知，国家层面的 GDP 对出口进入、存活[①]和深化都产生显著的正影响，而对出口退出产生显著的负影响，这与我们的预期一致，说明一个国家的经济规模确实对开展并维持贸易关系以及贸易关系的深化有利。这与邵军（2011）、陈勇兵等（2014，2015）的研究一致。即尽管我们近年来强调出口市场多元化，但在此过程中传统的欧美大国因其巨大的市场需求特性未来仍是我们不应忽视并应继续重点关注的市场（邵军，2011）；而距离、出口目的国是内陆国家两个变量对出口进入、存活基本都产生显著的负影响，而对出口退出和深化产生正影响，这说明距离越远或远离海洋的内陆国家或地区会导

---

① 冯伟等（2013）认为需要注意的是，不论何种风险模型，因变量均为风险率，自变量为各种影响因素，因而在实证研究中明确各自变量系数符号的经济意义是非常必要的。即若系数符号为负，表示该自变量的增大有利于降低风险率、延长贸易联系的生存期；反之若为正，则预示着该自变量的增大会提高风险，阻滞贸易联系持续期的展开。

致产品出口贸易成本的提升，因此不利于贸易关系的开始和维持（陈勇兵等，2014；邵军，2011；冯伟等，2013），但进入出口市场后若能凭自身实力存活下来，那远距离市场和内陆市场则有更大可能性在当地"分得更多蛋糕"；加入自由贸易协定（FTA）会显著提升产品进入、存活和深化且不利于出口退出，所以中国未来还应进一步推行区域经济一体化，推行自贸区战略，这对维持中国出口稳定健康增长极具意义。毛其淋和盛斌（2013）也认为贸易自由化不仅显著促进了企业的出口参与决策，而且也提高了已有出口企业的出口强度和出口存活。

最后，从企业层面控制变量来看，企业生产率会促进出口市场进入、存活和深化，阻碍出口市场退出，这在一定程度上验证了梅里兹（Melitz，2003）的观点，即企业生产率在决定企业出口方面是重要的决定因素，在中国生产率悖论的问题可能并不存在；企业资本密集度对出口市场进入、退出、存活和深化均具有显著负影响，这可能是因为中国劳动力充裕而资本稀缺，使得我国资本密集型企业在开拓国际市场时竞争力稍弱（文东伟和冼国明，2014），但相比劳动密集型企业，资本密集型企业一旦进入海外市场也更容易凭借自身资金优势存活下来，这基本印证了叶娇等（2018）的观点，即认为在中国劳动密集型企业更倾向于选择出口，而资本密集型企业更倾向于选择对外投资；国有企业虚拟变量对出口市场进入、存活和深化影响显著为负、对出口市场退出影响显著为正，这在一定程度上说明尽管国有企业在国内受到的政策支持较多，但其自身实际生产率可能并不高（李波和杨先明，2018），因此在海外市场上不占优势；而外资企业虚拟变量对出口市场进入、退出、存活和深化的影响均显著为正，这可能是因为外资企业往往自身实力较强、出口经验较丰富（杨春艳和綦建红，2015），进入、退出市场行为较灵活，在开拓新出口市场的同时也更倾向于退出盈利不足的出口市场。

贸易便利化综合指标对企业出口市场进入和退出的回归结果见表6-3。

表 6 - 3　　　　　　　　　基础回归

变量	Probit			OLS
	进入	退出	存活	深化
ln*TFI*	0.407 *** (0.0131)	-0.465 *** (0.0182)	0.475 *** (0.0136)	-0.214 *** (0.0199)
ln*GDP*	0.0578 *** (0.000799)	-0.140 *** (0.00112)	0.0555 *** (0.000831)	0.0141 *** (0.00119)
ln*DIST*	-0.0467 *** (0.00185)	0.0695 *** (0.00253)	-0.0579 *** (0.00189)	0.00229 (0.00267)
LANDLOCK	-0.164 *** (0.00546)	0.264 *** (0.0124)	-0.170 *** (0.00587)	0.0136 (0.0205)
FTA	0.105 *** (0.00390)	-0.188 *** (0.00449)	0.102 *** (0.00395)	0.0944 *** (0.00521)
ln*TFP*	0.203 *** (0.0165)	-0.594 *** (0.0200)	0.233 *** (0.0165)	0.266 *** (0.0131)
ln*KL*	-0.0166 *** (0.00149)	-0.00466 *** (0.00167)	-0.0125 *** (0.00147)	-0.00569 *** (0.00119)
SOE	-0.0622 *** (0.0143)	0.0916 *** (0.0180)	-0.0656 *** (0.0144)	-0.00931 (0.0108)
FOE	0.0449 *** (0.00579)	0.0843 *** (0.00674)	0.0472 *** (0.00583)	0.0262 *** (0.00439)
常数项	-1.113 *** (0.0445)	3.261 *** (0.0526)	-0.879 *** (0.0450)	-0.955 *** (0.0530)
观测值（个）	1300077	1587894	1450677	684525
R-squared	—	—	—	0.001

注：（ ）内为稳健标准误差；*** p<0.01，** p<0.05，* p<0.1。

（二）分指标回归

为了更加清楚地了解贸易便利化不同维度对企业出口动态的影响，将贸易便利化各一级分指标对企业出口市场进入、退出、存活和深化的回归结果报告于表 6 - 4。在具体回归过程中，依次将 4 个贸易便利化一级指标分别加入出口市场进入和退出模型中，由于国家和企业层面控制变量的回归结果均与表 6 - 4 基本一致，因此表 6 - 4 将其结果省去。

表 6 - 4　　　　　　　　贸易便利化一级指标回归结果

变量	Probit			OLS
	进入	退出	存活	深化
港口效率	0.167 *** (0.00939)	- 0.322 *** (0.0128)	0.193 *** (0.00969)	- 0.154 *** (0.0148)
海关环境	0.0692 *** (0.00399)	- 0.119 *** (0.00555)	0.0791 *** (0.00412)	- 0.0852 *** (0.00592)
监管环境	0.0860 *** (0.00461)	- 0.131 *** (0.00642)	0.0869 *** (0.00478)	- 0.0534 *** (0.00715)
电子商务	0.248 *** (0.00816)	- 0.289 *** (0.0111)	0.326 *** (0.00839)	- 0.131 *** (0.0129)
观测值（个）	1300077	1587894	1450677	684525

注：（　）内为稳健标准误差；*** p<0.01，** p<0.05，* p<0.1。

143

由表 6 - 4 可知，4 个分指标对港口效率、海关环境、监管环境以及电子商务对企业出口市场进入、退出，存活和深化的影响同贸易便利化总体指标一致，即这 4 个分指标对企业出口进入、存活影响均显著为正，而对企业出口退出和深化影响均显著为负。这说明中国与目的国港口效率越高、海关环境及监管环境越优良、电子商务水平越高，我国企业进入新出口市场和在出口市场存活的可能性越大，退出现有出口市场的可能性越低。对比贸易便利化各一级指标可得，电子商务对企业出口市场进入和存活的影响为最大。而在前文我们知道，电子商务下设电子商务使用率，金融服务的效率和企业对新技术的利用。因此，我们认为，中国及贸易伙伴国在推进贸易便利化进程时，可以优先考虑加大网络建设，促进政府监管部门、金融部门、企业在电子商务的使用率、金融服务的可供性和便利性以及企业在新技术的利用性上提升。另外，中国和伙伴国也应加强港口效率的提升，加大港口基础设施建设，促进运输服务质量的提升。除此之外，还应继续优化中国和目的国之间的监管环境和规制环境，促进两国间进出口程序效率的提升和边境监管透明度的提升，提升政府规制效率，完善法制环境，减少非法干预。

四、异质性分析

将出口企业划分为大、中、小三类①，分别分析企业规模不同，贸易便利化对其出口动态的影响是否有差异。分规模进行回归结果见表6－5②。对贸易便利化综合指标而言，首先，贸易便利化对大规模和中、小规模企业出口进入影响显著为正，对出口退出影响显著为负。但从系数来看，贸易便利化对中、小规模企业，尤其是小规模企业出口的促进程度要大于大规模企业，而贸易便利化对企业出口退出的影响程度大、中、小企业差别不大。其次，贸易便利化对三类企业的出口存活影响显著为正，对出口深化影响显著为负，且对小规模企业的出口存活影响程度要显著大于中、大规模企业，而三类企业出口深化影响程度相差不大。上述结果说明中、小规模企业，尤其是小规模企业在贸易便利化实施中可能受益更大，且贸易便利化实施不能促进企业在出口目的地出口的持续增长。我们认为这可能是因为大型企业自身实力相对较强、出口经验丰富，在开辟国外市场时受到贸易便利化水平等外在因素的影响相对小，贸易便利化的实施更容易促进中、小型企业的出口进入，有利于中、小型企业开拓国际市场。这一结论也在一定程度上与丰塔涅等（Fontagné et al.，2016）的结论一致，即贸易便利化所带来的更好的信息获取能力，先进的制度和有吸引力的流程主要对小企业出口有好处。

---

① 按照员工数量划分企业规模，具体来讲，根据员工数量对企业进行升序排列，位于25%以下的企业为小型企业，位于25%～75%的企业为中型企业，位于75%以上的企业为大型企业。

② 限于篇幅，控制变量回归结果未列出，如有需要可向笔者索取。

表6-5 按企业不同规模分类回归结果

规模分类	大规模				中规模				小规模			
	Probit		存活	OLS	Probit		存活	OLS	Probit		存活	OLS
变量	进入	退出	存活	深化	进入	退出	存活	深化	进入	退出	存活	深化
$\ln TFI$	0.304*** (0.0291)	-0.468*** (0.0353)	0.410*** (0.0300)	-0.297*** (0.0404)	0.389*** (0.0189)	-0.470*** (0.0245)	0.453*** (0.0193)	-0.170*** (0.0274)	0.496*** (0.0259)	-0.429*** (0.0339)	0.545*** (0.0261)	-0.206*** (0.0414)
$\ln GDP$	0.0469*** (0.00187)	-0.142*** (0.00228)	0.0433*** (0.00193)	0.0157*** (0.00243)	0.0582*** (0.00112)	-0.144*** (0.00143)	0.0567*** (0.00115)	0.0124*** (0.00165)	0.0605*** (0.00153)	-0.141*** (0.00198)	0.0587*** (0.00155)	0.0147*** (0.00243)
$\ln DIST$	-0.0262*** (0.00413)	0.0535*** (0.00491)	-0.0377*** (0.00415)	-0.00581 (0.00556)	-0.0448*** (0.00270)	0.0687*** (0.00343)	-0.0571*** (0.00272)	0.00330 (0.00366)	-0.0640*** (0.00359)	0.0995*** (0.00465)	-0.0739*** (0.00358)	0.00935* (0.00538)
$LANDLOCK$	-0.175*** (0.0106)	0.267*** (0.0196)	-0.175*** (0.0113)	0.0202 (0.0372)	-0.161*** (0.00895)	0.282*** (0.0182)	-0.167*** (0.00928)	0.000713 (0.0284)	-0.147*** (0.0141)	0.278*** (0.0277)	-0.166*** (0.0144)	0.0362 (0.0442)
FTA	0.0862*** (0.00860)	-0.207*** (0.00904)	0.0819*** (0.00863)	0.124*** (0.0106)	0.108*** (0.00561)	-0.186*** (0.00613)	0.107*** (0.00561)	0.0734*** (0.00717)	0.114*** (0.00766)	-0.193*** (0.00873)	0.109*** (0.00761)	0.103*** (0.0107)
$\ln TFP$	0.402*** (0.0414)	-0.695*** (0.0457)	0.402*** (0.0416)	0.302*** (0.0288)	0.110*** (0.0220)	-0.416*** (0.0228)	0.142*** (0.0217)	0.288*** (0.0185)	0.239*** (0.0286)	-0.489*** (0.0313)	0.276*** (0.0279)	0.255*** (0.0256)
$\ln KL$	-0.00478 (0.00378)	-0.00904** (0.00394)	0.00437 (0.00377)	-0.00677*** (0.00263)	-0.0321*** (0.00208)	-0.00917*** (0.00214)	-0.0281*** (0.00204)	-0.00435** (0.00171)	-0.0203*** (0.00252)	-0.00737*** (0.00274)	-0.0166*** (0.00245)	-0.00418* (0.00219)
SOE	-0.0428* (0.0221)	0.186*** (0.0269)	-0.0629*** (0.0222)	-0.0115 (0.0162)	-0.0314 (0.0219)	0.0758*** (0.0235)	-0.0262 (0.0219)	0.0164 (0.0175)	-0.0543* (0.0327)	0.0664* (0.0383)	-0.0485 (0.0318)	-0.0511* (0.0267)

规模分类	大规模				中规模				小规模			
	Probit			OLS	Probit			OLS	Probit			OLS
变量	进入	退出	存活	深化	进入	退出	存活	深化	进入	退出	存活	深化
FOE	0.0664*** (0.0131)	0.0565*** (0.0132)	0.0692*** (0.0132)	0.0219*** (0.00842)	0.0271*** (0.00753)	0.0650*** (0.00836)	0.0324*** (0.00753)	0.0249*** (0.00615)	0.0139 (0.0106)	0.0740*** (0.0104)	0.0160 (0.0104)	0.0295*** (0.00925)
常数项	-1.541*** (0.106)	3.543*** (0.113)	-1.207*** (0.107)	-1.042*** (0.111)	-0.940*** (0.0612)	3.115*** (0.0679)	-0.722*** (0.0613)	-0.928*** (0.0732)	-0.915*** (0.0814)	3.005*** (0.0926)	-0.739*** (0.0807)	-1.026*** (0.107)
观测值（个）	287246	440221	321046	182424	643192	796193	719329	347412	369639	351480	410302	154689
R-squared	—	—	—	0.002	—	—	—	0.001	—	—	—	0.002

注：（　）内为稳健标准误差；*** $p < 0.01$，** $p < 0.05$，* $p < 0.1$。

对国家层面控制变量而言，出口目的国的 GDP 对三类企业出口进入、存活和深化影响显著为正，对出口退出影响显著为负，且从系数来看，目的国 GDP 对中、小规模企业出口进入，存活的影响都要高于大企业，但对中小规模企业出口深化的影响要低于大企业，这说明目的国的 GDP 对中小规模企业出口进入和存活有更大影响力，但若想在出口市场获得更多的出口增长，则大规模企业会有更大优势。距离对三类企业出口进入，存活影响显著为负，对三类企业出口退出显著为正，而距离对三类企业出口深化影响不一致，其中对小规模企业出口深化影响显著为正，对中规模企业出口深化影响为正，对大规模企业出口影响为负，但二者都不显著。从系数来看，距离对中、小规模企业进入、退出和深化的影响程度要大于大规模企业。出口目的国是内陆国家，对大、中、小规模企业的出口进入和存活影响显著为负，对三类企业出口退出影响显著为正，对三类企业出口深化影响为正，但不显著。从系数来看，出口目的国是内陆国家对中小规模企业的出口进入，存活的影响要小于大规模企业，而对出口退出的影响要高于大规模企业。上述说明，中、小规模企业受距离、内陆国家成本影响可能更不容易开拓远距离市场，但若其能克服距离和内陆国家带来的负面影响，相比于近距离和沿海市场，开辟更远以及内陆出口市场则可能有更大的出口增长潜力，这也进一步印证了我国多元化战略，应关注开辟距离较远、内陆但未充分开发的国家。与出口目的国签署 FTA 对三类企业影响具有一致性，即对企业出口进入、存活和深化有显著正影响，对出口退出有显著负影响。从系数来看，自由贸易协定的签订对中小规模企业出口进入和存活的影响程度高于大规模企业，而对中、小规模企业出口深化影响低于大规模企业。说明自由贸易协定的签订更有利于中、小规模企业出口进入和存活，但若想抢占更大的出口目的市场份额，大规模企业具有更大优势。

对企业层面控制变量而言，生产率对三类企业出口进入、存活和深化都有显著正影响，对出口退出有显著负影响。这同基础回归一致。从系数来看，相比较中、小规模企业，生产率的提升更有利于大规模企业的出口进入，存活和深化，更不利于其退出，这说明若大规模企业能重视研发创新，提升生产率，则其在开拓新市场，促进出口增长方面具有更大优势。资本密集度对中、小规模企业出口进入和存活显著为负，对大规模企业出口进入影响为负，对出口存活影响为正，但不显著。而资本密集度对三类企业出口退出的影响显著为负，对三类企业出口深化影响显著为负。这进一步说明，中国出口更多是劳动密集型企业，资本密集型企业在国际市场上的竞争力不强的特点，且因为对出口进入的负向影响要高于出口退出的负向影响，从而使得资本密集型企业在出口目的市场的存活性不足。但若企业是大规模企业，则其资本密集度越高，越有利于企业在出口目的国的存活，说明规模更大的企业应更多发展高技术、高科技含量的创新产品，而这些产品往往需要资本要素投入比较多。国有企业不论规模大小，其对企业出口进入影响都为负，只不过对中规模企业出口进入的负向影响不显著；对三类企业出口退出影响显著为正；对三类企业出口存活影响为负，只不过对大规模企业出口存活影响显著，而对中、小规模企业影响不显著；而对小规模企业出口深化的影响显著为负，但对中、大规模企业出口深化影响不显著。企业若是外资企业则其对三类企业的进入、退出和深化影响都显著为正，其对中、大规模企业的出口存活影响显著为正，对小规模企业出口存活影响虽为正，但不显著。上述研究表明，大规模企业更容易受企业性质的影响，其属于国有企业还是外资企业对其出口动态都有显著影响。

五、稳健性检验及内生性问题处理

（一）贸易便利化替代指标

本部分在刘斌等（2018）研究的基础上，重新测算贸易便利化指标，所选的指标数据均来自世界经济论坛发布的《全球竞争力报告》（GCR）以及世界经济论坛和全球贸易便利化联盟联合发布的《全球贸易易促进报告》（GETR）。

我们仍然选择港口效率、海关环境、监管环境和电子商务作为衡量贸易便利化的一级指标，但港口效率包含港口基础设施质量、航空运输设施质量两个方面，数据来自《全球竞争力报告》；海关环境包含边界政策的透明度和与进出口有关的额外支付，数据来自《全球贸易促进报告》；监管环境包含政府制定政策的透明度和政府官员的徇私舞弊，数据来自《全球竞争力报告》；电子商务包含政府在线服务指数，信息和通信技术用于商业交易的程度，金融服务的便利性和金融服务的可供性，其中政府在线服务指数、信息和通信技术用于商业交易的程度数据来自《全球贸易促进报告》，而金融服务的便利性和金融服务的可供性两个指标来自《全球竞争力报告》。鉴于各指标取值范围不同，彼此不具可比性，为了消除量纲影响，首先对数据进行标准化处理，将数据取值范围控制在 0 ~ 1 之间。将各二级指标取算术平均获得一级指标值，然后借鉴计算二级指标的简单算数平均数可得一级指标的取值，借鉴张晓静和李梁（2015）以及朱晶和毕颖（2018）的研究思路，在测算贸易便利化综合指数（TFI）时对 4 个一级指标均赋予 25% 的权重，即采用简单算数平均数进行计算，该方法测得的贸易便利化指标作为 23 个指标贸易便利化指标的测度的替代指标，由于中国以及目的国的贸易便利化水平均可能会对我国企业出口市场选择产生影响，因此本书在构建贸易便利化测度体系时，仍然采用中国与目的国贸易便利化的平均水平，使用贸易便利化替代指标对企业出口动态的影响，实证分析见表 6 - 6 和表 6 - 7。

通过表 6 - 6 和表 6 - 7 的结果可见，使用 10 个指标和算术平均法的贸易便利化测度分析其对企业出口动态的影响，其结果跟 23 个指标贸易便利化测度的结果一致，而 10 个指标的贸易便利化一级指标和 23 个指标的贸易便利化一级指标对企业出口动态的影响也一致，说明本书结果分析的稳健性。

（二）计量方法稳健性检验

作为贸易便利化对企业出口动态（进入、退出、存活和深化）影响在计量方法上的稳健性检验，本书选择 Logit 模型再次分别对出口市场进入模型和出口市场退出模型进行回归分析，结果见表 6 - 8 的第（2）（3）列；借鉴陈勇兵等（2012），使用 Logit 和 Cloglog 模型对出口存活进行分析，结果见表 6 - 8 的第（4）（5）列；而使用 IV-RE、GMM 模型来对出口深化进行分析，以解决可能存在的内生性问题，结果见表 6 - 8 第（6）（7）列。

表6-6 贸易便利化替代指标回归

变量	进入		退出		存活			深化	
	Probit	Logit	Probit	Logit	Probit	Logit	Cloglog	OLS	GMM
lnTFI	0.504*** (0.0173)	0.811*** (0.0277)	-0.515*** (0.0237)	-0.919*** (0.0406)	0.580*** (0.0178)	0.940*** (0.0287)	0.593*** (0.0188)	-0.239*** (0.0276)	-0.239*** (0.0276)
lnGDP	0.0638*** (0.000777)	0.102*** (0.00125)	-0.147*** (0.00111)	-0.250*** (0.00188)	0.0627*** (0.000806)	0.101*** (0.00131)	0.0657*** (0.000850)	0.0109*** (0.00111)	0.0109*** (0.00111)
lnDIST	-0.0434*** (0.00185)	-0.0685*** (0.00297)	0.0651*** (0.00253)	0.104*** (0.00436)	-0.0539*** (0.00189)	-0.0849*** (0.00305)	-0.0614*** (0.00199)	0.000298 (0.00267)	0.000298 (0.00267)
LANDLOCK	-0.132*** (0.00571)	-0.212*** (0.00916)	0.243*** (0.0125)	0.380*** (0.0203)	-0.134*** (0.00614)	-0.213*** (0.00984)	-0.160*** (0.00699)	0.00242 (0.0206)	0.00242 (0.0206)
FTA	0.0995*** (0.00393)	0.160*** (0.00633)	-0.182*** (0.00453)	-0.306*** (0.00784)	0.0961*** (0.00398)	0.156*** (0.00647)	0.0976*** (0.00406)	0.0971*** (0.00526)	0.0971*** (0.00526)
lnTFP	0.203*** (0.0165)	0.327*** (0.0266)	-0.591*** (0.0201)	-1.041*** (0.0349)	0.232*** (0.0165)	0.378*** (0.0267)	0.235*** (0.0172)	0.267*** (0.0131)	0.267*** (0.0131)
lnKL	-0.0169*** (0.00149)	-0.0270*** (0.00239)	-0.00406** (0.00167)	-0.00813*** (0.00293)	-0.0129*** (0.00147)	-0.0208*** (0.00237)	-0.0138*** (0.00153)	-0.00545*** (0.00119)	-0.00545*** (0.00119)
SOE	-0.0625*** (0.0143)	-0.0999*** (0.0229)	0.0931*** (0.0181)	0.159*** (0.0314)	-0.0660*** (0.0144)	-0.106*** (0.0233)	-0.0732*** (0.0154)	-0.00855 (0.0108)	-0.00855 (0.0108)

续表

变量	进入		退出		存活			深化	
	Probit	Logit	Probit	Logit	Probit	Logit	Cloglog	OLS	GMM
FOE	0.0450*** (0.00580)	0.0724*** (0.00931)	0.0847*** (0.00674)	0.145*** (0.0118)	0.0472*** (0.00583)	0.0765*** (0.00943)	0.0490*** (0.00608)	0.0265*** (0.00439)	0.0265*** (0.00439)
常数项	−1.309*** (0.0438)	−2.114*** (0.0705)	3.515*** (0.0515)	6.126*** (0.0902)	−1.116*** (0.0442)	−1.831*** (0.0717)	−1.469*** (0.0459)	−0.842*** (0.0504)	−0.842*** (0.0504)
观测值（个）	1300077	1300077	1587894	1587894	1450677	1450677	1450677	684525	684525
R-squared	—	—	—	—	—	—	—	0.001	0.001

注：（　）内为稳健标准误差；*** $p < 0.01$，** $p < 0.05$，* $p < 0.1$。

151

表 6 - 7　　　　　　　贸易便利化一级指标

变量	进入	退出	存活	深化
	Probit	Probit	Probit	Ols
lnC1	0.593 *** (0.0216)	- 0.620 *** (0.0278)	0.587 *** (0.0222)	- 0.199 *** (0.0329)
lnC2	0.0772 *** (0.00840)	- 0.0957 *** (0.0104)	0.0460 *** (0.00847)	- 0.196 *** (0.0113)
lnC3	0.341 *** (0.0109)	- 0.330 *** (0.0146)	0.370 *** (0.0112)	- 0.0552 *** (0.0165)
lnC4	0.734 *** (0.0146)	- 0.553 *** (0.0183)	0.971 *** (0.0147)	- 0.206 *** (0.0212)
常数项	- 1.200 *** (0.0442)	3.391 *** (0.0526)	- 1.052 *** (0.0446)	- 0.836 *** (0.0520)
观测值（个）	1300077	1587894	1450677	684525

注：（　）内为稳健标准误差；*** p < 0.01，** p < 0.05，* p < 0.1。

表 6 - 8　　　　贸易便利化总指标对企业出口动态影响的方法稳健性检验

变量	进入	退出	存活		深化	
	Logit	Logit	Logit	Cloglog	GMM	IV-RE
lnTFI	0.653 *** (0.0211)	- 0.815 *** (0.0313)	0.768 *** (0.0220)	0.490 *** (0.0142)	- 0.246 *** (0.0279)	- 0.245 *** (0.0278)
lnGDP	0.0927 *** (0.00128)	- 0.237 *** (0.00189)	0.0897 *** (0.00134)	0.0583 *** (0.000880)	0.0109 *** (0.00167)	0.0108 *** (0.00171)
lnDIST	- 0.0738 *** (0.00295)	0.112 *** (0.00436)	- 0.0913 *** (0.00303)	- 0.0657 *** (0.00199)	0.0242 *** (0.00379)	0.0243 *** (0.00378)
LANDLOCK	- 0.262 *** (0.00876)	0.418 *** (0.0203)	- 0.272 *** (0.00941)	- 0.197 *** (0.00671)	0.0477 * (0.0259)	0.0477 * (0.0263)
FTA	0.170 *** (0.00629)	- 0.316 *** (0.00778)	0.166 *** (0.00643)	0.104 *** (0.00402)	0.0746 *** (0.00691)	0.0746 *** (0.00689)
lnTFP	0.328 *** (0.0266)	- 1.047 *** (0.0349)	0.380 *** (0.0267)	0.235 *** (0.0171)	0.185 *** (0.0186)	0.185 *** (0.0176)

变量	进入	退出	存活		深化	
	Logit	Logit	Logit	Cloglog	GMM	IV-RE
ln*KL*	-0.0265 ***	-0.00921 ***	-0.0201 ***	-0.0134 ***	-0.00435 ***	-0.00432 ***
	(0.00239)	(0.00293)	(0.00237)	(0.00153)	(0.00162)	(0.00160)
SOE	-0.0994 ***	0.156 ***	-0.105 ***	-0.0729 ***	-0.0164	-0.0165
	(0.0229)	(0.0313)	(0.0233)	(0.0154)	(0.0147)	(0.0132)
FOE	0.0722 ***	0.145 ***	0.0764 ***	0.0489 ***	0.0261 ***	0.0260 ***
	(0.00930)	(0.0118)	(0.00942)	(0.00608)	(0.00623)	(0.00592)
常数项	-1.799 ***	5.692 ***	-1.447 ***	-1.221 ***	-0.923 ***	-0.921 ***
	(0.0716)	(0.0919)	(0.0729)	(0.0470)	(0.0747)	(0.0746)
观测值 (个)	1300077	1587894	1450677	1450677	340538	340538
交换识别数 (个)	—	—	—	—	—	220935
R-squared	—	—	—	—	0.001	—

注: ( ) 内为稳健标准误差; *** $p < 0.01$, ** $p < 0.05$, * $p < 0.1$。

从表 6 - 8 可知, 对出口进入、存活和退出影响因素的稳健性检验结果基本跟基础回归一致。这说明当选用不同的计量方法时, 上述基本回归的结果是稳健的。

(三) 内生性问题处理

由于可能存在企业的自选择问题, 导致估计结果略有偏差。我们使用工具变量法来克服可能存在的内生性问题。借鉴刘斌等 (2019) 的研究, 选取各国家与地区 1960 年人口死亡率的倒数、耕地面积占领土面积的比重作为贸易便利化的工具变量。由于在上文计量方法稳健性检验中, 已对贸易便利化与深化之间可能存在的内生性问题采用了 GMM 和 IV-RE 进行了处理, 解决了可能存在的内生性问题。本部分我们只对进入、退出、存活与贸易便利化之间可能存在的内生性问题采用工具变量方法进行解决, 表 6 - 9 给出了使用工具变量耕地比重、死亡率相应的 IV-Probit 结果, 其中, 所有回归 Wald 检验的 p 值都远小于 0.01, 说明工具变量的选取相对合理。所以由表 6 - 9 的各列结果可知, 即便考虑了内生性问题，贸易便利化显著促进了企业出口进入和存活，而不利于企业出口退出，仍符合基准估计结果，本书结论是稳健的。

表6-9 内生性检验

变量	进入		退出		存活	
	耕地比重	死亡率	耕地比重	死亡率	耕地比重	死亡率
$\ln TFI$	2.7141 *** -0.0711	0.5287 *** -0.0305	-7.7586 *** -0.0975	-1.5600 *** -0.061	4.4746 *** -0.1852	0.8001 *** -0.0658
控制变量	控制	控制	控制	控制	控制	控制
常数项	12.7861 *** -0.333	2.5697 *** -0.1441	-38.9956 *** -0.4431	-10.4753 *** -0.2837	22.8409 *** -0.8737	5.4501 *** -0.314
观测值 （个）	3357442	3357442	1588262	1588262	1589247	1589247

注：（ ）内为稳健标准误差；*** p<0.01，** p<0.05，* p<0.1。

第二节 贸易便利化，结构参数 与企业四维出口动态

钱尼（Chaney，2008）的模型强调了异质性企业在国际贸易中的作用并且证明了经济整合所带来的贸易成本下降对不同行业有不同的影响。首先，较低的贸易成本在较低异质性。即行业中生产率极低和极高的企业比较少，大部分企业生产率水平差异不大，处于行业期望生产率水平附近（异质性参数 γ 更大），那贸易成本下降会对贸易扩展边际有更大的影响。其次，贸易成本的下降对贸易的影响会因货物的差异程度不同而不同。在有高度差异产品的行业（即替代弹性 σ 相对低），贸易成本下降允许企业的大量进入，每个企业有个相对小的市场份额：一国的总贸易量主要受扩展边际影响。相反，在同质性货物的行业，较低的贸易成本通过集约边际发挥作用，因为较低效率的企业在进入出口市场时将有更多的困难。因此，只有企业中的少数变成新的出口商，且少数出口商占据较大的市场份额。

根据这个理论模型可知，对于不同的产业，贸易便利化引起的贸易

成本变化对企业出口动态的影响是有差异的。如果是行业的异质性参数比较大，大部分企业生产率水平处于行业期望生产率水平附近，那么贸易便利化改革所带来的贸易成本下降，更可能有利于企业的出口进入，更有利于扩展边际的增加；而若行业生产产品更具异质性（替代弹性更小），那么贸易便利化引起的贸易成本下降，也更可能有利于出口扩展边际的增加，而这都有利于出口结构优化。但对于异质性参数较大或企业生产产品替代弹性较高的行业，贸易便利化带来的成本降低更可能增加集约边际增长。至于上述分析是否能得到实证支持，我们都需要进一步检验。接下来我们将分析结构参数在贸易便利化影响企业四维出口动态中的作用和角色。

一、贸易便利化，结构参数与企业出口进入，退出和深化

在本章第一节分析的基础上，将第五章测度的结构参数及结构参数与贸易便利化交互项代入上文出口进入、退出和深化计量模型，以此考察结构参数在贸易便利化影响企业出口进入、退出和深化中的地位和作用。基本回归结果和稳健性检验结果分别见表6-10和表6-11。

（一）基本回归结果

首先，表6-10报告了贸易便利化与企业出口进入、退出和深化的估计结果。其中，第（2）（3）列为贸易便利化以及贸易便利化同替代弹性的交互项对企业出口进入，退出Probit回归结果；第（4）（5）列为贸易便利化以及贸易便利化同替代弹性的交互项对企业出口深化的OLS以及RE回归结果；第（6）（7）列为贸易便利化以及贸易便利化同异质性参数交互项对企业出口进入、退出的Probit回归结果；第（8）（9）列为贸易便利化以及贸易便利化同异质性参数的交互项对企业出口深化的OLS以及RE回归结果。从表6-10可知，贸易便利化对企业出口进入影响显著为正，对企业退出和深化影响显著为负。说明贸易便利化更有利于降低出口成本，进而有利于企业开拓新市场，促进出口扩展边际的增长，而企业进入出口市场后，贸易便利化并不一定能保证在该市场出口的深化增长。这与丹尼斯和谢泼德（Dennis & Shepherd, 2011）、汪戎等（2015）、李波和杨先明（2018）等研究结论一致，即

表 6 - 10　基础回归

变量	替代弹性 σ				异质性参数 γ			
	Probit		OLS	RE	Probit		OLS	RE
	进入	退出	深化	深化	进入	退出	深化	深化
lnGDP	0.0506*** (0.00112)	-0.131*** (0.00159)	0.0143*** (0.00184)	0.0143*** (0.00186)	0.0506*** (0.00112)	-0.131*** (0.00159)	0.0143*** (0.00184)	0.0143*** (0.00186)
lnDIST	-0.0681*** (0.00264)	0.0894*** (0.00358)	0.00803** (0.00391)	0.00803** (0.00395)	-0.0679*** (0.00264)	0.0890*** (0.00358)	0.00801** (0.00391)	0.00801** (0.00395)
LANDLOCK	-0.173*** (0.00823)	0.265*** (0.0185)	-5.96e-05 (0.0300)	-5.96e-05 (0.0306)	-0.172*** (0.00823)	0.265*** (0.0185)	-0.000339 (0.0300)	-0.000339 (0.0306)
FTA	0.114*** (0.00549)	-0.188*** (0.00637)	0.0861*** (0.00766)	0.0861*** (0.00776)	0.113*** (0.00550)	-0.187*** (0.00637)	0.0860*** (0.00766)	0.0860*** (0.00776)
TFP	0.216*** (0.0211)	-0.565*** (0.0262)	0.274*** (0.0199)	0.274*** (0.0193)	0.215*** (0.0210)	-0.561*** (0.0262)	0.274*** (0.0199)	0.274*** (0.0193)
lnKL	-0.0167*** (0.00201)	0.00215 (0.00229)	-0.00910*** (0.00189)	-0.00910*** (0.00184)	-0.0172*** (0.00201)	0.00322 (0.00229)	-0.00923*** (0.00189)	-0.00923*** (0.00184)
SOE	-0.0399** (0.0169)	0.0925*** (0.0218)	-0.0285* (0.0146)	-0.0285* (0.0133)	-0.0403** (0.0169)	0.0937*** (0.0217)	-0.0287** (0.0146)	-0.0287** (0.0133)
FOE	0.0491*** (0.00746)	0.0784*** (0.00915)	0.00285 (0.00676)	0.00285 (0.00653)	0.0491*** (0.00746)	0.0785*** (0.00914)	0.00298 (0.00676)	0.00298 (0.00653)

续表

变量	替代弹性 σ				异质性参数 γ			
	Probit		OLS	RE	Probit		OLS	RE
	进入	退出	深化	深化	进入	退出	深化	深化
ln*TFI*	0.180*** (0.0223)	−0.237*** (0.0303)	−0.298*** (0.0323)	−0.298*** (0.0322)	0.159*** (0.0230)	−0.195*** (0.0314)	−0.309*** (0.0328)	−0.309*** (0.0327)
σ	0.0800*** (0.00746)	0.0546*** (0.00984)	−0.0128 (0.0104)	−0.0128 (0.0106)				
γ					0.0797*** (0.00718)	−0.0518*** (0.00960)	−0.0129 (0.0102)	−0.0129 (0.0104)
ln*TFI*×σ	−0.0150*** (0.00480)	0.0359*** (0.00668)	0.0224*** (0.00490)	0.0224*** (0.00498)				
ln*TFI*×γ					0.00781 (0.00518)	−0.0223*** (0.00683)	0.0207 (0.00502)	0.0207 (0.00509)
常数项	−0.865*** (0.0600)	2.862*** −0.132***	−0.991*** 0.0144***	−0.991*** 0.0144***	−0.860*** 0.0507***	2.852*** −0.132***	−0.991*** 0.0144***	−0.991*** 0.0144***
观测值（个）	604257	710777	302568	302568	604257	710777	302568	302568
R-squared	—	—	0.001	—	—	—	0.001	—

注：（ ）内为稳健标准误差；*** p<0.01，** p<0.05，* p<0.1。

表6-11 方法的稳健性检验

变量	替代弹性 σ			异质性参数 γ		
	Logit		GMM	Logit		GMM
	进入	退出	深化	进入	退出	深化
lnGDP	0.0810*** (0.00180)	-0.221*** (0.00269)	0.0150*** (0.00184)	0.0810*** (0.00180)	-0.221*** (0.00269)	0.0150*** (0.00184)
lnDIST	-0.108*** (0.00422)	0.146*** (0.00613)	0.00811** (0.00391)	-0.108*** (0.00422)	0.145*** (0.00613)	0.00810** (0.00391)
LANDLOCK	-0.276*** (0.0132)	0.420*** (0.0302)	-0.00127 (0.0300)	-0.276*** (0.0132)	0.419*** (0.0302)	-0.00154 (0.0300)
FTA	0.183*** (0.00885)	-0.318*** (0.0110)	0.0866*** (0.00766)	0.183*** (0.00886)	-0.316*** (0.0110)	0.0865*** (0.00766)
TFP	0.348*** (0.0338)	-0.991*** (0.0457)	0.273*** (0.0199)	0.345*** (0.0338)	-0.984*** (0.0456)	0.273*** (0.0199)
lnKL	-0.0268*** (0.00322)	0.00298 (0.00400)	-0.00918*** (0.00189)	-0.0276*** (0.00322)	0.00482 (0.00400)	-0.00930*** (0.00189)
SOE	-0.0637*** (0.0271)	0.159*** (0.0377)	-0.0287** (0.0146)	-0.0644*** (0.0271)	0.161*** (0.0376)	-0.0289** (0.0146)
FOE	0.0788*** (0.0120)	0.134*** (0.0160)	0.00267 (0.00676)	0.0789*** (0.0120)	0.135*** (0.0160)	0.00280 (0.00676)

续表

变量	替代弹性 σ			异质性参数 γ		
	Logit		GMM	Logit		GMM
	进入	退出	深化	进入	退出	深化
lnTFI	0.287*** (0.0357)	-0.419*** (0.0519)	-0.325*** (0.0326)	0.254*** (0.0368)	-0.349*** (0.0536)	-0.336*** (0.0331)
σ	0.435*** (0.0388)	0.307*** (0.0572)	-0.0629 (0.0599)			
γ				0.436*** (0.0375)	-0.304*** (0.0559)	-0.0700 (0.0586)
lnTFI×δ	-0.0242*** (0.00769)	0.0607*** (0.0114)	0.0222*** (0.00489)			
lnTFI×γ				0.0126*** (0.00799)	-0.0377*** (0.0116)	0.0206 (0.00501)
常数项	-1.397*** 0.0811***	4.985*** (0.126)	-1.023*** (0.0809)	-1.388*** (0.0963)	4.967*** (0.126)	-1.022*** (0.0809)
观测值（个）	604257	710777	302568	604257	710777	302568
R-squared	—	—	0.001	—	—	0.001

注：（ ）内为稳健标准误差；*** $p<0.01$，** $p<0.05$，* $p<0.1$。

贸易便利化更多是通过简化海关流程等降低企业出口固定成本，进而促进企业扩展边际的增长。替代弹性对出口进入和退出影响都显著为正，说明对中国而言替代弹性高的产品更容易进入出口市场，这与我们国家的国情有关，虽然科学的发展，技术的进步，我们国家出口企业有能力生产更多具有竞争性的，技术含量较高的差异性产品，但不可否认，现在我国出口还是以替代弹性较高的劳动密集型产品为主，且我们国家在生产这类型产品中更有优势，因此，长期依赖我国劳动力比较优势的这类行业的产品更多进入国际市场，在国际市场上具有一定竞争力，占据很大市场份额；但是，因同行业内其他产品也具有更强的替代性，而在海外市场上也更容易受到竞争进而退出出口市场。因此，商品替代弹性越高，其出口扩展边际波动性越大；贸易便利化与替代弹性的交互项对出口进入影响显著为负，对出口退出和深化影响显著为正。说明替代弹性越高，越不利于贸易便利化对出口进入的促进作用，越能削弱贸易便利化对出口退出和深化抑制作用，这再一次证明了，我国出口产品以替代弹性较高的劳动密集型产品为主，长久以来这类产品在我国出口中占据比重较高，在海外市场占据份额较大，是支持我国出口的中坚力量，但同样这类产品也更容易受到外来冲击，进而对我国出口稳定性产生极大负面影响。异质性参数对企业出口进入为正，退出为负，对出口深化的影响不显著，这说明，对我国而言，企业生产率水平和发展规模相对更均衡的行业更有可能有利于一国出口扩展边际增加，实现出口结构优化。贸易便利化与异质性参数的交互项对企业出口进入影响显著为正，对出口退出影响显著为负，对出口深化影响不显著，说明异质性参数越高，越有利于增强贸易便利化对出口进入的促进作用和对出口退出的抑制作用。这些结果进一步支持了上文的分析，即贸易便利化带来的贸易成本降低，更有利于行业规模和生产率分布更均衡的行业的出口维度升级，这也暗示了，应该采取更多的措施促进不同行业企业，尤其是中、小规模企业的成长，促进行业中、小规模企业的生产率增长和规模扩大，这样更有利于贸易便利化改革下一国出口微观结构优化。

另外，表6－10中无论是包含贸易便利化与替代弹性交互项还是包含贸易便利化与异质性参数的交互的出口进入、退出和深化的回归。可以发现，国家层面的解释变量中，GDP对出口进入和深化的影响显著为正，对出口退出影响显著为负，说明目的国的经济规模对促进本国企业出口仍然是重要的指标，企业在选择出口市场时，其出口目标国的经济发展状况仍然是企业出口选择以及企业出口增长的重要保证；距离对出口进入影响显著为负，对出口退出和深化影响显著为正；目的国是内陆国家对出口进入影响显著为负，对出口退出影响显著为正，对出口深化影响为负，但不显著；与目的国签署自贸协定对企业出口进入和深化影响显著为正，对出口退出影响显著为负。这说明一国距离目的国越近，目的国是非内陆国家，且目的国与本国签署自贸协定更有利于企业出口市场进入，不利于出口退出。但目的国是内陆国家对出口深化的负向影响并不显著；而目的国与本国距离越远，与本国签署自贸协定越有利于出口深化。企业层面变量中，企业生产率对出口进入和深化影响显著为正，对出口退出影响显著为负，这同异质性企业贸易理论的观点一致，即企业生产率越高越有利于企业开拓新市场，且有利于在出口市场的竞争。企业资本密集度越高越不利于企业出口进入和深化，对出口退出的影响为正，但不显著。这在一定程度上说明中国在国际市场上的竞争力还是以劳动密集型产品为主，未来资本密集型产品的出口还应是政府继续努力的地方。企业是国有企业，则其对出口进入和深化的影响显著为负，对出口退出的影响为正；企业是外资企业对出口进入和退出影响都显著为正，对出口深化影响为正，但不显著。说明国有企业因历史和体制原因导致其生产效率相对低下，缺乏国际竞争力，不利于出口；但外资企业管理体制先进，生产效率较高，因此更有利于进入出口市场，且自身具有很强的灵活性，进入出口市场后也能根据自身盈利情况，灵活调整自己的经营策略。

（二）方法的稳健性检验

作为贸易便利化以及贸易便利化与结构参数的交互项对企业出口动态（进入、退出和深化）影响在计量方法上的稳健性检验，本书选择Logit模型再次分别对出口市场进入模型和出口市场退出模型进行回归分析，结果见表6－11的第（2）（3）（5）（6）列；而使用GMM模型

来对出口深化进行分析，以解决可能存在的内生性问题，结果见表 6 - 10
第（4）（7）列。从表 6 - 11 可知，对出口进入、退出和深化影响因素
的稳健性检验结果基本跟基础回归一致。这说明当选用不同的计量方法
时，上述基本回归的结果是稳健的。

二、贸易便利化、结构参数与企业出口存活

企业出口动态变化是一国出口增长变化的核心（盛斌和吕越，
2014）。企业出口持续期是企业出口动态重要反映（Besedeš & Prusa，
2007）。舍夫佐娃（Shevtsova，2010）对乌克兰企业、博诺等（Buono
et al.，2008）对法国企业，以及陈勇兵等（2012）对中国企业的研究
却指出进入和退出并非企业出口行为的全部表现，大多数出口企业一旦
进入出口市场通常会维持自己的出口状态，企业持续出口行为是影响企
业，乃至一国出口的重要方面。

为检验贸易便利化以及贸易便利化与结构参数的交互项对企业出
口存活的影响，本部分借鉴陈勇兵等（2012），使用 Probit、Logit 和
Cloglog 模型对企业出口存活期进行分析。

首先，表 6 - 12 报告了贸易便利化与企业出口存活的估计结果，其
中第（1）（2）（3）列为贸易便利化、替代弹性、贸易便利化同替代弹
性的交互项对企业出口存活的 Probit、Logit 和 Cloglog 回归结果；第
（4）（5）（6）列为贸易便利化、异质性参数以及贸易便利化同异质性
参数的交互项对企业出口存活的 Probit、Logit 和 Cloglog 回归结果。从
表 6 - 12 可知，无论采用 Probit、Logit 还是 Cloglog 模型贸易便利化对企
业出口存活影响显著为正，说明贸易便利化更有利于企业在出口市场上
的出口存活。替代弹性越高，越容易在海外存活，这在一定程度上再次
印证，我们在海外市场上有竞争力的往往是一些替代弹性较高的劳动密
集型产品，这类产品长期以来是我们国家的主导出口产品，我们对于这
类产品有更丰富的出口经验，国外消费者对我们这类产品也有更高的接
受度，所以只要能在海外市场立足，往往更有竞争力，也有更长的存活
期，因此，未来在维持出口稳定上，这些有竞争优势的劳动密集型产品
在一定时期内仍然是我们应该关注的重要产品。贸易便利化同替代弹性
交互项对企业出口存活影响显著为正，替代弹性越高，越有利于增强贸

易便利化对出口存活的正向影响，这在一定程度上印证钱尼（Chaney，2008）理论研究的观点，即贸易便利化对替代弹性高的产品的影响更多影响其集约边际，且在我国出口产品中，长期以来那些在海外市场占大量份额的产品往往是拥有价格优势的劳动密集型产品，生产这些产品的中国企业进入海外市场往往具有较强的价格竞争力，因此能够带来出口存活的增加。异质性参数对企业出口存活的影响为正，这说明对那些中小企业占多数，企业生产率水平和发展规模相对更均衡的行业的企业，其出口可能也有更好的维持出口关系的能力，这在一定程度上证明了上文钱尼（Chaney，2008）理论研究的观点，也就是通过贸易便利化实现的贸易整合对不同行业的影响不同，贸易便利化所带来贸易成本的降低对生产率水平和规模水平更均衡的行业，即异质性参数越高行业内企业的出口存活更有利，这也再一次证明了对于中国而言，我们为了维持出口结构优化中的出口深度升级，应该对占绝大多数行业较大比例的中小企业提供更多的支持和帮助，这对维持一国出口稳定意义重大。另外，表 6 - 12 中无论是包含贸易便利化与异质性参数的交互还是包含贸易便利化与替代弹性交互项的出口存活的回归，可以发现，国家层面的解释变量中，GDP、与目的国签署自贸协定对出口存活的影响显著为正，说明出口目标国的经济发展状况以及与出口目的国签署自贸协议有利于企业在出口目的国的持续存在；距离、目的国是内陆国家对出口进入影响显著为负，这说明一国距离目的国越近，目的国是非内陆国家有利于企业出口市场存活。企业层面变量中，企业生产率以及企业是外资企业对出口存活影响显著为正；企业资本密集度越高以及企业是国有企业对出口存活影响显著为负。这说明企业生产率越高，企业是外资企业越有利于企业出口市场的竞争。而企业资本密集度越高越不利于企业出口存活。这在一定程度上说明中国在国际市场上能持续存在的竞争力还是以劳动密集型产品为主。另外，外资企业与国有企业相比，其管理体制先进，生产效率较高。尽管外资企业因其自身灵活性也更大可能退出出口市场，但总体而言，外资企业更有利于在海外市场存活。上述结论在采用不同计量方法时稳健。

表 6 - 12　　贸易便利化、结构参数对企业出口存活影响的回归

变量	替代弹性 σ			异质性参数 γ		
	Probit (1)	Logit (2)	Cloglog (3)	Probit (4)	Logit (5)	Cloglog (6)
lnGDP	0.0485 *** (0.00117)	0.0783 *** (0.00189)	0.0513 *** (0.00124)	0.0485 *** (0.00117)	0.0783 *** (0.00189)	0.0513 *** (0.00125)
ln$DIST$	− 0.0784 *** (0.00270)	− 0.124 *** (0.00434)	− 0.0872 *** (0.00287)	− 0.0781 *** (0.00270)	− 0.124 *** (0.00434)	− 0.0870 *** (0.00287)
$LANDLOCK$	− 0.181 *** (0.00881)	− 0.289 *** (0.0141)	− 0.208 *** (0.0101)	− 0.181 *** (0.00881)	− 0.289 *** (0.0141)	− 0.207 *** (0.0101)
FTA	0.113 *** (0.00557)	0.184 *** (0.00906)	0.114 *** (0.00567)	0.112 *** (0.00557)	0.183 *** (0.00906)	0.113 *** (0.00567)
TFP	0.252 *** (0.0210)	0.408 *** (0.0340)	0.259 *** (0.0219)	0.250 *** (0.0210)	0.405 *** (0.0340)	0.257 *** (0.0219)
lnKL	− 0.0121 *** (0.00198)	− 0.0196 *** (0.00320)	− 0.0128 *** (0.00209)	− 0.0127 *** (0.00198)	− 0.0205 *** (0.00320)	− 0.0134 *** (0.00209)
SOE	− 0.0446 *** (0.0173)	− 0.0713 ** (0.0278)	− 0.0494 *** (0.0184)	− 0.0451 *** (0.0173)	− 0.0722 *** (0.0278)	− 0.0500 *** (0.0184)
FOE	0.0504 *** (0.00760)	0.0815 *** (0.0123)	0.0527 *** (0.00796)	0.0505 *** (0.00760)	0.0817 *** (0.0123)	0.0529 *** (0.00796)
lnTFI	0.215 *** (0.0229)	0.346 *** (0.0369)	0.226 *** (0.0241)	0.190 *** (0.0236)	0.305 *** (0.0380)	0.199 *** (0.0248)
σ	0.0669 *** (0.00767)	0.401 *** (0.0404)	0.260 *** (0.0248)			
γ				0.0665 *** (0.00739)	0.401 *** (0.0390)	0.272 *** (0.0240)
ln$TFI \times \delta$				− 0.0256 *** (0.00490)	− 0.0414 *** (0.00789)	− 0.0266 *** (0.00518)
ln$TFI \times \gamma$	0.0180 *** (0.00508)	0.0291 *** (0.00820)	0.0185 *** (0.00537)			

变量	替代弹性 σ			异质性参数 γ		
	Probit (1)	Logit (2)	Cloglog (3)	Probit (4)	Logit (5)	Cloglog (6)
常数项	-0.663 *** (0.0610)	-1.093 *** (0.0985)	-1.007 *** (0.0640)	-0.658 *** (0.0610)	-1.084 *** (0.0985)	-1.002 *** (0.0640)
观测值 (个)	671845	671845	671845	671845	671845	671845

注：（　）内为稳健标准误差；*** $p<0.01$，** $p<0.05$，* $p<0.1$。

第三节　结合出口存活期的中国出口增长结构再分解事实

在探讨了贸易便利化对企业四维出口动态的影响后，为了进一步明确企业四维出口动态在影响一国出口结构中的角色，我们借用第四章中一国出口增长结构分解的框架，采用中国 1996～2020 年联合国统计划分标准（United Nations Statistics Division）提供的 HS6 位数出口产品数据使用上述分解方法对中国出口的总体及不同分组下增长结构进行分解。另外，伴随着 2001 年中国加入 WTO，中国出口贸易在外部市场准入和环境的不断改善而进入了一个全面增长的新阶段。随后，2008 年金融危机爆发，使得中国出口贸易又一次全面衰退。因此，这些外在冲击，对我们研究中国出口贸易波动和结构变化是难得的"自然实验"（盛斌和吕越，2014），全面与翔实地考察 2001 年入世后的贸易自由化和 2008 年金融危机对出口增长结构各部分的影响，对于中国采取合理措施应对外来冲击，寻求贸易增长方式转型升级能够提供有力的政策分析基础。本书用于出口增长分解的微观产品贸易数据来自联合国商品贸易数据库（UN Comtrade），考虑到大多数国家的增长策略聚焦于制造业，我们的样本限制在中国出口到 202 个国家的共 5099 种 HS6 位数的制造业，总共有约 260 万个每年的双边出口观测值。最终，中国出口增长结构的各部分动态变化情况如图 6-1 表示。分组数据的测算结果见表 6-13 和表 6-14。

165

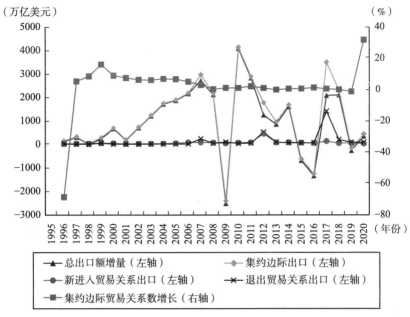

图 6 - 1　1995~2020 年中国出口增长结构分解各部分整体趋势

表 6 - 13　　　　1996~2020 年中国出口增长分解：按照不同目标市场划分

项目	高收入发达国家	新兴市场国家	其他发展中国家
进入金额（亿元）	20.22	13.33	44.81
进入占比（%）	25.80	17.01	57.19
退出金额（亿元）	45.08	24.11	68.15
退出占比（%）	32.82	17.55	49.62
国家个数（个）	20	15	104
生存个数（个）	72368	55433	197065
每个国家平均生存个数	3632	3813	1891
平均深化金额（万元/个）	430.51	254.04	319.21

表 6 – 14　　　　1996~2020 年中国出口增长分解：按照不同技术程度分类

项目	低技术	中等技术	高技术
进入金额（亿元）	8.96	32.55	29.33
进入占比（%）	12.64	45.95	41.40
退出金额（亿元）	-10.89	-37.79	-80.14
退出占比（%）	-8.45	-29.34	-62.21
生存个数（个）	116963	90597	60521
平均深化金额（万元/个）	227.47	254.03	438.34

一、总体分析

第一，1996~2008 年，中国出口贸易额一直不断增长，2008 年受全球金融危机影响，中国出口首次进入负增长，且到 2009 年出口增长达到谷底，此后出口开始复苏，并又逐渐进入高速增长期。在整体出口增长中，集约边际线与出口增长线几乎完全重合，说明结合不同产品出口存活期后中国出口增长几乎完全可以由集约边际来解释，集约边际占据了出口增长的 99% 以上，中国出口增长还是主要依赖于老产品的出口，而新产品的进入及老产品的退出对整体出口增长影响并不大，中国出口增长和集约边际的增长受金融危机影响比较大，容易出现较大幅度波动。

第二，新进入贸易关系和退出贸易关系出口共同影响了整体的扩展边际增长。具体而言，出口进入相对平稳，即使受全球金融危机的影响也未出现明显波动，说明出口进入在危机期间保持相对稳定，是受外来冲击时保证贸易平稳增长的一个重要方向。但 2013 年受经济结构转型的正面影响，出口进入有了较大幅度的增加，说明出口进入受内生技术改革的影响更大一些。而出口退出总体而言也相对平稳，但较易受外来冲击，例如，2007 年、2008 年金融危机和 2013 年经济结构转型、2018年中美贸易摩擦的影响。

第三，总体而言，出口贸易关系数量在 1996~2020 年一直处于不断增长趋势，而贸易关系增长率也一直保持高速增长，直至 2001 年中国加入 WTO 以及 2007 年、2008 年全球金融危机、2019 年新冠疫情影响，出口贸易关系增长率开始下降，我们认为这一方面说明出口贸易关

167

系数量的增长受外来冲击影响较大。另外，说明中国加入 WTO 对企业是一把"双刃剑"，除了给企业更多机会参与国际市场外，进入出口市场的企业也会面临更激烈的国际市场竞争。

二、按目标市场的国家类型分组考察

借鉴盛斌和吕越（2014），按照世界银行 WDI 数据库界定的主要"高收入发达国家"和摩根斯坦利资本国际（MSCI）数据库界定的"新兴市场国家"，将目标市场的国家类型划分为高收入发达国家、新兴市场国家和其他发展中国家三类，进一步测算与考察中国出口贸易的四元边际，结果见表 6 – 13。

由表 6 – 13 可知，一方面，在 1996～2020 年，相对于高收入发达国家和新兴市场国家，其他发展中国家出口进入和退出占比更高，其进入金额占总出口增长的 57.19%，退出占比的绝对值也最大，达到49.62%；其次，是高收入发达国家，其进入和退出占比也较高，分别达到了 25.80% 和 32.82%；最后，是新兴市场国家，相比于其他两类国家，其进入和退出都相对温和，分别达到 17.01% 和 24.11%。这说明几个问题，第一，中国新产品出口可能更愿选择其他发展中国家为试验田，那里有更广阔的市场潜力，因此，吸引更多的产品进入；但是，因发展中国家普遍市场发展及制度建设不完善，企业进入后也更容易退出。第二，发达国家市场相对成熟饱和，新产品选择进入国际市场时可能未必是最优第一选择目的地，但因其市场规模巨大，市场发展成熟，在中短期内仍然是企业不可忽视的出口目的地选择；但同时也应该看到，受以美国为代表的西方发达国家贸易保护主义兴起的影响，这些国家的退出份额也很高，对中国的出口稳定带来很大冲击。第三，新兴市场国家具有广阔的市场潜力和较为有利的市场进入环境，因此对新产品进入也具有较大吸引力；且因其市场较成熟的竞争环境，只要产品本身具有竞争力，企业就更容易在市场上存活。

另一方面，从贸易关系生存个数来看，发展中国家最多为 197065个，而高收入发达国家和新兴市场国家分别为 72368 个和 55433 个，鉴于上述数字会受到国家分类中国家个数的影响，因此我们对其根据国家取平均值，取平均值后发现，新兴市场国家平均贸易关系数最多，为

3813 个，其次为高收入发达国家，平均贸易关系数为 3632 个，最后为发展中国家仅为 1891 个。从平均深化金额来看，平均深化增长最多的是高收入发达国家，其次是其他发展中国家，最后是新兴市场国家。上述数据说明，发展中国家未来还应是中国出口多元化布局的重要区域，因其无论是在新贸易关系开拓上还是单个贸易关系出口深化上都有无限可能。而在短期内西方发达国家仍然是我们出口稳定性的重要保证，应重点维持。

三、按产品技术密集度的分组考察

本书首先采用联合国统计划分标准提供的 HS6 位数与 SITC 2.0 版贸易产品之间的详细转化表，将 HS6 位数产品分类与 SITC 2.0 分类进行转化。然后，将转化好的 SITC 2.0 版本三位数据按照拉勒（Lall，2000）提供的分类标准，将其中的低、中和高技术产品贸易数据分离出来，并测算各类产品的出口动态情况，结果见表 6 - 14。

由表 6 - 14 可知，一方面，在 1996 ~ 2020 年，进入占比更高的是中、高技术类产品，其进入占比分别达到了 45.95% 和 41.40%，而低技术产品，其进入占比仅为 12.64%；类似地，从退出来看，退出绝对值百分比占比更高的也是中、高技术产品，其占比绝对值达到了 62.21% 和 29.34%，而低技术产品仅为 3.32%。这说明，中国出口近年来重视中高技术产品的出口，且在市场进入方面做了很大的努力，也取得了不错的效果。但应注意的是，鉴于中国跟国外技术水平的差异，中国技术产品在国外市场的竞争力仍需要加强。而低技术产品在进入国外市场以及进入后都表现相对稳定，这与中国以往出口多以低技术产品抢占市场份额的现实状况一致。

另一方面，从贸易关系生存个数来看，中国出口贸易关系中，低技术产品占多数，而中、高技术产品贸易关系仅为 90597 个和 60521 个，说明中国出口产品还是主要以低技术产品为主，中、高技术产品出口并不占优势；相应的低技术产品贸易关系的平均深化金额为 227.47 万元/个，而中、高技术产品平均深化金额分别为 254.03 万元/个和 438.34 万元/个，说明中国未来出口还是应该加大中、高技术产品的出口，其未来有更大的增长潜力。

第四节　小　　结

　　贸易便利化是金融危机后国内外学界和政界探索恢复贸易增长动力的热点（佟家栋和李连庆，2014；Wilson，2003）贸易便利化是继贸易自由化合作迟滞背景下，以 APEC、WTO 等为代表的国际经济组织提出的促进贸易持续平稳发展的新方向（APEC，1997；Shepherd & Wilson，2009）。企业作为贸易活动核心和贸易便利化改革最重要主体之一，其行为是一国出口发展模式转型升级的关键。本章尝试从贸易便利化的视角切入，从微观层面，结合企业出口动态探讨我国出口发展模式转型升级问题，得到的主要结论如下。

　　第一，贸易便利化对企业出口进入、存活影响显著为正，对企业退出和深化影响显著为负，分指标的回归结果与总指标的基本一致且分指标中的电子商务对于企业出口进入和存活的影响要大于其他分指标，总体上，无论是贸易便利化总指标还是分指标，其对基于维度和深度升级的出口微观优化有利；GDP、与目的国签署自贸协定、企业生产率、企业是外资企业总体上有利于促进企业出口进入、存活，不利于企业出口退出，对基于出口维度升级和深度升级的出口结构优化有利；距离、目的国是内陆国家、企业资本密集度、企业是国有企业一般不利于企业出口进入和存活，对基于出口维度升级和深度升级的出口微观结构优化利大于弊。上述结论在采用不同计量方法及内生性处理后结果稳健。

　　第二，异质性分析发现，贸易便利化对中、小规模企业，尤其是小规模企业出口进入和存活的促进程度要大于大规模企业，而对出口退出和深化的影响差异不大；目的国 GDP 对中、小规模企业出口进入，存活的影响都要高于大企业，但对中、小规模企业出口深化的影响要低于大企业；距离和伙伴国是内陆国家更不利于中、小规模企业出口进入和存活；与出口目的国签署自由贸易协定的中、小规模企业出口进入和存活的影响程度高于大企业，但对中、小规模企业出口深化影响低于大企业。说明自由贸易协定的签订更有利于中、小规模出口进入和存活，但若想抢占更大的出口目的市场份额，大规模企业具有更大优势。

　　第三，结合贸易便利化与结构参数的回归发现，不同行业结构参数的差异意味着，通过贸易便利化实现的贸易整合对不同行业的影响不同，替代弹性对出口进入和退出影响都显著为正，商品替代弹性越高，其出口扩展边际波动性越大；贸易便利化与替代弹性的交互项对出口深化影响显著为正，对出口退出影响显著为负，对出口进入影响不显著，替代弹性较高产品更容易受外来冲击影响，对出口稳定不利；异质性参数对企业出口进入为正，退出为负，对出口深化的影响不显著，企业生产率水平和发展规模相对更均衡的行业更有可能有利于一国出口扩展边际增加，实现出口结构优化。贸易便利化与异质性参数的交互项对企业出口进入影响显著为正，对出口退出影响显著为负，对出口深化影响不显著，即贸易便利化带来的贸易成本降低，对行业规模和生产率分布更均衡的行业的扩展边际影响更大，更有利于出口结构的优化。

第四，在中国整体出口增长中，集约边际占据了整体出口增长的绝大部分，受金融危机影响较大；出口进入受内生技术改革影响较大；出口进入占比更高的是其他发展中国家，其次是高收入发达国家；而出口退出占比最高的也是其他发展中国家，出口退出占比最低的是新兴市场国家；新兴市场国家平均存活贸易关系数最多，而发展中国家最低；高收入发达国家平均深化增长最多，新兴市场国家最低；出口进入和退出占比更高的是中、高技术类产品；尽管低技术产品占中国出口存活关系多数，但中、高技术产品平均深化金额更高。

基于上述结论，本章获得如下政策建议：

第一，鉴于贸易便利化对基于出口多元化和出口可持续出口结构优化方面的重要性，中国及其贸易伙伴国都应该以积极主动的态度推进各自贸易便利化发展谈判进程，积极参与国际合作，推动 WTO、APEC 等国际组织的建立推进贸易便利化的协调机制，积极参加相关的研讨会或论坛，加强与先进经济体之间的合作，促使政府出台更多的互惠政策，完善便捷通关的制度安排，简化通关程序，消除贸易障碍，降低贸易成本为降低贸易成本创造空间，以实现中国对外贸易的持续和稳定发展。另外，在贸易便利化实施过程中，政府部门之间大多在一定程度上存在协调困难，各政府部门之间应加强协调，努力合作。管理部门在实施贸易便利化措施过程中应发挥核心协调作用，自上而下地推动各项政策措施的落实，积极引导各相关主体参与。我们可以借鉴贸易便利化水平较高经济体的先进经验，通过建立一个由商务部、海关、商检部门等组成的跨部门领导机构，积极推动海关，检验检疫局，贸易促进会等部门的合作，尽早实现国内"单一窗口"建设，简化贸易流程，最终实现标准统一，信息共享。以此提升本国的贸易便利化水平，减少出口货物的时间和成本，促进中国贸易持续平稳增长。最后，现有政府部门应该加强提高政府部门的办事效率，逐步简化相关事务的审批程序，规范自身行为，尽量减少相关机构的交易成本。此外，各国之间还要积极主动地学习和借鉴彼此关于提升贸易便利化水平的成功经验和方法，并结合自身国情加以变通。支持多边贸易体制，促进自由贸易区建设，加强区域经济组织合作，鉴于企业资本密集度、企业劳动生产率以及企业性质差异对出口市场选择的不同影响。

第二，鉴于贸易便利化实现的贸易整合对不同行业企业出口动态的影响不同，因此，贸易便利化政策的实施应结合产业政策，对不同特性的行业采取不同的促进措施。例如，对于大部分企业生产率差距不大的行业，贸易便利化更有利于这类行业中的企业开拓新的海外市场，抢占海外份额，对于这样的行业，政府应鼓励大量中小型企业进行差异化竞争，为企业产品创新和技术升级提供保障措施，尤其为企业新产品出口营造良好的内部和外部环境，积极鼓励企业充分利用贸易便利化所创造的接近海外市场的机会和条件，积极开拓海外市场，大力发展高质量、高技术、高附加值产品贸易，不断提高劳动密集型产品档次和附加值，优化资本品、消费品贸易结构，扩大中间品贸易规模，发展和保护全球产业链，加快推动智能制造发展，逐步从加工制造环节向研发设计、营销服务、品牌经营等环节攀升，稳步提高出口附加值；而对于生产替代弹性较高产品的行业和企业，政府应更重视对高生产率企业的补贴和扶持，扩大高生产率企业的规模，鼓励行业龙头企业提高国际化经营水平，逐步融入全球供应链、产业链、价值链，形成在全球范围内配置要素资源、布局市场网络的能力。支持推动中小企业转型升级，聚焦主业，走"专精特新"国际化道路。进一步提升其在国际市场上的竞争力，从而获得更大的贸易便利化政策获利。

第三，鉴于企业在推进贸易便利化及促进出口中主体地位的重要性，政府应积极向企业宣传和推广贸易便利化相关政策和法律法规，努力改变企业的思想观念，采取各种措施积极鼓励企业认可和接受相关的政策措施。另外，应鼓励企业优化国际市场布局。继续深耕发达经济体等传统市场。着力深化与共建"一带一路"国家的贸易合作，拓展亚洲、非洲、拉美等地区市场。逐步提高自贸伙伴、新兴市场和发展中国家在我国对外贸易中的占比，扩大与周边国家贸易规模。综合考虑市场规模、贸易潜力、消费结构、产业互补、国别风险等因素，引导企业开拓一批重点市场。最后，应鼓励企业吸引外资，鼓励国际合作，吸收国外先进技术为我所用；另外，应鼓励企业进行自主技术创新、加大研发投入力度，提高企业生产率，提升资本密集型、高附加值产品在国际上的竞争力，优化出口贸易的技术结构。

第七章 贸易便利化与中国出口发展模式转型升级实证
——出口质量升级

　　中国正处于由经济高速增长向高质量发展转变的关键阶段。但相较于出口规模的显著增长，中国整体出口产品质量提升并不明显，甚至出现下降（施炳展，2013；李坤望等，2014；张杰等，2014）。近年来，中美贸易摩擦叠加新冠疫情加剧了中国出口风险，2020 年 6 月，商务部发布的《中国对外贸易形势报告（2020 年春季）》表明，为应对严峻外部环境，需持续推进外贸高质量发展；同年 10 月，党的十九届五中全会通过的《中共中央关于制定国民经济和社会发展第十四个五年规划和二〇三五年远景目标的建议》提出，要加快构建以国内大循环为主体、国内国际双循环相互促进的新发展格局。而如何实现出口高质量发展，是新格局下亟待解决的重要问题。

　　第四章的分析表明贸易便利化会对企业出口质量产生负面影响，但众多以往研究发现贸易便利化对出口产品质量影响并没有得出一致结论（杨逢珉和程凯，2019；段文奇等，2020）。另外，第四章的分析也发现企业出口动态变化所引起的资源重配也是一国行业出口质量结构变动的重要引擎。贸易便利化本身具有交易成本与制度安排的特征属性，那么，贸易便利化对出口质量的提升究竟有何影响？结构参数在贸易便利化影响出口质量方面有何作用？贸易便利化对出口产品质量的影响是否会因企业所处地区、贸易便利化发展的不同水平等有所差异？企业出口动态变化会引起行业出口质量结构发生何种变化？而贸易便利化对行业出口质量各部分又有何种影响？这些影响对中国出口发展模式转型升级有何启发？本章使用 2008 ~ 2013 年中国工业企业和海关对接数据，结合上述章节对贸易便利化和结构参数的测度，在第四章理论分析基础上获得计量模型，实证分析贸易便利化对企业出口质量的影响，在此基础上结合企业出口动态对行业出口质量结构进行分解，并分析贸易便利化对行业出口质量结构不同部分的影响，尝试对上述问题作出解答。

第一节　贸易便利化对企业出口质量影响的实证分析

一、模型设计、指标构建与数据说明

（一）计量模型设计

本部分在第四章理论分析基础上构建了如下的计量模型来刻画贸易便利化对出口产品质量的影响：

$$QUALITY_{icht} = \alpha_0 + \alpha_1 TFI_{ct} + \beta \vec{X} + \mu_{ich} + \mu_t + \varepsilon_{icht} \qquad (7-1)$$

其中，下标 i、c、h、t 分别表示企业、出口目的国家、出口产品与时间；$QUALITY$ 为被解释变量表示出口产品质量；TFI 为本章的主要解释变量，表示贸易便利化；$\vec{X}$ 表示企业层面与国家层面的控制变量；μ_{ich} 和 μ_t 分别表示企业 – 国家 – 产品固定效应和时间固定效应；ε_{icht} 为随机扰动项。

（二）指标构建

1. 被解释变量：出口产品质量（$QUALITY$）

我们借鉴了施炳展和邵文波（2014）的研究方法测算了出口产品质量。首先，从消费者需求的效用入手，把产品质量纳入基础 CES 效用函数中，则 c 国消费者于 t 年在 h 种产品所获得的效用如下表示：

$$U = \Big[\sum_{N_h} (q_{icht} x_{icht})^{\frac{\sigma-1}{\sigma}} \Big]^{\frac{\sigma}{\sigma-1}} \qquad (7-2)$$

其中，U 代表消费者的效用水平，N_h 表示产品 h 的种类数，q_{icht}、x_{icht} 分别表示消费产品 h 的质量与数量，σ 为产品间的替代弹性（$\sigma > 1$）。通过消费者效用最大化原则构建拉格朗日函数，从而推导出消费者需求函数，其中所对应的价格指数表示为：

175

$$P_{ct} = \sum_{N_h} p_{icht}^{1-\sigma} q_{icht}^{\sigma-1} \qquad (7-3)$$

企业 i 在 t 年出口到 c 国的产品 h 的消费数量则表示为：

$$x_{icht} = p_{icht}^{-\sigma} q_{icht}^{\sigma-1} \frac{E_{ct}}{P_{ct}} \qquad (7-4)$$

其中，E_{ct} 表示 c 国消费者 t 年的总支出，该式表明产品的消费数量与产品的质量与价格均密切相关，对式子两边同时取对数并整理，得到：

$$\ln x_{icht} = \chi_{ct} - \sigma \ln p_{icht} + \varepsilon_{icht} \qquad (7-5)$$

其中，$\chi_{ct} = \ln E_{ct} - \ln P_{ct}$ 代表出口目的国与时间的二维虚拟变量，$\ln p_{icht}$ 表示企业 i 在 t 年对 c 国出口产品 h 的价格，$\varepsilon_{icht} = (\sigma-1)\ln q_{icht}$ 为包含质量 q_{icht} 的残差项。根据上式针对于每一 HS8 位码产品进行回归，进而自然地控制了产品层面的相关特征如技术复杂度等。因此可以用下式定义质量：

$$QUALITY_{icht} = \ln \hat{q}_{icht} = \frac{\hat{\varepsilon}_{icht}}{\sigma-1} = \frac{\ln x_{icht} - \ln \hat{x}_{icht}}{\sigma-1} \qquad (7-6)$$

从式（7-6）可以测算出每一企业在每年出口到特定国家的特定 HS8 位码产品的质量，进一步标准化处理后：

$$QUALITY\text{std}_{icht} = \frac{QUALITY_{icht} - \min QUALITY_{icht}}{\max QUALITY_{icht} - \min QUALITY_{icht}} \qquad (7-7)$$

其中，min 和 max 代表所求的最小值与最大值，标准化后的质量消除了量纲的影响，取值处于 [0，1] 范围内，可以进行跨时期与跨横截面的加总与比较。

2. 解释变量

（1）贸易便利化（*TFI*）：取前文测度值。

（2）企业生产率（*LP*），本章借鉴张梦婷等（2018）的做法采用人均产出即人均工业总产值取对数的形式表示企业生产率。

（3）企业年龄（*AGE*），使用企业观测值当年年数减去企业成立年份加 1 取对数表示。

（4）融资约束（*FINANCE*），使用企业流动比率表示，即企业流动资产与流动负债的差值与企业总资产的比值来衡量。

（5）政府补贴（*SUBSIDY*），使用政府给企业补贴收入与企业总资产的比值来衡量。

（6）企业规模（*FIRM_SCALE*），用企业总资产取对数表示。

（7）出口目的国规模（*GDP*），使用出口目的国的 GDP 水平取对数来表示。

（8）地理距离（*DIST*），采用中国首都北京与目的国首都之间的距离取对数来表示两国之间的地理距离。

（9）双边实际汇率（*REER*），采用相对实际汇率对数的年度差异来衡量人民币汇率，其中相对实际汇率为名义汇率（进口货币/出口货币）被各自消费价格指数和所有进出口国家的实际汇率标准化。

（三）数据来源及数据处理

我们借鉴布兰特等（Brandt et al.，2012）、陈林（2018）的做法对 2008～2013 年中国工业企业数据库进行清洗，再将其与中国海关数据库进行合并，合并过程是先将企业名称中非汉字去掉后按照企业名称匹配，再按照企业所处地区的邮政编码与企业电话号码进行匹配，而后将两套数据合并取并集。对于匹配成功后的数据，我们做出如下等处理：第一，删掉雇用人数少于 8 人的企业，这部分企业不符合规模以上企业的特征；第二，删掉企业代码无法一一对应，贸易量为 0 或负值的数据样本；第三，根据会计准则，删掉总资产、固定资产、流动资产、工业总产值为 0、缺失或为负值的数据样本；第四，删掉流动资产与固定资产任意一项数值大于总资产的数据样本；第五，删掉企业成立年份大于观察值年份的企业样本；第六，鉴于中国工业企业数据库 2010 年数据缺失严重，缺乏科学性，本章在实证中删掉 2010 年相关数据。最终得到 2008～2013 年 102239 家企业出口到各个国家的 4598 种产品的数据，样本总量为 4395501 个。

其中，贸易便利化指标数据来自世界经济论坛发布的《全球竞争力报告》（GCR）、世界经济论坛和全球贸易便利化联盟联合发布的《全球贸易促进报告》（GETR）；出口目的国 GDP 数据来自世界银行 WDI 数据库；中国与出口目的国的首都间距离（以千米计）来自 CEPII 数据库；双边汇率来自世界银行 WDI 数据库；集聚指标数据、企业控制变量数据均来自中国工业企业数据库。

本章所使用变量的描述性统计见表 7－1。

表 7-1 主要变量的描述性统计

变量名称	观测值（个）	均值	标准差	最小值	最大值
$QUALITY$std	4395501	0.4628	0.1798	0	1
lnTFI	4395501	0.5542	0.0775	0.323	0.686
ln$DIST$	3913402	8.9972	0.7523	6.8624	9.8614
lnGDP	4395501	27.555	1.6337	20.9298	30.4948
ln$REER$	3525716	4.605	0.0869	4.1963	4.9019
LP	4393639	5.9563	1.1536	-3.9357	14.9469
lnAGE	4395501	2.325	0.5645	0	7.6054
ln$FIRM\_SCALE$	4395501	11.6554	1.7331	0	19.8317
$FINANCE$	4365218	0.1294	0.3025	-19.9232	2.9125
$SUBSIDY$	3826880	0.00164	0.01604	-1.5106	3.2596

二、基本回归结果分析

（一）总指标回归

根据跨度为 2008~2013 年的非平衡面板数据，本章使用双向固定效应模型进行估计，可以在一定程度上减少遗漏变量所带来的内生性问题，得到表 7-2 的基准回归结果。其中第（1）列仅考虑核心解释变量贸易便利化，其估计结果显著为负，表明贸易便利化因替代效应和挤出效应能够对出口质量提升产生抑制作用[①]；第（2）列在第（1）列基础上加入各控制变量，系数仍显著为负，这意味着中国贸易便利化政策的深化应该随着国家双循环战略的落实逐步推进。第（3）列将贸易便利化及贸易便利化平方项与相关控制变量纳入同一估计方程中，从结果可知，当加入贸易便利化平方项后，贸易便利化变量前的系数显著为正，贸易便利化平方项的系数显著为负，这在一定程度上说明贸易便利化对企业出口产品质量影响呈现倒 U 形，当一国和贸易伙伴国贸易便利化

———————

① 杨逢珉和程凯（2019）认为，这一结论不能简单用来判断推动贸易便利化措施的成功与否，事实上任何一个政策措施都不可能只有一个目的导向，既有研究也发现了贸易便利化对各经济主体的福利影响不尽相同。

水平都较低时，贸易便利化水平提升有利于促进企业出口产品质量的提升，而当贸易便利化水平达到一定程度时，进一步的贸易便利化改革未必对企业提升出口质量有利。这个结论跟杨逢珉和程凯（2019）研究有一定类似性，其认为贸易便利化通过降低出口贸易成本产生的替代效应和收入效应对出口产品质量有影响，但净效应为负。这在某种程度上进一步说明，在当前中国双循环格局下，中国应逐渐转变以往"以低价换市场"的做法，更应通过市场化改革和制度改革鼓励企业创新、研发等，进而增强企业生产高质量产品的动力，并依赖产品自身品质竞争力吸引消费者，进而开拓更多海外市场，获得更大海外市场份额，也即通过强化内循环，促进外循环，以使贸易便利化改革取得实效。

表7-2　　　　　　　　　　　　基准回归

变量	(1)	(2)	(3)	(4)
lnTFI	-0.0672 *** (0.01447)	-0.0644 *** (0.01634)	0.2453 *** (0.09297)	0.2800 *** (0.10555)
lnTFI^2			-0.1985 *** (0.05832)	-0.2187 *** (0.06621)
lnGDP		0.0109 *** (0.00148)		0.0112 *** (0.00149)
lnAGE		0.0011 ** (0.00044)		0.0010 ** (0.00038)
LP		0.0038 *** (0.00023)		0.0038 *** (0.00021)
ln$FIRM\_SCALE$		-0.0006 *** (0.00017)		-0.0006 *** (0.00017)
$FINANCE$		-0.0057 *** (0.00071)		-0.0057 *** (0.00071)
$SUBSIDY$		-0.0738 *** (0.01906)		-0.0737 *** (0.01905)
常数项	0.5023 *** (0.00804)	0.1824 *** (0.68707)	0.4174 *** (0.02618)	0.0804 *** (0.05219)

179

变量	(1)	(2)	(3)	(4)
企业－国家－产品	Yes	Yes	Yes	Yes
年份	Yes	Yes	Yes	Yes
观测值（个）	3197943	2755632	3197943	2755632

注：（ ）内为稳健标准误差；*** p < 0.01，** p < 0.05，* p < 0.1。

对于控制变量，在国家层面，出口目的国地理距离符号显著为正，表明地理距离越远，出口产品质量越高，原因在于地理距离越远，企业越倾向于出口高质量产品来抵消高运输成本，即降低产品本身相对出口成本，这也符合"华盛顿苹果效应"（Hummels & Skiba，2004）。出口目的国的经济规模显著为正，说明出口目的国的经济规模越大，经济体越发达，需求规模也越大，出口产品质量也越高。相对实际汇率显著为负，表明人民币汇率贬值不利于出口产品质量的升级。企业层面的控制变量中，企业年龄与生产率符号为正，前者原因在于随着企业经营时间的增长，企业所积累的生产经验、出口经验等各方面均有利于企业提升出口产品质量；后者企业生产率的提升可以提升出口产品质量。企业规模、融资约束与政府补贴均显著为负，可能的原因在于，某些企业规模庞大意味着其运作系统复杂，效率低下，不利于出口产品质量升级；而企业所面临的融资问题越严重，企业现金流短缺或固定资产比重过大，会导致企业没有充足资金提升产品质量；政府补贴力度越大，一方面企业可能会懈怠于自身实力的提高，另一方面则是企业利用政府补贴的效率较低，均不利于产品质量的提升。

（二）分指标回归

为了更加清楚明确地检验贸易便利化在不同维度上对中国出口产品质量的影响，本章将贸易便利化各一级分指标与出口产品质量进行回归，表7－3第（5）~（8）列依次是口岸效率、海关环境、监管环境与电子商务的回归结果。通过结果可以看出，海关环境与监管环境对出口产品质量仍保持显著的负向影响，而口岸效率也呈现负向影响，但结果并不显著；电子商务呈现出正向显著影响。这一结论结合基础回归的结果在某种程度上意味着中国与各个目的国在推动贸易便利化改革的过程中，可以有的放矢，优先提升口岸效率，发展电子商务。

表 7 - 3　　　　　　　贸易便利化一级分指标估计

变量	口岸效率 (1)	海关环境 (2)	监管环境 (3)	电子商务 (4)
lnTFI	− 0. 0091 (0. 01082)	− 0. 0422 *** (0. 00579)	− 0. 0647 *** (0. 00994)	0. 0364 ** (0. 01465)
控制变量	控制	控制	控制	控制
常数项	− 0. 1450 *** (0. 04096)	− 0. 1999 *** (0. 04163)	− 0. 1928 *** (0. 04159)	− 0. 1256 *** (0. 04146)
企业 - 国家 - 产品	Yes	Yes	Yes	Yes
年份	Yes	Yes	Yes	Yes
观测值（个）	2755632	2755632	2755632	2755632

注：（ ）内为稳健标准误差；*** p < 0. 01，** p < 0. 05，* p < 0. 1。

三、异质性分析

（一）国家层面异质性

由于各国家或地区经济发展程度不同也会导致其贸易便利化对出口产品质量影响存在差异，且哈拉克（Hallak, 2006）表明相较于低收入国家，高收入国家进口更高质量产品。所以本书基于现有样本以及借鉴世界银行对各国及地区的分组标准，将 High Income 与 Upper Middle Income 国家定义为高收入国家，其余定义为低收入国家，以此来分析在各出口目的国经济发展极不平衡的情况下，贸易便利化对出口产品质量影响是否存在差异。

从表 7 - 4 结果可以看出，出口目的国家的收入水平不同，贸易便利化对出口产品质量的影响存在差异，且随着国家收入水平的提高其抑制作用加强，当出口目的国为低收入国家时，贸易便利化水平的提高有利于出口产品质量的升级。这种差异化结果的原因可能在于，高收入国家生活水平较高，更倾向于消费高价高质量的产品，且对进口高质量产品需求收入弹性较低，当贸易便利化水平提高时，贸易成本下降，我国出口企业大多采用低价竞争的手段而非提升产品质量（杨逢珉和程凯，2019）；相应地，低收入国家所消费的产品价格普遍较低，质量要求不高，购买力较差。当贸易便利化水平提升，出口成本下降，我国出口产品价格下调，该国对于价格下降反应弹性更大，促进产品销售量的增加使得我国企业获得更多收入，进而将盈余资金投入到提升生产质量上，所以此时贸易便利化对出口产品质量升级具有促进作用。上述结论都说明除美国、欧洲等发达国家，加强与东盟、"一带一路"沿线国家等的贸易合作是未来中国实现高质量出口的重要途径之一。

表7-4　　国家层面异质性分析回归结果

变量	高收入国家（1）	低收入国家（2）
lnTFI	-0.0917***（0.01782）	0.0491（0.04868）
控制变量	控制	控制
常数项	0.0938***（0.04811）	0.9307***（0.21745）
企业-国家-产品	Yes	Yes
年份	Yes	Yes
观测值（个）	2379652	375980

注：（　）内为稳健标准误差；***$p<0.01$，**$p<0.05$，*$p<0.1$。

（二）企业层面异质性

考虑到对于不同贸易方式与所有制的出口企业，贸易便利化对出口产品质量的影响可能有所不同，因此该部分将进一步分析这种企业层面的异质性是否会影响本书核心结论。

考虑不同所有制企业，本书将样本企业分为国有企业、私营企业与外资企业，首先将总样本进行分组回归；考虑不同贸易方式企业，本书将企业分为加工贸易与一般贸易，具体回归结果如表7-5的第（1）~（5）列所示：从第（1）~（3）列可以发现，贸易便利化对私营企业和外资企业出口产品质量显著为负，且影响系数绝对值是私营企业大于外资企业，而对国有企业的出口产品质量影响并不显著。原因可能在于，

表 7 – 5　　　　　　　　　　企业层面异质性分析结果

变量	国有企业 （1）	私营企业 （2）	外资企业 （3）	加工贸易 （4）	一般贸易 （5）
lnTFI	– 0. 0204 （0. 05257）	– 0. 0979 *** （0. 03223）	– 0. 0718 *** （0. 02242）	– 0. 0806 *** （0. 01833）	– 0. 0193 （0. 01931）
控制变量	控制	控制	控制	控制	控制
常数项	0. 0443 *** （0. 13791）	0. 2115 *** （0. 08348）	0. 1118 *** （0. 05858）	– 0. 1909 *** （0. 0472）	0. 4653 *** （0. 11822）
固定效应	Yes	Yes	Yes	Yes	Yes
观测值（个）	323808	729575	1691444	2202438	414888

注：（　）内为稳健标准误差；*** $p < 0.01$，** $p < 0.05$，* $p < 0.1$。

国有企业受到政府保护能较轻易地进入国内外市场，获取土地、资本等重要资源，受成本约束小，所以当贸易便利化水平提升时，贸易成本降低，对国有企业的影响就不明显；反之，私营企业扎根于本土化生产，长期面临成本约束、资源短缺、竞争激励等境况，受贸易成本变动影响较大；外资企业则大多与国外母公司交流密切，受贸易成本的变动与中国本土情况的影响较私营企业相对弱一些。

另外，贸易便利化对加工贸易企业出口质量的影响显著为负，而对一般贸易企业的负向影响并不显著，这说明加工贸易企业通常处于全球价值链下端，生产低技术产品，受本土加工所带来的创新效应影响有限，贸易便利化带来出口成本的降低更促进了加工贸易企业的低价竞争，其替代效应与挤出效应抑制了出口产品质量的升级。而一般贸易企业，更多依赖于本土企业自身研发创新、技术改革的影响来提升自身企业出口质量，未来应是中国由出口大国向出口强国转变的主导力量。

四、稳健性检验及内生性处理

（一）不同贸易便利化指标测度方法的稳健性检验

本部分借鉴李波和杨先明（2018）的研究以口岸效率、监管环境刻画狭义的贸易便利化，并以两者的均值计算狭义的贸易便利化指标；

另外，借鉴威尔逊等（Wilson et al.，2003）、方晓丽和朱明侠（2013）等从海关环境、口岸效率、监管环境及电子商务应用四个方面刻画广义的贸易便利化，并采用加权法赋予上述 4 个分指标的权重分别为 10%、50%、25% 和 15% 来计算广义贸易便利化指标。具体回归结果如表 7 - 6 第（3）（4）列所示，可见无论采用何种方法测算贸易便利化，输出结果依旧稳健。

表 7 - 6　　　　不同贸易便利化指标测度方法及内生性处理的回归结果

变量	贸易便利化内生性		TFI 不同测算方法	
	人口死亡率倒数	耕地面积占比	TFI 不同测算方法的稳健性	
	（1）	（2）	（3）	（4）
ln*TFI*	- 0.0579 *** （- 0.00424）	- 0.0756 *** （- 0.00802）	- 0.0565 *** （- 0.01384）	- 0.0647 *** （- 0.00993）
控制变量	控制	控制	控制	控制
常数项	0.3555 *** （- 0.00818）	0.3568 *** （- 0.00401）	0.1716 *** （- 0.04148）	0.1928 *** （- 0.04159）
Kleibergen-Paap rk LM statistic	2005.047 [0.0000]	1503.034 [0.0000]		
Kleibergen-Paap Wald rk F statistic	3658.05 ｛16.38｝	2604.533 ｛16.38｝		
固定效应	Yes	Yes	Yes	Yes
观测值（个）	2755632	2755632	2755632	2755632

注：LM 统计量下方 ［　］ 代表相应 p 值；F 统计量下方 ｛　｝ 代表 Stock-Yogo 检验 10% 水平上的临界值；（　）内为稳健标准误差；*** p < 0.01，** p < 0.05，* p < 0.1。

（二）内生性问题处理

由于可能存在企业的自选择问题，即生产低质量出口产品的企业为减少成本更倾向于贸易便利化程度更高、贸易政策更加开放的国家或地区，这种问题可能导致估计结果略有偏差。本部分使用工具变量法来克服可能存在的内生性问题。借鉴邵朝对和苏丹妮（2019）、刘斌等（2019）的研究，我们选取各国家与地区 1960 年人口死亡率的倒数、耕地面积占领土面积的比重作为贸易便利化的工具变量。表 7 - 6 的第

（1）（2）列给出了相应的 2SLS 结果，其中，K-P rk LM 检验与 K-P rk F 检验均拒绝了工具变量识别不足与弱识别的假定，说明本书工具变量的选取相对合理。所以由表 7-6 的各列结果可知，即便考虑了内生性问题，贸易便利化不利于出口产品质量的升级，仍符合基准估计结果，本部分的结论是稳健的。

第二节　贸易便利化，结构参数与企业出口质量实证分析

第四章的理论分析表明，商品的替代弹性更强可能会导致贸易便利化给出口产品质量提升带来的替代效应更明显。那不同行业企业生产产品的替代弹性不同，是否会导致贸易便利化对企业出口产品质量影响产生差异？异质性参数不同，又会导致贸易便利化对企业出口产品质量影响产生何种差异？这些差异对我们从质量提升层面探讨内需驱动的出口发展模式转型升级有何启发？本节在本章第一节分析的基础上，将第五章测度的结构参数及结构参数与贸易便利化交互项代入上文贸易便利化影响企业出口质量计量模型，以此考察结构参数在贸易便利化影响企业出口质量中的地位和作用。

一、贸易便利化，替代弹性与企业出口产品质量

首先，表 7-7 报告了贸易便利化、替代弹性与企业出口质量估计结果。其中，第（1）列为贸易便利化以及贸易便利化平方项对企业出口产品质量的双向固定效应回归结果；第（2）列为在第（1）列回归模型基础上将替代弹性加入模型的回归结果；第（3）（4）列为继续将贸易便利与替代弹性交互项及其他控制变量加入模型的回归结果。从表 7-7 可知，贸易便利化对企业出口质量的影响与基础回归一致；替代弹性对企业出口产品质量影响显著为负，说明企业通过自身的研发创新，开拓更满足消费者差异性需求的差异化产品的过程有利于自身出口产品质量的提升；贸易便利化与替代弹性的交互项对企业出口产品质量影响显著为负，说明替代弹性削弱了贸易便利化对企业出口质量的正向

影响，也即企业生产产品的替代弹性越高，越可能使得贸易便利化对企业出口质量的正向影响越弱，在某种程度上进一步说明贸易便利化改革视角下的中国出口强国战略未来更应该重点向那些能生产更具异质性产品的行业倾斜。

另外，表7-7中将其他控制变量加入后发现，贸易便利化和替代弹性及贸易便利化与替代弹性的回归结果稳健；而国家层面的解释变量中，在国家层面，出口目的国的经济规模显著为正，说明出口目的国的经济规模越大，经济体越发达，需求规模也越大，出口产品质量也越高。相对实际汇率显著为负，表明人民币汇率贬值不利于出口产品质量的升级。企业层面的控制变量中，企业生产率符号显著为正，说明企业生产率的提升可以提升出口产品质量。融资约束对企业出口产品质量影响显著为负，可能的原因在于，企业所面临的融资问题越严重，企业现金流短缺或固定资产比重过大，会导致企业没有充足资金提升产品质量；政府补贴力度越大，一方面企业可能会懈怠于自身实力的提高，另一方面则是企业利用政府补贴的效率较低，均不利于产品质量的提升。

表 7-7　　　　贸易便利化、替代弹性与出口产品质量回归结果

变量	(1)	(2)	(3)	(4)
$\ln TFI$	0.5453 *** (-0.11923)	0.5451 *** (-0.11922)	0.5865 *** (-0.12058)	0.4447 *** (-0.15887)
$\ln TFI^2$	-0.4102 *** (-0.07499)	-0.4101 *** (-0.07499)	-0.3819 *** (-0.07599)	-0.2999 *** (-0.09368)
σ		-0.0052 * (-0.00309)	0.0112 (-0.00779)	0.1292 (-0.01001)
$\ln TFI\_\sigma$			-0.0313 ** (-0.01363)	-0.0309 * (-0.01685)
$\ln GDP$				0.0159 *** (-0.00295)
$\ln REER$				-0.0186 *** (-0.00451)
LP				0.0056 *** (-0.00027)

变量	(1)	(2)	(3)	(4)
FINANCE				-0.0041 *** (-0.00087)
SUBSIDY				-0.2164 *** (0.01486)
常数项	0.3601 *** (-0.03352)	0.3749 *** (-0.03465)	0.3424 *** (-0.03742)	-0.0056 *** (-0.08521)
企业－国家－产品	Yes	Yes	Yes	Yes
年份	Yes	Yes	Yes	Yes
观测值（个）	1517592	1517592	1517592	1201567

注：（　）内为稳健标准误差；*** $p < 0.01$，** $p < 0.05$，* $p < 0.1$。

二、贸易便利化，异质性参数与企业出口产品质量

首先，表7-8报告了贸易便利化、异质性参数与企业出口质量估计结果。其中，第（1）列为贸易便利化以及贸易便利化平方项对企业出口产品质量的双向固定效应回归结果；第（2）列为在第（1）回归模型基础上将异质性参数加入模型的回归结果；第（3）（4）列为继续将贸易便利与异质性参数交互项及其他控制变量加入模型的回归结果。从表7-8可知，贸易便利化对企业出口质量的影响与基础回归一致；异质性参数对企业出口产品质量影响为负，但并不显著；加入贸易便利化与异质性参数交互项后，异质性参数对企业出口产品质量影响显著为正，交互项对企业出口产品质量影响显著为负，说明异质性参数削弱了贸易便利化对企业出口质量的正向影响，这说明对于那些有大量中小企业参与市场竞争，并在决定行业生产率水平发挥重要作用的行业，贸易便利化改革所带来的成本降低可能未必一定有利于企业出口质量的提升，在某种程度上可能意味着对于这类行业中的企业更应该通过鼓励企业自身研发创新提高产品质量而非低价低质策略来获得海外市场。

表 7 - 8　　　　贸易便利化、异质性参数与出口产品质量回归结果

变量	(1)	(2)	(3)	(4)
lnTFI	0.5453 *** (−0.11923)	0.5452 *** (−0.11923)	0.6082 *** (−0.12074)	0.4687 *** (−0.15919)
lnTFI^2	−0.4102 *** (−0.07499)	−0.4101 *** (−0.07499)	−0.3654 *** (−0.07621)	−0.2911 *** (−0.09381)
γ		−0.0035 (−0.00292)	0.0189 ** (0.00738)	0.0188 ** (−0.00939)
lnTFI_γ			−0.0427 *** (−0.01294)	−0.0389 ** (0.01581)
lnGDP				0.0159 *** (0.00295)
ln$REER$				−0.0187 *** (0.00451)
LP				0.0056 *** (−0.00027)
$FINANCE$				−0.0041 *** (0.00087)
$SUBSIDY$				−0.2164 *** (0.01486)
常数项	0.3601 *** (−0.03352)	0.3716 *** (−0.03483)	0.3216 *** (−0.03797)	−0.0252 *** (−0.08562)
企业 - 国家 - 产品	Yes	Yes	Yes	Yes
年份	Yes	Yes	Yes	Yes
观测值（个）	1517592	1517592	1517592	1201567

注：（　）内为稳健标准误差；*** p<0.01，** p<0.05，* p<0.1。

　　另外，表 7 - 8 中将其他控制变量加入后发现，贸易便利化和异质性参数及贸易便利化与异质性参数的回归结果稳健；而国家层面的解释变量回归结果与表 7 - 7 一致，在此不再赘述。

第三节　结合企业出口动态的行业出口质量结构分解

上述部分已经从微观视角系统地阐述了贸易便利化、结构参数对出口产品质量升级的影响，那么从中观视角也就是行业角度来看，贸易便利化对行业出口产品质量的变动又有何影响？通过第四章分析可知，企业出口动态变化对行业出口质量也会产生显著影响，那本部分将进一步探讨企业出口动态对行业出口质量结构影响效应以及贸易便利化可以通过何种渠道影响行业产品质量变动。

实际上，存活企业间效应代表着资源从生产低质量产品的企业流转到生产高质量产品企业的再配置过程，存活企业间效应、进入企业与退出企业效应加总成为资源再配置效应（Griliches & Regev, 1995）。在第四章结合企业出口动态的行业出口质量分解模型基础上，本部分结合企业层面数据对中国制造业行业质量进行结构分解，分解结果见表 7 - 9。可以看出，中国整体制造业行业出口产品质量变动为正且存活内企业的质量变动是主要贡献，比例占 69.61%，说明 2008 ~ 2013 年中国出口产品质量提升主要依靠出口存活企业自身产品质量的提升，而进入与退出企业效应所带来的质量变动较小，分别占 - 1.68%、11.36%。进一步看，进入企业效应大多为负，说明大量生产低质量产品的企业进入出口市场拉低了我国整体出口产品质量水平，从中观层面证明了贸易便利化对出口质量挤出效应的存在；退出企业效应大多为正，说明生产低质量产品企业的退出拉动了我国整体出口产品质量的提升；通过计算资源再配置效应发现其结果为正，贡献比仅次于存活企业内，说明市场间资源再配置可以提升整体出口产品质量水平，且极具提升空间。

表 7 - 9　　　　　　2008 ~ 2013 年行业出口产品质量动态分解

类别	总变动	存活企业内	存活企业间	进入企业	退出企业	资源再配置
变动	0.00043	0.00030	0.00009	- 0.000007	0.000049	0.000132
贡献比		0.6961	0.2072	- 0.0168	0.1136	0.304

189

基于上述分解结果并结合本书研究主题，下面将进一步考察贸易便利化对行业整体出口质量变动与各分解效应是否存在相关影响以及资源再配置效应是否可以成为贸易便利化影响出口产品质量提升的重要途径。具体计量模型如下：

$$Qua_{jt}^{RA} = \alpha_0 + \alpha_1 TFI_{ct} + \beta \vec{X} + \mu_j + \mu_t + \varepsilon_{jt} \qquad (7-8)$$

其中，Qua_{jt}^{RA} 分别表示各分解部分以及资源再配置的质量变动，具体回归结果见表 7 - 10。

表 7 - 10   质量变动影响结果

变量	资源再配置（1）	存活企业间（2）	存活企业内（3）	进入企业（4）	退出企业（5）
ln*TFI*	0.0036 *** (0.00088)	0.004 *** (0.00083)	0.0165 *** (0.00415)	0.0005 ** (0.00021)	− 0.0009 *** (0.00019)
控制变量	控制	控制	控制	控制	控制
常数项	0.2902 *** (0.21701)	0.3011 *** (0.20665)	− 0.4298 *** (1.0275)	0.0027 ** (0.05312)	− 0.0136 *** (0.0485)
行业	Yes	Yes	Yes	Yes	Yes
年份	Yes	Yes	Yes	Yes	Yes
观测值（个）	1672172	1672172	1672172	1672172	1672172

注：（ ）内为稳健标准误差；*** $p<0.01$，** $p<0.05$，* $p<0.1$。

从表 7 - 10 第（1）~（3）列可以看出，无论是总资源再配置效应还是存活企业间和企业内资源再配置，贸易便利化的估计系数都显著为正，说明贸易便利化可以通过促进资源再配置来促进在位企业和行业出口产品质量出口质量提升，资源再配置效应是贸易便利化促进在位企业和行业整体出口产品质量的重要渠道。另外，第（4）（5）列也分别报告了贸易便利化对进入企业和退出企业部分的回归结果：可以看出，贸易便利化对新进入企业的质量变动为正，对退出企业的质量变动影响为负，表明贸易便利化所带来的贸易成本降低，有利于更多新企业的进入所带来的行业出口质量的变化，但其不利于竞争水平低的企业退出所带来的行业出口质量的变化，在一定程度上不利于行业出口产品质量的提升。

第四节　小　　结

面对严峻的国际形势和国内经济发展新常态的态势，实现贸易可持续高质量发展和贸易强国的目标是当前中国外贸发展的重中之重。基于此背景，本章使用2008～2013年中国工业企业和中国海关数据库对接数据，结合上述章节对贸易便利化和结构参数的测度，在第四章理论分析基础上获得计量模型，实证分析贸易便利化对企业出口质量的影响，在此基础上结合企业出口动态对行业出口质量结构进行分解，并分析贸易便利化对行业出口质量结构不同部分的影响。研究发现：

第一，贸易便利化显著抑制了出口产品质量的升级，此结论无论是使用不同的贸易便利化的测度指标还是在使用工具变量控制内生性后，结果依旧稳健；当加入贸易便利化平方项后，贸易便利化变量前的系数显著为正，贸易便利化平方项的系数显著为负；分指标中的海关环境与监管环境对出口产品质量影响显著为负，电子商务呈现出显著正向影响，而口岸效率也呈现负向影响，但结果并不显著。

第二，异质性结果发现，出口目的国家的收入水平不同，贸易便利化对出口产品质量的影响存在差异，且随着国家收入水平的提高其抑制作用加强，当出口目的国为低收入国家时，贸易便利化水平的提高有利于出口产品质量的升级；对于企业不同贸易方式，贸易便利化对一般贸易企业出口质量的抑制影响不显著；对于企业不同所有制，贸易便利化显著影响私营企业与外资企业出口质量，而对国有企业的出口产品质量影响不显著。

第三，替代弹性对企业出口产品质量影响显著为负，贸易便利化与替代弹性的交互项对企业出口产品质量影响显著为负；异质性参数对企业出口产品质量影响为负，但并不显著；加入贸易便利化与异质性参数交互项后，异质性参数对企业出口产品质量影响显著为正，交互项对企业出口产品质量影响显著为负。

第四，进一步的行业层面质量变动分析表明，中国出口产品质量提升主要依靠出口存活企业自身产品质量的提升，贸易便利化也主要通过在位企业资源再配置效应促进行业质量的提升。

针对上述结论，我们提出以下政策建议：

第一，中国双循环格局下，中国贸易便利化政策的深化应该随着国家双循环战略的落实逐步推进，更应通过集聚促进内循环，进而促进外循环，使得贸易便利化改革取得实效。贸易便利化是一把"双刃剑"（杨逢珉和程凯，2019），贸易便利化改革对于国内企业能否依托内循环形成出口竞争优势具有重要的作用（易先忠和高凌云，2018）。在追求出口高质量发展时，为了降低贸易便利化的替代效应和挤出效应，国家应通过贸易便利化引进高质量中间投入品，并通过规范有序的市场竞争，创造没有投机、寻租空间的市场环境来完善内循环，进而通过涉外部门联动本土部门，促进双循环融合来增强企业生产要素配置效率，激发企业的创新意识，并主动引导企业进行质量管理体系认证，强化质量监管，抑制企业低质低价竞争行为；

第二，中国在推动贸易便利化改革的过程中，也应该有的放矢，优先提高口岸效率，促进电子商务发展。提高口岸效率方面：一是继续提高国内港口、航空等方面的基础设施建设，支持国际物流大通道建设，鼓励和支持国内及国家间的运输、仓储等设施一体化；二是鼓励港口深化"放管服"改革，创新建设管理模式，并依托现代信息技术，推动通关便利化、一体化。在促进电子商务发展方面：一是应通过提升信息通信技术，提高电子商务的覆盖范围；二是支持贸易新业态新模式的培育，通过跨境电商综合试验区、自贸试验区等在培育新业态新模式方面先行先试，推进数字化贸易和跨境电商的进一步发展。

第三，鉴于贸易便利化对我国企业出口中、低收入国家产品质量产生显著正向影响，以加入《区域全面经济伙伴关系协定》（*Regional Comprehensive Economic Partnership*，RCEP）为契机，继续加强"一带一路"倡议的实施，加强同中低收入国家的贸易投资合作。在保持与高收入国家贸易关系前提下，一是继续加大同中低收入国家基础设施建设的投资力度，实现网络和基础设施的互联互通；二是加强与这些国家制度、规则等软基础设施的对接，加快同相关国家自由贸易区的建设进程，逐步构建区域自由贸易合作网络，积极应对外部挑战；三是逐步形成以我国为主轴的区域生产循环体系，从国际贸易为主转向国际投资与产业合作并举，提升中国经济安全水平。

第四，鉴于贸易便利化实现的贸易整合对不同行业企业出口质量影响不同，因此，贸易便利化政策的实施应结合产业政策，对不同特性的行业采取不同的促进措施。例如，在短期内，中国出口还是以替代弹性较高的劳动密集型产品为主，对于生产替代弹性较高产品的行业和企业，政府应支持推动中小企业转型升级，聚焦主业，走"专精特新"国际化道路，不断提高劳动密集型产品档次和附加值，进一步提升其在国际市场上的竞争力，从而增强贸易便利化对企业出口质量的促进作用，进而获得更大的贸易便利化政策获利；另外，因异质性参数越高，越容易削弱贸易便利化对出口质量的正向影响，因此，对该类行业中的企业出口，应积极消除贸易便利化的替代效应和挤出效应所带来的负面影响，应鼓励企业通过产品创新，提高产品附加值，向高端产品发展形成新的产品竞争优势，而非采用低价低质策略获得出口优势。另外，企业应完善人才培养和引进体系，提高熟练劳动力在就业中的比例，提高全行业的技术吸收能力，发挥人力资本的积极作用。

第五，加快国内市场环境改革进程，促进各类企业共同发展。鼓励中小企业把握贸易便利化所带来的有利契机，积极主动地走出国门；通过集聚经济和贸易便利化改革吸引高质量外资企业；减少政府对国有企业的补贴，提高生产效率和竞争力。

第八章 总 结

后金融危机时期，在贸易风险越发严峻、新冠疫情冲击全球经济一体化以及世界经济局势瞬息万变的大背景下，中国经济发展面临一系列的转型升级问题，而出口发展模式升级是经济发展转型升级的重要内容。党的十八大提出完善互利共赢、多元平衡、安全高效的开放型经济体系，党的十九大强调以"一带一路"建设为重点并促进自由贸易区建设，2019 年，中共中央、国务院出台的《关于推进贸易高质量发展的指导意见》则进一步指出坚持推动高质量发展，建设更高水平开放型经济新体制，而贸易便利化被看作这一系列战略措施的先行之举。贸易便利化是继贸易自由化合作迟滞、贸易保护主义抬头背景下，促进贸易持续平稳发展的新方向，贸易便利化程度的高低，直接影响到贸易企业活力和创造力的有效释放，进而对一个国家国际贸易的效率、质量和规模产生重要影响，因此，一国贸易便利化发展状况及发展水平对一国出口发展模式升级会有何影响需要准确的评估和客观分析。

本书构建了一个囊括贸易便利化、企业出口动态、结构参数估计及出口发展模式转型升级的完整理论和实证研究框架，在对中国贸易便利化发展及出口发展总体特征和演进趋势分析基础上，从贸易便利化与出口发展模式转型升级—— 一个分析框架、结构参数估计及对出口影响、贸易便利化与中国出口发展模式转型升级——微观出口结构升级、贸易便利化与中国出口发展模式转型升级——出口质量升级四个方面进行了理论和实证分析，旨在为我国贸易便利化改革推进提供思路、为企业层面出口产品和目的地选择提供依据、为中国出口结构优化和产业升级提供建议、为中国出口发展模式转变提供指导。

第一节 主要研究结论

（1）贸易便利化改革涉及多维度，有利于微观出口结构的维度和深度升级，但限于资源的有限性，贸易便利化改革应逐步推进。

贸易便利化改革涉及多维度。近年来，中国贸易便利化水平虽得到改善，但提升程度较小，在国际上仍处于一般便利水平，其中，营商环境、监管环境和电子商务存在发展水平低问题。贸易便利化有利于基于企业出口进入和退出所带来的出口维度优化升级，也有利于基于延长企业出口存活所带来的出口深度升级，且相比较于港口效率、海关环境、监管环境，提升电子商务水平更有利于一国出口维度和深度升级，这意味着未来可以首先重点推动电子商务领域改革，以优化出口微观结构。另外，目的国 GDP、与目的国签署自贸协定、企业生产率、企业是外资企业总体上对基于出口维度升级和深度升级的出口结构优化有利；距离、目的国是内陆国家、企业资本密集度、企业是国有企业对基于出口维度升级和深度升级的出口微观结构优化利大于弊。

（2）贸易便利化会显著影响企业出口质量，中国贸易便利化改革的深化应该随着国家双循环战略的落实逐步推进。

中国出口产品质量并不稳定，呈现先上升后下降趋势；贸易便利化改革导致的替代效应和挤出效应会显著抑制企业出口产品质量的升级，但在贸易便利化水平较低以及贸易对象国属于低收入水平国家时，贸易便利化改革能显著促进企业出口产品质量的提升；另外，贸易便利化分指标中的海关环境与监管环境对出口产品质量影响显著为负，电子商务呈现出显著正向影响，而口岸效率也呈现负向影响，但结果并不显著；这意味着中国贸易便利化改革应配合国家双循环战略逐步推进。另外，地理距离、目的国 GDP、企业年龄、生产率有利于企业出口产品质量提升，而相对实际汇率、企业规模、融资约束与政府补贴不利于企业出口产品质量提升。

（3）结构参数在贸易便利化影响出口发展模式转型升级中发挥重要作用。

本书共获得了 10 个满足理论预期且估计显著的行业的结构参数的

估计值，其中替代弹性值的范围是在 1.47 ~ 5.86 之间，平均数值是 3.25，异质性参数的估计范围是 1.9 ~ 6.29，平均值是 3.67。不同行业结构参数差异，贸易便利化实现的贸易整合对不同行业的影响不同。产品替代弹性越大，越不利于增强贸易便利化对出口进入的促进作用，越能够削弱贸易便利化对出口退出和深化抑制作用，越不利于出口维度升级；但替代弹性越高，越有利于增强贸易便利化对出口存活的促进作用，越有利于出口深度升级；异质性参数越高，行业内企业规模和生产率分布更均衡，越有利于增强贸易便利化对企业出口进入的促进作用和对出口退出的抑制作用，进而有利于出口维度升级；异质性参数越高，越有利于促进贸易便利化对出口存活的正向影响，越有利于出口深度升级；替代弹性越高，削弱了贸易便利化对出口质量的促进作用，不利于出口质量提升；异质性参数越高，越不利于贸易便利化对企业出口质量的正向促进作用。

（4）企业规模、所有权性质及贸易方式不同对贸易便利化与企业出口行为和质量选择之间关系产生影响不同。

对于不同企业规模，贸易便利化改革更有利于促进中小规模企业出口进入和存活，但对出口退出和深化影响差异不大；对于企业不同所有制，中国外资企业的数量和出口额增长迅速，并且一直以来在出口总额中均占据着主要份额，私营出口企业取得了比较突出的发展，数量超过外资企业，但出口额相对较低；外资企业的出口产品质量均值最高，其次为国有企业，私营企业最低，但外资企业与私营企业的出口产品质量均呈现上升态势，国有企业"高开低走"，出口产品质量逐年下降；贸易便利化显著影响私营企业与外资企业出口质量，而对国有企业的出口产品质量影响不显著；对于不同贸易方式，加工贸易占中国总出口的比重有所下降，但仍然占将近半壁江山；我国加工贸易的出口产品质量明显高于一般贸易的出口产品质量且加工贸易的出口产品质量呈现出上升趋势，而一般贸易的变化趋势趋于平缓，变化并不明显；相对于加工贸易企业，贸易便利化对一般贸易企业出口质量的抑制影响不显著。

（5）出口目的国不同，企业出口选择不同，出口发展模式不同。

中国新产品出口更愿选择其他发展中国家为"试验田"，那里有更广阔的市场潜力，因此，吸引更多的产品进入；但因发展中国家普遍市场发展及制度建设不完善，企业进入后也更容易退出；出口目的国属于低收入水平的发展中国家时，贸易便利化改革能显著促进企业出口产品质量的提升。鉴于此，中国对于发展中国家，当前更应强调出口的维度升级和质量升级的发展模式转型。

中国出口目的地主要集中在亚洲、欧洲和北美洲；中国主要的出口贸易合作伙伴关系基本保持稳定，出口企业主要集中出口到美国、中国香港、日本、韩国、德国等5个国家或地区；发达国家市场相对成熟饱和，新产品选择进入国际市场时可能未必是最优第一选择目的地，但因其市场规模巨大，市场发展成熟，在中短期内仍然是企业不可忽视的出口目的地选择；另外，平均深化增长最多的也是以经济合作与发展组织（OECD）国家为代表的发达国家，因此，对于传统贸易伙伴大国，当前及未来较长时间，出口发展方式转变更应强调出口存活期延长的深度升级。

（6）企业出口动态变化所带来的资源配置对一国出口微观结构和行业出口质量影响显著。

中国每年的出口企业主要为持续出口企业，企业数量和出口额优势地位突出；中国退出现有出口市场的企业数量总体上呈现出先增加后下降的趋势，相对而言，退出者的出口额比重相对较小，说明退出者中试探性出口的企业居多；中国每年都有大量的企业选择进入出口市场，且新出口企业的数量波动较大；在中国整体出口增长中，由出口存活和深化决定的集约边际占据了整体出口增长的绝大部分，受金融危机影响较大；中国出口进入和退出占比更高的是中、高技术类产品；尽管低技术产品占中国出口存活关系多数，但中、高技术产品平均深化金额更高；中国出口产品质量提升主要依靠出口存活企业自身产品质量的提升，贸易便利化也主要通过在位企业资源再配置效应促进行业质量的提升。

第二节　政策启示与建议

贸易便利化和其他因素对企业出口动态及出口质量的不同影响隐含不同的出口发展转型升级路径。为了尽可能使政策的效用最大化，政策工具的目标一定要清晰。如果政策目标是鼓励现有的出口企业增加出口量，那么减少运输成本等可变贸易成本是更合适的政策工具。如果目的

197

是激励更多的企业进入国外市场，或者是使已出口的企业进入新的国外市场，实施贸易便利化，降低出口固定成本是更合适的政策工具。具体而言：

（1）鉴于贸易便利化对基于维度和深度升级发展模式转型的重要性：首先，中国及其贸易伙伴国都应该以积极主动的态度推进各自贸易便利化发展谈判进程，积极参与国际合作，推动 WTO、APEC 等国际组织的建立推进贸易便利化的协调机制，支持多边贸易体制，促进自由贸易区建设，加强区域经济组织合作，积极参加相关的研讨会或论坛，消除贸易障碍，为降低贸易成本创造空间。其次，中国在推动贸易便利化改革的过程中，也应该有的放矢，优先提高口岸效率，促进电子商务发展。在提高口岸效率方面，一方面，继续提高国内港口、航空等方面的基础设施建设，支持国际物流大通道建设，鼓励和支持国内及国家间的运输、仓储等设施一体化；另一方面，鼓励港口深化"放管服"改革，创新建设管理模式，并依托现代信息技术，推动通关便利化、一体化。在促进电子商务发展方面，一方面，应通过提升信息通信技术，提高电子商务的覆盖范围；另一方面，支持贸易新业态新模式的培育，通过跨境电商综合试验区、自贸试验区等在培育新业态新模式方面先行先试，推进数字化贸易和跨境电商的进一步发展。最后，在贸易便利化实施过程中，政府部门之间大多在一定程度上存在协调困难，各政府部门之间应加强协调，努力合作。中国自身应继续将贸易便利化改革推向纵深，尤其是通过政府主导，部门协作，企业积极参与的方式，自上而下地推动各项政策措施的落实；积极引导各相关主体参与，提升信息基础设施水平、鼓励和支持电子商务发展、提高政府效率、优化制度环境来推动电子政务，电子商务等发展；针对电子商务水平的问题，中国和各伙伴国要加强对互联网建设的投入，提高互联网覆盖率和电子商务使用率，加强对电子商务从业人才的培训，同时要鼓励支持各国电信通信企业开展国际合作，共同推进电子商务发展和互联网建设，促进双边口岸电子信息服务平台建设，实现网络和信息的互联互通。

（2）鉴于贸易便利化对基于质量升级发展模式转型的重要性，中国双循环格局下，中国贸易便利化政策的深化应该随着国家双循环战略的落实逐步推进，更应通过促进本土企业的研发和创新促进内循环，进而促进外循环，使得贸易便利化改革取得实效。贸易便利化是一把"双刃剑"（杨逢珉和程凯，2019），贸易便利化改革对于国内企业能否依托内循环形成出口竞争优势具有重要的作用（易先忠和高凌云，2018）。在追求出口高质量发展时，一方面，为了降低贸易便利化的替代效应和挤出效应，国家应通过贸易便利化引进高质量中间投入品，并通过规范有序的市场竞争，创造没有投机、寻租空间的市场环境来完善内循环，进而通过涉外部门联动本土部门，促进双循环融合来增强企业生产要素配置效率，激发企业的创新意识，并主动引导企业进行质量管理体系认证，强化质量监管，抑制企业低质低价竞争行为；另一方面，国家应通过贸易便利化吸引新兴高端产业、要素聚集，发展集聚经济，发挥集聚正外部效应，促进产业尤其是高端产业的资源优化配置，培养本土生产的高层次竞争优势，以提升出口产品质量。

（3）鉴于贸易便利化实现的贸易整合对不同行业的影响不同，因此，贸易便利化政策的实施应结合产业政策，对不同特性的行业采取不同的促进措施。例如，在短期内，中国出口还是以替代弹性较高的劳动密集型产品为主，对于生产替代弹性较高产品的行业和企业，政府应支持推动中小企业转型升级，聚焦主业，走"专精特新"国际化道路，不断提高劳动密集型产品档次和附加值，进一步提升其在国际市场上的竞争力，从而增强贸易便利化对企业出口进入和出口质量的促进作用，促进出口维度和质量升级，进而获得更大的贸易便利化政策获利；而异质性参数越高，行业内企业规模和生产率分布越均衡，鉴于这类行业更有利于出口维度和深度升级，则对于这类行业，政府应加大财政投入，鼓励企业进行自主技术创新、加大研发投入力度，提高企业生产率，提升产品在国际上的竞争力，优化出口微观结构。另外，因异质性参数越高，越容易削弱贸易便利化对出口质量的正向影响，因此，对该类行业中的企业出口，应积极消除贸易便利化的替代效应和挤出效应所带来的负面影响，应鼓励企业通过产品创新，提高产品附加值，向高端产品发展形成新的产品竞争优势，而非采用低价低质策略获得出口优势。另外，企业应完善人才培养和引进体系，提高熟练劳动力在就业中的比例，提高全行业的技术吸收能力，发挥人力资本的积极作用。

（4）鉴于企业规模、所有权性质及贸易方式不同对贸易便利化与企业出口行为和质量选择之间关系产生影响不同。政府应加快国内以贸易便利化改革为代表的市场环境改革进程，促进各类企业共同发展。鼓励中小企业把握贸易便利化改革所带来的有利契机，积极主动地走出国门，其中，尤其应鼓励大量中小企业参与市场竞争，且这些企业在决定行业生产率水平发挥主导作用的行业以及那些能生产更具异质性产品的行业；通过贸易便利化改革吸引高质量外资企业；减少政府对国有企业的补贴，提高生产效率和竞争力。另外，加工贸易企业通常处于全球价值链下端、生产低技术产品、受本土加工所带来的创新效应影响有限、贸易便利化带来出口成本的降低更促进了加工贸易企业的低价竞争，其替代效应与挤出效应抑制了出口产品质量的升级。而一般贸易企业，更多依赖于本土企业自身研发创新、技术改革的影响来提升自身企业出口质量，未来应是中国由出口大国向出口强国转变的主导力量。

（5）鉴于出口目的国不同，企业出口选择不同，应针对不同类型的国家，采取不同的出口发展模式。一方面，发展中国家未来还应是中国出口多元化布局、促进中国出口维度升级和质量升级的重要区域，因其无论在新贸易关系开拓还是促进出口企业出口产品质量提升上都有无限可能，所以未来应以加入 RCEP 为契机，继续加强"一带一路"倡议的实施，加强同中低收入国家的贸易投资合作。在保持与高收入国家贸易关系前提下，一是继续加大同中低收入国家基础设施建设的投资力度，实现网络和基础设施的互联互通；二是加强与这些国家制度、规则等软基础设施的对接，加快同相关国家自由贸易区的建设进程，逐步构建区域自由贸易合作网络，积极应对外部挑战；三是逐步形成以我国为主轴的区域生产循环体系，从国际贸易为主转向国际投资与产业合作并举，提升中国经济安全水平。另一方面，在中短期内西方发达国家仍然是我们促进出口深度升级，维持出口稳定性的重要保证，其市场环境成熟，维护这些贸易关系极其必要，尤其应重点维护和深耕经济规模较大市场。

（6）鉴于企业出口动态变化所带来的资源配置，尤其在位企业出口动态变化对一国出口微观结构和行业出口质量的重要性。首先，国家在供给侧结构性改革中应区别对待，适度支持这类产品的出口。其次，尽管近年来我国中高技术产品出口增长较快，但在海外市场仍面临巨大的竞争压力，存活率不高，国家应制定适当出口政策，加大对中高技术产品研发和出口的支持，提升这类产品的出口持续期。再其次，促进企业存活期延长的同时，更应重视向高端产品发展形成新的产品竞争优势，使中低端产品逐渐升级或转移淘汰，消除产品存活时间过长带来的不良影响。最后，由于我国出口产品仍然主要是以中低技术产品为主，产品附加值不高，价格仍然在其国际竞争力中发挥着重要作用，汇率变化引起的价格变化对我国出口产品竞争力、贸易联系的稳定性必然会产生较大影响，因此，为保持未来出口稳定增长，维持人民币汇率的稳定也是宏观经济政策的应有之义。

第三节　研究不足及进一步研究方向

本书基于相对翔实的数据、严谨科学的论证以及深入分析获得了有关贸易便利化、结构参数及中国出口发展模式转型升级方面的一些有价值的规律及结论，并在此基础上提出了一些政策建议。但囿于资源、能力及客观条件的限制，研究结果存在一定不足，未来笔者会进一步对这些不足进行完善和补充。

一、研究不足

（一）资料和数据方面

笔者检索了大量的中英文文献，并通过问卷调查、深度访谈、专题研讨等方法调查了多个国家和经济体中政府、海关、检验检疫局等部门和进出口企业，获得了相对较为丰富的国内外国家和经济体有关贸易便利化发展情况的一手资料，基于此设计了贸易便利化三级指标，并为后续中国贸易便利化发展改革路径提供一定的经验借鉴，但限于人力、物力、财力等资源的限制和所调查对象的主观认识，所收集的文献和一手资料在数量和质量上存在一定不足，对客观情况反映上会有一定差距；另外，对于贸易便利化分指标的选取主要来源于《全球竞争力报告》（*The Global Competitiveness Report*）、《全球促进贸易报告》（*The Global Enabling Trade Report*）、Doing Business 数据集、World Governance Indicators 数据集、Networked Readiness Index 数据集，但选取的这些指标数据由于来源不同，可能存在某个国家的某个指标年份缺失以及指标数据取

201

值范围不同的问题，尽管笔者采用了一定方法补充和调整，但在客观反映上依然存在一定不足；最后，笔者对有关企业出口动态、结构参数估计等内容的分析主要使用中国工业企业数据库和中国海关数据库 2013 年之前对接的 HS6 位数据，在数据的时效性和细分上也存在一定不足。

（二）理论基础方面

在理论基础方面，本书将贸易便利化、企业出口动态行为和出口发展模式转型放在同一框架内，从贸易便利化切入，揭示贸易便利化对企业出口行为和出口质量产生影响的理论机制，并扩展企业出口行为引致的出口结构变化对一国出口增长结构和出口质量提升影响，其中，在分析贸易便利化企业出口动态和出口质量影响方面，主要结合了传统贸易理论、新贸易理论以及异质性企业贸易理论，并在此基础上进行了一定的扩展和补充，力求从企业层面对贸易便利化影响企业出口动态和出口质量的内在机制进行更深入剖析，但在构建整个贸易便利化对出口发展模式影响框架中，并没有直接将结构参数的影响融入模型，进行更一般的比较静态分析，因而在理论支撑上存在一定的不足。

（三）研究内容和结论政策方面

在研究内容方面，本书构建了一个贸易便利化、结构参数、企业出口动态、出口质量提升、出口发展模式转型升级的综合分析框架，并在此框架下结合调查研究分析、归纳和统计比较分析、理论和实证分析等获得研究结论，探寻我国出口发展转型政策和路径，但在贸易便利化改革的实施对国内资源及产业布局影响以及由此带来对贸易的影响并未进一步探讨；另外，有关企业出口动态，本书更多是从卖方（出口方）角度的分析，并未考虑买方（消费者）的行为对企业出口动态的可能影响，且对出口质量升级的分析局限于出口产品质量，未对出口质量的提级从出口技术复杂度、价值链提升不同方面进行进一步剖析，因此存在一定不足。在研究结论政策方面，笔者对相关结论和政策进行了大量的讨论和细致的分析，并尽可能听取了不同领域和部门专家的建议，但限于资源和能力的限制，相关结论仍存在一定局限，政策建议的针对性也存在一定不足。

二、进一步研究方向

针对研究的不足，笔者未来的研究将从下面几个方面进行拓展：

（1）用更细分和更有时效性的贸易数据及省级贸易便利化数据对企业出口行为及影响因素进行更细致研究。目前对企业出口行为的研究是学术界研究的前沿，但这一研究继续深化需要使用更细分及更有时效性的企业出口数据，笔者认为未来除了尽可能获得中国工业企业数据库和中国海关数据库的最新数据外，还可以利用先进的网络爬虫等技术抓取贸易企业的最新出口信息为未来的研究服务；另外，目前大部分的贸易便利化指标数据主要局限于国家层面，但一国内部不同地区贸易便利化发展水平有较大差异，尤其像中国区域面积大，行政区划多，东部、西部发展水平差异巨大的国家更是如此，因此，未来贸易便利化水平的测度应继续细化到地区层面，甚至地市级层面，这对更准确把握中国贸易便利化发展状况意义重大。

（2）贸易便利化移除不确定性来源的方式及大小与从买方角度剖析贸易便利化对贸易成本进而对贸易产生影响的理论机制进行深入研究。已有文献表明绝大部分的贸易关系持续仅仅几年，原因是国际市场中存在大量的不确定性。而这种不确定性的存在，会导致为了避免潜在的贸易成本，买方会在开始时有少量起始购买。但贸易便利化是否是通过对引起贸易成本的不确定性进而影响贸易？贸易便利化移除不确定性的来源以及移除不确定性的方式是什么？目前对这些问题并没有深入的研究，这意味着未来的研究可以在这些方面深入。另外，基于贸易便利化对贸易的影响研究侧重于卖方却忽视了买方（进口商或消费者）。关注卖方贸易便利化的意义在于贸易便利化使得企业能更好地渗透市场。但也应该认识到贸易便利化也能够从买方一边考虑。但目前大部分的此类研究并未区分卖方和买方的贸易便利化，而现实中这两种影响是能够共存且同时发挥作用的。因此，本书认为未来研究的另一个主题即是将对卖方和买方产生影响的贸易便利化区分开来，而这就需要对贸易便利化的更细致的测度和对此的更深入的解释。

（3）结合产业集聚分析贸易便利化对区域资源分布和配置的影响以及多产品企业出口动态的拓展分析。党的十八大提出加快推进自贸区战略来探索对外开放的新模式而党的十九大继续强调促进自由贸易区建设，而产业集聚在当前国际环境恶化背景下，对形成完整产业链生产抵抗外来经济冲击方面具有极大优势，那贸易便利化对自贸区产业集聚会产生何种影响？这种影响对企业出口又会产生什么效应？在自贸区建设背景下结合产业集聚分析贸易便利化对区域资源配置和分配影响，进而对出口影响是未来可以探讨的一个重要的研究方向。另外，目前对多产品出口企业的研究大部分聚焦于竞争的增加对企业内产品集和产品分布的影响，很少直接对贸易便利化影响多产品企业产品集和产品分布的内在机理及出口动态进行进一步深入拓展研究，因此，未来贸易便利化对多产品企业内资源配置以及对多产品企业出口行为进行前移（例如，企业"试探性"出口行为）和后拓研究（例如，企业出口行为对后续出口质量提升的研究等）也是未来重要的研究方向。

附　录

国家	年份	总得分	口岸效率	监管环境	规制环境	电子商务
阿尔巴尼亚	2008	0.4559	0.0146	0.0062	0.0161	0.0158
	2009	0.4756	0.0153	0.0060	0.0168	0.0166
	2010	0.5180	0.0190	0.0058	0.0184	0.0174
	2011	0.5436	0.0205	0.0061	0.0184	0.0186
	2012	0.5346	0.0211	0.0064	0.0169	0.0183
	2013	0.5250	0.0209	0.0066	0.0160	0.0181
	2014	0.5346	0.0210	0.0068	0.0164	0.0184
	2015	0.5406	0.0197	0.0071	0.0174	0.0184
	2016	0.5453	0.0180	0.0077	0.0177	0.0193
阿联酋	2008	0.7314	0.0273	0.0093	0.0243	0.0240
	2009	0.7454	0.0274	0.0092	0.0250	0.0250
	2010	0.7442	0.0268	0.0100	0.0237	0.0254
	2011	0.7521	0.0277	0.0102	0.0240	0.0250
	2012	0.7746	0.0283	0.0103	0.0254	0.0255
	2013	0.8106	0.0279	0.0105	0.0261	0.0285
	2014	0.8129	0.0270	0.0106	0.0268	0.0287
	2015	0.8166	0.0274	0.0107	0.0268	0.0287
	2016	0.8171	0.0276	0.0099	0.0276	0.0287
阿根廷	2008	0.5165	0.0203	0.0066	0.0145	0.0190
	2009	0.5049	0.0207	0.0053	0.0135	0.0195
	2010	0.5178	0.0222	0.0052	0.0141	0.0194
	2011	0.5183	0.0223	0.0050	0.0141	0.0196
	2012	0.5027	0.0221	0.0049	0.0135	0.0188

国家	年份	总得分	口岸效率	监管环境	规制环境	电子商务
阿根廷	2013	0.5004	0.0222	0.0050	0.0134	0.0183
	2014	0.4946	0.0218	0.0054	0.0130	0.0178
	2015	0.4946	0.0213	0.0056	0.0135	0.0175
	2016	0.5072	0.0207	0.0056	0.0150	0.0180
亚美尼亚	2008	0.4638	0.0159	0.0057	0.0151	0.0171
	2009	0.4640	0.0162	0.0047	0.0153	0.0178
	2010	0.4867	0.0185	0.0046	0.0161	0.0179
	2011	0.5118	0.0190	0.0049	0.0173	0.0190
	2012	0.5405	0.0196	0.0050	0.0184	0.0204
	2013	0.5596	0.0197	0.0059	0.0188	0.0211
	2014	0.5459	0.0190	0.0067	0.0180	0.0201
	2015	0.5413	0.0168	0.0069	0.0178	0.0211
	2016	0.5440	0.0153	0.0072	0.0189	0.0210
澳大利亚	2008	0.7899	0.0269	0.0100	0.0277	0.0270
	2009	0.7954	0.0267	0.0102	0.0279	0.0273
	2010	0.7953	0.0272	0.0099	0.0278	0.0273
	2011	0.7849	0.0272	0.0098	0.0271	0.0270
	2012	0.7791	0.0266	0.0096	0.0269	0.0272
	2013	0.7743	0.0267	0.0096	0.0257	0.0276
	2014	0.7755	0.0266	0.0094	0.0261	0.0276
	2015	0.7832	0.0260	0.0096	0.0272	0.0276
	2016	0.7724	0.0252	0.0100	0.0270	0.0269
奥地利	2008	0.8038	0.0282	0.0107	0.0281	0.0266
	2009	0.8013	0.0281	0.0106	0.0275	0.0269
	2010	0.7863	0.0269	0.0102	0.0274	0.0270
	2011	0.7796	0.0271	0.0099	0.0267	0.0270
	2012	0.7729	0.0270	0.0097	0.0263	0.0272
	2013	0.7810	0.0267	0.0100	0.0262	0.0279

国家	年份	总得分	口岸效率	监管环境	规制环境	电子商务
奥地利	2014	0.7727	0.0260	0.0102	0.0262	0.0274
	2015	0.7776	0.0263	0.0105	0.0265	0.0272
	2016	0.7795	0.0268	0.0095	0.0267	0.0278
阿塞拜疆	2008	0.5318	0.0185	0.0058	0.0175	0.0196
	2009	0.5225	0.0185	0.0046	0.0173	0.0200
	2010	0.5368	0.0212	0.0051	0.0163	0.0200
	2011	0.5295	0.0209	0.0048	0.0160	0.0199
	2012	0.5306	0.0204	0.0044	0.0171	0.0201
	2013	0.5554	0.0199	0.0053	0.0181	0.0210
	2014	0.5569	0.0186	0.0061	0.0179	0.0214
	2015	0.5571	0.0181	0.0062	0.0179	0.0215
	2016	0.5778	0.0179	0.0062	0.0192	0.0227
布隆迪	2008	0.3964	0.0123	0.0062	0.0140	0.0132
	2009	0.3978	0.0152	0.0051	0.0121	0.0139
	2010	0.3855	0.0152	0.0041	0.0125	0.0136
	2011	0.3684	0.0140	0.0039	0.0124	0.0129
	2012	0.3508	0.0122	0.0038	0.0120	0.0130
	2013	0.3825	0.0150	0.0041	0.0125	0.0136
	2014	0.4061	0.0175	0.0044	0.0133	0.0134
	2015	0.4007	0.0174	0.0047	0.0131	0.0128
	2016	0.4051	0.0171	0.0054	0.0126	0.0131
比利时	2008	0.7554	0.0281	0.0091	0.0238	0.0263
	2009	0.7628	0.0282	0.0096	0.0236	0.0266
	2010	0.7608	0.0280	0.0094	0.0236	0.0267
	2011	0.7708	0.0287	0.0095	0.0238	0.0269
	2012	0.7753	0.0287	0.0097	0.0240	0.0271
	2013	0.7862	0.0291	0.0100	0.0243	0.0274
	2014	0.7914	0.0292	0.0102	0.0244	0.0276

国家	年份	总得分	口岸效率	监管环境	规制环境	电子商务
比利时	2015	0.7934	0.0288	0.0103	0.0251	0.0275
	2016	0.7843	0.0283	0.0093	0.0253	0.0277
贝宁	2008	0.5158	0.0189	0.0064	0.0175	0.0178
	2009	0.4923	0.0187	0.0050	0.0169	0.0175
	2010	0.5096	0.0210	0.0048	0.0169	0.0177
	2011	0.5033	0.0209	0.0046	0.0163	0.0179
	2012	0.4796	0.0203	0.0043	0.0153	0.0171
	2013	0.4697	0.0195	0.0045	0.0151	0.0167
	2014	0.4652	0.0184	0.0046	0.0156	0.0165
	2015	0.4574	0.0171	0.0048	0.0159	0.0162
	2016	0.4638	0.0165	0.0048	0.0158	0.0171
孟加拉国	2008	0.4745	0.0179	0.0044	0.0149	0.0185
	2009	0.4706	0.0182	0.0039	0.0143	0.0187
	2010	0.4900	0.0201	0.0041	0.0146	0.0189
	2011	0.5006	0.0204	0.0042	0.0151	0.0194
	2012	0.4901	0.0203	0.0043	0.0145	0.0189
	2013	0.4920	0.0200	0.0044	0.0144	0.0193
	2014	0.4837	0.0193	0.0044	0.0139	0.0194
	2015	0.4691	0.0185	0.0044	0.0136	0.0186
	2016	0.4760	0.0177	0.0047	0.0149	0.0186
保加利亚	2008	0.5191	0.0208	0.0066	0.0160	0.0176
	2009	0.5147	0.0208	0.0057	0.0159	0.0182
	2010	0.5219	0.0210	0.0059	0.0159	0.0184
	2011	0.5284	0.0221	0.0059	0.0158	0.0183
	2012	0.5409	0.0227	0.0059	0.0164	0.0188
	2013	0.5667	0.0233	0.0069	0.0166	0.0196
	2014	0.5865	0.0233	0.0079	0.0163	0.0207
	2015	0.5614	0.0212	0.0077	0.0165	0.0200

国家	年份	总得分	口岸效率	监管环境	规制环境	电子商务
保加利亚	2016	0.5630	0.0197	0.0071	0.0171	0.0213
巴林	2008	0.7037	0.0228	0.0084	0.0226	0.0264
	2009	0.6937	0.0230	0.0080	0.0217	0.0262
	2010	0.7257	0.0255	0.0084	0.0226	0.0265
	2011	0.7522	0.0252	0.0085	0.0248	0.0277
	2012	0.7449	0.0243	0.0086	0.0243	0.0280
	2013	0.7305	0.0238	0.0086	0.0231	0.0279
	2014	0.7163	0.0229	0.0086	0.0228	0.0275
	2015	0.7223	0.0229	0.0085	0.0238	0.0274
	2016	0.7170	0.0229	0.0083	0.0242	0.0268
波黑	2008	0.4541	0.0160	0.0060	0.0149	0.0163
	2009	0.4276	0.0158	0.0049	0.0124	0.0169
	2010	0.4594	0.0183	0.0045	0.0138	0.0178
	2011	0.4849	0.0192	0.0050	0.0153	0.0180
	2012	0.5143	0.0193	0.0055	0.0175	0.0188
	2013	0.5441	0.0188	0.0064	0.0193	0.0198
	2014	0.5302	0.0183	0.0072	0.0171	0.0196
	2015	0.4944	0.0171	0.0069	0.0149	0.0188
	2016	0.4793	0.0159	0.0065	0.0151	0.0183
玻利维亚	2008	0.4389	0.0169	0.0065	0.0120	0.0153
	2009	0.4360	0.0170	0.0054	0.0115	0.0165
	2010	0.4560	0.0182	0.0046	0.0130	0.0175
	2011	0.4606	0.0188	0.0046	0.0140	0.0167
	2012	0.4640	0.0189	0.0046	0.0143	0.0168
	2013	0.4784	0.0180	0.0050	0.0150	0.0182
	2014	0.4749	0.0169	0.0054	0.0157	0.0179
	2015	0.4622	0.0164	0.0055	0.0144	0.0177
	2016	0.4688	0.0162	0.0056	0.0124	0.0199

续表

国家	年份	总得分	口岸效率	监管环境	规制环境	电子商务
巴西	2008	0.5794	0.0185	0.0068	0.0166	0.0244
	2009	0.5787	0.0187	0.0062	0.0169	0.0247
	2010	0.6012	0.0223	0.0062	0.0176	0.0241
	2011	0.6004	0.0220	0.0063	0.0181	0.0238
	2012	0.5943	0.0216	0.0065	0.0179	0.0236
	2013	0.6012	0.0211	0.0067	0.0175	0.0244
	2014	0.5846	0.0202	0.0068	0.0166	0.0240
	2015	0.5627	0.0202	0.0066	0.0153	0.0231
	2016	0.5384	0.0201	0.0067	0.0156	0.0202
加拿大	2008	0.8139	0.0278	0.0104	0.0273	0.0284
	2009	0.8236	0.0276	0.0110	0.0280	0.0285
	2010	0.8176	0.0271	0.0108	0.0283	0.0283
	2011	0.8208	0.0278	0.0108	0.0283	0.0280
	2012	0.8223	0.0279	0.0108	0.0283	0.0282
	2013	0.8211	0.0280	0.0108	0.0279	0.0284
	2014	0.8208	0.0278	0.0106	0.0281	0.0287
	2015	0.8169	0.0270	0.0106	0.0281	0.0288
	2016	0.7942	0.0262	0.0104	0.0276	0.0275
瑞士	2008	0.8330	0.0283	0.0111	0.0295	0.0279
	2009	0.8311	0.0282	0.0111	0.0288	0.0283
	2010	0.8248	0.0275	0.0107	0.0290	0.0284
	2011	0.8257	0.0276	0.0106	0.0292	0.0284
	2012	0.8243	0.0272	0.0105	0.0295	0.0285
	2013	0.8360	0.0274	0.0107	0.0293	0.0295
	2014	0.8356	0.0272	0.0108	0.0293	0.0296
	2015	0.8279	0.0267	0.0109	0.0298	0.0288
	2016	0.8243	0.0261	0.0103	0.0303	0.0290

国家	年份	总得分	口岸效率	监管环境	规制环境	电子商务
智利	2008	0.7362	0.0237	0.0099	0.0259	0.0255
	2009	0.7365	0.0241	0.0094	0.0252	0.0261
	2010	0.7411	0.0238	0.0093	0.0260	0.0262
	2011	0.7408	0.0239	0.0093	0.0261	0.0261
	2012	0.7406	0.0239	0.0093	0.0262	0.0261
	2013	0.7453	0.0241	0.0095	0.0260	0.0263
	2014	0.7380	0.0239	0.0095	0.0256	0.0261
	2015	0.7279	0.0237	0.0095	0.0245	0.0261
	2016	0.7176	0.0233	0.0091	0.0234	0.0266
中国	2008	0.6042	0.0232	0.0074	0.0193	0.0207
	2009	0.6017	0.0232	0.0068	0.0194	0.0211
	2010	0.6069	0.0241	0.0066	0.0195	0.0211
	2011	0.6114	0.0247	0.0065	0.0194	0.0212
	2012	0.6057	0.0247	0.0063	0.0191	0.0211
	2013	0.6239	0.0251	0.0068	0.0195	0.0217
	2014	0.6306	0.0251	0.0073	0.0196	0.0217
	2015	0.6314	0.0248	0.0074	0.0195	0.0219
	2016	0.6401	0.0245	0.0072	0.0204	0.0224
科特迪瓦	2008	0.5196	0.0223	0.0057	0.0132	0.0196
	2009	0.4861	0.0199	0.0042	0.0126	0.0196
	2010	0.4848	0.0198	0.0041	0.0129	0.0194
	2011	0.4836	0.0208	0.0040	0.0125	0.0191
	2012	0.5000	0.0214	0.0040	0.0142	0.0191
	2013	0.5233	0.0216	0.0048	0.0159	0.0192
	2014	0.5559	0.0224	0.0055	0.0175	0.0194
	2015	0.5615	0.0209	0.0057	0.0199	0.0188
	2016	0.5463	0.0191	0.0058	0.0187	0.0194

国家	年份	总得分	口岸效率	监管环境	规制环境	电子商务
喀麦隆	2008	0.4747	0.0174	0.0051	0.0150	0.0182
	2009	0.4631	0.0174	0.0044	0.0141	0.0184
	2010	0.4723	0.0188	0.0042	0.0141	0.0182
	2011	0.4750	0.0190	0.0042	0.0146	0.0179
	2012	0.4849	0.0190	0.0043	0.0151	0.0185
	2013	0.4923	0.0185	0.0044	0.0152	0.0195
	2014	0.4905	0.0175	0.0045	0.0161	0.0192
	2015	0.4687	0.0157	0.0045	0.0162	0.0182
	2016	0.4537	0.0138	0.0048	0.0161	0.0181
哥伦比亚	2008	0.5631	0.0186	0.0068	0.0181	0.0213
	2009	0.5621	0.0185	0.0069	0.0172	0.0220
	2010	0.5708	0.0199	0.0065	0.0172	0.0224
	2011	0.5732	0.0204	0.0065	0.0174	0.0222
	2012	0.5646	0.0203	0.0065	0.0169	0.0220
	2013	0.5742	0.0200	0.0068	0.0169	0.0226
	2014	0.5693	0.0193	0.0071	0.0167	0.0224
	2015	0.5607	0.0189	0.0072	0.0163	0.0220
	2016	0.5607	0.0187	0.0070	0.0164	0.0221
哥斯达黎加	2008	0.5968	0.0181	0.0077	0.0213	0.0217
	2009	0.5979	0.0182	0.0071	0.0218	0.0221
	2010	0.6138	0.0206	0.0070	0.0217	0.0223
	2011	0.6007	0.0206	0.0069	0.0209	0.0218
	2012	0.6039	0.0204	0.0068	0.0209	0.0223
	2013	0.6234	0.0203	0.0073	0.0214	0.0232
	2014	0.6177	0.0197	0.0077	0.0215	0.0226
	2015	0.6135	0.0195	0.0076	0.0209	0.0227
	2016	0.6138	0.0192	0.0082	0.0205	0.0227

国家	年份	总得分	口岸效率	监管环境	规制环境	电子商务
塞浦路斯	2008	0.6938	0.0220	0.0094	0.0251	0.0235
	2009	0.7003	0.0220	0.0094	0.0255	0.0239
	2010	0.7034	0.0238	0.0093	0.0251	0.0234
	2011	0.6974	0.0243	0.0091	0.0245	0.0233
	2012	0.6899	0.0242	0.0089	0.0241	0.0233
	2013	0.6936	0.0236	0.0091	0.0236	0.0241
	2014	0.6792	0.0226	0.0093	0.0234	0.0234
	2015	0.6546	0.0213	0.0091	0.0226	0.0228
	2016	0.6104	0.0205	0.0082	0.0210	0.0206
捷克	2008	0.6341	0.0230	0.0082	0.0196	0.0226
	2009	0.6361	0.0233	0.0076	0.0195	0.0231
	2010	0.6534	0.0259	0.0073	0.0195	0.0233
	2011	0.6399	0.0249	0.0069	0.0192	0.0233
	2012	0.6258	0.0235	0.0066	0.0195	0.0230
	2013	0.6441	0.0247	0.0075	0.0194	0.0233
	2014	0.6695	0.0254	0.0082	0.0197	0.0245
	2015	0.6714	0.0248	0.0086	0.0207	0.0241
	2016	0.6784	0.0243	0.0091	0.0206	0.0247
德国	2008	0.8103	0.0290	0.0107	0.0270	0.0269
	2009	0.8082	0.0290	0.0103	0.0272	0.0271
	2010	0.8085	0.0293	0.0100	0.0275	0.0270
	2011	0.7955	0.0293	0.0099	0.0267	0.0265
	2012	0.7968	0.0288	0.0097	0.0270	0.0269
	2013	0.8110	0.0290	0.0099	0.0273	0.0280
	2014	0.8064	0.0286	0.0100	0.0272	0.0279
	2015	0.7993	0.0283	0.0101	0.0273	0.0273
	2016	0.7955	0.0280	0.0103	0.0269	0.0273

国家	年份	总得分	口岸效率	监管环境	规制环境	电子商务
丹麦	2008	0.8393	0.0276	0.0119	0.0303	0.0272
	2009	0.8344	0.0276	0.0119	0.0298	0.0272
	2010	0.8265	0.0280	0.0117	0.0291	0.0268
	2011	0.8372	0.0287	0.0117	0.0297	0.0270
	2012	0.8105	0.0285	0.0116	0.0275	0.0263
	2013	0.8055	0.0279	0.0114	0.0269	0.0269
	2014	0.8051	0.0271	0.0110	0.0277	0.0272
	2015	0.7944	0.0264	0.0112	0.0279	0.0264
	2016	0.7826	0.0257	0.0104	0.0277	0.0264
多米尼加	2008	0.5668	0.0185	0.0075	0.0172	0.0215
	2009	0.5547	0.0188	0.0062	0.0161	0.0221
	2010	0.5843	0.0226	0.0064	0.0162	0.0225
	2011	0.5682	0.0218	0.0062	0.0156	0.0222
	2012	0.5675	0.0208	0.0060	0.0160	0.0225
	2013	0.5874	0.0215	0.0066	0.0163	0.0234
	2014	0.5852	0.0218	0.0070	0.0168	0.0222
	2015	0.5636	0.0205	0.0072	0.0164	0.0211
	2016	0.5463	0.0195	0.0063	0.0158	0.0213
厄瓜多尔	2008	0.4536	0.0188	0.0056	0.0127	0.0158
	2009	0.4611	0.0192	0.0048	0.0126	0.0170
	2010	0.4859	0.0211	0.0047	0.0130	0.0181
	2011	0.4990	0.0211	0.0050	0.0136	0.0187
	2012	0.5109	0.0208	0.0054	0.0140	0.0193
	2013	0.5550	0.0211	0.0062	0.0164	0.0206
	2014	0.5566	0.0211	0.0069	0.0154	0.0206
	2015	0.5507	0.0210	0.0070	0.0145	0.0206
	2016	0.5448	0.0205	0.0070	0.0146	0.0203

国家	年份	总得分	口岸效率	监管环境	规制环境	电子商务
埃及	2008	0.5712	0.0188	0.0066	0.0197	0.0207
	2009	0.5625	0.0192	0.0054	0.0193	0.0212
	2010	0.5707	0.0206	0.0054	0.0192	0.0210
	2011	0.5600	0.0214	0.0053	0.0181	0.0202
	2012	0.5527	0.0220	0.0050	0.0171	0.0203
	2013	0.5438	0.0220	0.0051	0.0166	0.0197
	2014	0.5445	0.0217	0.0052	0.0178	0.0187
	2015	0.5552	0.0221	0.0054	0.0183	0.0188
	2016	0.5798	0.0223	0.0058	0.0185	0.0207
西班牙	2008	0.7080	0.0254	0.0086	0.0218	0.0260
	2009	0.7086	0.0254	0.0088	0.0213	0.0261
	2010	0.7126	0.0263	0.0086	0.0213	0.0260
	2011	0.7204	0.0272	0.0088	0.0214	0.0259
	2012	0.7196	0.0274	0.0088	0.0214	0.0256
	2013	0.7162	0.0274	0.0093	0.0209	0.0252
	2014	0.6975	0.0269	0.0095	0.0195	0.0245
	2015	0.7014	0.0263	0.0095	0.0200	0.0249
	2016	0.7020	0.0258	0.0097	0.0209	0.0244
爱沙尼亚	2008	0.7042	0.0220	0.0107	0.0247	0.0237
	2009	0.7074	0.0219	0.0104	0.0250	0.0242
	2010	0.7178	0.0233	0.0103	0.0252	0.0242
	2011	0.7151	0.0228	0.0102	0.0253	0.0243
	2012	0.7128	0.0220	0.0102	0.0253	0.0247
	2013	0.7441	0.0231	0.0106	0.0255	0.0264
	2014	0.7584	0.0237	0.0110	0.0259	0.0268
	2015	0.7540	0.0233	0.0112	0.0258	0.0265
	2016	0.7467	0.0234	0.0095	0.0258	0.0270

国家	年份	总得分	口岸效率	监管环境	规制环境	电子商务
埃塞俄比亚	2008	0.4957	0.0186	0.0068	0.0172	0.0151
	2009	0.4812	0.0186	0.0054	0.0159	0.0160
	2010	0.5040	0.0205	0.0050	0.0166	0.0166
	2011	0.4842	0.0191	0.0049	0.0163	0.0160
	2012	0.4677	0.0174	0.0049	0.0160	0.0160
	2013	0.4992	0.0189	0.0052	0.0159	0.0179
	2014	0.5065	0.0198	0.0055	0.0158	0.0181
	2015	0.4992	0.0180	0.0056	0.0167	0.0178
	2016	0.5041	0.0163	0.0059	0.0181	0.0180
芬兰	2008	0.8209	0.0278	0.0103	0.0295	0.0275
	2009	0.8309	0.0278	0.0110	0.0293	0.0278
	2010	0.8281	0.0277	0.0108	0.0295	0.0279
	2011	0.8319	0.0284	0.0107	0.0300	0.0274
	2012	0.8454	0.0289	0.0106	0.0310	0.0278
	2013	0.8688	0.0280	0.0109	0.0314	0.0300
	2014	0.8559	0.0265	0.0110	0.0310	0.0299
	2015	0.8479	0.0266	0.0111	0.0307	0.0293
	2016	0.8475	0.0267	0.0109	0.0305	0.0293
法国	2008	0.7816	0.0273	0.0100	0.0259	0.0271
	2009	0.7766	0.0271	0.0109	0.0243	0.0272
	2010	0.7778	0.0276	0.0103	0.0249	0.0273
	2011	0.7802	0.0280	0.0104	0.0248	0.0273
	2012	0.7689	0.0279	0.0104	0.0242	0.0267
	2013	0.7762	0.0282	0.0107	0.0237	0.0271
	2014	0.7727	0.0278	0.0110	0.0234	0.0272
	2015	0.7763	0.0271	0.0110	0.0243	0.0273
	2016	0.7665	0.0263	0.0101	0.0247	0.0272

国家	年份	总得分	口岸效率	监管环境	规制环境	电子商务
英国	2008	0.8019	0.0278	0.0103	0.0270	0.0280
	2009	0.7960	0.0277	0.0096	0.0269	0.0282
	2010	0.8020	0.0280	0.0095	0.0273	0.0282
	2011	0.8088	0.0283	0.0099	0.0272	0.0283
	2012	0.8177	0.0281	0.0100	0.0279	0.0287
	2013	0.8325	0.0282	0.0104	0.0284	0.0294
	2014	0.8366	0.0280	0.0107	0.0286	0.0296
	2015	0.8333	0.0277	0.0108	0.0288	0.0292
	2016	0.8200	0.0271	0.0098	0.0287	0.0291
加纳	2008	0.5634	0.0210	0.0076	0.0195	0.0182
	2009	0.5045	0.0165	0.0056	0.0177	0.0185
	2010	0.5233	0.0184	0.0054	0.0185	0.0186
	2011	0.5311	0.0189	0.0053	0.0192	0.0187
	2012	0.5315	0.0190	0.0052	0.0187	0.0193
	2013	0.5614	0.0199	0.0054	0.0197	0.0206
	2014	0.5467	0.0200	0.0056	0.0194	0.0192
	2015	0.5333	0.0190	0.0058	0.0193	0.0185
	2016	0.5349	0.0186	0.0060	0.0192	0.0187
冈比亚	2008	0.5841	0.0192	0.0061	0.0219	0.0206
	2009	0.5869	0.0191	0.0061	0.0218	0.0208
	2010	0.5882	0.0198	0.0063	0.0210	0.0208
	2011	0.5805	0.0199	0.0063	0.0207	0.0203
	2012	0.5860	0.0199	0.0063	0.0207	0.0210
	2013	0.5802	0.0192	0.0065	0.0198	0.0214
	2014	0.5597	0.0181	0.0067	0.0194	0.0203
	2015	0.5444	0.0175	0.0067	0.0194	0.0193
	2016	0.5351	0.0169	0.0068	0.0190	0.0192

国家	年份	总得分	口岸效率	监管环境	规制环境	电子商务
希腊	2008	0.6279	0.0243	0.0078	0.0197	0.0215
	2009	0.6092	0.0242	0.0072	0.0183	0.0214
	2010	0.5884	0.0226	0.0065	0.0184	0.0212
	2011	0.5776	0.0224	0.0063	0.0174	0.0211
	2012	0.5599	0.0218	0.0062	0.0166	0.0205
	2013	0.5840	0.0226	0.0070	0.0171	0.0209
	2014	0.5946	0.0229	0.0077	0.0174	0.0208
	2015	0.5944	0.0230	0.0077	0.0173	0.0207
	2016	0.5779	0.0230	0.0074	0.0171	0.0195
危地马拉	2008	0.5733	0.0195	0.0074	0.0157	0.0226
	2009	0.5780	0.0198	0.0069	0.0158	0.0233
	2010	0.5787	0.0204	0.0063	0.0159	0.0237
	2011	0.5729	0.0211	0.0060	0.0155	0.0232
	2012	0.5750	0.0210	0.0057	0.0163	0.0234
	2013	0.5954	0.0210	0.0063	0.0168	0.0244
	2014	0.5967	0.0207	0.0070	0.0170	0.0242
	2015	0.5643	0.0192	0.0068	0.0164	0.0227
	2016	0.5529	0.0176	0.0065	0.0161	0.0231
洪都拉斯	2008	0.5365	0.0192	0.0070	0.0160	0.0194
	2009	0.5318	0.0192	0.0063	0.0153	0.0201
	2010	0.5536	0.0220	0.0057	0.0158	0.0207
	2011	0.5605	0.0211	0.0057	0.0166	0.0213
	2012	0.5521	0.0197	0.0058	0.0161	0.0218
	2013	0.5409	0.0194	0.0063	0.0149	0.0217
	2014	0.5572	0.0196	0.0066	0.0165	0.0218
	2015	0.5678	0.0193	0.0065	0.0174	0.0221
	2016	0.5379	0.0184	0.0062	0.0152	0.0217

国家	年份	总得分	口岸效率	监管环境	规制环境	电子商务
克罗地亚	2008	0.5534	0.0196	0.0069	0.0173	0.0204
	2009	0.5533	0.0199	0.0066	0.0168	0.0208
	2010	0.5624	0.0209	0.0061	0.0171	0.0211
	2011	0.5674	0.0216	0.0061	0.0172	0.0212
	2012	0.5653	0.0221	0.0060	0.0166	0.0212
	2013	0.5904	0.0225	0.0067	0.0167	0.0224
	2014	0.5947	0.0223	0.0074	0.0166	0.0222
	2015	0.5838	0.0218	0.0077	0.0165	0.0212
	2016	0.5725	0.0214	0.0079	0.0165	0.0202
匈牙利	2008	0.6044	0.0220	0.0083	0.0189	0.0207
	2009	0.6016	0.0222	0.0074	0.0188	0.0214
	2010	0.5999	0.0212	0.0070	0.0194	0.0218
	2011	0.6139	0.0223	0.0070	0.0197	0.0224
	2012	0.6058	0.0226	0.0070	0.0187	0.0222
	2013	0.6270	0.0240	0.0077	0.0188	0.0226
	2014	0.6449	0.0250	0.0082	0.0187	0.0231
	2015	0.6262	0.0236	0.0084	0.0183	0.0225
	2016	0.6008	0.0224	0.0085	0.0171	0.0216
印度尼西亚	2008	0.5398	0.0213	0.0065	0.0160	0.0196
	2009	0.5483	0.0217	0.0055	0.0173	0.0200
	2010	0.5454	0.0208	0.0054	0.0173	0.0203
	2011	0.5501	0.0216	0.0055	0.0170	0.0206
	2012	0.5604	0.0220	0.0055	0.0174	0.0212
	2013	0.5972	0.0224	0.0061	0.0183	0.0231
	2014	0.6128	0.0221	0.0066	0.0192	0.0235
	2015	0.5984	0.0214	0.0066	0.0189	0.0227
	2016	0.5966	0.0210	0.0065	0.0191	0.0227

国家	年份	总得分	口岸效率	监管环境	规制环境	电子商务
印度	2008	0.6234	0.0215	0.0065	0.0202	0.0243
	2009	0.6190	0.0215	0.0058	0.0202	0.0244
	2010	0.6154	0.0222	0.0055	0.0199	0.0241
	2011	0.6046	0.0226	0.0053	0.0188	0.0238
	2012	0.6029	0.0225	0.0052	0.0191	0.0236
	2013	0.6152	0.0230	0.0056	0.0193	0.0238
	2014	0.5820	0.0226	0.0059	0.0191	0.0206
	2015	0.5898	0.0227	0.0065	0.0201	0.0199
	2016	0.6307	0.0231	0.0076	0.0211	0.0217
爱尔兰	2008	0.7624	0.0265	0.0114	0.0275	0.0239
	2009	0.7686	0.0267	0.0117	0.0272	0.0241
	2010	0.7716	0.0273	0.0118	0.0268	0.0241
	2011	0.7678	0.0270	0.0118	0.0269	0.0237
	2012	0.7638	0.0259	0.0117	0.0272	0.0237
	2013	0.7805	0.0266	0.0119	0.0277	0.0245
	2014	0.7926	0.0271	0.0119	0.0279	0.0252
	2015	0.8009	0.0267	0.0120	0.0285	0.0257
	2016	0.7739	0.0260	0.0110	0.0282	0.0246
以色列	2008	0.7240	0.0239	0.0098	0.0251	0.0249
	2009	0.7129	0.0241	0.0091	0.0235	0.0254
	2010	0.7233	0.0243	0.0093	0.0239	0.0257
	2011	0.7271	0.0244	0.0093	0.0246	0.0257
	2012	0.7110	0.0241	0.0092	0.0238	0.0253
	2013	0.7227	0.0238	0.0094	0.0235	0.0266
	2014	0.7188	0.0231	0.0095	0.0233	0.0269
	R2015	0.7307	0.0239	0.0096	0.0236	0.0271
	2016	0.7530	0.0249	0.0096	0.0248	0.0274

国家	年份	总得分	口岸效率	监管环境	规制环境	电子商务
意大利	2008	0.5928	0.0240	0.0088	0.0182	0.0190
	2009	0.5738	0.0241	0.0077	0.0167	0.0192
	2010	0.5776	0.0243	0.0074	0.0172	0.0192
	2011	0.5894	0.0250	0.0074	0.0173	0.0196
	2012	0.5908	0.0252	0.0075	0.0168	0.0199
	2013	0.6110	0.0256	0.0080	0.0167	0.0211
	2014	0.6069	0.0256	0.0085	0.0156	0.0210
	2015	0.6186	0.0252	0.0088	0.0159	0.0217
	2016	0.6193	0.0248	0.0085	0.0167	0.0216
牙买加	2008	0.5561	0.0182	0.0069	0.0175	0.0205
	2009	0.5458	0.0184	0.0054	0.0179	0.0206
	2010	0.5634	0.0216	0.0051	0.0178	0.0206
	2011	0.5602	0.0210	0.0052	0.0177	0.0205
	2012	0.5601	0.0200	0.0054	0.0177	0.0211
	2013	0.5793	0.0209	0.0058	0.0179	0.0220
	2014	0.5822	0.0213	0.0062	0.0180	0.0216
	2015	0.5712	0.0195	0.0062	0.0186	0.0213
	2016	0.5665	0.0181	0.0062	0.0191	0.0214
约旦	2008	0.6548	0.0219	0.0081	0.0222	0.0233
	2009	0.6594	0.0220	0.0081	0.0223	0.0236
	2010	0.6438	0.0214	0.0079	0.0212	0.0234
	2011	0.6326	0.0212	0.0076	0.0205	0.0234
	2012	0.6391	0.0207	0.0073	0.0215	0.0240
	2013	0.6551	0.0218	0.0079	0.0222	0.0237
	2014	0.6546	0.0218	0.0085	0.0222	0.0234
	2015	0.6691	0.0234	0.0090	0.0219	0.0235
	2016	0.6968	0.0257	0.0096	0.0219	0.0237

国家	年份	总得分	口岸效率	监管环境	规制环境	电子商务
日本	2008	0.7729	0.0273	0.0101	0.0266	0.0260
	2009	0.7715	0.0273	0.0100	0.0256	0.0267
	2010	0.7720	0.0271	0.0101	0.0254	0.0268
	2011	0.7813	0.0275	0.0103	0.0258	0.0269
	2012	0.7871	0.0274	0.0105	0.0261	0.0272
	2013	0.7850	0.0243	0.0106	0.0268	0.0283
	2014	0.7683	0.0207	0.0105	0.0278	0.0283
	2015	0.7738	0.0216	0.0100	0.0281	0.0285
	2016	0.7639	0.0223	0.0081	0.0275	0.0293
哈萨克斯坦	2008	0.5112	0.0162	0.0065	0.0171	0.0192
	2009	0.4949	0.0162	0.0051	0.0160	0.0197
	2010	0.5274	0.0207	0.0049	0.0163	0.0199
	2011	0.5269	0.0202	0.0050	0.0165	0.0198
	2012	0.5489	0.0192	0.0051	0.0182	0.0213
	2013	0.5754	0.0194	0.0056	0.0186	0.0230
	2014	0.5718	0.0196	0.0060	0.0183	0.0223
	2015	0.5793	0.0193	0.0062	0.0195	0.0221
	2016	0.5804	0.0190	0.0063	0.0200	0.0219
肯尼亚	2008	0.5133	0.0192	0.0055	0.0154	0.0196
	2009	0.5013	0.0193	0.0048	0.0140	0.0201
	2010	0.5104	0.0206	0.0044	0.0140	0.0204
	2011	0.5179	0.0201	0.0044	0.0150	0.0208
	2012	0.5224	0.0192	0.0042	0.0161	0.0212
	2013	0.5651	0.0213	0.0049	0.0175	0.0220
	2014	0.5956	0.0230	0.0056	0.0187	0.0223
	2015	0.5906	0.0227	0.0057	0.0183	0.0222
	2016	0.5903	0.0226	0.0055	0.0184	0.0225

国家	年份	总得分	口岸效率	监管环境	规制环境	电子商务
吉尔吉斯斯坦	2008	0.4220	0.0161	0.0049	0.0129	0.0156
	2009	0.4089	0.0158	0.0039	0.0124	0.0160
	2010	0.4242	0.0178	0.0038	0.0130	0.0160
	2011	0.4125	0.0167	0.0038	0.0131	0.0155
	2012	0.4078	0.0152	0.0037	0.0132	0.0161
	2013	0.4330	0.0154	0.0046	0.0136	0.0172
	2014	0.4577	0.0154	0.0054	0.0146	0.0181
	2015	0.4510	0.0150	0.0054	0.0149	0.0175
	2016	0.4429	0.0146	0.0054	0.0151	0.0166
柬埔寨	2008	0.4753	0.0185	0.0047	0.0145	0.0178
	2009	0.4748	0.0185	0.0040	0.0143	0.0186
	2010	0.4772	0.0179	0.0042	0.0145	0.0187
	2011	0.4998	0.0191	0.0042	0.0156	0.0194
	2012	0.5202	0.0200	0.0042	0.0165	0.0202
	2013	0.5143	0.0201	0.0047	0.0152	0.0201
	2014	0.4953	0.0197	0.0051	0.0140	0.0192
	2015	0.4933	0.0197	0.0051	0.0142	0.0187
	2016	0.5027	0.0198	0.0054	0.0144	0.0191
韩国	2008	0.7096	0.0254	0.0087	0.0221	0.0255
	2009	0.7029	0.0255	0.0088	0.0206	0.0259
	2010	0.7108	0.0266	0.0090	0.0202	0.0261
	2011	0.7112	0.0271	0.0089	0.0196	0.0264
	2012	0.7164	0.0272	0.0088	0.0198	0.0269
	2013	0.7141	0.0271	0.0094	0.0199	0.0261
	2014	0.7040	0.0263	0.0099	0.0195	0.0254
	2015	0.7024	0.0258	0.0099	0.0203	0.0250
	2016	0.6986	0.0255	0.0085	0.0207	0.0257

续表

国家	年份	总得分	口岸效率	监管环境	规制环境	电子商务
科威特	2008	0.6488	0.0220	0.0078	0.0215	0.0238
	2009	0.6264	0.0221	0.0066	0.0206	0.0234
	2010	0.6331	0.0232	0.0063	0.0208	0.0233
	2011	0.6241	0.0221	0.0065	0.0208	0.0230
	2012	0.6076	0.0207	0.0068	0.0201	0.0226
	2013	0.6140	0.0214	0.0068	0.0200	0.0227
	2014	0.6037	0.0215	0.0068	0.0192	0.0225
	2015	0.6045	0.0218	0.0066	0.0198	0.0221
	2016	0.6056	0.0219	0.0063	0.0200	0.0224
斯里兰卡	2008	0.5857	0.0203	0.0060	0.0199	0.0217
	2009	0.5690	0.0188	0.0056	0.0189	0.0221
	2010	0.5731	0.0191	0.0052	0.0194	0.0222
	2011	0.5841	0.0204	0.0051	0.0198	0.0225
	2012	0.5938	0.0212	0.0050	0.0200	0.0229
	2013	0.5926	0.0208	0.0053	0.0194	0.0234
	2014	0.5848	0.0206	0.0056	0.0189	0.0229
	2015	0.6068	0.0202	0.0059	0.0201	0.0239
	2016	0.5940	0.0194	0.0063	0.0197	0.0229
立陶宛	2008	0.6183	0.0210	0.0081	0.0210	0.0216
	2009	0.6113	0.0209	0.0077	0.0201	0.0221
	2010	0.6359	0.0231	0.0079	0.0204	0.0229
	2011	0.6320	0.0228	0.0079	0.0201	0.0228
	2012	0.6385	0.0224	0.0080	0.0205	0.0232
	2013	0.6725	0.0231	0.0086	0.0210	0.0251
	2014	0.6852	0.0232	0.0089	0.0211	0.0260
	2015	0.6993	0.0237	0.0091	0.0216	0.0263
	2016	0.7050	0.0244	0.0094	0.0217	0.0260

国家	年份	总得分	口岸效率	监管环境	规制环境	电子商务
卢森堡	2008	0.7670	0.0245	0.0106	0.0280	0.0258
	2009	0.7848	0.0248	0.0106	0.0290	0.0266
	2010	0.8071	0.0280	0.0105	0.0288	0.0267
	2011	0.8060	0.0280	0.0105	0.0285	0.0268
	2012	0.8073	0.0278	0.0105	0.0283	0.0273
	2013	0.8302	0.0283	0.0107	0.0285	0.0290
	2014	0.8345	0.0281	0.0108	0.0291	0.0291
	2015	0.8318	0.0279	0.0108	0.0297	0.0287
	2016	0.8157	0.0278	0.0103	0.0292	0.0279
拉脱维亚	2008	0.6184	0.0234	0.0085	0.0204	0.0199
	2009	0.6052	0.0234	0.0076	0.0192	0.0203
	2010	0.6157	0.0248	0.0072	0.0191	0.0209
	2011	0.6111	0.0233	0.0072	0.0195	0.0211
	2012	0.6142	0.0217	0.0070	0.0203	0.0220
	2013	0.6614	0.0242	0.0079	0.0205	0.0239
	2014	0.6944	0.0260	0.0087	0.0209	0.0248
	2015	0.6918	0.0247	0.0087	0.0210	0.0253
	2016	0.6590	0.0232	0.0084	0.0202	0.0239
摩洛哥	2008	0.5726	0.0186	0.0075	0.0185	0.0211
	2009	0.5618	0.0186	0.0068	0.0183	0.0211
	2010	0.5583	0.0189	0.0062	0.0183	0.0212
	2011	0.5754	0.0209	0.0062	0.0185	0.0212
	2012	0.5977	0.0228	0.0064	0.0191	0.0215
	2013	0.6009	0.0232	0.0072	0.0188	0.0208
	2014	0.6074	0.0228	0.0079	0.0193	0.0207
	2015	0.6115	0.0212	0.0079	0.0192	0.0221
	2016	0.5914	0.0200	0.0072	0.0190	0.0218

国家	年份	总得分	口岸效率	监管环境	规制环境	电子商务
马达加斯加	2008	0.4871	0.0166	0.0065	0.0164	0.0172
	2009	0.4710	0.0166	0.0058	0.0148	0.0175
	2010	0.4737	0.0192	0.0052	0.0140	0.0171
	2011	0.4529	0.0191	0.0049	0.0132	0.0162
	2012	0.4500	0.0189	0.0045	0.0131	0.0166
	2013	0.4784	0.0188	0.0051	0.0137	0.0183
	2014	0.4815	0.0180	0.0056	0.0143	0.0183
	2015	0.4600	0.0162	0.0056	0.0142	0.0175
	2016	0.4521	0.0148	0.0058	0.0136	0.0178
墨西哥	2008	0.5472	0.0211	0.0075	0.0159	0.0189
	2009	0.5548	0.0212	0.0069	0.0161	0.0201
	2010	0.5600	0.0221	0.0065	0.0162	0.0204
	2011	0.5765	0.0228	0.0066	0.0164	0.0214
	2012	0.5914	0.0229	0.0065	0.0171	0.0223
	2013	0.6100	0.0233	0.0071	0.0171	0.0232
	2014	0.6029	0.0231	0.0078	0.0168	0.0223
	2015	0.5922	0.0224	0.0077	0.0166	0.0218
	2016	0.5850	0.0217	0.0071	0.0163	0.0225
北马其顿	2008	0.4996	0.0178	0.0070	0.0169	0.0164
	2009	0.5062	0.0177	0.0066	0.0173	0.0174
	2010	0.5299	0.0193	0.0067	0.0173	0.0186
	2011	0.5265	0.0192	0.0066	0.0171	0.0184
	2012	0.5335	0.0188	0.0066	0.0178	0.0187
	2013	0.5704	0.0190	0.0072	0.0190	0.0207
	2014	0.5910	0.0186	0.0076	0.0206	0.0213
	2015	0.5814	0.0184	0.0079	0.0202	0.0206
	2016	0.5746	0.0180	0.0082	0.0188	0.0208

国家	年份	总得分	口岸效率	监管环境	规制环境	电子商务
毛里求斯	2008	0.6294	0.0176	0.0080	0.0236	0.0228
	2009	0.6239	0.0172	0.0077	0.0237	0.0230
	2010	0.6507	0.0210	0.0077	0.0236	0.0232
	2011	0.6441	0.0215	0.0076	0.0232	0.0225
	2012	0.6505	0.0216	0.0074	0.0238	0.0228
	2013	0.6615	0.0209	0.0078	0.0238	0.0239
	2014	0.6545	0.0199	0.0081	0.0238	0.0236
	2015	0.6488	0.0193	0.0082	0.0240	0.0233
	2016	0.6287	0.0183	0.0082	0.0235	0.0225
马来西亚	2008	0.7133	0.0258	0.0086	0.0229	0.0254
	2009	0.6977	0.0256	0.0081	0.0218	0.0254
	2010	0.6954	0.0255	0.0075	0.0221	0.0256
	2011	0.7189	0.0262	0.0077	0.0234	0.0262
	2012	0.7236	0.0261	0.0079	0.0237	0.0264
	2013	0.7381	0.0265	0.0084	0.0237	0.0270
	2014	0.7555	0.0267	0.0087	0.0249	0.0274
	2015	0.7432	0.0256	0.0088	0.0249	0.0269
	2016	0.7178	0.0245	0.0077	0.0240	0.0267
尼日利亚	2008	0.5111	0.0173	0.0057	0.0179	0.0188
	2009	0.4925	0.0174	0.0047	0.0161	0.0190
	2010	0.4843	0.0188	0.0044	0.0149	0.0186
	2011	0.4935	0.0188	0.0043	0.0160	0.0188
	2012	0.5002	0.0184	0.0041	0.0168	0.0193
	2013	0.5013	0.0197	0.0044	0.0153	0.0196
	2014	0.4945	0.0205	0.0046	0.0144	0.0189
	2015	0.4885	0.0188	0.0045	0.0150	0.0190
	2016	0.4731	0.0171	0.0045	0.0153	0.0184

国家	年份	总得分	口岸效率	监管环境	规制环境	电子商务
尼加拉瓜	2008	0.4678	0.0158	0.0065	0.0141	0.0176
	2009	0.4696	0.0160	0.0059	0.0140	0.0182
	2010	0.4842	0.0187	0.0056	0.0139	0.0182
	2011	0.4781	0.0191	0.0055	0.0136	0.0178
	2012	0.4868	0.0192	0.0054	0.0150	0.0175
	2013	0.5140	0.0196	0.0064	0.0165	0.0177
	2014	0.5146	0.0193	0.0073	0.0155	0.0180
	2015	0.4770	0.0179	0.0069	0.0140	0.0170
	2016	0.4718	0.0167	0.0068	0.0142	0.0174
荷兰	2008	0.8125	0.0295	0.0104	0.0273	0.0269
	2009	0.8237	0.0295	0.0107	0.0279	0.0273
	2010	0.8174	0.0288	0.0106	0.0279	0.0273
	2011	0.8284	0.0294	0.0106	0.0283	0.0277
	2012	0.8387	0.0296	0.0106	0.0289	0.0280
	2013	0.8288	0.0263	0.0109	0.0287	0.0291
	2014	0.8025	0.0224	0.0110	0.0286	0.0290
	2015	0.8259	0.0257	0.0111	0.0289	0.0288
	2016	0.8414	0.0287	0.0109	0.0292	0.0283
挪威	2008	0.8241	0.0271	0.0109	0.0296	0.0279
	2009	0.8198	0.0270	0.0105	0.0290	0.0283
	2010	0.8260	0.0278	0.0105	0.0289	0.0284
	2011	0.8224	0.0278	0.0106	0.0286	0.0282
	2012	0.8208	0.0271	0.0107	0.0286	0.0284
	2013	0.8365	0.0274	0.0107	0.0289	0.0295
	2014	0.8392	0.0272	0.0106	0.0292	0.0297
	2015	0.8317	0.0263	0.0106	0.0299	0.0292
	2016	0.8121	0.0254	0.0093	0.0299	0.0290

国家	年份	总得分	口岸效率	监管环境	规制环境	电子商务
尼泊尔	2008	0.4655	0.0162	0.0059	0.0159	0.0162
	2009	0.4422	0.0162	0.0045	0.0140	0.0165
	2010	0.4469	0.0164	0.0041	0.0142	0.0173
	2011	0.4451	0.0155	0.0040	0.0146	0.0177
	2012	0.4455	0.0144	0.0039	0.0153	0.0181
	2013	0.4718	0.0166	0.0045	0.0153	0.0187
	2014	0.4864	0.0182	0.0051	0.0154	0.0186
	2015	0.4701	0.0168	0.0051	0.0159	0.0176
	2016	0.4618	0.0156	0.0053	0.0161	0.0173
新西兰	2008	0.7766	0.0268	0.0102	0.0286	0.0244
	2009	0.8059	0.0270	0.0109	0.0302	0.0254
	2010	0.8080	0.0266	0.0109	0.0302	0.0259
	2011	0.8127	0.0264	0.0109	0.0302	0.0264
	2012	0.8196	0.0257	0.0109	0.0307	0.0272
	2013	0.8287	0.0261	0.0109	0.0306	0.0280
	2014	0.8307	0.0262	0.0107	0.0307	0.0282
	2015	0.8170	0.0250	0.0105	0.0304	0.0281
	2016	0.7994	0.0239	0.0098	0.0302	0.0280
阿曼	2008	0.6762	0.0221	0.0081	0.0259	0.0222
	2009	0.6779	0.0223	0.0082	0.0250	0.0228
	2010	0.6699	0.0205	0.0084	0.0246	0.0232
	2011	0.6763	0.0214	0.0087	0.0244	0.0231
	2012	0.6819	0.0218	0.0087	0.0247	0.0233
	2013	0.7120	0.0230	0.0088	0.0253	0.0247
	2014	0.6942	0.0232	0.0089	0.0237	0.0241
	2015	0.6675	0.0225	0.0086	0.0218	0.0239
	2016	0.6594	0.0221	0.0080	0.0228	0.0234

国家	年份	总得分	口岸效率	监管环境	规制环境	电子商务
巴基斯坦	2008	0.5145	0.0189	0.0067	0.0155	0.0185
	2009	0.5029	0.0192	0.0056	0.0148	0.0187
	2010	0.5110	0.0201	0.0050	0.0154	0.0191
	2011	0.5118	0.0204	0.0049	0.0154	0.0189
	2012	0.5229	0.0206	0.0048	0.0160	0.0194
	2013	0.5354	0.0208	0.0052	0.0160	0.0202
	2014	0.5337	0.0205	0.0056	0.0158	0.0201
	2015	0.5298	0.0204	0.0057	0.0156	0.0198
	2016	0.5195	0.0201	0.0063	0.0158	0.0185
巴拿马	2008	0.6263	0.0225	0.0082	0.0174	0.0239
	2009	0.6271	0.0224	0.0078	0.0177	0.0242
	2010	0.6489	0.0245	0.0076	0.0177	0.0251
	2011	0.6560	0.0246	0.0073	0.0179	0.0259
	2012	0.6610	0.0241	0.0071	0.0187	0.0264
	2013	0.6804	0.0250	0.0077	0.0190	0.0267
	2014	0.6729	0.0255	0.0083	0.0184	0.0255
	2015	0.6614	0.0251	0.0084	0.0180	0.0248
	2016	0.6657	0.0247	0.0076	0.0182	0.0259
秘鲁	2008	0.5467	0.0187	0.0078	0.0156	0.0209
	2009	0.5552	0.0190	0.0073	0.0159	0.0218
	2010	0.5740	0.0205	0.0068	0.0162	0.0228
	2011	0.5838	0.0213	0.0071	0.0164	0.0227
	2012	0.5748	0.0214	0.0072	0.0158	0.0221
	2013	0.5768	0.0213	0.0073	0.0161	0.0221
	2014	0.5678	0.0208	0.0073	0.0159	0.0217
	2015	0.5692	0.0202	0.0076	0.0159	0.0218
	2016	0.5753	0.0196	0.0076	0.0163	0.0224

国家	年份	总得分	口岸效率	监管环境	规制环境	电子商务
菲律宾	2008	0.5466	0.0193	0.0059	0.0151	0.0229
	2009	0.5273	0.0189	0.0047	0.0145	0.0230
	2010	0.5440	0.0223	0.0045	0.0144	0.0229
	2011	0.5463	0.0220	0.0046	0.0149	0.0227
	2012	0.5569	0.0214	0.0046	0.0160	0.0233
	2013	0.5829	0.0214	0.0054	0.0171	0.0243
	2014	0.5909	0.0212	0.0061	0.0179	0.0237
	2015	0.5750	0.0203	0.0061	0.0175	0.0230
	2016	0.5531	0.0191	0.0061	0.0166	0.0225
波兰	2008	0.5722	0.0204	0.0075	0.0183	0.0205
	2009	0.5833	0.0206	0.0076	0.0186	0.0210
	2010	0.6143	0.0237	0.0078	0.0197	0.0209
	2011	0.6190	0.0239	0.0079	0.0202	0.0207
	2012	0.6196	0.0238	0.0080	0.0201	0.0209
	2013	0.6346	0.0244	0.0084	0.0197	0.0216
	2014	0.6423	0.0247	0.0087	0.0197	0.0218
	2015	0.6434	0.0237	0.0089	0.0205	0.0219
	2016	0.6379	0.0229	0.0090	0.0197	0.0223
葡萄牙	2008	0.7022	0.0245	0.0094	0.0224	0.0248
	2009	0.6880	0.0244	0.0088	0.0212	0.0251
	2010	0.6816	0.0238	0.0086	0.0208	0.0253
	2011	0.6834	0.0251	0.0087	0.0202	0.0250
	2012	0.6925	0.0259	0.0088	0.0207	0.0249
	2013	0.7083	0.0263	0.0091	0.0209	0.0254
	2014	0.7160	0.0264	0.0092	0.0213	0.0256
	2015	0.7054	0.0252	0.0092	0.0214	0.0253
	2016	0.6828	0.0241	0.0084	0.0209	0.0249

续表

国家	年份	总得分	口岸效率	监管环境	规制环境	电子商务
巴拉圭	2008	0.4722	0.0178	0.0062	0.0124	0.0184
	2009	0.4670	0.0177	0.0049	0.0126	0.0192
	2010	0.4829	0.0195	0.0045	0.0133	0.0197
	2011	0.4848	0.0185	0.0046	0.0140	0.0199
	2012	0.4855	0.0173	0.0047	0.0145	0.0203
	2013	0.4934	0.0186	0.0050	0.0142	0.0201
	2014	0.4945	0.0195	0.0053	0.0143	0.0193
	2015	0.4723	0.0179	0.0052	0.0146	0.0181
	2016	0.4694	0.0165	0.0054	0.0144	0.0187
卡塔尔	2008	0.6960	0.0233	0.0083	0.0249	0.0240
	2009	0.7373	0.0238	0.0089	0.0275	0.0251
	2010	0.7498	0.0244	0.0093	0.0269	0.0258
	2011	0.7447	0.0250	0.0093	0.0260	0.0256
	2012	0.7646	0.0252	0.0092	0.0277	0.0264
	2013	0.8003	0.0261	0.0093	0.0285	0.0285
	2014	0.7971	0.0266	0.0092	0.0282	0.0282
	2015	0.7859	0.0259	0.0092	0.0278	0.0278
	2016	0.7689	0.0252	0.0087	0.0270	0.0276
俄罗斯	2008	0.4855	0.0178	0.0061	0.0153	0.0171
	2009	0.4634	0.0176	0.0046	0.0140	0.0177
	2010	0.4778	0.0193	0.0043	0.0145	0.0178
	2011	0.4731	0.0196	0.0043	0.0142	0.0174
	2012	0.4732	0.0196	0.0043	0.0141	0.0174
	2013	0.5190	0.0201	0.0050	0.0151	0.0200
	2014	0.5464	0.0203	0.0057	0.0160	0.0212
	2015	0.5461	0.0194	0.0060	0.0160	0.0214
	2016	0.5477	0.0188	0.0063	0.0168	0.0209

国家	年份	总得分	口岸效率	监管环境	规制环境	电子商务
沙特阿拉伯	2008	0.6538	0.0224	0.0072	0.0221	0.0238
	2009	0.6581	0.0224	0.0074	0.0217	0.0243
	2010	0.6813	0.0235	0.0077	0.0227	0.0246
	2011	0.7043	0.0244	0.0081	0.0238	0.0249
	2012	0.7069	0.0246	0.0084	0.0233	0.0252
	2013	0.7178	0.0241	0.0083	0.0230	0.0269
	2014	0.6973	0.0232	0.0079	0.0227	0.0261
	2015	0.6922	0.0228	0.0079	0.0231	0.0257
	2016	0.6897	0.0224	0.0083	0.0238	0.0250
新加坡	2008	0.8546	0.0302	0.0117	0.0305	0.0271
	2009	0.8653	0.0302	0.0123	0.0304	0.0276
	2010	0.8602	0.0296	0.0121	0.0304	0.0277
	2011	0.8689	0.0303	0.0122	0.0305	0.0280
	2012	0.8762	0.0304	0.0122	0.0307	0.0286
	2013	0.8878	0.0301	0.0122	0.0305	0.0299
	2014	0.8776	0.0292	0.0122	0.0305	0.0296
	2015	0.8750	0.0289	0.0123	0.0306	0.0294
	2016	0.8651	0.0287	0.0105	0.0306	0.0300
萨尔瓦多	2008	0.5718	0.0205	0.0079	0.0186	0.0191
	2009	0.5616	0.0210	0.0067	0.0167	0.0203
	2010	0.5558	0.0205	0.0064	0.0162	0.0209
	2011	0.5512	0.0205	0.0063	0.0155	0.0212
	2012	0.5417	0.0204	0.0062	0.0150	0.0209
	2013	0.5457	0.0211	0.0064	0.0152	0.0203
	2014	0.5775	0.0220	0.0065	0.0173	0.0209
	2015	0.5574	0.0208	0.0066	0.0162	0.0206
	2016	0.5415	0.0195	0.0067	0.0149	0.0211

国家	年份	总得分	口岸效率	监管环境	规制环境	电子商务
斯洛伐克	2008	0.5901	0.0204	0.0070	0.0191	0.0222
	2009	0.5936	0.0207	0.0071	0.0188	0.0225
	2010	0.5992	0.0227	0.0071	0.0177	0.0227
	2011	0.5833	0.0218	0.0071	0.0170	0.0223
	2012	0.5758	0.0208	0.0069	0.0171	0.0223
	2013	0.5946	0.0217	0.0075	0.0167	0.0234
	2014	0.6104	0.0224	0.0080	0.0165	0.0242
	2015	0.6110	0.0218	0.0082	0.0167	0.0243
	2016	0.6071	0.0211	0.0082	0.0170	0.0242
斯洛文尼亚	2008	0.6474	0.0225	0.0085	0.0219	0.0220
	2009	0.6665	0.0228	0.0086	0.0233	0.0225
	2010	0.6509	0.0219	0.0085	0.0224	0.0223
	2011	0.6422	0.0230	0.0082	0.0212	0.0219
	2012	0.6412	0.0239	0.0080	0.0208	0.0219
	2013	0.6524	0.0241	0.0086	0.0201	0.0228
	2014	0.6494	0.0241	0.0090	0.0196	0.0225
	2015	0.6358	0.0230	0.0091	0.0201	0.0213
	2016	0.6461	0.0221	0.0096	0.0208	0.0220
瑞典	2008	0.8394	0.0287	0.0117	0.0295	0.0276
	2009	0.8522	0.0287	0.0118	0.0307	0.0279
	2010	0.8526	0.0288	0.0116	0.0303	0.0282
	2011	0.8493	0.0286	0.0116	0.0300	0.0284
	2012	0.8306	0.0276	0.0115	0.0293	0.0279
	2013	0.8490	0.0283	0.0115	0.0295	0.0292
	2014	0.8332	0.0285	0.0114	0.0280	0.0288
	2015	0.8305	0.0283	0.0115	0.0286	0.0281
	2016	0.8375	0.0283	0.0103	0.0299	0.0288

国家	年份	总得分	口岸效率	监管环境	规制环境	电子商务
泰国	2008	0.6317	0.0241	0.0074	0.0208	0.0215
	2009	0.6148	0.0243	0.0065	0.0192	0.0218
	2010	0.6179	0.0247	0.0062	0.0194	0.0219
	2011	0.6045	0.0245	0.0059	0.0189	0.0214
	2012	0.6028	0.0240	0.0057	0.0186	0.0221
	2013	0.6300	0.0248	0.0064	0.0186	0.0236
	2014	0.6338	0.0252	0.0070	0.0182	0.0234
	2015	0.6281	0.0239	0.0072	0.0188	0.0231
	2016	0.6204	0.0225	0.0071	0.0191	0.0233
土耳其	2008	0.6015	0.0220	0.0075	0.0185	0.0220
	2009	0.5941	0.0222	0.0066	0.0182	0.0222
	2010	0.6014	0.0235	0.0059	0.0187	0.0223
	2011	0.6108	0.0245	0.0058	0.0188	0.0226
	2012	0.6308	0.0252	0.0056	0.0196	0.0236
	2013	0.6539	0.0254	0.0066	0.0200	0.0244
	2014	0.6537	0.0251	0.0075	0.0194	0.0241
	2015	0.6449	0.0242	0.0075	0.0188	0.0243
	2016	0.6156	0.0234	0.0071	0.0184	0.0223
乌干达	2008	0.4909	0.0180	0.0057	0.0169	0.0169
	2009	0.4816	0.0180	0.0045	0.0167	0.0176
	2010	0.5093	0.0202	0.0044	0.0173	0.0185
	2011	0.5235	0.0206	0.0044	0.0180	0.0190
	2012	0.5247	0.0206	0.0044	0.0181	0.0191
	2013	0.5226	0.0205	0.0049	0.0174	0.0191
	2014	0.5129	0.0197	0.0054	0.0170	0.0187
	2015	0.5062	0.0194	0.0055	0.0177	0.0178
	2016	0.5131	0.0194	0.0055	0.0181	0.0180

国家	年份	总得分	口岸效率	监管环境	规制环境	电子商务
乌克兰	2008	0.4946	0.0185	0.0060	0.0144	0.0186
	2009	0.4801	0.0187	0.0053	0.0131	0.0186
	2010	0.4760	0.0190	0.0048	0.0130	0.0187
	2011	0.4831	0.0202	0.0045	0.0129	0.0190
	2012	0.5018	0.0212	0.0041	0.0134	0.0199
	2013	0.5048	0.0215	0.0048	0.0134	0.0195
	2014	0.5124	0.0215	0.0055	0.0141	0.0192
	2015	0.5023	0.0203	0.0055	0.0146	0.0187
	2016	0.4987	0.0194	0.0056	0.0147	0.0187
乌拉圭	2008	0.5924	0.0185	0.0078	0.0215	0.0203
	2009	0.6089	0.0189	0.0077	0.0222	0.0210
	2010	0.6342	0.0210	0.0073	0.0230	0.0217
	2011	0.6473	0.0220	0.0075	0.0234	0.0218
	2012	0.6413	0.0221	0.0077	0.0230	0.0213
	2013	0.6364	0.0214	0.0077	0.0231	0.0213
	2014	0.6306	0.0206	0.0076	0.0237	0.0211
	2015	0.6420	0.0203	0.0078	0.0238	0.0221
	2016	0.6630	0.0208	0.0083	0.0233	0.0236
美国	2008	0.7807	0.0274	0.0097	0.0253	0.0280
	2009	0.7823	0.0272	0.0101	0.0249	0.0283
	2010	0.7737	0.0269	0.0100	0.0246	0.0280
	2011	0.7728	0.0277	0.0097	0.0242	0.0280
	2012	0.7776	0.0281	0.0095	0.0242	0.0285
	2013	0.7987	0.0281	0.0099	0.0247	0.0297
	2014	0.8044	0.0276	0.0103	0.0249	0.0300
	2015	0.8086	0.0276	0.0104	0.0256	0.0297
	2016	0.7970	0.0274	0.0088	0.0264	0.0296

国家	年份	总得分	口岸效率	监管环境	规制环境	电子商务
委内瑞拉	2008	0.4498	0.0178	0.0056	0.0107	0.0181
	2009	0.4207	0.0178	0.0038	0.0092	0.0180
	2010	0.4421	0.0195	0.0036	0.0100	0.0186
	2011	0.4427	0.0192	0.0037	0.0101	0.0187
	2012	0.4317	0.0184	0.0038	0.0096	0.0186
	2013	0.4381	0.0190	0.0038	0.0090	0.0192
	2014	0.4270	0.0194	0.0038	0.0082	0.0186
	2015	0.4066	0.0176	0.0037	0.0075	0.0182
	2016	0.4059	0.0161	0.0038	0.0079	0.0188
越南	2008	0.5393	0.0198	0.0052	0.0165	0.0214
	2009	0.5497	0.0202	0.0051	0.0174	0.0215
	2010	0.5496	0.0213	0.0049	0.0170	0.0211
	2011	0.5398	0.0218	0.0048	0.0167	0.0202
	2012	0.5343	0.0223	0.0047	0.0165	0.0195
	2013	0.5403	0.0226	0.0052	0.0163	0.0195
	2014	0.5451	0.0225	0.0056	0.0167	0.0193
	2015	0.5448	0.0215	0.0058	0.0175	0.0191
	2016	0.5548	0.0204	0.0058	0.0179	0.0206

附表 2　　2008～2016 年各国贸易便利化二级指标得分

国家	年份	口岸效率		监管环境			规制环境		电子商务		
		基础设施质量	运输服务质量	进出口程序的效率	边境管理的透明度	政府的效率	非法干预	电子商务的使用率	金融服务的效率	新技术的利用
阿尔巴尼亚	2008	0.0439	0.0714	0.0097	0.0542	0.0764	0.0476	0.0327	0.0530	0.0669
	2009	0.0519	0.0714	0.0097	0.0518	0.0789	0.0514	0.0354	0.0547	0.0705
	2010	0.0550	0.0942	0.0102	0.0486	0.0881	0.0538	0.0375	0.0559	0.0747
	2011	0.0578	0.1022	0.0102	0.0521	0.0891	0.0523	0.0390	0.0617	0.0791
	2012	0.0551	0.1080	0.0102	0.0556	0.0831	0.0462	0.0405	0.0595	0.0765
	2013	0.0507	0.1093	0.0102	0.0579	0.0807	0.0402	0.0466	0.0581	0.0714
	2014	0.0532	0.1080	0.0102	0.0593	0.0828	0.0417	0.0479	0.0616	0.0699
	2015	0.0575	0.0973	0.0102	0.0630	0.0856	0.0475	0.0485	0.0616	0.0695
	2016	0.0555	0.0874	0.0126	0.0662	0.0868	0.0490	0.0510	0.0634	0.0734
阿联酋	2008	0.0821	0.1330	0.0171	0.0781	0.1090	0.0814	0.0456	0.0828	0.1023
	2009	0.0833	0.1330	0.0171	0.0763	0.1143	0.0805	0.0505	0.0844	0.1059
	2010	0.0824	0.1296	0.0211	0.0799	0.1063	0.0799	0.0552	0.0853	0.1045
	2011	0.0824	0.1355	0.0227	0.0809	0.1065	0.0826	0.0554	0.0875	0.0989
	2012	0.0843	0.1385	0.0227	0.0818	0.1130	0.0874	0.0553	0.0890	0.1026
	2013	0.0853	0.1353	0.0227	0.0839	0.1168	0.0879	0.0825	0.0894	0.1068

续表

国家	年份	口岸效率		监管环境		规制环境		电子商务		
		基础设施质量	运输服务质量	进出口工程序的效率	边境管理的透明度	政府的效率	非法干预	电子商务的使用率	金融服务的效率	新技术的利用
阿联酋	2014	0.0857	0.1291	0.0227	0.0845	0.1213	0.0888	0.0834	0.0904	0.1070
	2015	0.0856	0.1316	0.0227	0.0860	0.1204	0.0895	0.0833	0.0904	0.1071
	2016	0.0848	0.1339	0.0153	0.0867	0.1260	0.0898	0.0856	0.0905	0.1044
阿根廷	2008	0.0414	0.1108	0.0119	0.0552	0.0718	0.0392	0.0603	0.0550	0.0709
	2009	0.0456	0.1108	0.0126	0.0410	0.0638	0.0405	0.0606	0.0550	0.0750
	2010	0.0473	0.1200	0.0128	0.0395	0.0669	0.0417	0.0597	0.0545	0.0755
	2011	0.0464	0.1211	0.0128	0.0380	0.0670	0.0419	0.0581	0.0571	0.0761
	2012	0.0465	0.1194	0.0128	0.0364	0.0651	0.0387	0.0564	0.0543	0.0731
	2013	0.0469	0.1197	0.0106	0.0406	0.0644	0.0387	0.0595	0.0506	0.0694
	2014	0.0472	0.1172	0.0111	0.0442	0.0626	0.0378	0.0573	0.0493	0.0680
	2015	0.0498	0.1122	0.0111	0.0458	0.0647	0.0397	0.0547	0.0493	0.0673
	2016	0.0508	0.1077	0.0099	0.0471	0.0721	0.0438	0.0547	0.0513	0.0697
亚美尼亚	2008	0.0446	0.0792	0.0096	0.0489	0.0754	0.0397	0.0463	0.0558	0.0642
	2009	0.0481	0.0792	0.0096	0.0377	0.0762	0.0401	0.0487	0.0575	0.0670
	2010	0.0476	0.0948	0.0096	0.0367	0.0795	0.0436	0.0501	0.0587	0.0660

国家	年份	口岸效率		监管环境		规制环境		电子商务		
		基础设施质量	运输服务质量	进出口程序的效率	边境管理的透明度	政府的效率	非法干预	电子商务的使用率	金融服务的效率	新技术的利用
亚美尼亚	2011	0.0464	0.0991	0.0120	0.0378	0.0855	0.0464	0.0492	0.0669	0.0685
	2012	0.0501	0.1011	0.0120	0.0389	0.0918	0.0483	0.0480	0.0749	0.0755
	2013	0.0495	0.1018	0.0120	0.0478	0.0930	0.0502	0.0539	0.0754	0.0760
	2014	0.0440	0.1004	0.0120	0.0562	0.0877	0.0497	0.0547	0.0686	0.0727
	2015	0.0401	0.0878	0.0120	0.0584	0.0858	0.0507	0.0643	0.0686	0.0735
	2016	0.0439	0.0763	0.0134	0.0603	0.0919	0.0530	0.0637	0.0653	0.0763
澳大利亚	2008	0.0696	0.1377	0.0162	0.0858	0.1247	0.0924	0.0711	0.0933	0.0991
	2009	0.0677	0.1377	0.0162	0.0887	0.1266	0.0918	0.0739	0.0930	0.0997
	2010	0.0691	0.1402	0.0162	0.0857	0.1266	0.0906	0.0756	0.0918	0.0995
	2011	0.0707	0.1391	0.0162	0.0837	0.1234	0.0882	0.0756	0.0896	0.0984
	2012	0.0710	0.1348	0.0162	0.0817	0.1224	0.0878	0.0753	0.0875	0.1024
	2013	0.0686	0.1372	0.0162	0.0816	0.1164	0.0850	0.0801	0.0874	0.1019
	2014	0.0683	0.1366	0.0162	0.0799	0.1180	0.0866	0.0806	0.0891	0.1002
	2015	0.0680	0.1328	0.0162	0.0822	0.1230	0.0904	0.0818	0.0891	0.0997
	2016	0.0656	0.1293	0.0178	0.0838	0.1212	0.0909	0.0837	0.0840	0.0961

续表

国家	年份	口岸效率		监管环境		规制环境		电子商务		
		基础设施质量	运输服务质量	进出口程序的效率	边境管理的透明度	政府的效率	非法干预	电子商务的使用率	金融服务的效率	新技术的利用
奥地利	2008	0.0724	0.1447	0.0211	0.0882	0.1289	0.0901	0.0652	0.0881	0.1053
	2009	0.0721	0.1447	0.0214	0.0865	0.1258	0.0891	0.0681	0.0896	0.1040
	2010	0.0695	0.1380	0.0214	0.0816	0.1267	0.0867	0.0698	0.0902	0.1023
	2011	0.0690	0.1399	0.0214	0.0790	0.1241	0.0840	0.0692	0.0913	0.1017
	2012	0.0693	0.1387	0.0214	0.0763	0.1241	0.0790	0.0684	0.0922	0.1034
	2013	0.0659	0.1386	0.0214	0.0797	0.1246	0.0780	0.0796	0.0919	0.1014
	2014	0.0636	0.1353	0.0214	0.0818	0.1241	0.0785	0.0785	0.0883	0.1013
	2015	0.0610	0.1392	0.0214	0.0852	0.1246	0.0807	0.0755	0.0883	0.1018
	2016	0.0599	0.1428	0.0104	0.0878	0.1242	0.0828	0.0779	0.0944	0.0992
阿塞拜疆	2008	0.0607	0.0876	0.0069	0.0534	0.0852	0.0491	0.0395	0.0649	0.0845
	2009	0.0605	0.0876	0.0069	0.0400	0.0818	0.0524	0.0427	0.0666	0.0840
	2010	0.0586	0.1063	0.0071	0.0455	0.0772	0.0489	0.0451	0.0679	0.0802
	2011	0.0588	0.1047	0.0074	0.0414	0.0764	0.0475	0.0473	0.0682	0.0779
	2012	0.0587	0.1009	0.0074	0.0373	0.0826	0.0490	0.0494	0.0649	0.0803
	2013	0.0624	0.0957	0.0074	0.0468	0.0875	0.0514	0.0529	0.0663	0.0851

续表

国家	年份	口岸效率		监管环境		规制环境		电子商务		
		基础设施质量	运输服务质量	进出口程序的效率	边境管理的透明度	政府的效率	非法干预	电子商务的使用率	金融服务的效率	新技术的利用
阿塞拜疆	2014	0.0605	0.0884	0.0075	0.0557	0.0868	0.0502	0.0565	0.0671	0.0842
	2015	0.0604	0.0852	0.0075	0.0570	0.0866	0.0506	0.0584	0.0671	0.0843
	2016	0.0623	0.0822	0.0067	0.0578	0.0931	0.0546	0.0604	0.0763	0.0844
布隆迪	2008	0.0434	0.0561	0.0064	0.0582	0.0718	0.0337	0.0258	0.0440	0.0570
	2009	0.0423	0.0762	0.0064	0.0464	0.0590	0.0340	0.0264	0.0454	0.0617
	2010	0.0406	0.0773	0.0066	0.0351	0.0618	0.0333	0.0261	0.0465	0.0583
	2011	0.0399	0.0695	0.0066	0.0335	0.0622	0.0318	0.0267	0.0462	0.0520
	2012	0.0353	0.0603	0.0068	0.0319	0.0612	0.0297	0.0272	0.0418	0.0566
	2013	0.0357	0.0788	0.0070	0.0349	0.0633	0.0311	0.0315	0.0426	0.0576
	2014	0.0351	0.0956	0.0072	0.0375	0.0677	0.0332	0.0302	0.0453	0.0544
	2015	0.0351	0.0952	0.0073	0.0412	0.0657	0.0334	0.0231	0.0453	0.0545
	2016	0.0318	0.0951	0.0104	0.0446	0.0619	0.0348	0.0241	0.0526	0.0498
比利时	2008	0.0799	0.1400	0.0196	0.0728	0.1040	0.0842	0.0639	0.0927	0.0985
	2009	0.0807	0.1400	0.0196	0.0782	0.1048	0.0810	0.0665	0.0937	0.0984
	2010	0.0814	0.1384	0.0196	0.0758	0.1057	0.0800	0.0679	0.0938	0.0982

续表

国家	年份	口岸效率		监管环境		规制环境		电子商务		
		基础设施质量	运输服务质量	进出口程序的效率	边境管理的透明度	政府的效率	非法干预	电子商务的使用率	金融服务的效率	新技术的利用
比利时	2011	0.0820	0.1426	0.0196	0.0773	0.1063	0.0808	0.0693	0.0938	0.0992
	2012	0.0809	0.1433	0.0200	0.0788	0.1081	0.0801	0.0705	0.0921	0.1014
	2013	0.0796	0.1470	0.0200	0.0819	0.1091	0.0820	0.0721	0.0924	0.1022
	2014	0.0795	0.1474	0.0200	0.0836	0.1083	0.0842	0.0718	0.0937	0.1028
	2015	0.0788	0.1450	0.0200	0.0846	0.1110	0.0864	0.0715	0.0937	0.1023
	2016	0.0774	0.1429	0.0109	0.0849	0.1137	0.0848	0.0745	0.0943	0.1008
贝宁	2008	0.0450	0.0993	0.0077	0.0582	0.0853	0.0490	0.0306	0.0710	0.0696
	2009	0.0426	0.0993	0.0077	0.0436	0.0821	0.0479	0.0326	0.0701	0.0664
	2010	0.0515	0.1091	0.0080	0.0415	0.0838	0.0447	0.0338	0.0686	0.0687
	2011	0.0498	0.1098	0.0080	0.0389	0.0303	0.0442	0.0351	0.0656	0.0716
	2012	0.0460	0.1079	0.0080	0.0364	0.0761	0.0403	0.0364	0.0573	0.0713
	2013	0.0434	0.1039	0.0081	0.0375	0.0756	0.0386	0.0406	0.0552	0.0667
	2014	0.0415	0.0980	0.0091	0.0380	0.0780	0.0408	0.0396	0.0543	0.0659
	2015	0.0396	0.0903	0.0097	0.0392	0.0780	0.0436	0.0381	0.0543	0.0646
	2016	0.0448	0.0832	0.0091	0.0402	0.0778	0.0430	0.0390	0.0600	0.0668

续表

国家	年份	口岸效率		监管环境		规制环境		电子商务		
		基础设施质量	运输服务质量	进出口程序的效率	边境管理的透明度	政府的效率	非法干预	电子商务的使用率	金融服务的效率	新技术的利用
孟加拉国	2008	0.0384	0.0966	0.0088	0.0360	0.0713	0.0431	0.0485	0.0652	0.0666
	2009	0.0412	0.0966	0.0088	0.0307	0.0665	0.0445	0.0492	0.0655	0.0675
	2010	0.0446	0.1071	0.0090	0.0320	0.0697	0.0434	0.0490	0.0653	0.0699
	2011	0.0447	0.1095	0.0089	0.0334	0.0733	0.0421	0.0480	0.0670	0.0738
	2012	0.0436	0.1094	0.0089	0.0347	0.0727	0.0374	0.0469	0.0633	0.0732
	2013	0.0439	0.1072	0.0089	0.0353	0.0741	0.0346	0.0505	0.0632	0.0742
	2014	0.0434	0.1025	0.0089	0.0353	0.0716	0.0331	0.0501	0.0656	0.0732
	2015	0.0436	0.0972	0.0090	0.0357	0.0694	0.0333	0.0445	0.0656	0.0708
	2016	0.0438	0.0922	0.0111	0.0358	0.0753	0.0374	0.0453	0.0640	0.0711
保加利亚	2008	0.0471	0.1106	0.0145	0.0525	0.0764	0.0468	0.0467	0.0584	0.0661
	2009	0.0476	0.1106	0.0145	0.0425	0.0758	0.0466	0.0479	0.0607	0.0684
	2010	0.0511	0.1098	0.0145	0.0444	0.0754	0.0473	0.0485	0.0625	0.0684
	2011	0.0512	0.1169	0.0145	0.0445	0.0742	0.0481	0.0502	0.0608	0.0679
	2012	0.0497	0.1216	0.0148	0.0446	0.0771	0.0498	0.0517	0.0596	0.0719
	2013	0.0527	0.1237	0.0148	0.0556	0.0786	0.0499	0.0566	0.0609	0.0739

续表

国家	年份	口岸效率		监管环境		规制环境		电子商务		
		基础设施质量	运输服务质量	进出口程序的效率	边境管理的透明度	政府的效率	非法干预	电子商务的使用率	金融服务的效率	新技术的利用
保加利亚	2014	0.0552	0.1227	0.0148	0.0660	0.0772	0.0487	0.0584	0.0671	0.0764
	2015	0.0517	0.1109	0.0149	0.0630	0.0787	0.0483	0.0487	0.0671	0.0781
	2016	0.0527	0.0999	0.0129	0.0597	0.0827	0.0489	0.0496	0.0738	0.0828
巴林	2008	0.0733	0.1088	0.0118	0.0746	0.1004	0.0776	0.0677	0.0946	0.0949
	2009	0.0745	0.1088	0.0118	0.0701	0.0929	0.0796	0.0707	0.0946	0.0906
	2010	0.0768	0.1245	0.0118	0.0749	0.0991	0.0799	0.0726	0.0938	0.0923
	2011	0.0786	0.1215	0.0124	0.0754	0.1118	0.0828	0.0736	0.0984	0.0977
	2012	0.0780	0.1156	0.0124	0.0760	0.1098	0.0805	0.0744	0.0971	0.1011
	2013	0.0743	0.1143	0.0124	0.0765	0.1061	0.0742	0.0802	0.0942	0.0984
	2014	0.0708	0.1109	0.0124	0.0757	0.1050	0.0728	0.0789	0.0925	0.0973
	2015	0.0672	0.1128	0.0124	0.0753	0.1081	0.0781	0.0800	0.0925	0.0959
	2016	0.0643	0.1147	0.0109	0.0743	0.1105	0.0789	0.0830	0.0886	0.0918
波黑	2008	0.0266	0.0909	0.0100	0.0518	0.0713	0.0438	0.0489	0.0550	0.0559
	2009	0.0241	0.0909	0.0106	0.0394	0.0570	0.0397	0.0495	0.0558	0.0604
	2010	0.0265	0.1063	0.0106	0.0353	0.0639	0.0435	0.0491	0.0561	0.0681

续表

国家	年份	口岸效率		监管环境		规制环境		电子商务		
		基础设施质量	运输服务质量	进出口程序的效率	边境管理的透明度	政府的效率	非法干预	电子商务的使用率	金融服务的效率	新技术的利用
波黑	2011	0.0286	0.1108	0.0106	0.0403	0.0707	0.0489	0.0480	0.0564	0.0707
	2012	0.0263	0.1130	0.0107	0.0454	0.0800	0.0565	0.0468	0.0599	0.0757
	2013	0.0245	0.1107	0.0107	0.0548	0.0882	0.0624	0.0503	0.0629	0.0795
	2014	0.0268	0.1059	0.0107	0.0636	0.0800	0.0531	0.0510	0.0620	0.0772
	2015	0.0292	0.0963	0.0107	0.0606	0.0705	0.0446	0.0462	0.0620	0.0743
	2016	0.0308	0.0875	0.0098	0.0571	0.0707	0.0462	0.0439	0.0573	0.0761
玻利维亚	2008	0.0408	0.0886	0.0099	0.0569	0.0550	0.0386	0.0398	0.0605	0.0487
	2009	0.0415	0.0886	0.0107	0.0444	0.0528	0.0371	0.0415	0.0635	0.0559
	2010	0.0436	0.0951	0.0107	0.0357	0.0620	0.0387	0.0424	0.0661	0.0617
	2011	0.0446	0.0986	0.0107	0.0358	0.0662	0.0420	0.0427	0.0601	0.0598
	2012	0.0437	0.0999	0.0107	0.0359	0.0696	0.0402	0.0429	0.0591	0.0620
	2013	0.0387	0.0970	0.0107	0.0403	0.0735	0.0408	0.0475	0.0635	0.0664
	2014	0.0341	0.0920	0.0105	0.0440	0.0766	0.0434	0.0469	0.0625	0.0648
	2015	0.0359	0.0879	0.0103	0.0458	0.0711	0.0392	0.0444	0.0625	0.0652
	2016	0.0400	0.0842	0.0103	0.0472	0.0621	0.0317	0.0463	0.0818	0.0654

续表

国家	年份	口岸效率		监管环境		规制环境		电子商务		
		基础设施质量	运输服务质量	进出口程序的效率	边境管理的透明度	政府的效率	非法干预	电子商务的使用率	金融服务的效率	新技术的利用
巴西	2008	0.0403	0.0991	0.0106	0.0593	0.0719	0.0602	0.0625	0.0898	0.0857
	2009	0.0435	0.0991	0.0113	0.0519	0.0757	0.0569	0.0638	0.0866	0.0899
	2010	0.0449	0.1218	0.0120	0.0507	0.0818	0.0551	0.0639	0.0827	0.0882
	2011	0.0395	0.1232	0.0117	0.0529	0.0835	0.0579	0.0617	0.0832	0.0868
	2012	0.0369	0.1216	0.0117	0.0551	0.0818	0.0577	0.0593	0.0817	0.0885
	2013	0.0391	0.1176	0.0117	0.0571	0.0796	0.0575	0.0707	0.0816	0.0863
	2014	0.0398	0.1109	0.0117	0.0581	0.0764	0.0526	0.0689	0.0842	0.0821
	2015	0.0423	0.1093	0.0117	0.0552	0.0714	0.0477	0.0608	0.0842	0.0801
	2016	0.0442	0.1079	0.0156	0.0519	0.0714	0.0501	0.0622	0.0577	0.0775
加拿大	2008	0.0762	0.1401	0.0238	0.0818	0.1215	0.0932	0.0761	0.1004	0.1008
	2009	0.0743	0.1401	0.0238	0.0877	0.1274	0.0917	0.0783	0.0996	0.1008
	2010	0.0754	0.1359	0.0238	0.0855	0.1292	0.0915	0.0794	0.0978	0.0991
	2011	0.0762	0.1400	0.0238	0.0856	0.1291	0.0923	0.0800	0.0962	0.0978
	2012	0.0757	0.1407	0.0238	0.0857	0.1295	0.0912	0.0804	0.0956	0.0997
	2013	0.0742	0.1425	0.0238	0.0851	0.1290	0.0884	0.0815	0.0973	0.0993

续表

国家	年份	口岸效率		监管环境		规制环境		电子商务		
		基础设施质量	运输服务质量	进出口程序的效率	边境管理的透明度	政府的效率	非法干预	电子商务的使用率	金融服务的效率	新技术的利用
加拿大	2014	0.0736	0.1413	0.0238	0.0829	0.1307	0.0879	0.0813	0.0987	0.1004
	2015	0.0734	0.1363	0.0238	0.0829	0.1292	0.0900	0.0816	0.0987	0.1009
	2016	0.0727	0.1316	0.0230	0.0823	0.1274	0.0881	0.0841	0.0866	0.0984
瑞士	2008	0.0780	0.1422	0.0227	0.0901	0.1352	0.0946	0.0601	0.1029	0.1072
	2009	0.0769	0.1422	0.0227	0.0903	0.1316	0.0930	0.0629	0.1039	0.1076
	2010	0.0759	0.1385	0.0227	0.0862	0.1334	0.0932	0.0645	0.1039	0.1066
	2011	0.0760	0.1390	0.0227	0.0850	0.1340	0.0934	0.0659	0.1039	0.1060
	2012	0.0758	0.1361	0.0227	0.0837	0.1373	0.0924	0.0671	0.1010	0.1084
	2013	0.0732	0.1391	0.0227	0.0858	0.1367	0.0910	0.0771	0.1027	0.1078
	2014	0.0715	0.1390	0.0227	0.0864	0.1369	0.0906	0.0771	0.1039	0.1076
	2015	0.0700	0.1363	0.0227	0.0880	0.1384	0.0934	0.0675	0.1039	0.1079
	2016	0.0680	0.1338	0.0170	0.0889	0.1407	0.0944	0.0696	0.1036	0.1083
智利	2008	0.0702	0.1167	0.0138	0.0877	0.1238	0.0763	0.0633	0.0938	0.0906
	2009	0.0736	0.1167	0.0138	0.0829	0.1180	0.0770	0.0661	0.0941	0.0942
	2010	0.0736	0.1148	0.0138	0.0813	0.1207	0.0813	0.0678	0.0936	0.0942

续表

国家	年份	口岸效率		监管环境		规制环境		电子商务		
		基础设施质量	运输服务质量	进出口程序的效率	边境管理的透明度	政府的效率	非法干预	电子商务的使用率	金融服务的效率	新技术的利用
智利	2011	0.0697	0.1178	0.0138	0.0813	0.1201	0.0837	0.0682	0.0930	0.0931
	2012	0.0695	0.1180	0.0140	0.0813	0.1216	0.0822	0.0685	0.0915	0.0940
	2013	0.0677	0.1207	0.0147	0.0828	0.1209	0.0813	0.0746	0.0890	0.0935
	2014	0.0651	0.1208	0.0147	0.0828	0.1192	0.0801	0.0751	0.0858	0.0943
	2015	0.0656	0.1194	0.0147	0.0826	0.1128	0.0780	0.0757	0.0858	0.0934
	2016	0.0631	0.1180	0.0119	0.0817	0.1076	0.0752	0.0768	0.0906	0.0926
中国	2008	0.0561	0.1213	0.0100	0.0665	0.0913	0.0581	0.0444	0.0767	0.0795
	2009	0.0555	0.1213	0.0100	0.0598	0.0913	0.0590	0.0477	0.0772	0.0797
	2010	0.0564	0.1270	0.0108	0.0567	0.0918	0.0595	0.0502	0.0769	0.0775
	2011	0.0585	0.1301	0.0108	0.0552	0.0914	0.0591	0.0507	0.0785	0.0772
	2012	0.0582	0.1301	0.0108	0.0537	0.0901	0.0581	0.0511	0.0764	0.0772
	2013	0.0587	0.1324	0.0108	0.0591	0.0920	0.0594	0.0590	0.0747	0.0777
	2014	0.0603	0.1318	0.0108	0.0638	0.0931	0.0587	0.0608	0.0734	0.0780
	2015	0.0606	0.1294	0.0108	0.0653	0.0923	0.0586	0.0633	0.0734	0.0777
	2016	0.0608	0.1272	0.0081	0.0663	0.0959	0.0625	0.0650	0.0757	0.0786

续表

国家	年份	口岸效率		监管环境		规制环境		电子商务		
		基础设施质量	运输服务质量	进出口程序的效率	边境管理的透明度	政府的效率	非法干预	电子商务的使用率	金融服务的效率	新技术的利用
科特迪瓦	2008	0.0582	0.1144	0.0069	0.0517	0.0694	0.0295	0.0465	0.0600	0.0830
	2009	0.0609	0.0968	0.0069	0.0358	0.0637	0.0318	0.0470	0.0611	0.0821
	2010	0.0618	0.0954	0.0069	0.0346	0.0643	0.0333	0.0466	0.0617	0.0801
	2011	0.0596	0.1029	0.0069	0.0342	0.0627	0.0321	0.0476	0.0582	0.0793
	2012	0.0577	0.1082	0.0069	0.0338	0.0693	0.0392	0.0484	0.0551	0.0813
	2013	0.0559	0.1109	0.0070	0.0420	0.0779	0.0435	0.0491	0.0577	0.0793
	2014	0.0644	0.1112	0.0070	0.0496	0.0832	0.0523	0.0474	0.0627	0.0781
	2015	0.0683	0.0990	0.0070	0.0516	0.0935	0.0609	0.0371	0.0627	0.0812
	2016	0.0672	0.0878	0.0072	0.0532	0.0908	0.0528	0.0421	0.0642	0.0810
喀麦隆	2008	0.0370	0.0942	0.0074	0.0455	0.0756	0.0377	0.0535	0.0496	0.0741
	2009	0.0365	0.0942	0.0072	0.0374	0.0690	0.0391	0.0539	0.0517	0.0743
	2010	0.0428	0.1000	0.0072	0.0358	0.0680	0.0408	0.0531	0.0533	0.0713
	2011	0.0440	0.1004	0.0070	0.0365	0.0704	0.0422	0.0506	0.0569	0.0671
	2012	0.0474	0.0985	0.0070	0.0372	0.0751	0.0398	0.0481	0.0623	0.0695
	2013	0.0468	0.0954	0.0070	0.0384	0.0771	0.0378	0.0529	0.0631	0.0737

续表

国家	年份	口岸效率		监管环境		规制环境		电子商务		
		基础设施质量	运输服务质量	进出口程序的效率	边境管理的透明度	政府的效率	非法干预	电子商务的使用率	金融服务的效率	新技术的利用
喀麦隆	2014	0.0448	0.0903	0.0070	0.0391	0.0795	0.0434	0.0509	0.0616	0.0739
	2015	0.0410	0.0802	0.0070	0.0395	0.0789	0.0456	0.0435	0.0616	0.0714
	2016	0.0363	0.0708	0.0089	0.0397	0.0794	0.0434	0.0436	0.0642	0.0675
哥伦比亚	2008	0.0494	0.0945	0.0134	0.0559	0.0839	0.0570	0.0646	0.0769	0.0675
	2009	0.0487	0.0945	0.0149	0.0548	0.0802	0.0532	0.0666	0.0767	0.0725
	2010	0.0493	0.1031	0.0151	0.0508	0.0813	0.0520	0.0676	0.0757	0.0761
	2011	0.0485	0.1069	0.0152	0.0505	0.0824	0.0525	0.0680	0.0716	0.0776
	2012	0.0451	0.1081	0.0152	0.0502	0.0807	0.0492	0.0684	0.0710	0.0766
	2013	0.0486	0.1041	0.0152	0.0540	0.0817	0.0480	0.0741	0.0723	0.0761
	2014	0.0511	0.0980	0.0152	0.0571	0.0817	0.0456	0.0746	0.0690	0.0769
	2015	0.0511	0.0959	0.0152	0.0574	0.0798	0.0453	0.0703	0.0690	0.0766
	2016	0.0514	0.0942	0.0142	0.0572	0.0791	0.0473	0.0712	0.0703	0.0758
哥斯达黎加	2008	0.0464	0.0933	0.0135	0.0649	0.0943	0.0735	0.0538	0.0773	0.0799
	2009	0.0468	0.0933	0.0135	0.0586	0.0977	0.0732	0.0562	0.0769	0.0817
	2010	0.0457	0.1100	0.0145	0.0562	0.0979	0.0723	0.0575	0.0758	0.0839

续表

| 国家 | 年份 | 口岸效率 | | 监管环境 | | 规制环境 | | 电子商务 | | |
		基础设施质量	运输服务质量	进出口程序的效率	边境管理的透明度	政府的效率	非法干预	电子商务的使用率	金融服务的效率	新技术的利用
哥斯达黎加	2011	0.0459	0.1100	0.0145	0.0550	0.0949	0.0684	0.0572	0.0724	0.0824
	2012	0.0482	0.1072	0.0145	0.0539	0.0962	0.0669	0.0567	0.0735	0.0870
	2013	0.0502	0.1055	0.0145	0.0596	0.0984	0.0686	0.0643	0.0726	0.0897
	2014	0.0496	0.1015	0.0145	0.0644	0.0980	0.0699	0.0628	0.0703	0.0869
	2015	0.0506	0.0997	0.0145	0.0632	0.0948	0.0692	0.0655	0.0703	0.0858
	2016	0.0507	0.0979	0.0208	0.0616	0.0925	0.0686	0.0668	0.0696	0.0852
塞浦路斯	2008	0.0682	0.1062	0.0212	0.0741	0.1134	0.0832	0.0516	0.0861	0.0897
	2009	0.0688	0.1062	0.0197	0.0753	0.1174	0.0815	0.0538	0.0840	0.0938
	2010	0.0682	0.1178	0.0197	0.0747	0.1154	0.0807	0.0550	0.0811	0.0907
	2011	0.0685	0.1211	0.0197	0.0723	0.1138	0.0762	0.0548	0.0819	0.0891
	2012	0.0672	0.1217	0.0197	0.0700	0.1145	0.0711	0.0543	0.0808	0.0906
	2013	0.0659	0.1184	0.0197	0.0728	0.1118	0.0705	0.0627	0.0796	0.0924
	2014	0.0645	0.1125	0.0197	0.0744	0.1105	0.0701	0.0618	0.0746	0.0912
	2015	0.0589	0.1067	0.0197	0.0720	0.1051	0.0710	0.0571	0.0746	0.0893
	2016	0.0593	0.1017	0.0149	0.0691	0.0967	0.0675	0.0586	0.0649	0.0776

续表

国家	年份	口岸效率		监管环境		规制环境		电子商务		
		基础设施质量	运输服务质量	进出口程序的效率	边境管理的透明度	政府的效率	非法干预	电子商务的使用率	金融服务的效率	新技术的利用
捷克	2008	0.0614	0.1166	0.0141	0.0693	0.0921	0.0600	0.0648	0.0669	0.0889
	2009	0.0652	0.1166	0.0139	0.0641	0.0922	0.0588	0.0656	0.0698	0.0901
	2010	0.0691	0.1316	0.0139	0.0604	0.0920	0.0591	0.0652	0.0721	0.0901
	2011	0.0688	0.1251	0.0139	0.0568	0.0920	0.0559	0.0645	0.0738	0.0892
	2012	0.0689	0.1156	0.0139	0.0531	0.0938	0.0558	0.0636	0.0719	0.0891
	2013	0.0664	0.1252	0.0142	0.0616	0.0936	0.0556	0.0675	0.0727	0.0872
	2014	0.0624	0.1322	0.0142	0.0693	0.0948	0.0570	0.0676	0.0840	0.0879
	2015	0.0588	0.1302	0.0142	0.0733	0.0967	0.0645	0.0582	0.0840	0.0915
	2016	0.0565	0.1283	0.0165	0.0767	0.0954	0.0653	0.0596	0.0869	0.0931
德国	2008	0.0843	0.1436	0.0210	0.0876	0.1195	0.0938	0.0616	0.0949	0.1041
	2009	0.0839	0.1436	0.0210	0.0838	0.1218	0.0915	0.0645	0.0951	0.1031
	2010	0.0841	0.1457	0.0210	0.0799	0.1248	0.0905	0.0662	0.0945	0.1017
	2011	0.0814	0.1468	0.0210	0.0788	0.1198	0.0900	0.0677	0.0903	0.0996
	2012	0.0804	0.1445	0.0206	0.0777	0.1221	0.0899	0.0690	0.0903	0.1026
	2013	0.0776	0.1469	0.0206	0.0801	0.1257	0.0868	0.0778	0.0919	0.1035

续表

国家	年份	口岸效率		监管环境		规制环境		电子商务		
		基础设施质量	运输服务质量	进出口程序的效率	边境管理的透明度	政府的效率	非法干预	电子商务的使用率	金融服务的效率	新技术的利用
德国	2014	0.0755	0.1461	0.0206	0.0812	0.1270	0.0843	0.0770	0.0918	0.1031
	2015	0.0751	0.1443	0.0206	0.0815	0.1279	0.0839	0.0707	0.0918	0.1035
	2016	0.0744	0.1427	0.0229	0.0811	0.1268	0.0811	0.0741	0.0903	0.1020
丹麦	2008	0.0824	0.1354	0.0262	0.0945	0.1392	0.0969	0.0697	0.0871	0.1080
	2009	0.0817	0.1354	0.0262	0.0943	0.1364	0.0961	0.0717	0.0873	0.1055
	2010	0.0809	0.1386	0.0262	0.0920	0.1322	0.0952	0.0725	0.0867	0.1023
	2011	0.0807	0.1432	0.0262	0.0916	0.1346	0.0977	0.0726	0.0881	0.1025
	2012	0.0761	0.1445	0.0262	0.0913	0.1236	0.0922	0.0726	0.0820	0.1018
	2013	0.0736	0.1426	0.0262	0.0887	0.1204	0.0909	0.0810	0.0825	0.0998
	2014	0.0737	0.1372	0.0262	0.0843	0.1243	0.0936	0.0812	0.0850	0.0997
	2015	0.0736	0.1321	0.0262	0.0864	0.1251	0.0945	0.0706	0.0850	0.1011
	2016	0.0747	0.1272	0.0182	0.0877	0.1245	0.0931	0.0734	0.0824	0.1013
多米尼加	2008	0.0605	0.0873	0.0143	0.0618	0.0839	0.0483	0.0622	0.0722	0.0763
	2009	0.0636	0.0873	0.0160	0.0466	0.0755	0.0495	0.0627	0.0727	0.0808
	2010	0.0623	0.1134	0.0160	0.0482	0.0772	0.0474	0.0619	0.0726	0.0853

续表

国家	年份	口岸效率		监管环境		规制环境		电子商务		
		基础设施质量	运输服务质量	进出口程序的效率	边境管理的透明度	政府的效率	非法干预	电子商务的使用率	金融服务的效率	新技术的利用
多米尼加	2011	0.0624	0.1081	0.0160	0.0461	0.0763	0.0433	0.0601	0.0724	0.0836
	2012	0.0657	0.0999	0.0164	0.0440	0.0787	0.0436	0.0580	0.0758	0.0853
	2013	0.0638	0.1056	0.0164	0.0494	0.0823	0.0415	0.0641	0.0774	0.0869
	2014	0.0611	0.1088	0.0164	0.0542	0.0850	0.0427	0.0632	0.0711	0.0826
	2015	0.0600	0.1013	0.0185	0.0536	0.0815	0.0435	0.0526	0.0711	0.0815
	2016	0.0605	0.0943	0.0116	0.0527	0.0790	0.0409	0.0534	0.0717	0.0821
厄瓜多尔	2008	0.0463	0.0978	0.0088	0.0380	0.0600	0.0383	0.0408	0.0567	0.0560
	2009	0.0512	0.0978	0.0104	0.0367	0.0594	0.0385	0.0436	0.0584	0.0639
	2010	0.0533	0.1093	0.0104	0.0405	0.0614	0.0392	0.0455	0.0595	0.0706
	2011	0.0523	0.1094	0.0104	0.0442	0.0633	0.0420	0.0468	0.0629	0.0716
	2012	0.0531	0.1070	0.0105	0.0527	0.0664	0.0423	0.0479	0.0650	0.0745
	2013	0.0565	0.1072	0.0105	0.0606	0.0771	0.0499	0.0546	0.0683	0.0781
	2014	0.0602	0.1050	0.0105	0.0615	0.0720	0.0472	0.0554	0.0673	0.0783
	2015	0.0639	0.1018	0.0107	0.0619	0.0673	0.0451	0.0550	0.0673	0.0780
	2016	0.0638	0.0989	0.0098	0.0619	0.0706	0.0417	0.0573	0.0664	0.0744

续表

国家	年份	口岸效率		监管环境		规制环境		电子商务		
		基础设施质量	运输服务质量	进出口程序的效率	边境管理的透明度	政府的效率	非法干预	电子商务的使用率	金融服务的效率	新技术的利用
埃及	2008	0.0577	0.0909	0.0093	0.0585	0.0883	0.0666	0.0459	0.0723	0.0817
	2009	0.0621	0.0909	0.0097	0.0449	0.0908	0.0585	0.0486	0.0734	0.0836
	2010	0.0631	0.0998	0.0097	0.0456	0.0899	0.0588	0.0507	0.0738	0.0793
	2011	0.0598	0.1070	0.0105	0.0431	0.0801	0.0629	0.0528	0.0697	0.0742
	2012	0.0584	0.1119	0.0105	0.0405	0.0776	0.0558	0.0549	0.0690	0.0742
	2013	0.0576	0.1123	0.0105	0.0418	0.0778	0.0506	0.0594	0.0627	0.0713
	2014	0.0575	0.1105	0.0105	0.0423	0.0803	0.0590	0.0628	0.0555	0.0661
	2015	0.0591	0.1120	0.0105	0.0442	0.0801	0.0642	0.0627	0.0555	0.0668
	2016	0.0588	0.1136	0.0130	0.0458	0.0820	0.0636	0.0629	0.0735	0.0667
西班牙	2008	0.0688	0.1284	0.0177	0.0693	0.1002	0.0694	0.0722	0.0945	0.0874
	2009	0.0690	0.1284	0.0177	0.0722	0.0987	0.0672	0.0746	0.0921	0.0888
	2010	0.0739	0.1314	0.0177	0.0695	0.1002	0.0650	0.0757	0.0888	0.0903
	2011	0.0762	0.1360	0.0189	0.0701	0.1000	0.0657	0.0750	0.0874	0.0912
	2012	0.0763	0.1373	0.0189	0.0707	0.1003	0.0658	0.0741	0.0834	0.0928
	2013	0.0769	0.1372	0.0192	0.0748	0.0989	0.0627	0.0736	0.0797	0.0931

续表

国家	年份	口岸效率		监管环境		规制环境		电子商务		
		基础设施质量	运输服务质量	进出口程序的效率	边境管理的透明度	政府的效率	非法干预	电子商务的使用率	金融服务的效率	新技术的利用
西班牙	2014	0.0768	0.1339	0.0192	0.0777	0.0939	0.0564	0.0741	0.0747	0.0907
	2015	0.0749	0.1310	0.0192	0.0770	0.0949	0.0600	0.0796	0.0747	0.0901
	2016	0.0735	0.1282	0.0220	0.0758	0.0982	0.0642	0.0803	0.0713	0.0884
爱沙尼亚	2008	0.0681	0.1061	0.0264	0.0811	0.1141	0.0788	0.0570	0.0764	0.0961
	2009	0.0675	0.1061	0.0264	0.0778	0.1147	0.0802	0.0610	0.0783	0.0954
	2010	0.0657	0.1165	0.0264	0.0771	0.1160	0.0805	0.0640	0.0795	0.0920
	2011	0.0645	0.1138	0.0264	0.0763	0.1162	0.0815	0.0652	0.0778	0.0934
	2012	0.0650	0.1084	0.0264	0.0755	0.1156	0.0819	0.0662	0.0780	0.0958
	2013	0.0631	0.1165	0.0264	0.0805	0.1165	0.0824	0.0809	0.0822	0.0956
	2014	0.0606	0.1222	0.0264	0.0843	0.1179	0.0843	0.0827	0.0831	0.0970
	2015	0.0600	0.1197	0.0264	0.0863	0.1158	0.0864	0.0798	0.0831	0.0966
	2016	0.0647	0.1176	0.0105	0.0875	0.1155	0.0868	0.0807	0.0871	0.0962
埃塞俄比亚	2008	0.0544	0.0916	0.0069	0.0637	0.0820	0.0503	0.0384	0.0512	0.0572
	2009	0.0548	0.0916	0.0069	0.0490	0.0747	0.0486	0.0402	0.0532	0.0621
	2010	0.0635	0.0993	0.0068	0.0444	0.0780	0.0506	0.0412	0.0549	0.0654

续表

国家	年份	口岸效率		监管环境		规制环境		电子商务		
		基础设施质量	运输服务质量	进出口程序的效率	边境管理的透明度	政府的效率	非法干预	电子商务的使用率	金融服务的效率	新技术的利用
埃塞俄比亚	2011	0.0591	0.0923	0.0068	0.0438	0.0768	0.0498	0.0406	0.0531	0.0618
	2012	0.0561	0.0831	0.0069	0.0433	0.0775	0.0457	0.0399	0.0519	0.0634
	2013	0.0554	0.0932	0.0069	0.0471	0.0775	0.0445	0.0508	0.0574	0.0666
	2014	0.0516	0.1011	0.0069	0.0502	0.0767	0.0441	0.0479	0.0608	0.0672
	2015	0.0485	0.0908	0.0069	0.0509	0.0793	0.0501	0.0450	0.0608	0.0668
	2016	0.0466	0.0812	0.0097	0.0511	0.0859	0.0542	0.0474	0.0656	0.0624
芬兰	2008	0.0823	0.1363	0.0189	0.0862	0.1335	0.0972	0.0636	0.0952	0.1077
	2009	0.0825	0.1363	0.0189	0.0937	0.1336	0.0957	0.0672	0.0963	0.1066
	2010	0.0809	0.1364	0.0189	0.0911	0.1351	0.0948	0.0696	0.0967	0.1046
	2011	0.0800	0.1421	0.0189	0.0901	0.1385	0.0955	0.0694	0.0941	0.1034
	2012	0.0810	0.1447	0.0189	0.0890	0.1441	0.0974	0.0690	0.0946	0.1068
	2013	0.0819	0.1380	0.0194	0.0920	0.1456	0.0983	0.0862	0.0994	0.1080
	2014	0.0814	0.1282	0.0194	0.0934	0.1438	0.0974	0.0862	0.0987	0.1075
	2015	0.0805	0.1293	0.0194	0.0940	0.1407	0.0986	0.0792	0.0987	0.1075
	2016	0.0807	0.1303	0.0177	0.0938	0.1394	0.0993	0.0805	0.0982	0.1077

续表

国家	年份	口岸效率		监管环境		规制环境		电子商务		
		基础设施质量	运输服务质量	进出口程序的效率	边境管理的透明度	政府的效率	非法干预	电子商务的使用率	金融服务的效率	新技术的利用
法国	2008	0.0802	0.1342	0.0166	0.0854	0.1211	0.0804	0.0682	0.0955	0.1002
	2009	0.0788	0.1342	0.0309	0.0784	0.1132	0.0761	0.0714	0.0949	0.0989
	2010	0.0787	0.1372	0.0309	0.0721	0.1168	0.0762	0.0735	0.0934	0.0990
	2011	0.0772	0.1408	0.0309	0.0723	0.1154	0.0778	0.0733	0.0938	0.0989
	2012	0.0755	0.1410	0.0309	0.0724	0.1122	0.0764	0.0729	0.0883	0.0994
	2013	0.0747	0.1434	0.0309	0.0763	0.1080	0.0777	0.0811	0.0845	0.0996
	2014	0.0715	0.1427	0.0309	0.0789	0.1073	0.0754	0.0802	0.0860	0.0997
	2015	0.0723	0.1374	0.0309	0.0791	0.1123	0.0767	0.0822	0.0860	0.0994
	2016	0.0721	0.1326	0.0231	0.0788	0.1139	0.0789	0.0853	0.0847	0.0970
英国	2008	0.0707	0.1436	0.0196	0.0850	0.1241	0.0861	0.0741	0.0980	0.1007
	2009	0.0696	0.1436	0.0196	0.0781	0.1226	0.0875	0.0771	0.0982	0.0996
	2010	0.0721	0.1435	0.0196	0.0772	0.1240	0.0897	0.0789	0.0975	0.0994
	2011	0.0747	0.1444	0.0218	0.0782	0.1238	0.0891	0.0792	0.0972	0.1004
	2012	0.0765	0.1421	0.0218	0.0793	0.1281	0.0901	0.0794	0.0971	0.1033
	2013	0.0734	0.1445	0.0218	0.0838	0.1306	0.0907	0.0886	0.0954	0.1037

续表

国家	年份	口岸效率		监管环境		规制环境		电子商务		
		基础设施质量	运输服务质量	进出口程序的效率	边境管理的透明度	政府的效率	非法干预	电子商务的使用率	金融服务的效率	新技术的利用
英国	2014	0.0722	0.1437	0.0218	0.0870	0.1331	0.0894	0.0892	0.0951	0.1052
	2015	0.0744	0.1403	0.0218	0.0875	0.1331	0.0909	0.0847	0.0951	0.1055
	2016	0.0734	0.1371	0.0134	0.0872	0.1319	0.0918	0.0866	0.0930	0.1054
加纳	2008	0.0487	0.1108	0.0103	0.0677	0.0944	0.0551	0.0405	0.0681	0.0679
	2009	0.0519	0.0792	0.0103	0.0463	0.0834	0.0541	0.0420	0.0681	0.0692
	2010	0.0562	0.0895	0.0103	0.0446	0.0886	0.0537	0.0425	0.0675	0.0703
	2011	0.0544	0.0934	0.0103	0.0436	0.0921	0.0557	0.0432	0.0666	0.0719
	2012	0.0525	0.0952	0.0103	0.0426	0.0905	0.0533	0.0437	0.0687	0.0749
	2013	0.0550	0.1002	0.0102	0.0450	0.0943	0.0570	0.0496	0.0714	0.0786
	2014	0.0508	0.1030	0.0102	0.0467	0.0925	0.0573	0.0477	0.0643	0.0742
	2015	0.0481	0.0984	0.0102	0.0487	0.0934	0.0547	0.0447	0.0643	0.0708
	2016	0.0498	0.0942	0.0105	0.0503	0.0921	0.0562	0.0478	0.0637	0.0703
冈比亚	2008	0.0564	0.0947	0.0111	0.0516	0.1010	0.0695	0.0473	0.0747	0.0779
	2009	0.0611	0.0914	0.0110	0.0517	0.1002	0.0696	0.0479	0.0747	0.0792
	2010	0.0639	0.0939	0.0114	0.0534	0.0968	0.0667	0.0476	0.0740	0.0804

续表

国家	年份	口岸效率		监管环境		规制环境		电子商务		
		基础设施质量	运输服务质量	进出口程序的效率	边境管理的透明度	政府的效率	非法干预	电子商务的使用率	金融服务的效率	新技术的利用
冈比亚	2011	0.0625	0.0957	0.0115	0.0529	0.0953	0.0660	0.0457	0.0734	0.0774
	2012	0.0629	0.0954	0.0117	0.0524	0.0958	0.0648	0.0437	0.0770	0.0822
	2013	0.0604	0.0925	0.0117	0.0549	0.0931	0.0601	0.0523	0.0715	0.0838
	2014	0.0564	0.0874	0.0117	0.0564	0.0916	0.0589	0.0510	0.0660	0.0803
	2015	0.0549	0.0841	0.0117	0.0569	0.0919	0.0584	0.0422	0.0660	0.0781
	2016	0.0528	0.0812	0.0125	0.0570	0.0911	0.0551	0.0423	0.0697	0.0734
希腊	2008	0.0631	0.1246	0.0137	0.0662	0.0953	0.0560	0.0505	0.0814	0.0771
	2009	0.0623	0.1246	0.0137	0.0599	0.0879	0.0531	0.0528	0.0773	0.0775
	2010	0.0612	0.1140	0.0137	0.0519	0.0886	0.0526	0.0542	0.0727	0.0795
	2011	0.0618	0.1125	0.0137	0.0504	0.0839	0.0501	0.0530	0.0707	0.0814
	2012	0.0624	0.1083	0.0137	0.0489	0.0800	0.0476	0.0518	0.0657	0.0815
	2013	0.0635	0.1127	0.0143	0.0566	0.0808	0.0519	0.0608	0.0619	0.0816
	2014	0.0642	0.1146	0.0146	0.0635	0.0802	0.0549	0.0593	0.0605	0.0827
	2015	0.0631	0.1157	0.0149	0.0638	0.0782	0.0573	0.0586	0.0605	0.0823
	2016	0.0613	0.1167	0.0118	0.0636	0.0761	0.0581	0.0604	0.0491	0.0808

续表

国家	年份	口岸效率		监管环境		规制环境		电子商务		
		基础设施质量	运输服务质量	进出口程序的效率	边境管理的透明度	政府的效率	非法干预	电子商务的使用率	金融服务的效率	新技术的利用
危地马拉	2008	0.0584	0.0955	0.0102	0.0660	0.0714	0.0519	0.0547	0.0833	0.0820
	2009	0.0619	0.0955	0.0111	0.0596	0.0737	0.0495	0.0555	0.0847	0.0864
	2010	0.0638	0.0980	0.0111	0.0532	0.0756	0.0474	0.0551	0.0854	0.0891
	2011	0.0628	0.1033	0.0111	0.0499	0.0734	0.0470	0.0551	0.0828	0.0876
	2012	0.0578	0.1059	0.0111	0.0465	0.0764	0.0500	0.0549	0.0837	0.0887
	2013	0.0555	0.1073	0.0111	0.0538	0.0787	0.0513	0.0612	0.0864	0.0902
	2014	0.0528	0.1063	0.0111	0.0604	0.0805	0.0506	0.0603	0.0855	0.0891
	2015	0.0520	0.0971	0.0111	0.0581	0.0773	0.0501	0.0437	0.0855	0.0895
	2016	0.0488	0.0886	0.0111	0.0554	0.0743	0.0513	0.0459	0.0898	0.0878
洪都拉斯	2008	0.0619	0.0910	0.0117	0.0599	0.0759	0.0479	0.0447	0.0740	0.0694
	2009	0.0629	0.0910	0.0123	0.0522	0.0724	0.0459	0.0473	0.0749	0.0729
	2010	0.0641	0.1089	0.0123	0.0449	0.0750	0.0472	0.0489	0.0751	0.0771
	2011	0.0622	0.1040	0.0123	0.0456	0.0765	0.0532	0.0497	0.0778	0.0791
	2012	0.0590	0.0963	0.0124	0.0463	0.0716	0.0548	0.0504	0.0795	0.0817
	2013	0.0513	0.0990	0.0139	0.0502	0.0692	0.0467	0.0548	0.0766	0.0792

续表

国家	年份	口岸效率		监管环境		规制环境		电子商务		
		基础设施质量	运输服务质量	进出口程序的效率	边境管理的透明度	政府的效率	非法干预	电子商务的使用率	金融服务的效率	新技术的利用
洪都拉斯	2014	0.0520	0.0995	0.0139	0.0535	0.0797	0.0470	0.0525	0.0765	0.0828
	2015	0.0576	0.0944	0.0139	0.0524	0.0813	0.0533	0.0545	0.0765	0.0839
	2016	0.0553	0.0899	0.0123	0.0509	0.0708	0.0471	0.0572	0.0763	0.0781
克罗地亚	2008	0.0492	0.1013	0.0112	0.0593	0.0817	0.0521	0.0565	0.0675	0.0747
	2009	0.0523	0.1013	0.0113	0.0560	0.0789	0.0510	0.0582	0.0672	0.0771
	2010	0.0555	0.1062	0.0113	0.0514	0.0812	0.0514	0.0587	0.0662	0.0806
	2011	0.0543	0.1120	0.0113	0.0508	0.0815	0.0510	0.0588	0.0646	0.0831
	2012	0.0540	0.1155	0.0113	0.0502	0.0798	0.0475	0.0587	0.0646	0.0837
	2013	0.0564	0.1164	0.0113	0.0577	0.0798	0.0494	0.0675	0.0679	0.0841
	2014	0.0570	0.1148	0.0116	0.0644	0.0771	0.0525	0.0681	0.0662	0.0831
	2015	0.0565	0.1118	0.0120	0.0672	0.0754	0.0539	0.0585	0.0662	0.0823
	2016	0.0562	0.1091	0.0120	0.0695	0.0763	0.0524	0.0576	0.0599	0.0795
匈牙利	2008	0.0550	0.1142	0.0121	0.0731	0.0848	0.0636	0.0526	0.0694	0.0797
	2009	0.0564	0.1142	0.0121	0.0638	0.0856	0.0616	0.0553	0.0700	0.0826
	2010	0.0565	0.1081	0.0121	0.0598	0.0903	0.0610	0.0570	0.0700	0.0853

续表

国家	年份	口岸效率		监管环境		规制环境		电子商务		
		基础设施质量	运输服务质量	进出口程序的效率	边境管理的透明度	政府的效率	非法干预	电子商务的使用率	金融服务的效率	新技术的利用
匈牙利	2011	0.0569	0.1149	0.0121	0.0598	0.0917	0.0608	0.0582	0.0735	0.0861
	2012	0.0528	0.1193	0.0121	0.0598	0.0863	0.0598	0.0592	0.0715	0.0850
	2013	0.0511	0.1293	0.0119	0.0668	0.0857	0.0609	0.0679	0.0688	0.0847
	2014	0.0512	0.1364	0.0119	0.0729	0.0857	0.0607	0.0709	0.0687	0.0866
	2015	0.0494	0.1279	0.0119	0.0746	0.0844	0.0583	0.0658	0.0687	0.0851
	2016	0.0486	0.1202	0.0118	0.0757	0.0788	0.0545	0.0644	0.0703	0.0764
印度尼西亚	2008	0.0478	0.1133	0.0125	0.0532	0.0737	0.0512	0.0338	0.0736	0.0808
	2009	0.0523	0.1133	0.0125	0.0436	0.0812	0.0530	0.0370	0.0752	0.0802
	2010	0.0536	0.1069	0.0125	0.0424	0.0809	0.0530	0.0397	0.0761	0.0803
	2011	0.0515	0.1130	0.0126	0.0425	0.0806	0.0506	0.0422	0.0757	0.0813
	2012	0.0505	0.1167	0.0126	0.0427	0.0834	0.0502	0.0445	0.0764	0.0835
	2013	0.0546	0.1169	0.0128	0.0486	0.0885	0.0517	0.0568	0.0795	0.0878
	2014	0.0552	0.1146	0.0128	0.0539	0.0925	0.0548	0.0598	0.0808	0.0883
	2015	0.0531	0.1110	0.0126	0.0551	0.0889	0.0570	0.0542	0.0808	0.0855
	2016	0.0545	0.1078	0.0106	0.0558	0.0908	0.0567	0.0550	0.0817	0.0837

续表

国家	年份	口岸效率		监管环境		规制环境		电子商务		
		基础设施质量	运输服务质量	进出口程序的效率	边境管理的透明度	政府的效率	非法干预	电子商务的使用率	金融服务的效率	新技术的利用
印度	2008	0.0521	0.1120	0.0094	0.0570	0.0944	0.0622	0.0636	0.0816	0.0911
	2009	0.0531	0.1120	0.0096	0.0495	0.0939	0.0629	0.0638	0.0820	0.0922
	2010	0.0546	0.1153	0.0096	0.0467	0.0922	0.0623	0.0627	0.0818	0.0902
	2011	0.0559	0.1173	0.0096	0.0449	0.0877	0.0578	0.0599	0.0828	0.0886
	2012	0.0564	0.1167	0.0097	0.0430	0.0893	0.0589	0.0570	0.0825	0.0894
	2013	0.0583	0.1189	0.0097	0.0471	0.0904	0.0590	0.0621	0.0819	0.0878
	2014	0.0539	0.1185	0.0097	0.0505	0.0908	0.0567	0.0610	0.0688	0.0721
	2015	0.0549	0.1189	0.0097	0.0570	0.0954	0.0600	0.0538	0.0688	0.0712
	2016	0.0583	0.1192	0.0146	0.0630	0.0993	0.0645	0.0558	0.0793	0.0767
爱尔兰	2008	0.0600	0.1412	0.0320	0.0818	0.1250	0.0903	0.0584	0.0803	0.0933
	2009	0.0623	0.1412	0.0320	0.0854	0.1223	0.0909	0.0613	0.0798	0.0934
	2010	0.0652	0.1434	0.0320	0.0862	0.1198	0.0906	0.0631	0.0786	0.0927
	2011	0.0697	0.1384	0.0320	0.0857	0.1199	0.0913	0.0637	0.0732	0.0939
	2012	0.0716	0.1301	0.0320	0.0853	0.1219	0.0923	0.0640	0.0690	0.0977
	2013	0.0699	0.1360	0.0320	0.0868	0.1248	0.0927	0.0661	0.0734	0.0988

国家	年份	口岸效率		监管环境		规制环境		电子商务		
		基础设施质量	运输服务质量	进出口程序的效率	边境管理的透明度	政府的效率	非法干预	电子商务的使用率	金融服务的效率	新技术的利用
爱尔兰	2014	0.0708	0.1389	0.0320	0.0868	0.1264	0.0923	0.0660	0.0792	0.1002
	2015	0.0720	0.1352	0.0324	0.0881	0.1292	0.0942	0.0697	0.0792	0.1009
	2016	0.0698	0.1318	0.0228	0.0887	0.1267	0.0943	0.0724	0.0697	0.0976
以色列	2008	0.0639	0.1214	0.0178	0.0819	0.1095	0.0887	0.0549	0.0825	0.1033
	2009	0.0658	0.1214	0.0178	0.0744	0.0981	0.0896	0.0591	0.0830	0.1037
	2010	0.0664	0.1223	0.0178	0.0770	0.1004	0.0902	0.0626	0.0827	0.1040
	2011	0.0634	0.1251	0.0185	0.0756	0.1068	0.0877	0.0639	0.0834	0.1027
	2012	0.0597	0.1251	0.0189	0.0743	0.1041	0.0838	0.0651	0.0757	0.1044
	2013	0.0574	0.1245	0.0189	0.0765	0.1032	0.0828	0.0780	0.0763	0.1052
	2014	0.0563	0.1207	0.0189	0.0774	0.1031	0.0803	0.0781	0.0775	0.1066
	2015	0.0591	0.1244	0.0189	0.0787	0.1056	0.0798	0.0793	0.0775	0.1074
	2016	0.0641	0.1278	0.0186	0.0794	0.1099	0.0853	0.0832	0.0803	0.1044
意大利	2008	0.0488	0.1308	0.0199	0.0695	0.0861	0.0550	0.0388	0.0648	0.0791
	2009	0.0501	0.1308	0.0199	0.0579	0.0777	0.0518	0.0424	0.0648	0.0785
	2010	0.0529	0.1303	0.0199	0.0539	0.0797	0.0547	0.0455	0.0642	0.0765

续表

国家	年份	口岸效率		监管环境		规制环境		电子商务		
		基础设施质量	运输服务质量	进出口程序的效率	边境管理的透明度	政府的效率	非法干预	电子商务的使用率	金融服务的效率	新技术的利用
意大利	2011	0.0551	0.1341	0.0199	0.0546	0.0767	0.0595	0.0461	0.0673	0.0752
	2012	0.0558	0.1348	0.0199	0.0552	0.0752	0.0573	0.0465	0.0673	0.0787
	2013	0.0562	0.1372	0.0199	0.0607	0.0748	0.0561	0.0595	0.0678	0.0788
	2014	0.0569	0.1366	0.0200	0.0654	0.0685	0.0544	0.0584	0.0681	0.0787
	2015	0.0574	0.1334	0.0200	0.0694	0.0692	0.0567	0.0645	0.0681	0.0799
	2016	0.0580	0.1305	0.0139	0.0728	0.0727	0.0599	0.0682	0.0595	0.0838
牙买加	2008	0.0676	0.0815	0.0111	0.0601	0.0765	0.0622	0.0413	0.0697	0.0861
	2009	0.0695	0.0815	0.0111	0.0436	0.0788	0.0626	0.0435	0.0703	0.0849
	2010	0.0694	0.1028	0.0111	0.0408	0.0793	0.0611	0.0447	0.0702	0.0840
	2011	0.0696	0.0988	0.0111	0.0421	0.0781	0.0619	0.0458	0.0685	0.0843
	2012	0.0691	0.0926	0.0111	0.0435	0.0789	0.0606	0.0468	0.0709	0.0867
	2013	0.0671	0.0993	0.0112	0.0480	0.0803	0.0605	0.0505	0.0746	0.0877
	2014	0.0641	0.1039	0.0112	0.0518	0.0803	0.0615	0.0510	0.0706	0.0877
	2015	0.0622	0.0932	0.0112	0.0523	0.0831	0.0627	0.0500	0.0706	0.0859
	2016	0.0629	0.0832	0.0114	0.0523	0.0859	0.0636	0.0512	0.0692	0.0867

续表

国家	年份	口岸效率		监管环境		规制环境		电子商务		
		基础设施质量	运输服务质量	进出口程序的效率	边境管理的透明度	政府的效率	非法干预	电子商务的使用率	金融服务的效率	新技术的利用
约旦	2008	0.0653	0.1075	0.0117	0.0711	0.1013	0.0722	0.0585	0.0739	0.0934
	2009	0.0655	0.1075	0.0117	0.0716	0.1020	0.0716	0.0604	0.0749	0.0941
	2010	0.0651	0.1038	0.0122	0.0692	0.0970	0.0690	0.0613	0.0753	0.0910
	2011	0.0641	0.1030	0.0127	0.0650	0.0942	0.0654	0.0623	0.0755	0.0904
	2012	0.0644	0.1000	0.0132	0.0608	0.0992	0.0681	0.0631	0.0752	0.0951
	2013	0.0651	0.1067	0.0132	0.0679	0.1029	0.0696	0.0572	0.0753	0.0971
	2014	0.0579	0.1109	0.0132	0.0741	0.1051	0.0666	0.0580	0.0759	0.0928
	2015	0.0555	0.1227	0.0134	0.0786	0.1026	0.0672	0.0626	0.0759	0.0904
	2016	0.0637	0.1338	0.0158	0.0823	0.0999	0.0711	0.0622	0.0777	0.0904
日本	2008	0.0666	0.1423	0.0193	0.0840	0.1219	0.0862	0.0669	0.0794	0.1063
	2009	0.0664	0.1423	0.0193	0.0827	0.1150	0.0864	0.0708	0.0820	0.1066
	2010	0.0666	0.1411	0.0193	0.0833	0.1128	0.0878	0.0735	0.0839	0.1038
	2011	0.0677	0.1432	0.0193	0.0853	0.1143	0.0895	0.0740	0.0843	0.1038
	2012	0.0683	0.1421	0.0193	0.0873	0.1158	0.0895	0.0743	0.0849	0.1056
	2013	0.0694	0.1208	0.0193	0.0885	0.1205	0.0898	0.0834	0.0874	0.1059

续表

国家	年份	口岸效率		监管环境		规制环境		电子商务		
		基础设施质量	运输服务质量	进出口程序的效率	边境管理的透明度	政府的效率	非法干预	电子商务的使用率	金融服务的效率	新技术的利用
日本	2014	0.0706	0.0959	0.0193	0.0882	0.1263	0.0912	0.0840	0.0864	0.1064
	2015	0.0711	0.1019	0.0193	0.0828	0.1274	0.0924	0.0866	0.0864	0.1060
	2016	0.0706	0.1069	0.0077	0.0768	0.1248	0.0902	0.0888	0.0963	0.1017
哈萨克斯坦	2008	0.0442	0.0815	0.0050	0.0628	0.0836	0.0470	0.0546	0.0613	0.0713
	2009	0.0447	0.0815	0.0050	0.0480	0.0756	0.0477	0.0575	0.0628	0.0721
	2010	0.0471	0.1099	0.0050	0.0455	0.0783	0.0468	0.0595	0.0637	0.0715
	2011	0.0484	0.1056	0.0055	0.0464	0.0809	0.0456	0.0603	0.0640	0.0702
	2012	0.0485	0.0990	0.0055	0.0474	0.0866	0.0536	0.0610	0.0703	0.0771
	2013	0.0442	0.1032	0.0054	0.0527	0.0887	0.0554	0.0721	0.0744	0.0794
	2014	0.0436	0.1050	0.0054	0.0573	0.0879	0.0531	0.0716	0.0723	0.0757
	2015	0.0453	0.1018	0.0054	0.0586	0.0929	0.0581	0.0689	0.0723	0.0760
	2016	0.0462	0.0990	0.0063	0.0595	0.0947	0.0598	0.0701	0.0688	0.0759
肯尼亚	2008	0.0528	0.0969	0.0079	0.0489	0.0767	0.0409	0.0363	0.0769	0.0760
	2009	0.0538	0.0969	0.0082	0.0414	0.0682	0.0391	0.0395	0.0767	0.0774
	2010	0.0571	0.1037	0.0084	0.0370	0.0687	0.0384	0.0421	0.0758	0.0793

续表

国家	年份	口岸效率		监管环境		规制环境		电子商务		
		基础设施质量	运输服务质量	进出口程序的效率	边境管理的透明度	政府的效率	非法干预	电子商务的使用率	金融服务的效率	新技术的利用
肯尼亚	2011	0.0561	0.1006	0.0085	0.0358	0.0727	0.0429	0.0443	0.0758	0.0813
	2012	0.0555	0.0951	0.0085	0.0347	0.0766	0.0474	0.0463	0.0756	0.0827
	2013	0.0570	0.1079	0.0084	0.0421	0.0825	0.0530	0.0559	0.0749	0.0833
	2014	0.0593	0.1183	0.0084	0.0491	0.0895	0.0542	0.0578	0.0730	0.0861
	2015	0.0583	0.1170	0.0084	0.0504	0.0886	0.0520	0.0575	0.0730	0.0856
	2016	0.0585	0.1157	0.0054	0.0513	0.0892	0.0518	0.0590	0.0705	0.0889
吉尔吉斯斯坦	2008	0.0318	0.0886	0.0041	0.0467	0.0620	0.0374	0.0407	0.0519	0.0589
	2009	0.0281	0.0886	0.0041	0.0364	0.0592	0.0368	0.0421	0.0533	0.0602
	2010	0.0283	0.1018	0.0060	0.0332	0.0644	0.0349	0.0427	0.0543	0.0587
	2011	0.0290	0.0939	0.0060	0.0327	0.0669	0.0323	0.0435	0.0497	0.0584
	2012	0.0290	0.0841	0.0060	0.0322	0.0665	0.0332	0.0442	0.0505	0.0621
	2013	0.0286	0.0853	0.0060	0.0415	0.0679	0.0356	0.0491	0.0566	0.0624
	2014	0.0293	0.0849	0.0060	0.0503	0.0732	0.0379	0.0481	0.0615	0.0666
	2015	0.0288	0.0827	0.0060	0.0501	0.0731	0.0407	0.0429	0.0615	0.0653
	2016	0.0283	0.0807	0.0063	0.0497	0.0730	0.0430	0.0430	0.0596	0.0592

续表

国家	年份	口岸效率		监管环境		规制环境		电子商务		
		基础设施质量	运输服务质量	进出口程序的效率	边境管理的透明度	政府的效率	非法干预	电子商务的使用率	金融服务的效率	新技术的利用
柬埔寨	2008	0.0484	0.0944	0.0068	0.0416	0.0712	0.0402	0.0377	0.0683	0.0667
	2009	0.0490	0.0944	0.0078	0.0331	0.0689	0.0415	0.0394	0.0689	0.0718
	2010	0.0530	0.0881	0.0078	0.0353	0.0696	0.0421	0.0402	0.0689	0.0723
	2011	0.0538	0.0951	0.0086	0.0345	0.0752	0.0450	0.0413	0.0703	0.0761
	2012	0.0558	0.1000	0.0086	0.0336	0.0788	0.0482	0.0422	0.0714	0.0815
	2013	0.0529	0.1027	0.0086	0.0389	0.0746	0.0418	0.0446	0.0705	0.0799
	2014	0.0467	0.1033	0.0087	0.0436	0.0696	0.0371	0.0452	0.0656	0.0757
	2015	0.0479	0.1027	0.0087	0.0435	0.0686	0.0405	0.0426	0.0656	0.0733
	2016	0.0498	0.1023	0.0113	0.0431	0.0683	0.0426	0.0436	0.0691	0.0727
韩国	2008	0.0713	0.1271	0.0164	0.0720	0.1022	0.0701	0.0888	0.0628	0.0989
	2009	0.0718	0.1271	0.0181	0.0715	0.0957	0.0643	0.0897	0.0647	0.0999
	2010	0.0740	0.1330	0.0241	0.0660	0.0940	0.0634	0.0893	0.0660	0.1008
	2011	0.0735	0.1367	0.0247	0.0644	0.0914	0.0612	0.0889	0.0703	0.1000
	2012	0.0741	0.1373	0.0252	0.0628	0.0929	0.0604	0.0884	0.0731	0.1022
	2013	0.0734	0.1372	0.0252	0.0690	0.0945	0.0587	0.0878	0.0684	0.0999

国家	年份	口岸效率		监管环境		规制环境		电子商务		
		基础设施质量	运输服务质量	进出口程序的效率	边境管理的透明度	政府的效率	非法干预	电子商务的使用率	金融服务的效率	新技术的利用
韩国	2014	0.0698	0.1341	0.0252	0.0742	0.0924	0.0583	0.0885	0.0648	0.0967
	2015	0.0694	0.1310	0.0252	0.0741	0.0955	0.0619	0.0845	0.0648	0.0960
	2016	0.0705	0.1282	0.0136	0.0734	0.0986	0.0614	0.0843	0.0739	0.0946
科威特	2008	0.0565	0.1128	0.0094	0.0714	0.0965	0.0719	0.0554	0.0826	0.0923
	2009	0.0580	0.1128	0.0094	0.0581	0.0931	0.0680	0.0575	0.0824	0.0871
	2010	0.0589	0.1200	0.0099	0.0545	0.0938	0.0695	0.0585	0.0815	0.0864
	2011	0.0555	0.1143	0.0099	0.0572	0.0927	0.0709	0.0580	0.0784	0.0873
	2012	0.0537	0.1060	0.0099	0.0599	0.0895	0.0690	0.0573	0.0754	0.0869
	2013	0.0530	0.1109	0.0099	0.0604	0.0884	0.0698	0.0627	0.0736	0.0854
	2014	0.0498	0.1135	0.0099	0.0598	0.0850	0.0665	0.0636	0.0723	0.0834
	2015	0.0510	0.1148	0.0099	0.0575	0.0886	0.0674	0.0601	0.0723	0.0828
	2016	0.0497	0.1161	0.0099	0.0549	0.0909	0.0651	0.0621	0.0762	0.0806
斯里兰卡	2008	0.0597	0.1001	0.0102	0.0516	0.0921	0.0628	0.0415	0.0821	0.0855
	2009	0.0616	0.0886	0.0102	0.0469	0.0845	0.0640	0.0452	0.0820	0.0859
	2010	0.0625	0.0906	0.0102	0.0430	0.0876	0.0644	0.0482	0.0811	0.0854

续表

国家	年份	口岸效率		监管环境		规制环境		电子商务		
		基础设施质量	运输服务质量	进出口程序的效率	边境管理的透明度	政府的效率	非法干预	电子商务的使用率	金融服务的效率	新技术的利用
斯里兰卡	2011	0.0633	0.0982	0.0103	0.0416	0.0924	0.0611	0.0484	0.0834	0.0854
	2012	0.0638	0.1037	0.0103	0.0402	0.0950	0.0594	0.0485	0.0853	0.0875
	2013	0.0582	0.1044	0.0104	0.0435	0.0928	0.0566	0.0545	0.0861	0.0861
	2014	0.0581	0.1026	0.0106	0.0460	0.0923	0.0528	0.0555	0.0826	0.0843
	2015	0.0598	0.0988	0.0116	0.0481	0.0963	0.0585	0.0660	0.0826	0.0850
	2016	0.0574	0.0954	0.0138	0.0498	0.0928	0.0600	0.0685	0.0757	0.0805
立陶宛	2008	0.0590	0.1050	0.0174	0.0643	0.1002	0.0621	0.0558	0.0689	0.0856
	2009	0.0577	0.1050	0.0174	0.0606	0.0941	0.0615	0.0597	0.0708	0.0845
	2010	0.0536	0.1222	0.0174	0.0627	0.0965	0.0607	0.0625	0.0722	0.0880
	2011	0.0557	0.1190	0.0177	0.0626	0.0967	0.0582	0.0634	0.0705	0.0883
	2012	0.0610	0.1129	0.0184	0.0624	0.0982	0.0595	0.0640	0.0713	0.0908
	2013	0.0613	0.1175	0.0189	0.0679	0.1002	0.0616	0.0744	0.0772	0.0935
	2014	0.0586	0.1195	0.0180	0.0723	0.1018	0.0607	0.0776	0.0810	0.0957
	2015	0.0581	0.1233	0.0180	0.0748	0.1030	0.0641	0.0808	0.0810	0.0962
	2016	0.0599	0.1269	0.0186	0.0766	0.1018	0.0667	0.0790	0.0803	0.0953

续表

国家	年份	口岸效率		监管环境		规制环境		电子商务		
		基础设施质量	运输服务质量	进出口程序的效率	边境管理的透明度	政府的效率	非法干预	电子商务的使用率	金融服务的效率	新技术的利用
卢森堡	2008	0.0670	0.1234	0.0197	0.0886	0.1282	0.0902	0.0555	0.0992	0.0952
	2009	0.0707	0.1234	0.0197	0.0880	0.1348	0.0906	0.0589	0.0997	0.0988
	2010	0.0729	0.1433	0.0197	0.0876	0.1343	0.0898	0.0613	0.0993	0.0987
	2011	0.0713	0.1444	0.0197	0.0874	0.1308	0.0919	0.0615	0.1008	0.0981
	2012	0.0733	0.1421	0.0197	0.0873	0.1298	0.0907	0.0616	0.1009	0.1020
	2013	0.0715	0.1462	0.0197	0.0895	0.1326	0.0885	0.0756	0.1016	0.1051
	2014	0.0677	0.1468	0.0197	0.0902	0.1354	0.0908	0.0760	0.1022	0.1056
	2015	0.0654	0.1470	0.0197	0.0899	0.1371	0.0939	0.0712	0.1022	0.1054
	2016	0.0641	0.1471	0.0164	0.0889	0.1349	0.0929	0.0726	0.0962	0.1024
拉脱维亚	2008	0.0643	0.1178	0.0143	0.0729	0.1003	0.0553	0.0496	0.0657	0.0781
	2009	0.0639	0.1178	0.0143	0.0636	0.0923	0.0555	0.0532	0.0676	0.0772
	2010	0.0656	0.1261	0.0143	0.0588	0.0916	0.0557	0.0558	0.0689	0.0788
	2011	0.0638	0.1175	0.0153	0.0574	0.0919	0.0594	0.0571	0.0708	0.0779
	2012	0.0651	0.1060	0.0153	0.0560	0.0956	0.0617	0.0583	0.0753	0.0809
	2013	0.0683	0.1206	0.0153	0.0649	0.0968	0.0621	0.0664	0.0808	0.0862

续表

国家	年份	口岸效率		监管环境		规制环境		电子商务		
		基础设施质量	运输服务质量	进出口程序的效率	边境管理的透明度	政府的效率	非法干预	电子商务的使用率	金融服务的效率	新技术的利用
拉脱维亚	2014	0.0687	0.1326	0.0161	0.0730	0.0976	0.0647	0.0660	0.0838	0.0920
	2015	0.0685	0.1239	0.0161	0.0730	0.0969	0.0662	0.0702	0.0838	0.0930
	2016	0.0659	0.1159	0.0137	0.0726	0.0941	0.0628	0.0729	0.0760	0.0851
摩洛哥	2008	0.0579	0.0899	0.0120	0.0651	0.0868	0.0568	0.0443	0.0787	0.0810
	2009	0.0575	0.0899	0.0135	0.0553	0.0874	0.0537	0.0464	0.0778	0.0803
	2010	0.0588	0.0910	0.0137	0.0487	0.0875	0.0536	0.0479	0.0761	0.0811
	2011	0.0599	0.1036	0.0137	0.0494	0.0879	0.0553	0.0480	0.0765	0.0812
	2012	0.0638	0.1143	0.0143	0.0501	0.0903	0.0572	0.0480	0.0758	0.0840
	2013	0.0654	0.1158	0.0143	0.0585	0.0881	0.0573	0.0475	0.0731	0.0809
	2014	0.0633	0.1146	0.0143	0.0662	0.0915	0.0577	0.0441	0.0726	0.0831
	2015	0.0611	0.1053	0.0160	0.0646	0.0915	0.0570	0.0605	0.0726	0.0828
	2016	0.0617	0.0967	0.0115	0.0625	0.0906	0.0559	0.0632	0.0664	0.0829
马达加斯加	2008	0.0446	0.0839	0.0094	0.0573	0.0795	0.0462	0.0381	0.0517	0.0763
	2009	0.0453	0.0839	0.0104	0.0483	0.0702	0.0441	0.0402	0.0530	0.0756
	2010	0.0464	0.1007	0.0106	0.0426	0.0665	0.0413	0.0413	0.0538	0.0706

续表

国家	年份	口岸效率		监管环境		规制环境		电子商务		
		基础设施质量	运输服务质量	进出口程序的效率	边境管理的透明度	政府的效率	非法干预	电子商务的使用率	金融服务的效率	新技术的利用
马达加斯加	2011	0.0436	0.1012	0.0107	0.0385	0.0633	0.0382	0.0410	0.0532	0.0633
	2012	0.0441	0.0998	0.0107	0.0343	0.0626	0.0380	0.0405	0.0549	0.0653
	2013	0.0466	0.0979	0.0107	0.0406	0.0666	0.0383	0.0474	0.0569	0.0734
	2014	0.0441	0.0937	0.0108	0.0465	0.0709	0.0379	0.0480	0.0547	0.0748
	2015	0.0414	0.0831	0.0108	0.0464	0.0686	0.0402	0.0425	0.0547	0.0723
	2016	0.0428	0.0731	0.0130	0.0461	0.0658	0.0383	0.0444	0.0589	0.0698
墨西哥	2008	0.0536	0.1084	0.0168	0.0594	0.0718	0.0525	0.0514	0.0625	0.0708
	2009	0.0558	0.1084	0.0168	0.0532	0.0746	0.0505	0.0543	0.0640	0.0772
	2010	0.0546	0.1149	0.0168	0.0487	0.0758	0.0499	0.0563	0.0648	0.0782
	2011	0.0570	0.1179	0.0178	0.0478	0.0770	0.0505	0.0573	0.0706	0.0807
	2012	0.0587	0.1180	0.0178	0.0470	0.0801	0.0525	0.0582	0.0739	0.0853
	2013	0.0588	0.1201	0.0178	0.0539	0.0810	0.0516	0.0706	0.0717	0.0847
	2014	0.0575	0.1196	0.0183	0.0601	0.0803	0.0487	0.0697	0.0665	0.0822
	2015	0.0586	0.1147	0.0183	0.0597	0.0796	0.0481	0.0640	0.0665	0.0827
	2016	0.0578	0.1102	0.0132	0.0588	0.0786	0.0468	0.0667	0.0700	0.0829

国家	年份	口岸效率		监管环境		规制环境		电子商务		
		基础设施质量	运输服务质量	进出口程序的效率	边境管理的透明度	政府的效率	非法干预	电子商务的使用率	金融服务的效率	新技术的利用
北马其顿	2008	0.0426	0.0934	0.0104	0.0619	0.0795	0.0518	0.0480	0.0527	0.0592
	2009	0.0414	0.0934	0.0119	0.0554	0.0808	0.0534	0.0495	0.0553	0.0651
	2010	0.0439	0.1025	0.0129	0.0550	0.0804	0.0540	0.0500	0.0576	0.0735
	2011	0.0468	0.1000	0.0129	0.0547	0.0798	0.0529	0.0508	0.0577	0.0708
	2012	0.0509	0.0952	0.0129	0.0543	0.0838	0.0538	0.0515	0.0606	0.0706
	2013	0.0529	0.0952	0.0129	0.0602	0.0895	0.0580	0.0573	0.0694	0.0749
	2014	0.0526	0.0930	0.0129	0.0653	0.0969	0.0628	0.0587	0.0709	0.0780
	2015	0.0547	0.0900	0.0129	0.0677	0.0942	0.0625	0.0489	0.0709	0.0796
	2016	0.0556	0.0873	0.0141	0.0695	0.0873	0.0588	0.0483	0.0723	0.0814
毛里求斯	2008	0.0637	0.0794	0.0162	0.0650	0.1104	0.0730	0.0555	0.0820	0.0841
	2009	0.0594	0.0794	0.0162	0.0616	0.1111	0.0724	0.0569	0.0823	0.0845
	2010	0.0617	0.1031	0.0174	0.0604	0.1119	0.0706	0.0570	0.0818	0.0867
	2011	0.0637	0.1054	0.0180	0.0586	0.1095	0.0701	0.0558	0.0778	0.0851
	2012	0.0648	0.1056	0.0180	0.0568	0.1116	0.0726	0.0546	0.0797	0.0868
	2013	0.0646	0.1009	0.0180	0.0610	0.1127	0.0715	0.0592	0.0851	0.0883

国家	年份	口岸效率		监管环境		规制环境		电子商务		
		基础设施质量	运输服务质量	进出口程序的效率	边境管理的透明度	政府的效率	非法干预	电子商务的使用率	金融服务的效率	新技术的利用
毛里求斯	2014	0.0649	0.0941	0.0180	0.0643	0.1125	0.0713	0.0573	0.0831	0.0889
	2015	0.0637	0.0907	0.0180	0.0648	0.1135	0.0722	0.0559	0.0831	0.0869
	2016	0.0579	0.0876	0.0179	0.0647	0.1108	0.0706	0.0570	0.0785	0.0836
马来西亚	2008	0.0755	0.1271	0.0181	0.0695	0.1093	0.0669	0.0610	0.0904	0.0954
	2009	0.0733	0.1271	0.0181	0.0638	0.1043	0.0635	0.0639	0.0913	0.0924
	2010	0.0740	0.1261	0.0181	0.0577	0.1054	0.0649	0.0657	0.0913	0.0924
	2011	0.0762	0.1294	0.0181	0.0596	0.1109	0.0699	0.0675	0.0934	0.0939
	2012	0.0742	0.1300	0.0181	0.0615	0.1136	0.0689	0.0691	0.0920	0.0963
	2013	0.0728	0.1336	0.0193	0.0657	0.1137	0.0687	0.0769	0.0918	0.0957
	2014	0.0735	0.1343	0.0193	0.0689	0.1195	0.0721	0.0775	0.0926	0.0977
	2015	0.0734	0.1271	0.0193	0.0697	0.1187	0.0731	0.0716	0.0926	0.0978
	2016	0.0720	0.1204	0.0097	0.0699	0.1156	0.0691	0.0742	0.0915	0.0953
尼日利亚	2008	0.0442	0.0887	0.0067	0.0517	0.0846	0.0539	0.0358	0.0703	0.0752
	2009	0.0463	0.0887	0.0068	0.0416	0.0742	0.0517	0.0379	0.0688	0.0764
	2010	0.0445	0.0990	0.0068	0.0385	0.0690	0.0470	0.0392	0.0668	0.0736

续表

国家	年份	口岸效率		监管环境		规制环境		电子商务		
		基础设施质量	运输服务质量	进出口程序的效率	边境管理的透明度	政府的效率	非法干预	电子商务的使用率	金融服务的效率	新技术的利用
尼日利亚	2011	0.0464	0.0975	0.0069	0.0369	0.0754	0.0488	0.0394	0.0677	0.0745
	2012	0.0490	0.0938	0.0069	0.0352	0.0806	0.0489	0.0394	0.0663	0.0801
	2013	0.0456	0.1041	0.0069	0.0378	0.0743	0.0429	0.0450	0.0655	0.0793
	2014	0.0413	0.1119	0.0072	0.0398	0.0698	0.0409	0.0458	0.0626	0.0753
	2015	0.0413	0.1010	0.0072	0.0388	0.0722	0.0436	0.0477	0.0626	0.0742
	2016	0.0389	0.0909	0.0084	0.0376	0.0715	0.0471	0.0484	0.0558	0.0746
尼加拉瓜	2008	0.0420	0.0805	0.0117	0.0545	0.0703	0.0374	0.0464	0.0667	0.0583
	2009	0.0439	0.0805	0.0122	0.0477	0.0678	0.0401	0.0459	0.0670	0.0645
	2010	0.0459	0.0975	0.0122	0.0450	0.0674	0.0394	0.0447	0.0667	0.0655
	2011	0.0459	0.0998	0.0124	0.0433	0.0673	0.0368	0.0439	0.0631	0.0657
	2012	0.0479	0.0997	0.0126	0.0417	0.0728	0.0420	0.0430	0.0610	0.0661
	2013	0.0482	0.1022	0.0130	0.0520	0.0798	0.0467	0.0456	0.0615	0.0650
	2014	0.0445	0.1024	0.0130	0.0617	0.0767	0.0415	0.0448	0.0625	0.0674
	2015	0.0416	0.0943	0.0130	0.0577	0.0701	0.0360	0.0338	0.0625	0.0680
	2016	0.0414	0.0866	0.0153	0.0534	0.0717	0.0356	0.0357	0.0643	0.0678

国家	年份	口岸效率		监管环境		规制环境		电子商务		
		基础设施质量	运输服务质量	进出口程序的效率	边境管理的透明度	政府的效率	非法干预	电子商务的使用率	金融服务的效率	新技术的利用
荷兰	2008	0.0834	0.1471	0.0212	0.0842	0.1215	0.0934	0.0666	0.0962	0.0990
	2009	0.0836	0.1471	0.0212	0.0881	0.1264	0.0918	0.0704	0.0956	0.0995
	2010	0.0835	0.1422	0.0212	0.0861	0.1270	0.0908	0.0731	0.0941	0.0993
	2011	0.0849	0.1457	0.0212	0.0860	0.1287	0.0922	0.0737	0.0954	0.1005
	2012	0.0866	0.1459	0.0212	0.0860	0.1322	0.0936	0.0741	0.0954	0.1037
	2013	0.0861	0.1240	0.0224	0.0884	0.1323	0.0911	0.0869	0.0943	0.1033
	2014	0.0860	0.0983	0.0224	0.0893	0.1330	0.0890	0.0876	0.0940	0.1030
	2015	0.0855	0.1204	0.0224	0.0900	0.1338	0.0916	0.0850	0.0940	0.1032
	2016	0.0855	0.1405	0.0210	0.0901	0.1347	0.0927	0.0873	0.0847	0.1048
挪威	2008	0.0782	0.1341	0.0199	0.0909	0.1370	0.0929	0.0697	0.0953	0.1060
	2009	0.0778	0.1341	0.0199	0.0871	0.1330	0.0928	0.0724	0.0962	0.1064
	2010	0.0770	0.1396	0.0199	0.0875	0.1322	0.0932	0.0738	0.0962	0.1066
	2011	0.0767	0.1395	0.0199	0.0884	0.1298	0.0936	0.0755	0.0940	0.1051
	2012	0.0752	0.1360	0.0199	0.0892	0.1303	0.0930	0.0770	0.0946	0.1057
	2013	0.0755	0.1375	0.0199	0.0897	0.1323	0.0932	0.0828	0.0984	0.1072

国家	年份	口岸效率		监管环境		规制环境		电子商务		
		基础设施质量	运输服务质量	进出口程序的效率	边境管理的透明度	政府的效率	非法干预	电子商务的使用率	金融服务的效率	新技术的利用
挪威	2014	0.0767	0.1358	0.0199	0.0885	0.1347	0.0933	0.0837	0.0983	0.1084
	2015	0.0747	0.1309	0.0199	0.0884	0.1369	0.0964	0.0776	0.0983	0.1087
	2016	0.0727	0.1261	0.0092	0.0875	0.1379	0.0954	0.0798	0.0957	0.1078
尼泊尔	2008	0.0410	0.0838	0.0062	0.0550	0.0780	0.0436	0.0450	0.0547	0.0583
	2009	0.0411	0.0838	0.0062	0.0406	0.0652	0.0440	0.0454	0.0567	0.0591
	2010	0.0418	0.0846	0.0062	0.0360	0.0665	0.0435	0.0448	0.0583	0.0650
	2011	0.0388	0.0800	0.0062	0.0348	0.0683	0.0447	0.0434	0.0607	0.0682
	2012	0.0380	0.0734	0.0062	0.0336	0.0727	0.0458	0.0418	0.0636	0.0704
	2013	0.0371	0.0883	0.0061	0.0403	0.0729	0.0455	0.0460	0.0670	0.0684
	2014	0.0332	0.1013	0.0061	0.0465	0.0729	0.0461	0.0437	0.0683	0.0682
	2015	0.0285	0.0948	0.0061	0.0463	0.0741	0.0497	0.0364	0.0683	0.0658
	2016	0.0258	0.0887	0.0089	0.0457	0.0739	0.0516	0.0372	0.0684	0.0616
新西兰	2008	0.0730	0.1354	0.0173	0.0874	0.1263	0.0993	0.0666	0.0777	0.0936
	2009	0.0747	0.1354	0.0173	0.0942	0.1373	0.0993	0.0696	0.0802	0.0980
	2010	0.0753	0.1328	0.0173	0.0945	0.1369	0.0993	0.0714	0.0820	0.0987

续表

国家	年份	口岸效率		监管环境		规制环境		电子商务		
		基础设施质量	运输服务质量	进出口程序的效率	边境管理的透明度	政府的效率	非法干预	电子商务的使用率	金融服务的效率	新技术的利用
新西兰	2011	0.0760	0.1312	0.0173	0.0945	0.1372	0.0993	0.0724	0.0871	0.0978
	2012	0.0758	0.1266	0.0173	0.0945	0.1408	0.0993	0.0732	0.0912	0.1010
	2013	0.0749	0.1295	0.0173	0.0943	0.1397	0.0993	0.0795	0.0928	0.1014
	2014	0.0759	0.1297	0.0173	0.0924	0.1406	0.0993	0.0785	0.0944	0.1026
	2015	0.0734	0.1232	0.0173	0.0904	0.1389	0.0990	0.0791	0.0944	0.1013
	2016	0.0710	0.1174	0.0135	0.0876	0.1379	0.0982	0.0810	0.0930	0.0996
阿曼	2008	0.0648	0.1091	0.0111	0.0728	0.1190	0.0835	0.0547	0.0811	0.0800
	2009	0.0666	0.1091	0.0111	0.0733	0.1131	0.0826	0.0568	0.0818	0.0834
	2010	0.0698	0.0955	0.0111	0.0756	0.1116	0.0809	0.0579	0.0817	0.0857
	2011	0.0708	0.1007	0.0135	0.0756	0.1095	0.0820	0.0563	0.0802	0.0877
	2012	0.0706	0.1035	0.0135	0.0756	0.1118	0.0814	0.0544	0.0834	0.0877
	2013	0.0717	0.1105	0.0135	0.0772	0.1156	0.0823	0.0660	0.0881	0.0870
	2014	0.0668	0.1152	0.0135	0.0777	0.1083	0.0774	0.0668	0.0831	0.0854
	2015	0.0625	0.1132	0.0135	0.0748	0.0996	0.0708	0.0666	0.0831	0.0834
	2016	0.0602	0.1114	0.0107	0.0714	0.1049	0.0726	0.0649	0.0810	0.0823

续表

国家	年份	口岸效率		监管环境		规制环境		电子商务		
		基础设施质量	运输服务质量	进出口程序的效率	边境管理的透明度	政府的效率	非法干预	电子商务的使用率	金融服务的效率	新技术的利用
巴基斯坦	2008	0.0511	0.0957	0.0094	0.0592	0.0738	0.0460	0.0422	0.0649	0.0723
	2009	0.0544	0.0957	0.0094	0.0477	0.0696	0.0450	0.0434	0.0654	0.0722
	2010	0.0543	0.1015	0.0094	0.0415	0.0716	0.0482	0.0437	0.0654	0.0756
	2011	0.0541	0.1036	0.0095	0.0405	0.0693	0.0519	0.0441	0.0642	0.0745
	2012	0.0567	0.1036	0.0095	0.0395	0.0723	0.0535	0.0444	0.0646	0.0787
	2013	0.0562	0.1052	0.0095	0.0437	0.0736	0.0516	0.0488	0.0663	0.0804
	2014	0.0540	0.1047	0.0095	0.0473	0.0736	0.0492	0.0505	0.0676	0.0773
	2015	0.0533	0.1044	0.0097	0.0488	0.0726	0.0486	0.0470	0.0676	0.0779
	2016	0.0499	0.1043	0.0136	0.0498	0.0737	0.0487	0.0442	0.0648	0.0704
巴拿马	2008	0.0738	0.1061	0.0233	0.0584	0.0846	0.0483	0.0532	0.0963	0.0823
	2009	0.0729	0.1061	0.0233	0.0539	0.0858	0.0503	0.0552	0.0975	0.0821
	2010	0.0773	0.1173	0.0233	0.0523	0.0878	0.0471	0.0559	0.0979	0.0899
	2011	0.0815	0.1160	0.0233	0.0494	0.0920	0.0431	0.0554	0.1003	0.0950
	2012	0.0828	0.1118	0.0233	0.0465	0.0951	0.0461	0.0548	0.1024	0.0983
	2013	0.0823	0.1182	0.0233	0.0532	0.0944	0.0498	0.0623	0.0988	0.0981

续表

国家	年份	口岸效率		监管环境		规制环境		电子商务		
		基础设施质量	运输服务质量	进出口程序的效率	边境管理的透明度	政府的效率	非法干预	电子商务的使用率	金融服务的效率	新技术的利用
巴拿马	2014	0.0803	0.1221	0.0233	0.0593	0.0920	0.0479	0.0613	0.0920	0.0947
	2015	0.0807	0.1195	0.0233	0.0612	0.0895	0.0473	0.0540	0.0920	0.0940
	2016	0.0808	0.1171	0.0149	0.0626	0.0892	0.0501	0.0565	0.0999	0.0945
秘鲁	2008	0.0404	0.1005	0.0112	0.0687	0.0715	0.0507	0.0496	0.0867	0.0675
	2009	0.0437	0.1005	0.0113	0.0631	0.0729	0.0512	0.0522	0.0869	0.0734
	2010	0.0503	0.1070	0.0115	0.0582	0.0763	0.0494	0.0538	0.0862	0.0814
	2011	0.0524	0.1107	0.0132	0.0594	0.0764	0.0509	0.0542	0.0839	0.0826
	2012	0.0515	0.1119	0.0132	0.0606	0.0750	0.0473	0.0545	0.0802	0.0804
	2013	0.0513	0.1115	0.0132	0.0617	0.0777	0.0462	0.0592	0.0772	0.0790
	2014	0.0501	0.1087	0.0132	0.0617	0.0765	0.0461	0.0599	0.0729	0.0788
	2015	0.0502	0.1048	0.0132	0.0642	0.0741	0.0499	0.0624	0.0729	0.0775
	2016	0.0497	0.1012	0.0120	0.0663	0.0747	0.0521	0.0635	0.0823	0.0735
菲律宾	2008	0.0470	0.1004	0.0110	0.0491	0.0718	0.0453	0.0553	0.0814	0.0854
	2009	0.0434	0.1004	0.0113	0.0363	0.0689	0.0430	0.0571	0.0818	0.0851
	2010	0.0413	0.1237	0.0113	0.0339	0.0694	0.0413	0.0578	0.0816	0.0837

续表

国家	年份	口岸效率		监管环境		规制环境		电子商务		
		基础设施质量	运输服务质量	进出口程序的效率	边境管理的透明度	政府的效率	非法干预	电子商务的使用率	金融服务的效率	新技术的利用
菲律宾	2011	0.0431	0.1211	0.0122	0.0341	0.0708	0.0440	0.0576	0.0792	0.0841
	2012	0.0451	0.1157	0.0122	0.0344	0.0769	0.0465	0.0572	0.0812	0.0878
	2013	0.0449	0.1162	0.0122	0.0426	0.0828	0.0481	0.0614	0.0844	0.0904
	2014	0.0457	0.1143	0.0122	0.0502	0.0853	0.0529	0.0618	0.0809	0.0877
	2015	0.0449	0.1086	0.0120	0.0497	0.0819	0.0538	0.0593	0.0809	0.0839
	2016	0.0398	0.1034	0.0130	0.0489	0.0779	0.0511	0.0593	0.0797	0.0799
波兰	2008	0.0408	0.1118	0.0149	0.0614	0.0803	0.0643	0.0480	0.0738	0.0769
	2009	0.0424	0.1118	0.0149	0.0628	0.0807	0.0669	0.0504	0.0748	0.0786
	2010	0.0447	0.1311	0.0149	0.0649	0.0871	0.0682	0.0519	0.0751	0.0765
	2011	0.0460	0.1322	0.0149	0.0654	0.0906	0.0684	0.0520	0.0758	0.0738
	2012	0.0475	0.1299	0.0151	0.0660	0.0898	0.0682	0.0521	0.0768	0.0742
	2013	0.0494	0.1334	0.0151	0.0706	0.0889	0.0658	0.0587	0.0791	0.0736
	2014	0.0519	0.1339	0.0153	0.0741	0.0893	0.0647	0.0578	0.0805	0.0748
	2015	0.0525	0.1268	0.0155	0.0753	0.0935	0.0665	0.0562	0.0805	0.0765
	2016	0.0547	0.1203	0.0160	0.0759	0.0904	0.0633	0.0591	0.0762	0.0821

续表

国家	年份	口岸效率		监管环境		规制环境		电子商务		
		基础设施质量	运输服务质量	进出口程序的效率	边境管理的透明度	政府的效率	非法干预	电子商务的使用率	金融服务的效率	新技术的利用
葡萄牙	2008	0.0651	0.1246	0.0165	0.0797	0.0984	0.0781	0.0522	0.0938	0.0937
	2009	0.0640	0.1246	0.0165	0.0726	0.0937	0.0736	0.0556	0.0919	0.0954
	2010	0.0656	0.1198	0.0167	0.0711	0.0930	0.0704	0.0581	0.0893	0.0977
	2011	0.0677	0.1269	0.0167	0.0718	0.0913	0.0668	0.0585	0.0855	0.0981
	2012	0.0692	0.1312	0.0167	0.0725	0.0948	0.0670	0.0588	0.0819	0.1003
	2013	0.0703	0.1335	0.0178	0.0752	0.0946	0.0695	0.0708	0.0756	0.1011
	2014	0.0722	0.1330	0.0170	0.0766	0.0961	0.0714	0.0716	0.0754	0.1027
	2015	0.0706	0.1262	0.0170	0.0764	0.0957	0.0729	0.0697	0.0754	0.1014
	2016	0.0685	0.1201	0.0110	0.0756	0.0924	0.0720	0.0710	0.0749	0.0973
巴拉圭	2008	0.0391	0.0954	0.0082	0.0555	0.0634	0.0305	0.0508	0.0722	0.0570
	2009	0.0380	0.0954	0.0082	0.0420	0.0641	0.0314	0.0510	0.0731	0.0638
	2010	0.0381	0.1070	0.0083	0.0376	0.0678	0.0326	0.0501	0.0733	0.0681
	2011	0.0383	0.1004	0.0083	0.0388	0.0705	0.0353	0.0481	0.0751	0.0699
	2012	0.0394	0.0915	0.0083	0.0400	0.0731	0.0366	0.0461	0.0758	0.0747
	2013	0.0394	0.1006	0.0083	0.0429	0.0729	0.0338	0.0531	0.0701	0.0723

续表

国家	年份	口岸效率		监管环境		规制环境		电子商务		
		基础设施质量	运输服务质量	进出口程序的效率	边境管理的透明度	政府的效率	非法干预	电子商务的使用率	金融服务的效率	新技术的利用
巴拉圭	2014	0.0373	0.1075	0.0085	0.0453	0.0749	0.0320	0.0542	0.0653	0.0695
	2015	0.0368	0.0972	0.0085	0.0452	0.0749	0.0348	0.0396	0.0653	0.0698
	2016	0.0371	0.0876	0.0099	0.0449	0.0720	0.0370	0.0392	0.0746	0.0672
卡塔尔	2008	0.0672	0.1154	0.0117	0.0738	0.1101	0.0862	0.0487	0.0909	0.0921
	2009	0.0726	0.1154	0.0117	0.0799	0.1248	0.0904	0.0529	0.0919	0.0976
	2010	0.0747	0.1182	0.0117	0.0843	0.1207	0.0907	0.0564	0.0922	0.1008
	2011	0.0732	0.1230	0.0117	0.0838	0.1164	0.0882	0.0568	0.0926	0.0988
	2012	0.0724	0.1249	0.0117	0.0833	0.1246	0.0924	0.0571	0.0957	0.1024
	2013	0.0731	0.1303	0.0124	0.0837	0.1292	0.0935	0.0774	0.0977	0.1031
	2014	0.0740	0.1331	0.0124	0.0825	0.1290	0.0909	0.0775	0.0964	0.1012
	2015	0.0763	0.1277	0.0128	0.0821	0.1275	0.0893	0.0715	0.0964	0.1023
	2016	0.0759	0.1227	0.0093	0.0809	0.1242	0.0867	0.0750	0.0934	0.1008
俄罗斯	2008	0.0509	0.0886	0.0073	0.0561	0.0734	0.0440	0.0349	0.0618	0.0685
	2009	0.0488	0.0886	0.0073	0.0393	0.0660	0.0426	0.0389	0.0624	0.0696
	2010	0.0485	0.1000	0.0073	0.0368	0.0690	0.0434	0.0425	0.0624	0.0679

续表

国家	年份	口岸效率		监管环境		规制环境		电子商务		
		基础设施质量	运输服务质量	进出口程序的效率	边境管理的透明度	政府的效率	非法干预	电子商务的使用率	金融服务的效率	新技术的利用
俄罗斯	2011	0.0487	0.1017	0.0073	0.0365	0.0677	0.0419	0.0446	0.0598	0.0649
	2012	0.0491	0.1011	0.0078	0.0363	0.0673	0.0419	0.0468	0.0595	0.0634
	2013	0.0507	0.1036	0.0078	0.0438	0.0727	0.0440	0.0624	0.0662	0.0679
	2014	0.0525	0.1038	0.0083	0.0507	0.0770	0.0465	0.0642	0.0701	0.0733
	2015	0.0524	0.0982	0.0083	0.0531	0.0767	0.0469	0.0670	0.0701	0.0734
	2016	0.0545	0.0930	0.0098	0.0550	0.0785	0.0516	0.0688	0.0610	0.0756
沙特阿拉伯	2008	0.0629	0.1118	0.0121	0.0614	0.0957	0.0793	0.0501	0.0921	0.0884
	2009	0.0637	0.1118	0.0125	0.0627	0.0936	0.0787	0.0536	0.0912	0.0903
	2010	0.0686	0.1160	0.0125	0.0659	0.0998	0.0799	0.0564	0.0896	0.0925
	2011	0.0714	0.1202	0.0130	0.0697	0.1039	0.0848	0.0567	0.0900	0.0946
	2012	0.0713	0.1214	0.0130	0.0735	0.1027	0.0812	0.0569	0.0879	0.0991
	2013	0.0686	0.1199	0.0130	0.0720	0.1016	0.0803	0.0775	0.0852	0.0997
	2014	0.0657	0.1156	0.0117	0.0692	0.0998	0.0796	0.0785	0.0825	0.0947
	2015	0.0639	0.1140	0.0117	0.0690	0.1017	0.0809	0.0747	0.0825	0.0938
	2016	0.0615	0.1125	0.0166	0.0682	0.1073	0.0791	0.0752	0.0802	0.0891

续表

国家	年份	口岸效率		监管环境		规制环境		电子商务		
		基础设施质量	运输服务质量	进出口程序的效率	边境管理的透明度	政府的效率	非法干预	电子商务的使用率	金融服务的效率	新技术的利用
新加坡	2008	0.0881	0.1494	0.0299	0.0874	0.1435	0.0931	0.0677	0.0917	0.1036
	2009	0.0881	0.1494	0.0299	0.0942	0.1435	0.0917	0.0716	0.0937	0.1033
	2010	0.0881	0.1450	0.0299	0.0920	0.1443	0.0905	0.0743	0.0950	0.1011
	2011	0.0881	0.1494	0.0299	0.0924	0.1450	0.0909	0.0747	0.0976	0.1009
	2012	0.0880	0.1506	0.0299	0.0928	0.1457	0.0911	0.0748	0.0991	0.1043
	2013	0.0878	0.1483	0.0299	0.0934	0.1452	0.0906	0.0887	0.1004	0.1035
	2014	0.0875	0.1427	0.0299	0.0923	0.1454	0.0896	0.0889	0.0984	0.1030
	2015	0.0874	0.1409	0.0299	0.0934	0.1457	0.0900	0.0861	0.0984	0.1031
	2016	0.0873	0.1394	0.0145	0.0937	0.1462	0.0902	0.0889	0.1029	0.1020
萨尔瓦多	2008	0.0596	0.1015	0.0097	0.0724	0.0900	0.0532	0.0430	0.0729	0.0694
	2009	0.0645	0.1015	0.0126	0.0559	0.0782	0.0518	0.0458	0.0741	0.0773
	2010	0.0637	0.0991	0.0126	0.0523	0.0751	0.0509	0.0478	0.0745	0.0798
	2011	0.0602	0.1008	0.0126	0.0511	0.0717	0.0492	0.0492	0.0779	0.0784
	2012	0.0606	0.0998	0.0126	0.0500	0.0709	0.0448	0.0505	0.0752	0.0773
	2013	0.0586	0.1058	0.0126	0.0521	0.0723	0.0455	0.0618	0.0646	0.0724

续表

国家	年份	口岸效率		监管环境		规制环境		电子商务		
		基础设施质量	运输服务质量	进出口程序的效率	边境管理的透明度	政府的效率	非法干预	电子商务的使用率	金融服务的效率	新技术的利用
萨尔瓦多	2014	0.0627	0.1098	0.0128	0.0533	0.0816	0.0523	0.0635	0.0665	0.0750
	2015	0.0576	0.1045	0.0128	0.0549	0.0741	0.0524	0.0586	0.0665	0.0759
	2016	0.0505	0.0999	0.0121	0.0561	0.0673	0.0499	0.0575	0.0760	0.0721
斯洛伐克	2008	0.0500	0.1062	0.0128	0.0586	0.0906	0.0572	0.0459	0.0794	0.0893
	2009	0.0494	0.1086	0.0128	0.0595	0.0898	0.0553	0.0491	0.0804	0.0885
	2010	0.0473	0.1233	0.0130	0.0597	0.0858	0.0505	0.0513	0.0807	0.0876
	2011	0.0457	0.1184	0.0139	0.0582	0.0831	0.0474	0.0534	0.0776	0.0857
	2012	0.0474	0.1105	0.0139	0.0567	0.0841	0.0463	0.0554	0.0764	0.0851
	2013	0.0449	0.1180	0.0139	0.0629	0.0837	0.0426	0.0631	0.0825	0.0830
	2014	0.0443	0.1228	0.0139	0.0682	0.0833	0.0419	0.0646	0.0848	0.0866
	2015	0.0435	0.1191	0.0139	0.0701	0.0818	0.0457	0.0633	0.0848	0.0889
	2016	0.0416	0.1157	0.0127	0.0715	0.0827	0.0473	0.0647	0.0811	0.0898
斯洛文尼亚	2008	0.0617	0.1131	0.0117	0.0761	0.1010	0.0696	0.0591	0.0703	0.0847
	2009	0.0652	0.1131	0.0117	0.0771	0.1092	0.0711	0.0611	0.0701	0.0879
	2010	0.0651	0.1072	0.0117	0.0759	0.1046	0.0695	0.0617	0.0692	0.0860

续表

国家	年份	口岸效率		监管环境		规制环境		电子商务		
		基础设施质量	运输服务质量	进出口程序的效率	边境管理的透明度	政府的效率	非法干预	电子商务的使用率	金融服务的效率	新技术的利用
斯洛文尼亚	2011	0.0638	0.1157	0.0122	0.0725	0.1000	0.0639	0.0615	0.0696	0.0831
	2012	0.0629	0.1216	0.0127	0.0691	0.0969	0.0645	0.0610	0.0655	0.0868
	2013	0.0612	0.1243	0.0129	0.0750	0.0935	0.0623	0.0720	0.0613	0.0897
	2014	0.0612	0.1241	0.0129	0.0798	0.0920	0.0595	0.0714	0.0582	0.0901
	2015	0.0609	0.1175	0.0129	0.0810	0.0933	0.0633	0.0587	0.0582	0.0900
	2016	0.0608	0.1113	0.0170	0.0815	0.0962	0.0655	0.0596	0.0642	0.0901
瑞典	2008	0.0761	0.1458	0.0254	0.0933	0.1326	0.0986	0.0614	0.0968	0.1093
	2009	0.0769	0.1458	0.0254	0.0945	0.1412	0.0978	0.0647	0.0974	0.1085
	2010	0.0799	0.1448	0.0254	0.0920	0.1395	0.0972	0.0669	0.0971	0.1097
	2011	0.0795	0.1432	0.0254	0.0915	0.1377	0.0962	0.0679	0.0980	0.1097
	2012	0.0771	0.1383	0.0254	0.0910	0.1354	0.0924	0.0688	0.0924	0.1097
	2013	0.0751	0.1438	0.0254	0.0912	0.1374	0.0914	0.0826	0.0925	0.1096
	2014	0.0732	0.1463	0.0254	0.0897	0.1325	0.0842	0.0840	0.0914	0.1065
	2015	0.0728	0.1456	0.0254	0.0909	0.1340	0.0881	0.0746	0.0914	0.1077
	2016	0.0729	0.1451	0.0148	0.0914	0.1378	0.0951	0.0765	0.0949	0.1089

续表

国家	年份	口岸效率		监管环境		规制环境		电子商务		
		基础设施质量	运输服务质量	进出口程序的效率	边境管理的透明度	政府的效率	非法干预	电子商务的使用率	金融服务的效率	新技术的利用
泰国	2008	0.0662	0.1212	0.0105	0.0655	0.0981	0.0632	0.0388	0.0837	0.0845
	2009	0.0682	0.1212	0.0147	0.0509	0.0886	0.0607	0.0419	0.0844	0.0843
	2010	0.0706	0.1225	0.0147	0.0479	0.0897	0.0612	0.0444	0.0843	0.0826
	2011	0.0677	0.1228	0.0147	0.0452	0.0881	0.0587	0.0466	0.0826	0.0782
	2012	0.0668	0.1204	0.0147	0.0424	0.0869	0.0574	0.0487	0.0821	0.0835
	2013	0.0654	0.1267	0.0147	0.0497	0.0881	0.0561	0.0577	0.0867	0.0849
	2014	0.0636	0.1302	0.0147	0.0564	0.0857	0.0550	0.0596	0.0854	0.0832
	2015	0.0624	0.1222	0.0147	0.0582	0.0878	0.0578	0.0566	0.0854	0.0831
	2016	0.0591	0.1148	0.0126	0.0596	0.0908	0.0571	0.0587	0.0840	0.0838
土耳其	2008	0.0545	0.1144	0.0111	0.0654	0.0864	0.0575	0.0411	0.0836	0.0873
	2009	0.0570	0.1144	0.0111	0.0564	0.0856	0.0555	0.0444	0.0826	0.0871
	2010	0.0618	0.1199	0.0115	0.0489	0.0899	0.0538	0.0470	0.0809	0.0878
	2011	0.0626	0.1263	0.0115	0.0471	0.0910	0.0534	0.0491	0.0821	0.0876
	2012	0.0643	0.1300	0.0115	0.0452	0.0937	0.0576	0.0512	0.0869	0.0902
	2013	0.0643	0.1311	0.0115	0.0558	0.0955	0.0587	0.0574	0.0872	0.0924

续表

国家	年份	口岸效率		监管环境		规制环境		电子商务		
		基础设施质量	运输服务质量	进出口程序的效率	边境管理的透明度	政府的效率	非法干预	电子商务的使用率	金融服务的效率	新技术的利用
土耳其	2014	0.0641	0.1295	0.0115	0.0657	0.0942	0.0544	0.0596	0.0836	0.0912
	2015	0.0639	0.1235	0.0115	0.0653	0.0906	0.0537	0.0641	0.0836	0.0887
	2016	0.0640	0.1181	0.0090	0.0645	0.0875	0.0545	0.0641	0.0699	0.0840
乌干达	2008	0.0455	0.0930	0.0079	0.0512	0.0833	0.0458	0.0373	0.0677	0.0591
	2009	0.0448	0.0930	0.0079	0.0380	0.0824	0.0448	0.0391	0.0675	0.0639
	2010	0.0480	0.1059	0.0081	0.0364	0.0857	0.0462	0.0401	0.0668	0.0721
	2011	0.0490	0.1082	0.0081	0.0364	0.0884	0.0494	0.0403	0.0699	0.0739
	2012	0.0490	0.1081	0.0080	0.0363	0.0900	0.0482	0.0403	0.0706	0.0742
	2013	0.0455	0.1095	0.0081	0.0420	0.0876	0.0440	0.0484	0.0654	0.0721
	2014	0.0390	0.1083	0.0083	0.0470	0.0862	0.0424	0.0460	0.0629	0.0729
	2015	0.0360	0.1079	0.0080	0.0477	0.0885	0.0461	0.0372	0.0629	0.0717
	2016	0.0368	0.1076	0.0080	0.0480	0.0902	0.0478	0.0412	0.0625	0.0710
乌克兰	2008	0.0453	0.0966	0.0078	0.0538	0.0708	0.0394	0.0495	0.0570	0.0744
	2009	0.0473	0.0966	0.0079	0.0467	0.0637	0.0371	0.0506	0.0578	0.0724
	2010	0.0470	0.0990	0.0079	0.0412	0.0637	0.0354	0.0505	0.0580	0.0733

国家	年份	口岸效率		监管环境		规制环境		电子商务		
		基础设施质量	运输服务质量	进出口程序的效率	边境管理的透明度	政府的效率	非法干预	电子商务的使用率	金融服务的效率	新技术的利用
乌克兰	2011	0.0491	0.1053	0.0079	0.0375	0.0637	0.0350	0.0514	0.0575	0.0757
	2012	0.0538	0.1095	0.0079	0.0339	0.0646	0.0386	0.0521	0.0608	0.0805
	2013	0.0491	0.1139	0.0079	0.0411	0.0654	0.0373	0.0552	0.0603	0.0745
	2014	0.0458	0.1158	0.0081	0.0479	0.0703	0.0368	0.0547	0.0606	0.0723
	2015	0.0446	0.1085	0.0081	0.0480	0.0730	0.0384	0.0473	0.0606	0.0737
	2016	0.0461	0.1019	0.0092	0.0479	0.0737	0.0383	0.0469	0.0591	0.0756
乌拉圭	2008	0.0502	0.0932	0.0105	0.0698	0.0932	0.0776	0.0570	0.0684	0.0726
	2009	0.0553	0.0932	0.0110	0.0687	0.0975	0.0783	0.0597	0.0699	0.0754
	2010	0.0634	0.1025	0.0110	0.0643	0.1023	0.0789	0.0613	0.0708	0.0797
	2011	0.0663	0.1072	0.0110	0.0662	0.1042	0.0800	0.0604	0.0713	0.0807
	2012	0.0630	0.1096	0.0112	0.0681	0.1015	0.0797	0.0594	0.0696	0.0791
	2013	0.0581	0.1079	0.0115	0.0677	0.1016	0.0811	0.0617	0.0698	0.0770
	2014	0.0563	0.1038	0.0117	0.0660	0.1043	0.0825	0.0598	0.0690	0.0771
	2015	0.0538	0.1034	0.0122	0.0674	0.1046	0.0833	0.0696	0.0690	0.0787
	2016	0.0596	0.1032	0.0162	0.0682	0.1022	0.0821	0.0719	0.0767	0.0830

续表

国家	年份	口岸效率		监管环境		规制环境		电子商务		
		基础设施质量	运输服务质量	进出口程序的效率	边境管理的透明度	政府的效率	非法干预	电子商务的使用率	金融服务的效率	新技术的利用
美国	2008	0.0781	0.1365	0.0253	0.0725	0.1190	0.0765	0.0737	0.0907	0.1084
	2009	0.0754	0.1365	0.0253	0.0762	0.1176	0.0754	0.0763	0.0921	0.1076
	2010	0.0733	0.1361	0.0253	0.0755	0.1169	0.0730	0.0779	0.0926	0.1030
	2011	0.0726	0.1413	0.0253	0.0725	0.1150	0.0723	0.0800	0.0935	0.1003
	2012	0.0737	0.1433	0.0253	0.0695	0.1148	0.0721	0.0819	0.0940	0.1031
	2013	0.0756	0.1426	0.0253	0.0744	0.1167	0.0741	0.0857	0.0978	0.1066
	2014	0.0763	0.1389	0.0253	0.0780	0.1181	0.0741	0.0870	0.0980	0.1087
	2015	0.0776	0.1379	0.0103	0.0796	0.1215	0.0763	0.0833	0.0980	0.1091
	2016	0.0762	0.1371	0.0103	0.0806	0.1258	0.0776	0.0861	0.0953	0.1080
委内瑞拉	2008	0.0380	0.0957	0.0071	0.0505	0.0509	0.0314	0.0490	0.0572	0.0700
	2009	0.0382	0.0957	0.0070	0.0313	0.0411	0.0314	0.0502	0.0592	0.0667
	2010	0.0390	0.1064	0.0070	0.0298	0.0455	0.0328	0.0504	0.0606	0.0706
	2011	0.0399	0.1042	0.0070	0.0308	0.0460	0.0331	0.0493	0.0605	0.0721
	2012	0.0381	0.0997	0.0070	0.0317	0.0455	0.0291	0.0481	0.0598	0.0726
	2013	0.0360	0.1054	0.0070	0.0321	0.0430	0.0269	0.0545	0.0626	0.0707

续表

国家	年份	口岸效率		监管环境		规制环境		电子商务		
		基础设施质量	运输服务质量	进出口程序的效率	边境管理的透明度	政府的效率	非法干预	电子商务的使用率	金融服务的效率	新技术的利用
委内瑞拉	2014	0.0344	0.1088	0.0068	0.0320	0.0379	0.0257	0.0530	0.0624	0.0660
	2015	0.0335	0.0973	0.0068	0.0313	0.0328	0.0266	0.0533	0.0624	0.0625
	2016	0.0345	0.0866	0.0082	0.0303	0.0356	0.0265	0.0532	0.0702	0.0608
越南	2008	0.0436	0.1063	0.0109	0.0414	0.0770	0.0513	0.0594	0.0676	0.0818
	2009	0.0478	0.1063	0.0109	0.0406	0.0825	0.0518	0.0605	0.0686	0.0807
	2010	0.0503	0.1119	0.0112	0.0380	0.0799	0.0523	0.0603	0.0690	0.0768
	2011	0.0481	0.1168	0.0112	0.0371	0.0786	0.0504	0.0593	0.0693	0.0691
	2012	0.0490	0.1191	0.0112	0.0362	0.0791	0.0482	0.0581	0.0696	0.0638
	2013	0.0502	0.1208	0.0112	0.0410	0.0777	0.0481	0.0620	0.0654	0.0640
	2014	0.0503	0.1198	0.0112	0.0452	0.0800	0.0487	0.0613	0.0615	0.0670
	2015	0.0525	0.1123	0.0112	0.0479	0.0844	0.0497	0.0569	0.0615	0.0683
	2016	0.0510	0.1056	0.0093	0.0503	0.0874	0.0497	0.0573	0.0711	0.0731

参 考 文 献

[1] 安虎森, 皮亚彬, 薄文广. 市场规模、贸易成本与出口企业生产率"悖论"[J]. 财经研究, 2013, 39 (5): 41-50.

[2] 巴曙松, 王珂. 中美贸易战引致全球经贸不确定性预期下的人民币国际化: 基于大宗商品推动路径的分析 [J]. 武汉大学学报 (哲学社会科学版), 2019, 72 (6): 89-98.

[3] 毕世鸿, RCEP. 东盟主导东亚地区经济合作的战略选择 [J]. 亚太经济, 2013 (5): 20-24.

[4] 曹卫平. 东盟一体化的障碍和趋势 [J]. 西南民族学院学报 (哲学社会科学版), 2002 (2): 132-136, 252.

[5] 曹伟, 言方荣, 鲍曙明. 人民币汇率变动、邻国效应与双边贸易: 基于中国与"一带一路"沿线国家空间面板模型的实证研究 [J]. 金融研究, 2016 (9): 50-66.

[6] 曹云华, 朱幼恩. 论东盟的区域经济一体化战略 [J]. 暨南学报 (人文科学与社会科学版), 2005 (1): 1-6, 16-136.

[7] 陈继勇, 刘燚爽. "一带一路"沿线国家贸易便利化对中国贸易潜力的影响 [J]. 世界经济研究, 2018 (9): 41-54, 135-136.

[8] 陈瑾, 李丹, 孙楚仁. 增值税转型与中国制造业企业出口动态 [J]. 经济科学, 2021 (1): 5-17.

[9] 陈林. 中国工业企业数据库的使用问题再探 [J]. 经济评论, 2018 (6): 140-153.

[10] 陈淑梅, 倪菊华. 中国加入"区域全面经济伙伴关系"的经济效应: 基于 GTAP 模型的模拟分析 [J]. 亚太经济, 2014 (2): 125-133.

[11] 陈淑梅, 全毅. TPP、RCEP 谈判与亚太经济一体化进程 [J]. 亚太经济, 2013 (2): 3-9.

［12］陈淑梅，赵亮．广域一体化新视角下东亚区域合作为何选择
RCEP 而非 TPP？［J］．东北亚论坛，2014，23（2）：50 - 58，127.

［13］陈维涛，王永进，孙文远．贸易自由化、进口竞争与中国工
业行业技术复杂度［J］．国际贸易问题，2017（1）：50 - 59.

［14］陈晓华，黄先海，刘慧．中国出口技术结构演进的机理与实
证研究［J］．管理世界，2011（3）：44 - 57.

［15］陈晓华，刘慧．产品持续出口能促进出口技术复杂度持续升
级吗？：基于出口贸易地理优势异质性的视角［J］．财经研究，2015，
41（1）：74 - 86.

［16］陈晓华，刘慧．出口技术复杂度赶超对经济增长影响的实证
分析：基于要素密集度异质性视角的非线性检验［J］．科学学研究，
2012，30（11）：1650 - 1661.

［17］陈晓华，刘慧．生产性服务业融入制造业环节偏好与制造业
出口技术复杂度升级：来自 34 国 1997—2011 年投入产出数据的经验证
据［J］．国际贸易问题，2016（6）：82 - 93.

［18］陈晓华，沈成燕．出口持续期对出口产品质量的影响研究
［J］．国际贸易问题，2015（1）：47 - 57.

［19］陈旭，邱斌，刘修岩．空间集聚与企业出口：基于中国工业
企业数据的经验研究［J］．世界经济，2016，39（8）：94 - 117.

［20］陈勇兵，陈小鸿，曹亮，等．中国进口需求弹性的估算［J］．
世界经济，2014，37（2）：28 - 49.

［21］陈勇兵，陈宇媚，周世民．贸易成本、企业出口动态与出口
增长的二元边际：基于中国出口企业微观数据：2000 - 2005［J］．经济
学（季刊），2012（4）.

［22］陈勇兵，蒋灵多，曹亮．中国农产品出口持续时间及其影响
因素分析［J］．农业经济问题，2012，33（11）：7 - 15，110.

［23］陈勇兵，李梦珊，李冬阳．出口经验、沉没成本与企业出口
广化：来自中国微观企业的证据［J］．财经论丛，2015a（2）：3 - 10.

［24］陈勇兵，李梦珊，赵羊，等．中国企业的出口市场选择：事
实与解释［J］．数量经济技术经济研究，2015b，32（10）：20 - 37.

［25］陈勇兵，李伟，钱学锋．中国进口种类增长的福利效应估算
［J］．世界经济，2011（12）：76 - 95.

298

[26] 陈勇兵, 李燕, 周世民. 中国企业出口持续时间及其决定因素 [J]. 经济研究, 2012b, 47 (7): 48-61.

[27] 陈勇兵, 钱意, 张相文. 中国进口持续时间及其决定因素 [J]. 统计研究, 2013, 30 (2): 49-57.

[28] 陈勇兵, 孙方. 国际分散化生产导致了扩展边际增长吗?: 来自中国出口产品层面的证据 [J]. 中南财经政法大学学报, 2011 (3).

[29] 陈勇兵, 王翠竹, 赵贝贝. 中国企业出口动态: 事实与解释 [J]. 产业经济研究, 2012a (5): 62-71.

[30] 陈勇兵, 王晓伟, 谭桑. 出口持续时间会促进新市场开拓吗: 来自中国微观产品层面的证据 [J]. 财贸经济, 2014 (6): 79-89, 99.

[31] 陈阵, 隋岩. 贸易成本如何影响中国出口增长的二元边际: 多产品企业视角的实证分析 [J]. 世界经济研究, 2013 (10): 43-48, 88.

[32] 程凯, 杨逢珉. 贸易便利化对企业出口持续时间的影响: 基于进口中间品视角 [J]. 国际经贸探索, 2022, 38 (2): 66-82.

[33] 崔日明, 黄英婉. "一带一路" 沿线国家贸易投资便利化水平及其对中国出口的影响: 基于面板数据的实证分析 [J]. 广东社会科学, 2017 (3): 5-13, 254.

[34] 崔鑫生, 郭龙飞, 李芳. 贸易便利化能否通过贸易创造促进省际贸易: 来自中国贸易便利化调研的证据 [J]. 财贸经济, 2019, 40 (4): 100-115.

[35] 戴翔. 服务贸易自由化是否影响中国制成品出口复杂度 [J]. 财贸研究, 2016, 27 (3): 1-9.

[36] 戴翔, 金碚. 产品内分工、制度质量与出口技术复杂度 [J]. 经济研究, 2014, 49 (7): 4-17, 43.

[37] 戴翔. 中国制造业出口内涵服务价值演进及因素决定 [J]. 经济研究, 2016, 51 (9): 44-57, 174.

[38] 刁莉, 邰婷婷. 我国应在 RCEP 的区域服务贸易一体化发展中发挥更积极作用 [J]. 经济纵横, 2015 (8): 96-100.

[39] 丁小义, 胡双丹. 基于国内增值的中国出口复杂度测度分析: 兼论 "Rodrik 悖论" [J]. 国际贸易问题, 2013 (4): 40-50.

[40] 董逸恬. RCEP 对中国的经济效应研究 [D]. 南京: 南京大学, 2017.

[41] 董银果, 吴秀云. 贸易便利化对中国出口的影响: 以丝绸之路经济带为例 [J]. 国际商务 (对外经济贸易大学学报), 2017 (2): 26-37.

[42] 董宇, 杨晶晶. 物流发展对出口技术复杂度的影响: 基于我国省际面板数据的研究 [J]. 国际商务 (对外经济贸易大学学报), 2016 (2): 29-38.

[43] 杜传忠, 张丽. 中国工业制成品出口的国内技术复杂度测算及其动态变迁: 基于国际垂直专业化分工的视角 [J]. 中国工业经济, 2013 (12): 52-64.

[44] 杜修立, 王维国. 中国出口贸易的技术结构及其变迁: 1980—2003 [J]. 经济研究, 2007 (7): 137-151.

[45] 杜运苏, 陈小文. 我国农产品出口贸易关系的生存分析: 基于 Cox PH 模型 [J]. 农业技术经济, 2014 (5): 137-151.

[46] 杜运苏, 王丽丽. 中国出口贸易持续时间及其影响因素研究: 基于 Cloglog 模型 [J]. 科研管理, 2015, 36 (7): 130-136.

[47] 段文奇, 徐邦栋, 刘晨阳. 贸易便利化与企业出口产品质量升级 [J]. 国际贸易问题, 2020 (12): 33-50.

[48] 范里安. 微观经济学: 现代观点 (第六版) [M]. 上海: 上海人民出版社, 2006.

[49] 方虹, 彭博, 冯哲, 等. 国际贸易中双边贸易成本的测度研究: 基于改进的引力模型 [J]. 财贸经济, 2010 (5): 71-76.

[50] 方晓丽, 朱明侠. 中国及东盟各国贸易便利化程度测算及对出口影响的实证研究 [J]. 国际贸易问题, 2013 (9): 68-73.

[51] 冯伟, 邵军, 徐康宁. 贸易多元化战略下的贸易联系持续期分析: 以我国纺织品出口为例 [J]. 经济评论, 2013 (2): 121-128, 160.

[52] 冯伟, 邵军, 徐康宁. 我国农产品出口贸易联系持续期及其影响因素: 基于生存模型的实证研究 [J]. 世界经济研究, 2013 (6): 59-65, 89.

[53] 冯晓洁. 市场相似性对中国出口增长的影响 [D]. 济南: 山东大学, 2015.

[54] 符淼. 地理距离和技术外溢效应: 对技术和经济集聚现象的空间计量学解释 [J]. 经济学 (季刊), 2009, 8 (4): 1549-1566.

［55］高凌云，屈小博，贾朋．外商投资企业是否有更高的退出风险［J］．世界经济，2017，40（7）：52-77.

［56］高越，任永磊，冯志艳．贸易便利化与 FDI 对中国出口增长三元边际的影响［J］．经济经纬，2014，31（6）：46-51.

［57］高志刚，宋亚东．"一带"背景下贸易便利化水平对中国出口贸易的空间效应［J］．贵州社会科学，2018（7）：100-108.

［58］郜媛莹．中国海关推进贸易便利化的政策研究［D］．北京：对外经济贸易大学，2017.

［59］耿强，胡睿昕，程安琪．出口企业"退出效应"的检验与机理研究［J］．产业经济研究，2016（4）：61-73.

［60］宫旭红，蒋殿春．生产率与中国企业国际化模式：来自微观企业的证据［J］．国际贸易问题，2015（8）：24-32.

［61］关志雄．从美国市场看"中国制造"的实力：以信息技术产品为中心［J］．国际经济评论，2002（4）：5-12.

［62］郭浩淼．中国出口产品结构优化路径研究［D］．沈阳：辽宁大学，2013.

［63］郭慧慧，何树全．中国农业贸易关系生存分析［J］．世界经济研究，2012（2）：51-56，88.

［64］郭周明．新形势下我国对外贸易发展面临的困境及其对策［J］．当代财经，2013（5）：99-108.

［65］韩玉军，王丽，撒莉．服务业 FDI 对出口技术复杂度的影响研究：基于 OECD 国家和中国的经验数据考察［J］．国际商务（对外经济贸易大学学报），2016（3）：54-64.

［66］何树全，张秀霞．中国对美国农产品出口持续时间研究［J］．统计研究，2011，28（2）：34-38.

［67］何文韬．中国知识产权海关保护、企业生产率与出口动态研究［J］．国际贸易问题，2019（6）：46-64.

［68］贺灿飞，胡绪千，罗芊．全球-地方出口溢出效应对新企业进入出口市场的影响［J］．地理科学进展，2019（5）：731-744.

［69］贺伟．中国贸易便利化水平评价及分析［J］．国际经贸，2018（9）：139-141.

［70］贺艳．建设"丝绸之路经济带"自由贸易协定问题研究［J］.

国际经贸探索, 2015, 31 (6): 87-101.

[71] 胡超. 中国-东盟自贸区进口通关时间的贸易效应及比较研究: 基于不同时间密集型农产品的实证 [J]. 国际贸易问题, 2014 (8): 58-67.

[72] 胡翠, 林发勤, 唐宜红. 基于"贸易引致学习"的出口获益研究 [J]. 经济研究, 2015, 50 (3): 172-186.

[73] 胡馨月, 黄先海, 李晓钟. 产品创新、工艺创新与中国多产品企业出口动态: 理论框架与计量检验 [J]. 国际贸易问题, 2017 (12): 24-35.

[74] 胡绪千, 贺灿飞. 沉没成本、制度环境与企业出口地理动态 [J]. 人文地理, 2020, 35 (2): 75-83.

[75] 黄玖立, 冼国明. 金融发展、FDI与中国地区的制造业出口 [J]. 管理世界, 2010 (7): 8-17, 187.

[76] 黄先海, 周俊子. 中国出口广化中的地理广化、产品广化及其结构优化 [J]. 管理世界, 2011 (10): 20-31.

[77] 黄小兵, 黄静波. 异质企业、贸易成本与出口: 基于中国企业的研究 [J]. 南开经济研究, 2013 (4): 111-126.

[78] 黄永明, 张文洁. 中国出口技术复杂度的演进机理: 四部门模型及对出口产品的实证检验 [J]. 数量经济技术经济研究, 2012 (3): 49-62.

[79] 江瑶, 高长春. "一带一路"贸易便利化对创意产品贸易出口的影响研究 [J]. 国际商务 (对外经济贸易大学学报), 2018 (3): 49-59.

[80] 蒋灵多, 陈勇兵. 出口企业的产品异质性与出口持续时间 [J]. 世界经济, 2015 (7): 3-26.

[81] 叫婷婷, 赵永亮. 我国出口企业集聚与贸易二元扩张 [J]. 产业经济研究, 2013 (1): 41-51.

[82] 金刚, 沈坤荣, 胡汉辉. 中国省际创新知识的空间溢出效应测度: 基于地理距离的视角 [J]. 经济理论与经济管理, 2015 (12): 30-43.

[83] 孔庆峰, 董虹蔚. "一带一路"国家的贸易便利化水平测算与贸易潜力研究 [J]. 国际贸易问题, 2015 (12): 158-168.

[84] 李斌，段娅妮，彭星．贸易便利化的测评及其对我国服务贸易出口的影响：基于跨国面板数据的实证研究 [J]．国际商务（对外经济贸易大学学报），2014（1）：5 - 13.

[85] 李波，杨先明．贸易便利化与企业生产率：基于产业集聚的视角 [J]．世界经济，2018，41（3）：54 - 79.

[86] 李波，赵鑫铖，李艳芳．贸易便利化、产业集聚与地区产业增长 [J]．财贸研究，2017，28（6）：1 - 16.

[87] 李宏兵，蔡宏波，胡翔斌．融资约束如何影响中国企业的出口持续时间 [J]．统计研究，2016，33（6）：30 - 41.

[88] 李清政，王佳，舒杏．中国对东盟自贸区农产品出口贸易持续时间研究 [J]．宏观经济研究，2016（5）：139 - 151.

[89] 李皖南．东盟经济一体化及其在东亚经济合作中的地位 [J]．亚太经济，2009（6）：8 - 12.

[90] 李文韬．APEC贸易投资便利化合作进展评估与中国的策略选择 [J]．亚太经济，2011（4）：13 - 17.

[91] 李昕，关会娟，蔡小芳．基于价值链视角的 TPP 与 RCEP 亚太经贸合作研究 [J]．中央财经大学学报，2017（1）：49 - 60.

[92] 李新，曹婷．企业出口动态、二元边际与出口增长：来自中国的证据 [J]．国际贸易问题，2013（8）：25 - 37.

[93] 李永，金珂，孟祥月．中国出口贸易联系是否稳定？ [J]．数量经济技术经济研究，2013，30（12）：21 - 34，64.

[94] 李豫新，郭颖慧．边境贸易便利化水平对中国新疆维吾尔自治区边境贸易流量的影响：基于贸易引力模型的实证分析 [J]．国际贸易问题，2013（10）：120 - 128.

[95] 李昭华，吴梦．改革开放以来中国出口增长推动力的阶段性演进及地区分布差异 [J]．数量经济技术经济研究，2017（7）：108 - 123.

[96] 梁俊伟．中日韩3国多边贸易成本测度：基于投入产出表的方法 [J]．国际商务（对外经济贸易大学学报），2015（3）：5 - 14.

[97] 梁琦．关于空间经济研究的若干认识 [J]．广东社会科学，2010（4）：5 - 11.

[98] 廖涵，谢靖．"性价比"与出口增长：中国出口奇迹的新解读 [J]．世界经济，2018，41（2）：95 - 120.

[99] 林常青，许和连. 出口经验对出口市场扩张的影响研究：基于出口持续时间视角 [J]. 中南财经政法大学学报，2017 (2)：138 - 146，156.

[100] 林常青，张相文. 出口经验会促进出口产品扩张吗？ [J]. 数量经济技术经济研究，2016，33 (1)：20 - 37.

[101] 林常青，张相文. 中国-东盟自贸区对中国出口持续时间的影响效应研究 [J]. 当代财经，2014 (7)：99 - 109.

[102] 刘斌，王乃嘉，屠新泉. 贸易便利化是否提高了出口中的返回增加值 [J]. 世界经济，2018，41 (8)：103 - 128.

[103] 刘冰，陈淑梅. RCEP框架下降低技术性贸易壁垒的经济效应研究：基于GTAP模型的实证分析 [J]. 国际贸易问题，2014 (6)：91 - 98.

[104] 刘宏曼，王梦醒. 贸易便利化对农产品贸易成本的影响：基于中国与"一带一路"沿线国家的经验证据 [J]. 经济问题探索，2018 (7)：105 - 112.

[105] 刘慧，陈晓华，吴应宇. 金融支持上游度对高技术产品出口的影响研究 [J]. 科学学研究，2016，34 (9)：1347 - 1359.

[106] 刘慧，陈晓华，吴应宇. 融资约束、出口与本土制造业出口技术复杂度升级：基于微观企业层面的机理与实证 [J]. 山西财经大学学报，2014，36 (3)：67 - 76.

[107] 刘慧，綦建红. 以往经验能否促进中国企业出口生存时间的延长：基于微观数据的证据 [J]. 国际贸易问题，2017 (4)：3 - 13.

[108] 刘琳. 全球价值链、制度质量与出口品技术含量：基于跨国层面的实证分析 [J]. 国际贸易问题，2015 (10)：37 - 47.

[109] 刘巳洋，路江涌，陶志刚. 外商直接投资对内资制造业企业的溢出效应：基于地理距离的研究 [J]. 经济学（季刊），2008，8 (1)：115 - 128.

[110] 刘晓宁. 中国出口产品质量的综合测算与影响因素分解 [J]. 数量经济技术经济研究，2021，38 (8)：41 - 59.

[111] 刘艺卓，赵一夫. "区域全面经济伙伴关系协定"（RCEP）对中国农业的影响 [J]. 农业技术经济，2017 (6)：118 - 124.

[112] 刘英基. 知识资本对制造业出口技术复杂度影响的实证分析

[J]. 世界经济研究，2016（3）：97 – 107，136.

[113] 刘宇，吕郢康，全水萍. "一带一路"战略下贸易便利化的经济影响：以中哈贸易为例的 GTAP 模型研究 [J]. 经济评论，2016（6）：70 – 83.

[114] 刘竹青，周燕. 地理集聚、契约执行与企业的出口决策：基于我国制造业企业的研究 [J]. 国际贸易问题，2014（9）：58 – 66.

[115] 鲁晓东. 技术升级与中国出口竞争力变迁：从微观向宏观的弥合 [J]. 世界经济，2014，37（8）：70 – 97.

[116] 鲁晓东，连玉君. 中国工业企业全要素生产率估计：1999—2007 [J]. 经济学（季刊），2012，11（2）：541 – 558.

[117] 鲁晓东，刘京军. 不确定性与中国出口增长 [C]. 国际货币评论，2017 年合辑：中国人民大学国际货币研究所，2017：1185 – 1205.

[118] 鲁晓东，刘京军. 不确定性与中国出口增长 [J]. 经济研究，2017（9）.

[119] 鲁晓东，赵奇伟. 中国的出口潜力及其影响因素：基于随机前沿引力模型的估计 [J]. 数量经济技术经济研究，2010，27（10）：21 – 35.

[120] 陆江源，杨荣. "双循环"新发展格局下如何推进国际循环？[J]. 经济体制改革，2021（2）：13 – 20.

[121] 陆燕，于鹏. 当前全球贸易保护主义发展新动向 [J]. 对外经贸实务，2016（9）：4 – 8.

[122] 陆旸. 我国主要进口商品的 Armington 替代弹性估计 [J]. 国际贸易问题，2007（12）：34 – 37，43.

[123] 吕冰，陈飞翔. CAFTA、贸易持续时间与企业出口国内附加值率 [J]. 国际贸易问题，2020（2）：59 – 74.

[124] 吕波，黄惠. 贸易便利化、贸易壁垒与出口贸易发展关系研究：基于三元边际视角的分析 [J]. 价格理论与实践，2019（6）：73 – 77.

[125] 吕越，黄艳希，陈勇兵. 全球价值链嵌入的生产率效应：影响与机制分析 [J]. 世界经济，2017，40（7）：28 – 51.

[126] 吕越，刘之洋，吕云龙. 中国企业参与全球价值链的持续时

间及其决定因素 [J]. 数量经济技术经济研究, 2017, 34 (6): 37-53.

[127] 吕越, 吕云龙, 包群. 融资约束与企业增加值贸易: 基于全球价值链视角的微观证据 [J]. 金融研究, 2017 (5): 63-80.

[128] 罗勇, 王世静, 曹莉莉. 贸易便利化对我国制造业出口产品质量影响研究 [J]. 软科学, 2021, 35 (1): 6-11.

[129] 马淑琴, 谢杰. 网络基础设施与制造业出口产品技术含量: 跨国数据的动态面板系统 GMM 检验 [J]. 中国工业经济, 2013 (2): 70-82.

[130] 马涛, 刘仕国. 产品内分工下中国进口结构与增长的二元边际: 基于引力模型的动态面板数据分析 [J]. 南开经济研究, 2010 (4).

[131] 毛其淋, 盛斌. 贸易自由化、企业异质性与出口动态: 来自中国微观企业数据的证据 [J]. 管理世界, 2013 (3): 48-68.

[132] 孟猛, 郑昭阳. TPP 与 RCEP 贸易自由化经济效果的可计算一般均衡分析 [J]. 国际经贸探索, 2015, 31 (4): 67-75.

[133] 聂辉华, 邹肇芸. 中国应从 "人口红利" 转向 "制度红利" [J]. 国际经济评论, 2012 (6): 124-135, 7.

[134] 彭国华, 夏帆. 中国多产品出口企业的二元边际及核心产品研究 [J]. 世界经济, 2013, 36 (2): 42-63.

[135] 齐俊妍, 王永进, 施炳展, 等. 金融发展与出口技术复杂度 [J]. 世界经济, 2011, 34 (7): 91-118.

[136] 綦建红, 冯晓洁. 市场相似性、路径依赖与出口市场扩张: 基于 2000—2011 年中国海关 HS-6 产品数据的检验 [J]. 南方经济, 2014 (11): 25-42.

[137] 钱泉. 中国与 RCEP 贸易伙伴机电产品贸易流量影响因素及增长潜力研究 [D]. 武汉: 湖北大学, 2016.

[138] 钱学锋, 梁琦. 测度中国与 G-7 的双边贸易成本: 一个改进引力模型方法的应用 [J]. 数量经济技术经济研究, 2008 (2): 53-62.

[139] 钱学锋, 陆丽娟, 黄云湖, 等. 中国的贸易条件真的持续恶化了吗?: 基于种类变化的再估计 [J]. 管理世界, 2010 (7): 18-29.

[140] 钱学锋. 企业异质性、贸易成本与中国出口增长的二元边际 [J]. 管理世界, 2008 (9): 48-56, 66, 187.

[141] 钱学锋，王菊蓉，黄云湖，等. 出口与中国工业企业的生产率：自我选择效应还是出口学习效应？[J]. 数量经济技术经济研究，2011，28（2）：37 - 51.

[142] 钱学锋，熊平. 中国出口增长的二元边际及其因素决定[J]. 经济研究，2010，45（1）：65 - 79.

[143] 钱学锋，余弋. 出口市场多元化是一项好的战略吗？[R]. 中国经济学年会讨论稿，山东济南，2012.

[144] 强永昌，龚向明. 出口多样化一定能减弱出口波动吗：基于经济发展阶段和贸易政策的效应分析[J]. 国际贸易问题，2011（1）：12 - 19.

[145] 丘东晓. 自由贸易协定理论与实证研究综述[J]. 经济研究，2011，46（9）：147 - 157.

[146] 桑瑞聪，范剑勇. 出口学习效应再验证：基于产品和市场的二维视角[J]. 国际贸易问题，2017（4）：38 - 48.

[147] 尚涛，殷正阳. 中国与"一带一路"地区的新产品边际贸易及贸易增长研究：基于不同贸易部门性质的分析[J]. 国际贸易问题，2018（3）：67 - 84.

[148] 邵朝对，苏丹妮. 产业集聚与企业出口国内附加值：GVC升级的本地化路径[J]. 管理世界，2019，35（8）：9 - 29.

[149] 邵军. 中国出口贸易联系持续期及影响因素分析：出口贸易稳定发展的新视角[J]. 管理世界，2011（6）：24 - 33，187.

[150] 沈国兵，于欢. 中国企业出口产品质量的提升：中间品进口抑或资本品进口[J]. 世界经济研究，2019（12）：31 - 46，131 - 132.

[151] 沈铭辉，周念利. 参与亚太区域经济合作：状况与趋势[J]. 国际经济合作，2009（8）：34 - 38.

[152] 盛斌. WTO《贸易便利化协定》评估及对中国的影响研究[J]. 国际贸易，2016（1）：4 - 13.

[153] 盛斌，靳晨鑫. "一带一路"沿线国家贸易便利化水平分析及中国的对策[J]. 国际贸易，2019（4）：4 - 13.

[154] 盛斌，吕越. 对中国出口二元边际的再测算：基于2001 - 2010年中国微观贸易数据[J]. 国际贸易问题，2014（11）：25 - 36.

[155] 盛斌. 中国对外贸易的政治经济学分析[M]. 上海：上海

人民出版社, 2002.

[156] 盛丹, 包群, 王永进. 基础设施对中国企业出口行为的影响: "集约边际"还是"扩展边际"[J]. 世界经济, 2011, 34 (1): 17 - 36.

[157] 施炳展, 李坤望. 中国靠什么实现了对美国出口的迅速增长: 基于产品广度产品价格和产品数量的分解 [J]. 世界经济研究, 2009 (4): 32 - 37, 56, 88.

[158] 施炳展, 邵文波. 中国企业出口产品质量测算及其决定因素: 培育出口竞争新优势的微观视角 [J]. 管理世界, 2014 (9): 90 - 106.

[159] 施炳展. 我国与主要贸易伙伴的贸易成本测定: 基于改进的引力模型 [J]. 国际贸易问题, 2008 (11): 24 - 30.

[160] 施炳展, 冼国明, 逯建. 地理距离通过何种途径减少了贸易流量 [J]. 世界经济, 2012, 35 (7): 22 - 41.

[161] 施炳展. 中国出口产品的国际分工地位研究: 基于产品内分工的视角 [J]. 世界经济研究, 2010 (1): 56 - 62, 88 - 89.

[162] 施炳展. 中国出口增长的三元边际 [J]. 经济学 (季刊), 2010, 9 (4): 1311 - 1330.

[163] 施炳展. 中国企业出口产品质量异质性: 测度与事实 [J]. 经济学 (季刊), 2013, 13 (1): 263 - 284.

[164] 史本叶, 张永亮. 中国对外贸易成本分解与出口增长的二元边际 [J]. 财经研究, 2014, 40 (1): 73 - 82.

[165] 舒杏, 霍伟东, 王佳. 中国对新兴经济体国家出口持续时间及影响因素研究 [J]. 经济学家, 2015 (2): 16 - 26.

[166] 苏理梅, 彭冬冬, 兰宜生. 贸易自由化是如何影响我国出口产品质量的?: 基于贸易政策不确定性下降的视角 [J]. 财经研究, 2016, 42 (4): 61 - 70.

[167] 孙楚仁, 陈思思, 张楠. 集聚经济与城市出口增长的二元边际 [J]. 国际贸易问题, 2015 (10): 59 - 72.

[168] 孙方. 国际分散化生产、贸易成本与出口增长的扩展边际: 基于1996—2005年中国出口产品层面的微观数据 [J]. 中南财经政法大学研究生学报, 2011 (2): 125 - 131.

[169] 孙慧，朱俏俏．中国资源型产业集聚对全要素生产率的影响研究 [J]．中国人口·资源与环境，2016，26（1）：121 - 130.

[170] 孙俊新．沉没成本对企业出口决策的影响 [J]．山西财经大学学报，2013，35（4）：60 - 71.

[171] 孙林，倪卡卡．东盟贸易便利化对中国农产品出口影响及国际比较：基于面板数据模型的实证分析 [J]．国际贸易问题，2013（4）：139 - 147.

[172] 孙林，徐旭霏．东盟贸易便利化对中国制造业产品出口影响的实证分析 [J]．国际贸易问题，2011（8）：101 - 109.

[173] 孙林，伊美欣，翁宁依，等．中国从"一带一路"国家进口食品质量与"华盛顿苹果效应" [J]．世界经济研究，2019（9）：105 - 118，136.

[174] 谭晶荣，华曦．贸易便利化对中国农产品出口的影响研究：基于丝绸之路沿线国家的实证分析 [J]．国际贸易问题，2016（5）：39 - 49.

[175] 汤婧．区域全面经济伙伴关系：整合困境及其对中国经济福利与产业的影响分析 [J]．财贸经济，2014（8）：85 - 93.

[176] 汤婧．中国参与亚太区域整合的战略选择：RCEP 对 TPP 的替代效应 [J]．中国经贸导刊，2013（16）：39 - 41.

[177] 唐海燕，张会清．产品内国际分工与发展中国家的价值链提升 [J]．经济研究，2009，44（9）：81 - 93.

[178] 唐翔．从"技术溢价"之争看中国出口导向型发展模式的可持续性 [J]．世界经济，2009，32（10）：34 - 45.

[179] 唐宜红，顾丽华．贸易便利化与制造业企业出口：基于"一带一路"沿线国家企业调查数据的实证研究 [J]．国际经贸探索，2019，35（2）：4 - 19.

[180] 田巍，余淼杰．企业出口强度与进口中间品贸易自由化：来自中国企业的实证研究 [J]．管理世界，2013（1）：28 - 44.

[181] 佟家栋，李连庆．贸易政策透明度与贸易便利化影响：基于可计算一般均衡模型的分析 [J]．南开经济研究，2014（4）：3 - 16.

[182] 佟家栋，刘竹青．地理集聚与企业的出口抉择：基于外资融资依赖角度的研究 [J]．世界经济，2014，37（7）：67 - 85.

309

[183] 佟家栋, 许家云, 毛其淋. 人民币汇率、企业出口边际与出口动态 [J]. 世界经济研究, 2016 (3): 70 - 85, 135.

[184] 涂远芬. 贸易便利化对中国企业出口二元边际的影响 [J]. 商业研究, 2020 (3): 58 - 65.

[185] 涂远芬. 贸易便利化与中国多产品企业出口调整 [J]. 当代财经, 2020 (12): 99 - 111.

[186] 汪戎, 李波. 贸易便利化与出口多样化: 微观机理与跨国证据 [J]. 国际贸易问题, 2015 (3): 33 - 43.

[187] 王慧彦, 王健, 纪啸天. 全球贸易便利化的利益分析 [J]. 商业时代, 2008 (16): 29 - 30.

[188] 王建华, 李艳红. 国际 R&D 溢出的地理效应: 对 Keller 问题的进一步回答 [J]. 国际贸易问题, 2014 (10): 144 - 154.

[189] 王金强. TPP 对 RCEP: 亚太地区合作背后的政治博弈 [J]. 亚太经济, 2013 (3): 15 - 20.

[190] 王君. RCEP 的构建及中国应对策略研究 [J]. 东南亚纵横, 2013 (4): 3 - 7.

[191] 王开, 佟家栋. 自由贸易协定、贸易稳定性与企业出口动态 [J]. 世界经济研究, 2019 (3): 68 - 80, 136.

[192] 王立强, 张凤. 中国贸易便利化进程及国际比较 [J]. 济南大学学报, 2015 (2): 80 - 92.

[193] 王明荣, 王明喜, 王飞. 产品多样化视角下中国进口贸易利益估算 [J]. 统计研究, 2015, 32 (12): 46 - 53.

[194] 王奇珍, 朱英明, 朱淑文. 技术创新对出口增长二元边际的影响: 基于微观企业的实证分析 [J]. 国际贸易问题, 2016 (4): 62 - 71, 82.

[195] 王笑笑. 中国出口贸易转型升级的影响效应研究 [D]. 杭州: 浙江大学, 2017.

[196] 王雅琦, 谭小芬, 张金慧, 等. 人民币汇率、贸易方式与产品质量 [J]. 金融研究, 2018 (3): 71 - 88.

[197] 王永进, 盛丹, 施炳展, 等. 基础设施如何提升了出口技术复杂度? [J]. 经济研究, 2010, 45 (7): 103 - 115.

[198] 王玉婧, 张宏武. 贸易便利化的正面效应及对环境的双重影

响 [J]. 现代财经（天津财经大学学报），2007（3）：72－76.

［199］王中美. 全球贸易便利化的评估研究与趋势分析 [J]. 世界经济研究，2014（3）：47－52，88.

［200］魏浩，连慧君. 进口竞争与中国企业出口产品质量 [J]. 经济学动态，2020（10）：44－60.

［201］魏昀妍，樊秀峰. 贸易协定之于出口增长：是激励还是阻力？[J]. 南方经济，2018（7）.

［202］魏自儒，李子奈. 进入顺序对企业出口持续时间的影响 [J]. 财经研究，2013，39（8）：51－63.

［203］文东伟，冼国明. 企业异质性、融资约束与中国制造业企业的出口 [J]. 金融研究，2014（4）：98－113.

［204］文东伟，冼国明. 中国制造业的出口竞争力及其国际比较 [J]. 国际经济合作，2011（2）：4－10.

［205］文东伟，冼国明. 中国制造业的垂直专业化与出口增长 [J]. 经济学（季刊），2010，9（2）：467－494.

［206］文东伟. 中国制造业出口贸易的技术结构分布及其国际比较 [J]. 世界经济研究，2011（6）：39－43，50，88.

［207］文婉明. 构建 RCEP 对中国货物贸易的影响及对策分析 [D]. 南宁：广西大学，2014.

［208］翁润，代中强. 知识产权保护对中国出口增长三元边际的影响研究 [J]. 当代财经，2017（2）：100－113.

［209］吴小康，于津平. 进口国通关成本对中国出口的影响 [J]. 世界经济，2016，39（10）：103－126.

［210］吴小康，于津平. 外商直接参与、间接溢出与工业企业生存 [J]. 国际贸易问题，2014（4）：126－135.

［211］项松林. 融资约束与中国出口增长的二元边际 [J]. 国际贸易问题，2015（4）：85－94.

［212］谢娟娟，岳静. 贸易便利化对中国－东盟贸易影响的实证分析 [J]. 世界经济研究，2011（8）：81－86，89.

［213］谢众，李婉晴. 技术进步路径转变下的出口产品质量研究：基于产业结构优化与制造业服务化视角的分析 [J]. 技术经济，2020，39（11）：87－96，105.

［214］徐蕾，尹翔硕．贸易成本视角的中国出口企业"生产率悖论"解释［J］．国际商务（对外经济贸易大学学报），2012（3）：13－26.

［215］徐榕，赵勇．融资约束如何影响企业的出口决策？［J］．经济评论，2015（3）：108－120.

［216］徐颖君．中国出口贸易能稳定增长吗：关于出口集中度和比较优势的实证分析［J］．世界经济研究，2006（8）：36－43，14.

［217］许昌平．出口经验对出口学习效应的影响研究：基于企业所有制异质性的视角［J］．财经论丛，2014（9）：3－8.

［218］许昌平．中国企业进出出口市场的持续时间及其决定因素［J］．当代经济科学，2013，35（5）：106－114，128.

［219］许德友，梁琦．中国对外双边贸易成本的测度与分析：1981—2007年［J］．数量经济技术经济研究，2010，27（1）：119－128，139.

［220］许和连，刘婷，王海成．出口信息网络对企业出口持续时间的影响［J］．中南财经政法大学学报，2018（1）：115－125，160.

［221］许家云，毛其淋．中国企业的市场存活分析：中间品进口重要吗？［J］．金融研究，2016（10）：127－142.

［222］许家云，佟家栋，毛其淋．人民币汇率变动、产品排序与多产品企业的出口行为：以中国制造业企业为例［J］．管理世界，2015（2）：17－31.

［223］许家云，佟家栋，毛其淋．人民币汇率、产品质量与企业出口行为：中国制造业企业层面的实证研究［J］．金融研究，2015（3）：1－17.

［224］许家云，周绍杰，胡鞍钢．制度距离、相邻效应与双边贸易：基于"一带一路"国家空间面板模型的实证分析［J］．财经研究，2017，43（1）：75－85.

［225］许统生，陈瑾，薛智韵．中国制造业贸易成本的测度［J］．中国工业经济，2011（7）：15－25.

［226］许统生，李志萌，涂远芬，等．中国农产品贸易成本测度［J］．中国农村经济，2012（3）：14－24.

［227］薛坤，张吉国．中国与RCEP成员国农产品贸易互补性分析［J］．新疆农垦经济，2016（8）：35－42.

［228］闫婷婷.中国贸易便利化水平测度分析［D］.长春：东北师范大学，2018.

［229］杨春艳，綦建红.内资企业国际市场进入的动态选择：基于出口经验的视角［J］.宏观经济研究，2015（9）：151－159.

［230］杨逢珉，程凯.贸易便利化对出口产品质量的影响研究［J］.世界经济研究，2019（1）：93－104，137.

［231］杨慧梅，李坤望.资源配置效率是否影响了出口产品质量？［J］.经济科学，2021（3）：31－43.

［232］杨继军，刘依凡，李宏亮.贸易便利化、中间品进口与企业出口增加值［J］.财贸经济，2020，41（4）：115－128.

［233］杨军，黄洁，洪俊杰，等.贸易便利化对中国经济影响分析［J］.国际贸易问题，2015（9）：156－166.

［234］杨俊，李平.要素市场扭曲、国际技术溢出与出口技术复杂度［J］.国际贸易问题，2017（3）：51－62.

［235］杨连星，刘晓光.中国OFDI逆向技术溢出与出口技术复杂度提升［J］.财贸经济，2016（6）：97－112.

［236］杨连星，张杰，金群.金融发展、融资约束与企业出口的三元边际［J］.国际贸易问题，2015（4）：95－105.

［237］杨玲，徐舒婷.生产性服务贸易进口技术复杂度与经济增长［J］.国际贸易问题，2015（2）：103－112.

［238］杨汝岱，李艳.移民网络与企业出口边界动态演变［J］.经济研究，2016，51（3）：163－175.

［239］杨汝岱，姚洋.有限赶超与经济增长［J］.经济研究，2008（8）：29－41，64.

［240］杨汝岱，朱诗娥.集聚、生产率与企业出口决策的关联［J］.改革，2018（7）：84－95.

［241］杨勇，刘思婕，陈艳艳.“FTA战略”是否提升了中国的出口产品质量？［J］.世界经济研究，2020（10）：63－75，136.

［242］姚洋，张晔.中国出口品国内技术含量升级的动态研究：来自全国及江苏省、广东省的证据［J］.中国社会科学，2008（2）：67－82，205－206.

［243］姚洋，章林峰.中国本土企业出口竞争优势与技术变迁分析

[R]. 北京大学中国经济研究中心工作论文，2007.

[244] 叶娇，赵云鹏，和珊. 生产率、资本密集度对企业国际化模式选择决策的影响 [J]. 统计研究，2018，35（1）：32-42.

[245] 叶宁华，包群，张伯伟. 进入、退出与中国企业出口的动态序贯决策 [J]. 世界经济，2015，38（2）：86-111.

[246] 易靖韬，蔡菲莹，蒙双，等. 制度质量、市场需求与企业出口动态决策 [J]. 财贸经济，2021，42（9）：145-160.

[247] 易靖韬. 企业异质性、市场进入成本、技术溢出效应与出口参与决定 [J]. 经济研究，2009，44（9）：106-115.

[248] 易靖韬，乌云其其克. 中国贸易扩张的二元边际结构及其影响因素研究 [J]. 国际贸易问题，2013（10）：53-64.

[249] 易先忠，高凌云. 融入全球产品内分工为何不应脱离本土需求 [J]. 世界经济，2018，41（6）：53-76.

[250] 易先忠，欧阳峣. 大国如何出口：国际经验与中国贸易模式回归 [J]. 财贸经济，2018，39（3）：79-94.

[251] 殷宝庆，肖文，刘洋. 贸易便利化影响了出口技术复杂度吗：基于2002—2014年省级面板样本的检验 [J]. 科学学与科学技术管理，2016，37（12）：73-81.

[252] 于春海，张胜满. 市场进入成本与我国出口企业生产率之谜 [J]. 中国人民大学学报，2013（2）.

[253] 于娇，逯宇铎，刘海洋. 出口行为与企业生存概率：一个经验研究 [J]. 世界经济，2015，38（4）：25-49.

[254] 于津平，邓娟. 垂直专业化、出口技术含量与全球价值链分工地位 [J]. 世界经济与政治论坛，2014（2）：44-62.

[255] 余淼杰，李乐融. 贸易自由化与进口中间品质量升级：来自中国海关产品层面的证据 [J]. 经济学（季刊），2016，15（3）：1011-1028.

[256] 余淼杰，张睿. 人民币升值对出口质量的提升效应：来自中国的微观证据 [J]. 管理世界，2017（5）：28-40，187.

[257] 余振，王净宇. 中国对外贸易发展70年的回顾与展望 [J]. 南开学报（哲学社会科学版），2019（4）：36-47.

[258] 曾铮，周茜. 贸易便利化测评体系及对我国出口的影响

[J].国际经贸探索,2008(10):4-9.

[259] 张凤.出口固定投入成本对扩展边际的影响研究 [D].济南:山东大学,2014.

[260] 张凤,冯等田,刘迪.中国出口增长的四维动态结构分解及影响因素研究 [J].数量经济技术经济研究,2019,36(9):61-80.

[261] 张凤.结构参数、出口固定投入成本与贸易扩展边际 [J].统计研究,2015,32(3):36-45.

[262] 张凤,孔庆峰.出口固定投入成本与扩展边际理论述评及展望 [J].经济评论,2013(6):151-158.

[263] 张凤,孔庆峰.贸易便利化对中国相对出口结构的非对称性影响:来自产业层面的经验证据 [J].经济问题探索,2014(9):180-185.

[264] 张国峰,王永进,李坤望.产业集聚与企业出口:基于社交与沟通外溢效应的考察 [J].世界经济,2016,39(2):48-74.

[265] 张杰,翟福昕,周晓艳.政府补贴、市场竞争与出口产品质量 [J].数量经济技术经济研究,2015,32(4):71-87.

[266] 张杰,张培丽,黄泰岩.市场分割推动了中国企业出口吗? [J].经济研究,2010,45(8):29-41.

[267] 张杰,郑文平.全球价值链下中国本土企业的创新效应 [J].经济研究,2017(3):151-165.

[268] 张杰,郑文平,束兰根.融资约束如何影响中国企业出口的二元边际? [J].世界经济文汇,2013(4):59-90.

[269] 张杰,郑文平,翟福昕.中国出口产品质量得到提升了么? [J].经济研究,2014(10):46-59.

[270] 张杰,郑文平.政府补贴如何影响中国企业出口的二元边际 [J].世界经济,2015,38(6):22-48.

[271] 张鲁青.贸易便利化:我国的机遇和挑战 [J].商场现代化,2009(4):15-17.

[272] 张梅."区域全面经济伙伴关系"主要看点及与"跨太平洋伙伴关系协定"的比较 [J].国际论坛,2013,15(6):48-53,78-79.

[273] 张梦婷,俞峰,钟昌标,等.高铁网络、市场准入与企业生

315

产率 [J]. 中国工业经济, 2018 (5): 137 - 156.

[274] 张庆庆. 贸易便利化: 进程、效果与中国的策略选择 [D]. 天津: 天津财经大学, 2007.

[275] 张曙霄, 张磊. 中国贸易结构与产业结构发展的悖论 [J]. 经济学动态, 2013 (11): 40 - 44.

[276] 张为付. 我国贸易产品与非贸易产品替代弹性的实证研究: 1990—2004 年数据 [J]. 财贸经济, 2007 (7): 78 - 84, 129.

[277] 张晓静, 李梁. "一带一路"与中国出口贸易: 基于贸易便利化视角 [J]. 亚太经济, 2015 (3): 21 - 27.

[278] 张亚斌, 刘俊, 李城霖. 丝绸之路经济带贸易便利化测度及中国贸易潜力 [J]. 财经科学, 2016 (5): 112 - 122.

[279] 张彦. RCEP 背景下中国东盟经贸关系: 机遇、挑战、出路 [J]. 亚太经济, 2013 (5): 56 - 61.

[280] 张永成, 郝冬冬. 技术创新的"积极惰性"及其克服 [J]. 统计与决策, 2010 (15): 64 - 67.

[281] 张中元. 外部融资约束对企业出口行为的影响: 基于中国企业普查数据的实证研究 [J]. 经济理论与经济管理, 2015 (3): 34 - 49.

[282] 赵晋平, 宋泓. APEC 地区贸易增加值核算及相关政策研究 [M]. 北京: 科学出版社, 2016.

[283] 赵亮, 陈淑梅. 经济增长的"自贸区驱动": 基于中韩自贸区、中日韩自贸区与 RCEP 的比较研究 [J]. 经济评论, 2015 (1): 92 - 102.

[284] 赵明亮, 臧旭恒. 垂直专业化分工测度及经济效应研究述评 [J]. 经济理论与经济管理, 2011 (9): 27 - 39.

[285] 赵瑞丽, 孙楚仁, 陈勇兵. 最低工资与企业出口持续时间 [J]. 世界经济, 2016, 39 (7): 97 - 120.

[286] 赵瑞丽, 孙楚仁. 最低工资会降低城市的出口复杂度吗? [J]. 世界经济文汇, 2015 (6): 43 - 75.

[287] 赵世璐. 国内贸易便利化研究现状及展望 [J]. 上海海关学院学报, 2011, 32 (3): 83 - 89, 94.

[288] 赵伟, 陈文芝. 沉没成本与出口滞后: 分析中国出口持续高增长问题的新视角 [J]. 财贸经济, 2007 (10): 120 - 127.

［289］赵伟，赵金亮，韩媛媛. 异质性、沉没成本与中国企业出口决定：来自中国微观企业的经验证据［J］. 世界经济，2011，34（4）：62 - 79.

［290］赵永亮，Ayan. 我国贸易扩张的源泉：外延边际与内延边际：多样性的度量与经济增长的贡献率［J］. 国际贸易问题，2010（9）：3 - 12.

［291］赵永亮，阿彦. 我国贸易多样性的收益分析和影响因素：基于内延边际与外延边际的考察［J］. 数量经济技术经济研究，2011，28（7）：64 - 76.

［292］赵永亮，葛振宇，王亭亭. 市场相似性、企业海外集聚与出口市场边界扩展：基于出口市场选择的空间路径分析［J］. 国际贸易问题，2018（6）：150 - 163.

［293］赵永亮，张光南. 贸易同盟、二元扩张与中国出口的双重优势：基于全球贸易 GTAP 模型的 CEPA 效应分析［J］. 数量经济技术经济研究，2013，30（2）：19 - 32.

［294］赵永亮，朱英杰. 我国贸易多样性的影响因素和生产率增长：基于内延边际与外延边际的考察［J］. 世界经济研究，2011（2）：32 - 39，88.

［295］赵增耀，章小波，沈能. 区域协同创新效率的多维溢出效应［J］. 中国工业经济，2015（1）：32 - 44.

［296］赵芷. 中国对 RCEP 伙伴国农产品双边贸易流量影响因素分析［D］. 长春：东北师范大学，2016.

［297］甄滢. 中国贸易便利化测度及国际比较［D］. 北京：首都经济贸易大学，2015.

［298］郑学党，庄芮. RCEP 的动因、内容、挑战及中国对策［J］. 东南亚研究，2014（1）：33 - 38.

［299］周俊子. 中国出户结构优化研究：基于出口深化和出口广化的视角［D］. 杭州：浙江大学，2011.

［300］周康. 环境管制、区域异度性与出口技术复杂度［J］. 国际商务（对外经济贸易大学学报），2015（2）：17 - 27.

［301］周茜. 贸易便利化测评体系及对我国对外贸易影响研究［D］. 长沙：湖南大学，2007.

[302] 周世民，孙瑾，陈勇兵. 中国企业出口生存率估计：2000 - 2005 [J]. 财贸经济，2013（2）：80 - 90.

[303] 周松兰. 出口商品结构竞争力国际比较：基于传统差别化与替代弹性视角的实证研究 [J]. 数量经济技术经济研究，2006（12）：23 - 32.

[304] 周阳. 美国经验视角下我国海关贸易便利化制度的完善 [J]. 国际商务研究，2010，31（6）：19 - 28.

[305] 周沂，贺灿飞. 集聚类型与中国出口产品演化：基于产品技术复杂度的研究 [J]. 财贸经济，2018，39（6）：115 - 129.

[306] 朱晶，毕颖. 贸易便利化对中国农产品出口深度和广度的影响：以"丝绸之路经济带"沿线国家为例 [J]. 国际贸易问题，2018（4）：60 - 71.

[307] 朱晟君，胡绪千，贺灿飞. 外资企业出口溢出与内资企业的出口市场开拓 [J]. 地理研究，2018，37（7）：1391 - 1405.

[308] 朱希伟，金祥荣，罗德明. 国内市场分割与中国的出口贸易扩张 [J]. 经济研究，2005（12）：68 - 76.

[309] 朱永强，高正桥. WTO 框架下贸易便利化问题探析 [J]. 华东经济管理，2003（12）：37 - 40.

[310] 竺彩华，冯兴艳，李锋. RCEP 谈判：进程、障碍及推进建议 [J]. 国际经济合作，2015（3）：14 - 21.

[311] 祝树金，戢璇，傅晓岚. 出口品技术水平的决定性因素：来自跨国面板数据的证据 [J]. 世界经济，2010，33（4）：28 - 46.

[312] 庄芮，郑学党. 中日韩 FTA 货物贸易谈判策略研究：基于日韩产品在中国市场的贸易竞争关系分析 [J]. 国际经贸探索，2013，29（7）：25 - 35.

[313] 宗毅君. 出口二元边际对竞争优势的影响：基于中美 1992—2009 年微观贸易数据的实证研究 [J]. 国际经贸探索，2012，28（1）：24 - 33.

[314] 邹宗森，王秀玲，冯等田. 第三方汇率波动影响出口贸易关系持续吗?：基于"一带一路"沿线国家的实证研究 [J]. 国际金融研究，2018（9）：56 - 65.

[315] ABDOULAYE SECK. Trade Facilitation and Trade Participation：

Are Sub-Saharan African Firms Different? [J]. Journal of African Trade, 2016, 3 (1 −2): 23 −39.

[316] ABE K, WILSON J S. Governance, Corruption, and Trade in the Asia Pacific Region [R]. Washington, D. C.: World Bank, Policy Research Working Paper, No. 4731, 2008.

[317] AHMAD M. Reforming Trade Facilitation: Experience of Pakistan [R]. Washington, D. C.: World Bank, Presentation to Trade Logistics Advisory Program, Pakistan Mission to World Trade Organization, Geneva, 2008.

[318] AHN J B, KHANDELWAL A K, WEI S J. The Role of Intermediaries in Facilitating Trade [J]. Journal of International Economics, 2001, 84 (1): 73 −85.

[319] AITKEN B, HANSON G H, HARRISON A E. Spillovers, Foreign Investment and Export Behavior [J]. Journal of International Economics, 1997, 43 (1).

[320] ALBORNOZ F, PARDO H F C, CORCOS G, ORNELAS E. Sequential Exporting [J]. Journal of International Economics, 2012, 88 (1): 17 −31.

[321] AMITI M, C FREUND. An Anatomy of China Trade Growth [R]. Paper Presented at the Trade Conference IMF, 2007.

[322] AMURGO-PACHECO A, PIEROLA M D.. Patterns of Export Diversification in Developing Countries: Intensive and Extensive Margins [R]. The World Bank, Policy Research Working Paper, No. 4473, 2008.

[323] ANDERSEN J E, VAN WINCOOP E. Trade Costs [J]. Journal of Economic Literature, 2004, 3: 691 −751.

[324] ANDERSON J E. A Theoretical Foundation for the Gravity Equation [J]. American Economic Review, LXIX (1979): 106 −116.

[325] ANDERSON J E, VAN WINCOOP E. Gravity with Gravitas: A Solution to the Border Puzzle [J]. The American Economic Review, 2003, 93 (1): 170 −192.

[326] ANDERSSON M. Entry Costs and Adjustments on the Extensive Margin-An Analysis of How Familiarity Breeds Exports [R]. CESIS and JIBS

Working Paper, 2007.

[327] ANNA RAKHMAN. Export Duration and New Market Entry [J]. George Washington University, 2010.

[328] APEC. APEC Trade Facilitation Action Plan, APEC Committee on Trade and Investment [R]. Singapore, 2002.

[329] APEC. A Results-oriented Approach to APEC's Supply Chain Connectivity Initiative [R]. APEC Policy Support Unit, 2009.

[330] APEC. Assessment on Paperless Trading to Facilitate Cross Border Trade in the APEC Region [R]. APEC Committee on Trade and Investment. Assessment and Best Practices on Paperless Trading to Facilitate Cross Border Trade in the APEC Region: Section 2, 2010.

[331] APEC. The Impact of Trade Liberalization in APEC [R]. Asia Pacific Economic Co-operation (APEC), No. 97-CT-01. 2, 1997.

[332] ARKOLAKIS C. Market Access Costs and the New Consumers Margin in International Trade [J]. University of Minnesota Job Market Paper, 2006.

[333] ARKOLAKIS C. Market Penetration Costs and the New Consumers Margin in International Trade [J]. Journal of Political Economy, 2010, 118 (6): 1151 –1199.

[334] ARKOLAKIS C, MUENDLER MARC-A. The Extensive Margin of Exporting Goods: A Firm-Level Analysis [J]. NBER Working Paper, 2010, NO. 16641.

[335] ARNDT C, ROBINSON S, TARP F. Parameter Estimation for a Computable General Equilibrium model: a maximum entropy approach [J]. Economic Modeling, 2002 (19): 75 –398.

[336] BALDWIN R E, KRUGMAN P R. Persistent Trade Effects of Large Exchange Rate Shocks [J]. Quarterly Journal of Economics, 1989, 104 (4): 635 –654.

[337] BALDWIN R E. Regulatory Protectionism, Developing Nations, and a Two-Tier World Trade System [J]. Brookings Trade Forum, 2000 (1): 237 –280.

[338] BALDWIN R E. Sunk-cost Hysteresis. National Bureau of Eco-

nomic Research [R]. Cambridge, MA: Working Paper, NO. 2911, 1989.

[339] BALDWIN R. Hysteresis in Trade [R]. MIT Mimeo Prepared for NBER Summer Institute, 1986.

[340] BERNARD A B, EATON J, JENSEN J B, et al. Plants and Productivity in International Trade [J]. American Economic Review, 2003, 93 (4): 1268 – 1290.

[341] BERNARD A B, JENSEN B J. Exceptional Exporter Performance: Cause, Effect, or Both? [J]. NBER Working Papers, No. 6272, 1997.

[342] BERNARD A B, JENSEN B J, REDDING S J, et al. Falling Trade Costs, Heterogeneous Firms, and Industry Dynamics [R]. NBER Working Paper, No. 9639, 2003.

[343] BERNARD A B, JENSEN B J, REDDING S J, et al. Firms in International Trade [J]. Journal of Economic Perspectives, 2007, 21 (3): 105 – 130.

[344] BERNARD A B, JENSEN B J, REDDING S J, et al. Importers, Exporters and Multinationals: A Portrait of Firms in the U. S. that Trade Goods [M]//Dunne T, Jensen J B, Roberts M J. Producer Dynamics: New Evidence from Micro Data. University of Chicago Press, 2009.

[345] BERNARD A B, JENSEN J B. Exporters, Jobs, and Wages in US Manufacturing: 1976 – 1987 [R]. Brooking Papers: Microeconomics, 1995: 67 – 119.

[346] BERNARD A B, JENSEN J B. Exporting and Productivity in the USA [J]. Oxford Review of Economic Policy, 2004, 20 (3): 343 – 357.

[347] BERNARD A B, JENSEN J B. Firm Structure, Multinationals, and Manufacturing Plant Deaths [J]. The Review of Economics and Statistics, 2007, 89 (2): 193 – 204.

[348] BERNARD A B, JENSEN J B, REDDING S J, et al. Firms in International Trade [R]. NBER Working Paper, No. 13054, 2007.

[349] BERNARD A B, JENSEN J B, REDDING S J, et al. The Margins of US Trade (Long Version) [J]. American Economic Review, 2009, 99 (2): 487 – 493.

[350] BERNARD A B, JENSEN J B. Why Some Firms Export [J]. The Review of Economics and Statistics, 2004, 86 (2): 561 – 569.

[351] BERNARD A B, REDDING S J, SCHOTT P K. Comparative Advantage and Heterogeneous Firms [J]. Review of Economic Studies, 2007, 74 (1): 31 – 66.

[352] BERNARD A B, REDDING S J, SCHOTT P K. Multi-Product Firms and Product Switching [J]. SSRN Electromic Journal, 2006.

[353] BERNARD A B, REDDING S J, SCHOTT P K. Multi-Product Firms and the Dynamics of Product Mix [R]. Tuck School of Business, Mimeo, 2006.

[354] BERNARD A B, REDDING S J, SCHOTT P K. Multi-Product Firms and Trade Liberalization [J]. Quarterly Journal of Economics, 2011, 126 (3): 1271 – 1318.

[355] BERNARD A B, WAGNER J. Export Entry and Exit By German Firms [J]. Weltwirtschaftliches Archiv, 2001, 137 (1): 105 – 123.

[356] BERNARD A, JENSEN J, LAWRENCE R. Exporters, Jobs, and Wages in U. S. Manufacturing: 1976 – 1987 [J]. Brookings Papers on Economic Activity. Microeconomics, 1995 (1): 67 – 119.

[357] BESEDEŠ T, BLYDE J. What Drives Export Survival? An Analysis of Export Duration in Latin America [R]. Georgia Institute of Technology Inter-American Development Bank, 2010.

[358] BESEDEŠ T, PRUSA T J. Ins, Outsa, and the Duration of Trade [R]. NBER Working Paper, 2004.

[359] BESEDEŠ T, PRUSA T J. Ins, outs, and the duration of trade [J]. Canadian Journal of Economics, 2006a, 39 (1): 266 – 295.

[360] BESEDEŠ T, PRUSA T J. Product differentiation and duration of US import trade [J]. Journal of International Economics, 2006b, 70 (2): 339 – 358.

[361] BESEDEŠ T, PRUSA T J. Product Differentiation and Duration of US Import Trade [R]. NBER Working Paper, No. 10319, 2005.

[362] BESEDEŠ T, PRUSA T J. The Role of Extensive and Intensive Margins and Export Growth [J]. Journal of Development Economics, 2001,

96 (2): 371 –379.

[363] BESEDEŠ T, PRUSA T J. The Role of Extensive and Intensive Margins and Export Growth [R]. NBER Working Paper, NO. 13628, 2007.

[364] BEVERELLI C, NEUMUELLER S, TEH R. Export Diversification Effects of the WTO Trade Facilitation Agreement [J]. World Development, 2015, 76: 293 –310.

[365] BLANCHARD O J, SUMMERS L H. Hysteresis and the European Unemployment Problem [J]. NBER Working Paper, No. 1950, 1986.

[366] BOLHÖFER C E. Trade Facilitation—WTO Law and its Revision to Facilitate Global Trade in Goods [J]. Global Trade and Customs Journal, 2007, 2 (11/12): 385 –391.

[367] BRODA C, WEINSTEIN D E. Globalization and the Gains from Variety [J]. The Quarterly Journal of Economics, 2006, 121 (2): 541 – 585.

[368] BUONO I, FADINGER H. The Micro Dynamics of Exporting: Evidence from French Firms [R]. Vienna Economics Papers, 2008.

[369] BUTTERLY T. Trade Facilitation in a Global Trade Environment [M]//UNECE. Trade Facilitation: The Challenges for Growth and Development, 2003.

[370] CADOT O, IACOVONE L, PIEROLA M, Rauch F. Success and Failure of African Exporters [J]. Journal of Development Economics, 2013, 101: 284 –296.

[371] CASTAGNINO T. Export Costs and Geographic Diversification: Does Experience Matter? [R]. Central Bank of Argentina (BCRA) Working Paper, No. 2011/52, 2010.

[372] CHANEY T. Distorted Gravity: The Intensive and Extensive Margins of International Trade [J]. American Economic Review, 2008, 98 (4): 1707 –1721.

[373] CHANEY T. The Network Structure of International Trade [J]. The American Economic Review, 2014, 104 (11): 3600 –3634.

[374] CLERIDES S K, LACH S, TYBOUT J R. Is Learning by Exporting Important? Micro-Dynamic Evidence from Colombia, Mexico, And

Morocco [J]. The Quarterly Journal of Economics, 1998, 113 (3): 903 – 947.

[375] COLE M A, ELLIOTT R J R, VIRAKUL S. Firm Heterogeneity, Origin of Ownership and Export Participation [J]. China World Economy, 2010, 33 (2): 264 – 291.

[376] COMBES P P, DURANTON G, GOBILLON L, et al. The Productivity Advantages of Large Cities: Distinguishing Agglomeration from Firm Selection [J]. Econometrica, 2012, 80 (6): 2543 – 2594.

[377] CREUSEN H, SMEETS R. Fixed Export Costs and Multi-product Firms [R]. Cpb Discussion Paper, 2011.

[378] CROZET M, KOENIG P. Structural Gravity Equations with Intensive and Extensive Margins [J]. Canadian Journal of Economics, 2010, 43 (1): 41 – 62.

[379] DANIEL, SAKYI, JOSÉ, VILLAVERDE, et al. The Effects of Trade and Trade Facilitation on Economic Growth in Africa [J]. African Development Review, 2017, 29 (2): 350 – 361.

[380] DAS S, ROBERTS M J, TYOUT J R. Market Entry Costs, Producer Heterogeneity, and Export Dynamics [J]. Econometrica, 2007, 75 (3): 837 – 873.

[381] DEAN J, FUNG K C, WANG Z. How Vertically Specialized is Chinese Trade [R]. Office of Economics Working Paper, No. 2008-09-D, 2008.

[382] DECREUX I, FONTAGNE L. A Quantitative Assessment of the Outcome of the Doha Development Agenda [R]. CEPII Working Paper, No. 2006 – 10, 2006.

[383] DEFEVER F, HEID B, LARCH M. Spatial Exporters [J]. Journal of International Economics, 2011, 95 (1).

[384] DENNIS A. Global Economic Crisis and Trade: The Role of Trade Facilitation [J]. Applied Economics Letters, 2010, 17 (18): 1753 – 1757.

[385] DENNIS A, SHEPHERD B. Trade Facilitation and Export Diversification [J]. The World Economy, 2011, 34 (1): 101 – 122.

[386] DENNIS A. The Impact of Regional Trade Agreements and Trade Facilitation in the Middle East and North Africa region [R]. Policy Research Working Paper Series No. 3837, The World Bank, 2006.

[387] DISDIER A, HEAD K. The Puzzling Persistence of the Distance Effect on Bilateral Trade [J]. Review of Economics and Statistics, 2008, 90 (1): 37 –48.

[388] DIXIT A. Entry and Exit Decisions under Uncertainty [J]. Journal of Political Economy, 1989a, 97 (3): 620 –638.

[389] DIXIT A. Hysteresis, Import Penetration, and Exchange Rate Pass-through [J]. Quarterly Journal of Economics, 1989b, 104 (2): 205 – 228.

[390] DJANKOV S, FREUND C, PHAM C S. Trading on Time [R]. World Bank Policy Research Working Paper 3909, The World Bank, 2006.

[391] DJANKOV S, MCLIESH C, RAMALHO R M. Regulation and Growth [J]. Economics Letters, Elsevier, 2006, 92, 395 –401.

[392] DOMINIQUE N, WILSON J S, FOSSO B P. Intra-Africa Trade Constraints: The Impact of Trade Facilitation [R]. Policy Research Working Paper, No. 4790, The World Bank, 2008.

[393] EATON J, KORTUM S. Technology, Geography, and Trade [J]. Econometrica, 2002, 70 (5): 1741 –1779.

[394] EATON J, MARCELA E, DAVID J, et al. A Search and Learning Model of Export Dynamics [R]. Working Paper, The Pennsylvania State University, 2014.

[395] EATON J, S KORTUM, F KRAMARZ. An Anatomy of International Trade: Evidence from French Firms [R]. Working Papers, 2008.

[396] ECKEL C, NEARY P J. Multi-Product Firms and Flexible Manufacturing in the Global Economy [J]. Review of Economic Studies, 2010, 77 (1): 188 –217.

[397] EIFERT B. Do Regulatory Reforms Stimulate Investment and Growth? [R]. Evidence from the Doing Business Data, 2003-07. Working Paper 159, Center for Global Development, 2009.

[398] EKHOLM K, MIDELFART K H. Relative Wages and Trade-

Induced Changes in Technology [J]. CEPR Discussion Papers, 2001, 49 (6): 1637 – 1663.

[399] ENGMAN M. The Economic Impact of Trade Facilitation [R]. OECD Trade Policy Working Papers 21, OECD Trade Directorate, 2005.

[400] ERKEL-ROUSSE H, MIRZA D. Import Price-Elasticities: Reconsidering the Evidence [J]. Canadian Journal of Economics, 2002, 35 (2): 282 – 306.

[401] ESTEVE-PÉREZ S, REQUENA-SILVENTE F, PALLARDÓ-LÓPEZ V. The Duration of Firm-Destination Export Relationships: Evidence from Spain, 1997 – 2006 [J]. Economic Inquiry, 2013, 51 (1): 159 – 180.

[402] EVENETT S J, VENABLES A J. Export Growth in Developing Countries: Market Entry and Bilateral Trade Flows [R]. University of Bern Working Paper, 2002.

[403] FABLING R, GRIMES A, SANDERSON L. Whatever Next? Export Market Choices of New Zealand Firms [J]. Papers in Reginal Science, 2012, 91 (1): 137 – 159.

[404] FALVEY R, GREENAWAY D, YU Z. Intra-industry Trade Between Asymmetric Countries with Heterogeneous Firms [R]. Leverhulme Centre for Research on Globalization and Economic Policy Working Paper No. 2004/05, 2004.

[405] FEENSTRA R C, MARKUSEN J R, ZEILE W. Accounting for Growth with New Inputs: Theory and Evidence [J]. American Economic Review, 1992, 82 (2): 415 – 421.

[406] FEENSTRA R C. New Product Varieties and the Measurement of International Prices [J]. American Economic Review, 1994, 84 (1): 157 – 177.

[407] FELBERMAYR G J, KOHLER W. Exploring the Intensive and Extensive Margin of World Trade [R]. CESifo Working Paper Series, No. 1276, 2004.

[408] FELBERMAYR G J, KOHLER W. Exploring the Intensive and Extensive Margins of World Trade [J]. Review of World Economics, 2006, 142 (4): 642 – 674.

[409] FELIPE J, KUMAR U. The Role of Trade Facilitation in Central Asia [J]. Eastern European Economics, 2012, 50 (4): 5 –20.

[410] FERGUSON S, FORSLID R. The Heterogeneous Effects of Trade Facilitation: Theory and Evidence [R]. Working Paper, 2011.

[411] FONTAGNÉ L, OREFICE G, PIERMARTINI R. Making (Small) Firms Happy [R]. The Heterogeneous Effect of Trade Facilitation Measures CEPII Working Paper, 2016.

[412] FRANCOIS J, MANCHIN M. Institutions, Infrastructure, and Trade [R]. World Bank Policy Research Working Paper, NO. 20074152, 2007.

[413] FREUND C L, PIEROLA M D. Export Entrepreneurs: Evidence from Peru [R]. The World Bank, Policy Research Working Paper Series, No. 5407, 2010.

[414] FREUND C, ROCHA N. What Constrains Africa's Exports? [J]. World Bank Economic Review, 2011, 25 (3): 361 –386.

[415] FREUND C, ROCHA N. What Constrains Africa's Exports? [R]. World Bank Policy Research Working Paper, No. 5184, 2008.

[416] FUGAZZA M, MOLINA A C. On the Determinants of Exports Survival [J]. Canadian Journal of Development Studies, 2001, 37 (2), 159 –177.

[417] GIOVANNI J D, LEVCHENKO A A. Firm Entry, Trade, and Welfare in Zipf's World [J]. Research Seminar in International Economics, University of Michigan, 2010 (2).

[418] GOLDBERG P K, KHANDELWAL A, PAVCNIK N, et al. Multi-Product Firms and Product Turnover in the Developing World: Evidence From India [R]. NBER Working Paper, No. 14127, 2008.

[419] GRAINGER A. A Paperless Trade and Customs Environment in Europe: Turning Vision into Reality [R]. A EUROPRO Paper, 2004.

[420] GRAINGER A. Customs and Trade Facilitation: From Concepts to Implementation [J]. World Customs Journal, 2008b, 2 (1): 17 –30.

[421] GRAINGER A. Supply Chain Security: Adding to a Complex Operational and Institutional Environment [J]. World Customs Journal, 2007a, 1 (2): 17 –29.

［422］ GRAINGER A. Trade Facilitation and Import-export Procedures in the EU ［R］. Forthcoming, European Parliament, Brussels, 2008.

［423］ GRAINGER A. Trade Facilitation: A Review ［R］. Working Paper, Trade Facilitation Consulting Ltd, 2007b.

［424］ GÖRG H, SPALIARA M E. Financial Health, Exports and Firm Survival: Evidence from UK and French Firms ［J］. Economica, 2014, 81 (323): 419 – 444.

［425］ HART O. HOLMSTROM B. The Theory of Contracts, in Bewley, T. (Ed.), Advances in Economic Theory ［M］. Cambridge University Press, Cambridge, 1987.

［426］ HAUSMAN J A. Exact Consumer's Surplus and Deadweight Loss ［J］. The American Economic Review, 1981, 71 (4): 662 – 676.

［427］ HAUSMANN R, HWANG J, RODRIK D. What you export matters ［J］. Journal of Economic Growth, 2007, 12 (1): 1 – 25.

［428］ HEAD K. MAYER T. The Empirics of Agglomeration and Trade ［M］//Henderson J V, Thisse J F. Handbook of Regional and Urban Economics, 2004, 1 (4): 2609 – 2669.

［429］ HELPMAN E, MELITZ M J, RUBINSTEIN Y. Estimating Trade Flows: Trading Partners and Trading Volumes ［J］. Quarterly Journal of Economics, 2008, 123 (2): 441 – 487.

［430］ HESS W, PERSSON M. Exploring the Duration of EU Imports ［J］. Review of World Economics, 2011, 147 (4), 665 – 692.

［431］ HILLBERRY, RUSSEL, DAVID HUMMELS. Trade Responses to Geographic Frictions: A Decomposition Using Micro-Data ［J］. European Economic Review, 2008, 52: 527 – 550.

［432］ HOEKMAN B, NICITA A. Trade Policy, Trade Costs, and Developing Country Trade, Original Article ［J］. World Development, 2011, 39 (12): 2069 – 2079.

［433］ HOFSTEDE G H. Culture's Consequences: International Differences in Work-Related Values ［M］. Sage. Thousand Oaks, CA, 1980.

［434］ HONORÉ B E, KYRIAZIDOU E. Panel Data Discrete Choice Models with Lagged Dependent Variables ［J］. Econometrica, 2002, 68

(4): 839 – 874.

[435] HORNOK C, KOREN M. Per-shipment costs and the Lumpiness of International [J]. The Review of Economics and Statistics, 2015, 97 (2): 525 – 530.

[436] HSIEH C T, KLENOW P. Misallocation and Manufacturing TFP in China and India [J]. Quarterly Journal of Economics, 2009, 124 (4): 1403 – 1448.

[437] HUANG R R. Distance and Trade: Disentangling Unfamiliarity Effects and Transport Cost Effects [J]. European Economic Review, 2007, 51 (2007): 161 – 181.

[438] HUMMELS D, ISHII J, YI K M. The Nature and Growth of Vertical Specialization in World Trade [J]. Journal of International Economics, 2001, 54 (1): 75 – 96.

[439] HUMMELS D, KLENOW P J. The Variety and Quality of A Nation's Trade [J]. American Economic Review, 2005, 95 (3): 704 – 723.

[440] HUMMELS D, Toward a Geography of Trade Costs [M]. Mimeo, Purdue of University, 2001.

[441] HUMMELS D. Transportation Costs and International Trade in the Second Era of Globalization [J]. Journal of Economic Perspectives, 2007, 21: 131 – 154.

[442] IWANOW T, KIRKPATRICK C. Trade Facilitation and Manufactured Exports: Is Africa Different? [J]. World Development, 2009, 37 (6): 1039 – 1050.

[443] JAUD M, KUKENOVA M. Financial development and survival of African agri-food exports [R]. Policy Research Working Paper, 2011.

[444] KANCS D. Trade Growth in a Heterogeneous Firm Model: Evidence from South Eastern Europe [J]. The World Economy, 2007, 30: 1139 – 1169.

[445] KEHOE T J, RUHL K J. How Important is the New Goods Margin in International Trade? [J]. Political Economics, 2013, 121 (2): 358 – 392.

[446] KIM S, PARK I. Measuring the Impact of Northeast Asian Trade Facilitation on Intra-regional Trade [R]. Korea Institute for International

Economic Policy, Working Paper Series, 2004.

[447] KLENOW P, RODRIGUEZ-CLARE, A. Quantifying Variety Gains from Trade Liberalization [R]. University of Chicago Working Paper, 1997.

[448] KOENIG P, MAYNERIS F, PONCET S. Local Export Spillovers in France [J]. European Economic Review, 2010, 54: 622 – 641.

[449] KRAUTHEIM S. Gravity and Information: Heterogeneous Firms, Exporter Networks and the "Distance Puzzle"[R]. Goethe University, Frankfurt. Working Paper, 2010.

[450] KRAUTHEIM S. Gravity and Information: Heterogeneous Firms, Exporter Networks and the "Distance Puzzle" [R]. Economics Working Papers, 2007.

[451] KROPF A, PU SAURÉ. Fixed Costs per Shipment [J]. Working Paper, 2012, 92 (1): 166 – 184.

[452] KRUGMAN P R. Scale Economies, Product Differentiation and the Patterns of Trade [J]. American Economic Review, 1980, 70 (5): 950 – 959.

[453] LALL S. The Technological Structure and Performance of Developing Country Manufactured Exports, 1985 – 1998 [J]. Oxford Development Studies, 2000, 28 (3): 337 – 369.

[454] LAU L J, CHEN X, YANG C, et al. Input-Occupancy-Output Models of The Non-Competitive Type and Their Application: An Examination of the China-US Trade Surplus [J]. Social Science in China, 2010 (1).

[455] LAWLESS M. Firm Export Dynamics and The Geography of Trade [J]. Journal of International Economics, 2009, 77 (2): 245 – 254.

[456] LAWLESS M. Marginal Distance: Does Export Experience Reduce Firm Trade Costs? [J]. Open Economies Review, 2013, 24 (5): 819 – 841.

[457] LIU L, YUE C. Investigating the Impacts of Time Delays on Trade [J]. Food Policy, 2013, 39 (Complete): 108 – 114.

[458] LOVELY M E, ROSENTHAL S S, SHARMA S. Information, agglomeration, and the headquarters of U. S. exporters [J]. Regional Science

and Urban Economics, 2005, 35 (2): 167 – 191.

[459] MANASSE P, A TURRINI. Trade, Wages, and "Superstars" [J]. Journal of International Economics, 2001, 54 (1): 97 – 117.

[460] MARTINCUS C V, JERÓNIMO CARBALLO. Survival of New Exporters in Developing Countries: Does it Matter How They Diversify? [R]. IDB Publications (Working Papers), 2008.

[461] MARTÍNEZ-ZARZOSO I, MÁRQUEZ-RAMOS L. The Effect of Trade Facilitation on Sectoral Trade [J]. The B. E. Journal of Economic Analysis & Policy, 2008, 8 (1) (Topics), Article 42.

[462] MASKUS K E, OTSUKI T, WILSON J S. The Cost of Compliance with Product Standards for Firms in Developing Countries: an Econometric Study [R]. World Bank Policy Research Working Paper, 2005, No. 3590.

[463] MASKUS K E, WILSON J S. Quantifying the Impact of Technical Barriers to Trade: Can It Be Done? [M]. Ann Arbor, Michigan: University of Michigan Press, 2001.

[464] MAYER T, MELITZ M J, OTTAVIANO G I P. Market Size, Competition, and the Product Mix of Exporters [R]. NBER Working Paper, NO. 16959, 2009.

[465] MAYER T, OTTAVIANO G I P. The Happy Few: New Facts on the Internationalisation of European Firms [R]. Bruegel-CEPR EFIM 2007 Report, 2007.

[466] MEDIN H. Firms' Export Decisions—Fixed Trade Costs and the Size of the Export Market [J]. Journal of International Economics, 2003, 61 (1): 225 – 241.

[467] MELITZ M J, OTTAVIANO G I P. Market Size, Trade, and Productivity [J]. Review of Economic Studies, 2008, 75 (1): 295 – 316.

[468] MELITZ M J. The Impact of Trade on Intra-Industry Reallocations and Aggregate Industry Productivity [J]. Econometrica, 2003, 71 (6): 1695 – 1725.

[469] MICHAELY M. Trade, Income levels and Dependence [M]. North-Holland, Amsterdam: Elsevier Science Ltd, 1984: 589.

［470］ MILNER C, MORRISSEY O, ZGOVU E. Trade Facilitation in Developing Countries ［R］. CREDIT Research Paper, No. 08/05, Centre for Research in Economic Development and International Trade, University of Nottingham, 2008.

［471］ MOLINA A C. Are Preferential Agreements Stepping Stones to Other Markets? ［R］. Iheid Working Papers, 2010.

［472］ MORALES E, SHEU G, ZAHLER A. Gravity and Extended Gravity: Estimating a Structural Model of Export Entry ［R］. MPRA Paper, 2011.

［473］ MOÏSÉ E, SORESCU S. Trade Facilitation Indicators: The Potential Impact of Trade Facilitation on Developing Countries Trade ［R］. OECD Trade Policy Papers, No. 144, 2013.

［474］ MÁRQUEZ-RAMOS L, MARTÍNEZ-ZARZOSO I, SUÁREZ-BURGUET C. Trade Policy versus Trade Facilitation: An Application Using "Good Old" OLS ［R］. Discussion Paper, 2011.

［475］ NARAYANAN B, SHARMA S, RAZZAQUE M. Trade Facilitation in the Commonwealth: An Economic Analysis ［J］. Margin-Journal of Applied Economic Research, 2016, 10 (3): 305 – 336.

［476］ NICITA A, SHIROTORI M, KLOK B T. Survival Analysis of The Exports of Least Developed Countries: The Role of Comparative Advantage, UNCTAD, Geneva, 2013.

［477］ NITSCH V. Die Another Day: Duration in German Import Trade ［J］. Review of World Economics, 2009, 145: 133 – 154.

［478］ NORDAS E P, PINALI E, GROSSO N G. Logistics and Time as a Trade Barrier ［R］. OECD Trade Policy Working Papers 35, OECD Trade Directorate, 2006.

［479］ NOVY D. Gravity Redux: Measuring International Trade Costs with Panel Data ［R］. Warwick University Working Paper, 2008.

［480］ OECD. Quantitative Assessment of the Benefits of Trade Facilitation ［R］. Paris: OECD, 2003.

［481］ OECD. The Economic Impact of Trade Facilitation ［R］. OECD Trade Directorate, Paris: (TD/TC/WP/(2006) 21/FINAL), 2005.

［482］ PERSSON M. Trade Facilitation and the Extensive and Intensive Margins of Trade ［R］. Lund University, Working Paper, 2008.

［483］ PETRIN A. Quantifying the Benefits of New Products: the Case of the Minivan ［J］. Journal of Political Economy, 2002, 110 （4）: 705 – 729.

［484］ PORTUGAL-PEREZ A, WILSON J S. Export Performance and Trade Facilitation Reform: Hard and Soft Infrastructure ［R］. World Bank Policy Research Working Paper, 2010.

［485］ RAUCH J E. Networks versus Markets in International Trade ［J］. Journal of International Economics, 1999, 48 （1）: 7 – 35.

［486］ RAUS M, FLÜGGE B, BOUTELLIER R. Electronic Customs Innovation: An Improvement of Governmental Infrastructures ［J］. Government Information Quarterly, 2009, 26 （2）: 246 – 256.

［487］ REDDING S. SCHOTT P K. Distance, Skill Deepening and Development: Will Peripheral Countries Ever Get Rich? ［J］. Journal of Development Economics, 2004, 72 （2）: 515 – 541.

［488］ ROBERTS M J, TYBOUT J R. The Decision to Export in Colombia: An Empirical Model of Entry with Sunk Costs ［J］. American Economic Review, 1997, 87 （4）: 545 – 564.

［489］ RODRIK D. What is So Special about China's Exports ［J］. China and the World Economy, 2006, 14 （5）: 1 – 19.

［490］ ROGERS E M. Diffusion of innovations ［M］. 5th ed. , New York: The Free Press, 2003.

［491］ ROGERS E M. Diffusion of Innovations ［M］. New York: Free Press, 1962.

［492］ ROMER P. New Goods, Old Theory and the Welfare Costs of Trade Restrictions ［J］. Journal of Development Economics, 1994, 43 （1）: 5 – 38.

［493］ ROSENTHAL S, STRANGE W. Geography, industrial organization, and agglomeration ［J］. Review of Economics and Statistics, 2003, 85 （2）: 377 – 393.

［494］ SAARENKETO S, PUUMALAINEN K, KYLAHEIKO K, et

al. Linking Knowledge and Internationalization in Small and Mediumsized Enterprises in the ICT Sector [J]. Technovation, 2008, 28 (9): 591 – 601.

[495] SCHOTT P. The Relative Sophistication of Chinese Exports [J]. Economic Policy, 2008, 23 (53): 5 – 49.

[496] SCHOTT R K. The Relative Sophistication of Chinese Exports [R]. NBER Working Paper, No. 12173, 2006.

[497] SEGURA-CAYUELA R, Vilarrubia J M. Uncertainty and Entry into Export Markets [R]. Bank of Spain Working Paper, 2008.

[498] SEPULVEDA M, ANGEL J, RODRIGUEZ D. Geographical and Industrial Spillovers in Entry Decisions across Export Markets [J]. Applied Economics, 2015, 47 (39): 4168 – 4183.

[499] SHEPHERD B, WILSON J S. Trade Facilitation in ASEAN Member Countries: Measuring Progress and Assessing Priorities [J]. Journal of Asian Economics, 2009, 20 (4): 367 – 383.

[500] SHEVTSOVA Y. Ukrainian Firm-Level Export Dynamics: Structural Analysis [J]. Escirru Working Papers, 2010.

[501] SOLOAGA I, WILSON J S, MEJIA A. Moving Forward Faster: Trade Facilitation Reform and Mexican Competitiveness [R]. World Bank Policy Research Working Paper, No. 3953, 2006.

[502] SUBRAMANIAN U, MATTHIJS M. Can Sub-Saharan Africa Leap into Global Network Trade? [R]. World Bank Policy Research Working Paper, No. 4112, 2007.

[503] TRABOLD H. Integration, Trade Costs and the Export Behaviour of Firms: Empirical Evidence on the Venables Model [J]. Weltwirtschaftliches Archiv, 1998, 134 (1): 133 – 139.

[504] TREFLER D. The Case of the Missing Trade and Other Mysteries [J]. American Economic Review, 1995, 85 (5): 1029 – 1046.

[505] VALDERRAMA D, GARCÍA A F, ARGÜELLO R. Information Externalities and Export Duration at the Firm Level. Evidence for Colombia [R]. Working Papers, Freit. Org, 2013.

[506] VENABLES A J. Integration and the Export Behaviour of Firms-Trade Costs, Trade Volume and Welfare [J]. Weltwirtschaftliches Archiv,

1994, 130: 118 – 132.

[507] WANG L, ZHANG Y. Does Experience Facilitate Entry into New Export Destinations? [J]. China and World Economy, 2013, 21 (5): 36 – 59.

[508] WILLE P, REDDEN J. A Comparative Analysis of Trade Facilitation in Selected Regional and Bilateral Trade Agreements and Initiatives [M]//ESCAP. Trade Facilitation beyond the Multilateral Trade Negotiations: Regional Practices, Customs Valuation and other Emerging Issues-A Study by the Asia-Pacific Research and Training Network on Trade, United Nations, New York, 2007.

[509] WILLE P, REDDEN J, FINDLAY C, et al. A Comparative Analysis of Trade Facilitation in Selected Regional and Bilateral Trade Agreement [R]. Asia-Pacific Research and Training Network on Trade Working Paper Series, No. 17, 2006.

[510] WILLIAM J, LUDDY J. International Single Window Development [R]. ASEAN Legal and Regulatory Working Group, 2008.

[511] WILSON J S, CATHERINE L M, TSUNEHIRO O. Trade Facilitation and Economic Development: A New Approach to Quantifying the Impact [J]. The World Bank Economic Review, 2003, 17 (3): 367 – 389.

[512] WILSON J S, MANN C L, OTSUKI T. Assessing the Benefits of Trade Facilitation: A Global Perspective [J]. World Economy, 2005, 28 (6): 841 – 871.

[513] WTO. What is Trade Facilitation? [R]. http: //www. wto. org/english/thewto_e/whatis_e/eol/e/wto02/wto2_69. htm#note2, 2003.

[514] XU B, LU J Y. Foreign Direct Investment Processing Trade and the Sophistication of China's Exports [J]. China Economic Review, 2009, 20 (3): 425 – 439.

[515] XU B. Measuring China's Export Sophistication [R]. Working Paper, China Europe International Business School, 2007.

[516] YEAPLE S R. A Simple Model of Firm Heterogeneity, International Trade, and Wages [J]. Journal of International Economics, 2005, 65 (1): 1 – 20.

［517］ZAHLER A. Essays on Export Dynamics ［D］. Dissertations & Theses-Gradworks, 2011.

［518］ZAKI C. An Empirical Assessment of The Trade Facilitation Initiative: Econometric Evidence and Global Economic Effects ［J］. World Trade Review, 2014, 13 (1): 103－130.

［519］ZHI W, WEI S J. The Rising Sophistication of China's Exports: Assessing the Roles of Processing Trade, Foreign Invested Firms, Human Capital, and Government Policies ［R］. Working Paper for NBER Conference on China's Growing Role in World Trade, 2007.